¡Conozcámonos!

¡Conozcámonos!

Curso práctico de español para el estudiante bilingüe en Estados Unidos

N. ARIANA MRAK
University of Houston-Downtown

EDWIN KARLI PADILLA APONTE
University of Houston-Downtown

Australia • Brazil • Canada • Mexico • Singapore • Spain • United Kingdom • United States

¡Conozcámonos! Curso práctico de español para el estudiante bilingüe en Estados Unidos

N. Ariana Mrak, Edwin Karli Padilla Aponte

Senior Acquisitions Editor: *Helen Alejandra Richardson*
Senior Development Manager: *Max Ehrsam*
Assistant Editor: *Meg Grebenc*
Managing Technology Project Manager: *Wendy Constantine*
Technology Project Manager: *Rachel Bairstow*
Marketing Manager: *Lindsey Richardson*
Senior Marketing Assistant: *Marla Nassar*
Senior Marketing Communications Manager: *Stacey Purviance*
Senior Content Project Manager: *Lianne Ames*
Senior Art Director: *Cate Rickard Barr*
Print Buyer: *Betsy Donaghey*
Production Service: *Pre-Press Company, Inc.*
Text Designer: *Glenna Collett*
Photo Manager: *Sheri Blaney*
Photo Researcher: *Jill Engebretson*
Cover Designer: *Lisa Buckley*
Cover Printer: *Courier Westford*
Compositor: *Pre-Press Company, Inc.*
Printer: *Courier Westford*
Cover Photos: © Top to bottom: *Young Man:* Photodisc/Getty; *Little Girl*: ImageSource/Superstock RF; *Adult Woman:* Stockbyte/Superstock RF; *Senior Man*: David Roth/Getty; *Young Man*: Scott T. Baxter/Photodisc/Getty; *Teen Woman*: Scholastic Studio 10/Index Open; Bottom Right*: Young Woman*: LLC Fogstock/Index Open.

Printed in the United States of America
1 2 3 4 5 6 7 09 08 07 06

Library of Congress Control Number: 2006906701

ISBN 1-4130-2200-6

Thomson Higher Education
25 Thomson Place
Boston, MA 02210–1202
USA

For more information about our products, contact us at:
Thomson Learning Academic Resource Center
1-800-423-0563

For permission to use material from this text or product, submit a request online at
http://www.thomsonrights.com
Any additional questions about permissions can be submitted by e-mail to **thomsonrights@thomson.com**

Credits appear on pages 315–316, which constitute a continuation of the copyright page.

Tabla de contenido

Al estudiante

¿Qué le respondería a una persona si le preguntara por qué está estudiando español cuando ya lo habla?

En los últimos años, el español se ha convertido en uno de los idiomas más importantes del mundo y cada dia más personas se interesan por aprenderlo. Como resultado, las universidades han aumentado el número de cursos de español como segunda lengua y rápidamente ha incrementado la necesidad de profesionales bilingües en todas las disciplinas.

Las casas editoriales se han aprovechado de esta demanda y producen cantidades de ediciones para el primer y el segundo año de español como segunda lengua. Vivimos en la era de la globalización donde las empresas que buscan incrementar las ganancias se ven presionadas a contratar personal bilingüe en todas las áreas profesionales, estrechando así los lazos con América Latina y el resto del mundo. Sin embargo, no siempre existió este panorama y todavía escuchamos anécdotas sobre un sistema educativo que sólo promovía la enseñanza del inglés en las escuelas, prohibiendo que los estudiantes hablaran español. Muchos pensaban que para establecer la unidad nacional era necesario el monolingüismo (*English only*) y el español, al igual que otros idiomas, pasaron a ser solamente instrumentos de comunicación en el hogar. En la actualidad la mentalidad ha ido cambiando y la pregunta que nos hacemos es, ¿cómo puede competir profesionalmente una persona monolingüe con los que hablan dos o más idiomas? ¿Acaso no ha escuchado a políticos u otras figuras populares expresándose públicamente en español? ¿Ha oído en los servicios telefónicos al consumidor de muchas empresas la opción *para español marque el número X*? No sólo la comunicación oral en español ha cobrado importancia sino también la escrita, y cada día que pasa las oportunidades para profesionales bilingües son múltiples.

Mientras estos cambios ocurren en el mundo, usted, como estudiante de descendencia hispana, ha tenido el privilegio de recibir el español como una herencia de sus padres, sin haber tenido que pasar por el arduo trabajo de aprenderlo como el que lo estudia como segunda lengua. Quizás no habla un español académico como las personas preparadas profesionalmente en un país del mundo hispánico, pero aún así tiene la ventaja de comunicarse en dos idiomas. Recuerde que usted ya tiene un nivel de español que supera a quienes lo están estudiando como lengua extranjera, y es aquí precisamente donde nos ayuda *Conozcámonos.*

Conozcámonos le ofrece la oportunidad de mejorar esa herencia que ha recibido de sus padres, de manera que pueda usarla en su carrera profesional. Cada capítulo del texto representa un paso hacia el dominio de un español académico, el cual le permitirá combinarlo exitosamente con su disciplina y darle un uso práctico en su carrera profesional Es decir, al final de sus estudios universitarios usted podrá considerarse bilingüe en el buen sentido de la palabra.

Por estas razones, el día que algún estudiante, que no habla español, le pregunte por qué lo estudia si ya lo habla, respóndale simplemente: — Y tú, ¿por qué estudias inglés en la universidad si ya lo hablas?

Códigos para corregir composiciones

Código = Número y letra	***Página***
1. Acentuación	
(a) Fase I *(Cana**dá*** versus *cu**ña**da).*	26
(b) Fase II *(alegría* versus *memoria)*	43
(c) Fase III *(**Iván*** y *ade**más*** versus ***i**ban* y *ven**ta**nas)*	83
(d) Fase IV *(**Mé**xico* versus *mexi**ca**no)*	129
(e) Fase V *(Ángel **Ló**pez* versus *Ma**nuel** Ama**dor**)*	157
(f) Diferenciales	176
(g) Interrogativos/Exclamativos	215
2. Artículos definidos e indefinidos *(el problema* versus **la problema)*	9
3. Ausencia de	
(a) ñ (**Espana*)	6
(b) diéresis (**nicaraguense*)	7
(c) signos (¿,¡)	298
(d) artículo (**Gente trabaja mucho*)	16
4. Concordancia de género y número	
(a) *La gente es* versus **la gente son*	16
(b) *Había clases* versus **habían clases*	212
(c) Pronombres en verbos como *gustar* *(A las personas les gusta* versus **Las personas les gusta)*	151
5. Conjunciones	
(a) *España e Italia* versus **España y Italia*	69
(b) *Hay siete u ocho* versus **siete o ocho*	69
6. Contracciones	
(a) *de él* versus *del*	11
(b) *a él* versus *al*	11
7. Comentarios de **estilo**	
(a) Repetición de palabras o ideas en la misma oración/párrafo	
(b) Usar sinónimos u otras palabras	
(c) Oración sin verbo	
(d) Oración muy larga	
(e) Oración sin sentido, necesita aclarar	
(f) Coma innecesaria o ausencia de coma	
(g) Pronombres innecesarios	
(h) Necesita separar información en párrafo nuevo	
(i) Inconsistencia (Habla informal versus formal)	
8. Gerundio como sujeto de oración *(El) trabajar ayuda a olvidar* versus **Trabajando ayuda a olvidar*	140
9. Homófonos	
(a) *ay, hay, ahí*	13
(b) *a, ha, ah; e, he, eh*	69
(c) *va a hacer / va a ser, va a haber / va a ver*	76, 80
(d) *haya, halla, allá*	114
(e) *pero, sino, si no*	182
10. Mayúscula versus minúsculas *(*estados unidos* y **Mexicano)*	16

Biografías

N. Ariana Mrak es *Associate Professor* de lingüística con especialización en el español de EE.UU. Ha presentado trabajos y publicado artículos teóricos y pedagógicos relacionados con los hispanoparlantes en EE.UU. Enseña cursos para bilingües desde 1997, incluyendo los cursos para los que se ha diseñado este texto.

Edwin Karli Padilla Aponte es *Associate Professor* de español con especialización en literatura hispana en EE.UU. Enseña cursos para estudiantes bilingües desde 1992. Entre sus trabajos publicados se encuentran las introducciones a *Lo que el puebio me dice* . . . y a *Pioneros puertorriqueños en Nueva York* de Jesús Colón y Joaquín Colón respectivamente.

Mrak y Padilla han unificado sus conocimientos pedagógicos y han producido en *Conozcámonos* un balance entre teoría y práctica.

Agradecimientos

Queremos dar las gracias a las personas que literaimente nos *dieron la mano* para que este proyecto se hiciera una realidad. A Marta Fairclough de la *Universidad de Houston* y a Bertha Parle de *North Harris College* por atreverse a probar el manuscrito en sus clases cuando aún se encontraba en sus primeras fases. A Nicolás Kanellos de *Arte Público Press* por sus consejos profesionales y su apoyo incondicional; al igual que a Manuel Gutiérrez por habernos fomentado el amor por la sociolingüística. A Michael Dressman y Susan Ahern de la *Universidad de Houston-Downtown* por hacer las gestiones para que tuviéramos el tiempo para completar el trabajo. A Helen Alejandra Richardson de *Heinle* por darse cuenta de la importancia del proyecto, por sus valiosas sugerencias, y por su paciencia. Y, finalmente, a todos los estudiantes bilingües que durante muchos años nos han proveído la materia prima que dio comienzo esta idea, quienes nos han servido como fuente de inspiración. A los estudiantes que han pasado por nuestras aulas está dedicado este proyecto.

Queremos agradecer además a los siguientes profesores por haber leído con tanto cuidado el manuscrito y haber hecho valiosas sugerencias:

Cipriano A. Cárdenas, *University of Texas at Brownsville*
Miriam Carrasquel-Nagy, *University of Northern Colorado*
Loren Chavarría, *Oregon State University*
Roberto Cortina, *University of Texas at Brownsville*
Jennifer Leeman, *George Mason University*
Dania López Garcia, *University of Texas at Brownsville*
Arthur Natella, *American International College*
Pilar Rus, *Texas A&M University–Kingsville*
Gloria Vélez-Rendón, *Purdue University Calumet*

Capítulo preliminar

P

¡En español, por favor!

Lectura
El rol del español en Estados Unidos en este siglo

Cápsula cultural
El término *hispano*

Ortografía
Letras y sonidos del español
El abecedario
Consonantes que cambian de sonido

Gramática
Artículos definidos e indefinidos
Situaciones en que el artículo es obligatorio
Situaciones en que se omite el artículo
Palabras de género femenino que toman los artículos *el / un*
Sustantivos masculinos terminados en 'a'
Contracción de preposición y artículo

Del habla a la escritura
hay, ay, ahí, allí

Gramática
Plural de los sustantivos
Concordancia en la oración

Del habla a la escritura
Sustantivos singulares con referencia plural

Ortografía
Uso de mayúsculas y minúsculas

Vocabulario
Cognados

http://thomsonedu.com/Spanish/Conozcamonos

Lectura

Antes de leer

P-1. ¿Cuánto sabemos? Conteste las siguientes preguntas.

1. ¿Existen diferencias entre el inglés que se habla en Estados Unidos y el de Inglaterra? ¿y el de Australia u otro país angloparlante? Dé ejemplos.

____

____

____

2. ¿Qué diferencias ha encontrado entre el español que habla usted y el de algún amigo o conocido de otro país latinoamericano? ¿Hay diferencias de pronunciación? ¿Usan palabras diferentes?

____

____

____

3. ¿Ha descubierto palabras que usted usa en español que otros hispanohablantes no comprenden? Mencione dos.

____

____

4. ¿Cree que es necesario estudiar español en la universidad? ¿Por qué?

____

____

¡A leer!

El rol del español en Estados Unidos en este siglo

El español es el idioma nativo de veintidós países en cuatro° continentes: en Europa, España; en África, Guinea Ecuatorial; y en América, Argentina, Bolivia, Chile, Colombia, Costa Rica, Cuba, Ecuador, El Salvador, Estados Unidos, Guatemala, Honduras, México, Nicaragua, Panamá, Paraguay, Perú, Puerto Rico, República Dominicana, Uruguay y Venezuela. Cada uno de estos países tiene una variedad propia del español y por eso, cuando oímos hablar a un hispanoparlante podemos identificarlo como puertorriqueño, mexicano, venezolano, etc. ¿Cómo lo reconocemos? Por la pronunciación y el ritmo del habla y por el uso de algunas palabras o expresiones que caracterizan a esos hablantes. Muchas de estas palabras provienen de otras lenguas porque a pesar de que en la mayoría de estos países los hablantes son monolingües (sólo hablan un idioma, el español) existen varias comunidades bilingües. En España las comunidades bilingües más grandes son tres: Cataluña, donde se habla catalán y español; Galicia, donde conviven el español y el gallego; y el país Vasco, donde encontramos el vasco o euskera°. En América Latina también encontramos zonas bilingües: en Bolivia, Ecuador y Perú hay comunidades que hablan español y quechua o aymara; en Paraguay la mayor parte de la población es bilingüe en

°En el mundo hispánico, por lo general, se considera a América como un continente mientras que en EE.UU. se consideran dos.

°El catalán y el gallego son lenguas derivadas del latín, al igual que el español. El vasco, por el contrario, no es de la misma familia de lenguas y no se ha descubierto relación alguna entre el vasco y otras lenguas.

°El quechua, el aymara y el guaraní son lenguas indígenas que se hablaban en Sudamérica antes de la llegada de los europeos.

español y guaraní° mientras que en México y Guatemala todavía se preservan varias lenguas mesoamericanas. Finalmente se encuentran varias comunidades bilingües en Estados Unidos donde el español —a pesar de no ser lengua oficial— es para muchos hablantes la lengua de la esfera familiar.

Los hablantes de español en Estados Unidos podrían clasificarse en los siguientes dos grupos:

a) Las generaciones que, desde la época de la conquista y la colonización, se establecieron en las regiones que conocemos hoy como Texas, Arizona, Nuevo México, Colorado y California. Muchas de estas comunidades han conservado orgullosamente una identidad propia y el español ha sido uno de los instrumentos para preservarla.
b) Los inmigrantes que desde el siglo XIX hasta la actualidad han venido desde América Latina y España huyendo de dictaduras militares o problemas económicos o han llegado como resultado de las intervenciones militares en que Estados Unidos ha participado. Éstos se han ido ubicando en las grandes urbes metropolitanas (Nueva York, Miami, Los Ángeles, Chicago y otras) y en las zonas agrícolas del Suroeste de Estados Unidos donde los hablantes se han expresado desde las primeras generaciones hasta la actualidad tanto en español como en inglés.

En todas las comunidades donde el español ha estado en contacto con otro idioma aparecen diferencias dialectales que hacen que cada grupo de hablantes tenga una variedad única.

¿Puede usted identificar con una 'X' si reconoce de dónde provienen los hablantes en los siguientes enunciados?

_______ 1. —La guagua no deja de llorar.

_______ 2. —Mi cuate se llama Miguel.

_______ 3. —Mi hermano está harto de su laburo.

_______ 4. —Voy a la marqueta a comprar leche.

Cada uno de estos hablantes usa una palabra que cualquier persona de su país entendería, pero que los hablantes de otras nacionalidades no comprenderían, a menos que hayan estado en contacto con gente de ese lugar. Por ejemplo, el primer hablante usa la palabra *guagua*, que en quechua significa *bebé*. Entonces esta persona tiene que ser de la zona andina, de una variedad del español en contacto con el quechua. Sin embargo, la misma palabra *guagua* en Puerto Rico, Cuba y La República Dominicana significa autobús, mientras que otros hispanos dirían bus, camión, colectivo, micro, ómnibus e inclusive *pesera*. Lo mismo ocurre con la palabra *cuate*. ¿Sabe usted qué significa? y ¿a qué variedad del español pertenece?° En el tercer ejemplo la palabra *laburo* no viene de un idioma amerindio sino del italiano. El español argentino refleja la fuerte influencia de la inmigración italiana con vocablos como éste, que viene de la palabra italiana *laborare*. En el cuarto ejemplo el hablante usa la palabra *marqueta*. ¿Qué significa? y ¿de qué idioma viene? o ¿cuáles son las dos lenguas en contacto que producen palabras como *marqueta*? ¿Conoce usted otras palabras en español que se han producido por el contacto con el inglés?

°En el español mexicano cuate significa amigo o gemelo.

A pesar de todas las diferencias que podemos señalar entre una variedad del español y otra, todos los hablantes del español se entienden entre sí de la misma forma que todos los hablantes del inglés lo hacen. Por ejemplo, un hablante de inglés estadounidense entiende a otro de inglés británico o de inglés australiano. El factor que facilita esta comprensión entre personas con distintas variedades de un idioma es la existencia de una norma estándar de la lengua; en el caso del español, hablamos del español

académico o el español estándar. Ésta es la variedad que se enseña en las escuelas y en las universidades y la que facilita el entendimiento entre todos los hispanoparlantes de cualquier lugar del mundo porque conserva cierta uniformidad que hace que se mantenga la comunicación entre todos. En este sentido, los cuatro hablantes del párrafo anterior dirían en español académico:

1. —El bebé no deja de llorar.
2. —Mi amigo se llama Miguel.
3. —Mi hermano está cansado de su trabajo.
4. —Voy al supermercado a comprar leche.

En otras palabras, todos los hablantes tienen la capacidad de hablar dos o más variedades de su lengua; Una variedad la adquieren desde niños con sus padres y parientes, mientras que la otra la aprenden en la escuela y en la universidad.

¿Por qué necesitamos dos variedades? Si tomamos el punto de vista nacional podemos afirmar que todos los colombianos se entienden en su variedad colombiana, los nicaragüenses en la suya, los mexicanos en la mexicana, los distintos grupos hispanos en los Estados Unidos en sus variantes, y así sucesivamente. Pero como ya sugerimos anteriormente, la variedad estándar permite una mejor interacción entre todos. Si un panameño tiene que comunicarse con un paraguayo o con un ecuatoriano en español, la comunicación se facilita a través de la variedad estándar. El otro motivo por el cual necesitamos dominar la variedad estándar es económico. Una vez que terminemos la universidad ampliamos nuestras ofertas de trabajo mediante el manejo de un inglés y un español que reflejen nuestro nivel educativo. Esto no quiere decir que un hablante tenga que reemplazar una variedad por la otra, al contrario, todo hablante tiene la capacidad de adquirir dos o más variantes. De esta forma podemos usar la variedad local con las personas que la comparten y pasar a la variedad estándar cuando la situación lo amerite.

En fin, los cursos de español diseñados para los estudiantes de descendencia hispana ofrecen la oportunidad de adquirir esta variedad estándar tan necesaria en el mundo de hoy. De la misma manera que los hablantes monolingües del inglés perfeccionan el lenguaje que aprenden en la casa a través de la escritura, la lectura y el estudio de la gramática, los hablantes del español pueden aprovechar las oportunidades que ofrecen estos cursos. La adquisición de un español estándar no sólo demuestra un amor y un respeto por la lengua de nuestros padres sino que, al mismo tiempo, indica que poseemos un alto nivel educativo que permite comunicarnos con veintidós países. Relegar el español solamente al círculo familiar o comunitario sería automarginarnos de las oportunidades que ofrece el ser un profesional bilingüe y, al mismo tiempo, perderíamos la oportunidad de establecer mejores lazos con los hablantes de español de cuatro continentes.

Después de leer

P-2. ¿Qué aprendimos? Conteste las siguientes preguntas.

1. Dé los nombres de cinco países donde se habla español.

   ____

   ____

2. ¿Qué países hispanoparlantes tienen comunidades bilingües?

   ____

   ____

3. Según la lectura, ¿qué diferencias existen entre dos de los grupos de hispanos establecidos en Estados Unidos?

   ____

   ____

   ____

4. ¿Qué variedad del español tienen en común todos los países hispanoparlantes?

   Standard/academic Spanish

   ____

5. ¿A qué nos podrían ayudar los cursos de español diseñados para estudiantes hispanos que se ofrecen en Estados Unidos?

   ____

   ____

P-3. Piense, escriba y revise con cuidado.

1. Escoja uno de los temas a continuación.
   a. ¿Está Ud. de acuerdo con la enseñanza de dos o más lenguas en Estados Unidos? ¿Qué ventajas tiene? ¿desventajas? Explique.
   b. ¿Qué opina de los hispanos en Estados Unidos que a pesar de poder comunicarse en español se niegan a hablarlo? ¿Qué razones podrían ocasionar esta conducta?
   c. ¿Qué piensa del español que se habla en Estados Unidos? ¿Transfiere usted palabras del inglés al español cuando habla con otra persona? ¿Está consciente de hacerlo? ¿Le importa? Dé ejemplos de las palabras que más utiliza.
2. Escriba la respuesta en su computadora dejando renglón por medio.
3. Lea su composición en voz alta antes de entregarla.

El término hispano

El vocablo *Hispanic* o *hispano* se ha popularizado en Estados Unidos y pretende abarcar a latinoamericanos y españoles. Este término, para algunas personas, no solamente tiene una connotación cultural, sino también racial y de clase social, y lo rechazan prefiriendo que se les designe en los censos, las encuestas y los documentos gubernamentales como latinos. Irónicamente el término *Hispanic* o *hispano* no se escucha comúnmente en España ni tampoco en Hispanoamérica, pero probablemente es el que goza de más aceptación en Estados Unidos, y es el que se emplea en este texto sin tener que hacer distinciones sociales, políticas ni económicas.

Más controversial aún es, para muchos, la apropiación que ha habido del término *American* o *americano* para designar la ciudadanía estadounidense. Sin dudas, todo aquel que ha nacido en las *Américas* debe caer bajo la categoría de *americano* y no necesariamente tiene que ser un estadounidense. Alguien dijo irónicamente que cuando Cristóbal Colón descubrió el nuevo mundo o lo que se conoce hoy como las Américas nunca se imaginó —como se sugiere con este uso inapropiado del término— que había descubierto Estados Unidos.

Ortografía

Letras y sonidos del español

El alfabeto (o abecedario) tiene 27 letras. La Real Academia Española es la institución que aprueba cambios en la lengua española y en 1994 decidió eliminar de los diccionarios la 'ch' y la 'll' y reubicarlas bajo la 'c' y la 'l' respectivamente. Los sonidos producidos por estas combinaciones de dos letras no han cambiado y existen palabras en español como *chico* y *llamada* que se continúan pronunciando igual que siempre.

El abecedario

a	**a** (aire, auto, maestro)
b	**be** (botella, bebida)
c	**ce** (caracol, Cuba, celos, negocio)
d	**de** (dedo, dilema)
e	**e** (Eduardo, Elena, crear)
f	**efe** (filosofia, favor)
g	**ge** (Genaro, gitanilla, gente)
h	**hache** (Héctor, hola, hay, ahí)°
i	**i** (iguana, idea, iglesia, criar)
j	**jota** (jefe, jirafa)
k	**ka** (kilómetro, koala, karate°)
l	**ele** (Lola, loco)
m	**eme** (mano, mercado)
n	**ene** (número, novela)
ñ	**eñe** (año, España, niño, ñame)
o	**o** (ojo, oído)
p	**pe** (parque, pelea, peor)
q	**cu** (queso, química, querida°)
r	**ere** (pero, aéreo)
s	**ese** (silencio, señor)
t	**te** (túnel, traje)
u	**u** (unión, uva, ciudad)
v	**ve** (valor, verdad, Venezuela)
w	**doble ve** o doble u (whisky, Walter°)
x	**equis** (éxito, éxodo)
y	**i griega** (Yolanda, yate)
z	**zeta** (zapato, zoológico, zurdo°)

°La única letra del español que siempre es muda es la 'h' (no tiene sonido).

°Las únicas palabras con 'k' son de origen extranjero.

°La 'q' siempre va seguida de 'u' —muda— y 'e' o 'i'.

°Las únicas palabras con 'w' son de origen extranjero.

°La 'z' viene seguida de 'a, o, u'. Solamente unas pocas palabras de origen extranjero tienen la combinación 'ze' o 'zi', como Zeppelín y zíper. En la mayoría de los casos las palabras extranjeras pasan a escribirse con 'c', como cenit (originalmente zenit) y cinc (antes zinc).

Las combinaciones de letras forman palabras y el usar las letras correctamente permite que se mantenga la ortografía de la lengua. Sin embargo, no todas las letras representan siempre el mismo sonido.

Consonantes que cambian de sonido

c	casa, cosa, cuchara, clima, cruz	Este sonido aparece antes de 'a, o, u, l, r'.
	cemento, cigarro	Este sonido sólo aparece antes de 'e' o 'i'.
	chico, chimenea, muchacha	La 'ch' ya no se considera una letra del español pero se mantiene el sonido.
g	ganas, gorro, gusto, globo, grito	Este sonido aparece antes de 'a, o, u, l, r'.
	guerra, guitarra, Guillermo	Este sonido se logra colocando una 'u' muda entre la 'g' y la 'e' o la 'i'.
	güero, pingüino, bilingüe	Para que la 'u' tenga su sonido característico, se le debe agregar la diéresis (¨).
	general, girasol, colegio	Este sonido sólo aparece antes de 'e' o 'i' y es igual al sonido de la 'j'. La lectura en español le va a ayudar a reconocer cuales palabras se escriben con 'j' o con 'g'.
l	luna, lana, inteligente	La 'l' y la 'll' ya no se consideran dos letras diferentes del español; sin embargo, mantienen dos sonidos distintos.
ll	lluvia, llave	
y	yuca, yegua, mayo, muy, estoy	La 'y' a principio o en medio de palabra tiene un sonido distinto a cuando aparece a final de palabra o cuando se encuentra sola. En estos casos suena como la vocal 'i'.
r	Roberto, Ricardo, caro, pero	La 'r' suena fuerte a principio de palabra.
rr	carro, perro	Para que suene fuerte en medio de palabra, tiene que ser doble.
x	xenofobia, xilófono, examen, taxi, México	La 'x' tiene tres sonidos distintos. Suena como 's' a principio de palabra y como 'ks' en medio de palabra. En palabras que vienen del náhuatl°, tiene el sonido de la 'j'.

°Náhuatl es la lengua que hablaban los aztecas.

La pronunciación de algunos sonidos varía dependiendo de la región. Por ejemplo, la 'z' y la combinación 'ce' y 'ci' en América se pronuncian igual que la 's' mientras que en España se pronuncian como la combinación 'th' del inglés *(thin)*.

Los sonidos de la 'y' y la 'll' son los que más variación tienen en el mundo hispanoparlante aunque para la mayoría de los hablantes estas dos letras tienen el mismo sonido. En España se producen dos pronunciaciones diferentes; la 'll' tiene un sonido parecido a la combinación 'li' que encontramos en la palabra *million* del inglés, mientras que la 'y' se pronuncia igual que en la mayoría de los países de América Latina. En Argentina y Uruguay, la 'll' y la 'y' tienen un sonido similar al de 'ge' de la palabra *rouge* en inglés o también al de 'sh' en *show* en inglés.

P-4. A manera de laboratorio. Escriba lo que su profesor/a lea.

____

____

____

____

____

Vocabulario

El español y el inglés comparten muchos cognados —palabras básicamente idénticas en ambos idiomas. Sin embargo, no se escriben exactamente iguales. ¿Puede Ud. escribir la palabra equivalente en inglés y señalar la(s) diferencia(s)?

español	inglés	diferencia ortográfica
aparecer	*appear*	
la atención		
bilingüe		
la calidad		
el carácter		
comprender		
el entusiasmo		
el fenómeno		
la inmigración		
inteligente		
necesario		
ofendido		
el parque		
la razón / razones		

P-5. ¡En español, por favor! Traduzca el párrafo al español.

1. My friend Tere and I are bilingual. Yesterday we were at the park talking and a woman next to us was offended because she couldn't comprehend what we were saying. Why was she paying attention to our conversation? Any intelligent person knows that if Tere and I wanted to talk about someone we don't even know, we would do it after she left.

   ____

   ____

   ____

   ____

2. Immigration is not a new phenomenon. It is part of a human being's character to want to improve the quality of life of one's family. Some individuals appear in a new country because of political reasons while others do it because of economic ones. Both have the enthusiasm necessary to start a new life.

   ____

   ____

   ____

   ____

Gramática

Artículos definidos e indefinidos

El español tiene cuatro formas del artículo definido (equivalente a *the* en inglés): *el, la, los, las,* y cuatro formas del artículo indefinido: *un, una* (equivalente a *a/an* del inglés) y *unos, unas.*

el idioma / **un** idioma	**los** idiomas / **unos** idiomas
la lengua / **una** lengua	**las** lenguas / **unas** lenguas

El artículo siempre tiene que concordar con el sustantivo en género (femenino o masculino) y número (singular o plural). El uso del artículo en español no siempre es igual a su uso en inglés. También hay casos en que la forma del sustantivo dificulta la selección del artículo. Algunos usos que pueden ser problemáticos se presentan a continuación.

Situaciones en que el artículo es obligatorio

Delante de un título cuando se habla de esa persona, pero no cuando se le habla a la persona directamente.

La doctora López siempre habla en español con sus pacientes hispanos.

El señor Guerra ahorra dinero para traer al país a su familia.

—Profesor Bonilla, ¿cuándo se mudó a Estados Unidos?

Se usa para referirse a partes del cuerpo, a diferencia del inglés que usa el adjetivo posesivo.

Me duele **la** cabeza. *(**My** head hurts).*

Ernesto se cortó **la** mano. *(Ernesto cut **his** hand).*

Cuando queremos expresar que hacemos algo con regularidad cierto día de la semana, el artículo *los* va delante del nombre del día. Si vamos a hacer algo un día en particular, se usa el artículo *el* (mientras que en inglés se usa *on* en ambos casos).

Nos gusta ver programas en español **los** domingos.

Lucía y Yolanda van a escuchar una charla **el** viernes.

Situaciones en que se omite el artículo

Después del verbo *ser* los sustantivos que denotan tipos de trabajo, partidos políticos, religiones, nacionalidades u otras agrupaciones de miembros no llevan artículo indefinido a menos que venga modificado por un adjetivo.

Mi hermano es pintor.	Mi hermano es **un** pintor famoso.
Luis es demócrata.	Luis es **un** demócrata conservador.
El Sr. Pereira es católico.	El Sr. Pereira es **un** católico practicante.
El esposo de Ana es hispano.	El esposo de Ana es **un** hispano anticuado.

Con los nombres de reyes y otros honoríficos no se usa artículo delante del número ordinal que es parte del nombre.

Enrique VIII	Enrique Octavo
Luis XIV	Luis Catorce
Juan Pablo II	Juan Pablo Segundo

Palabras de género femenino que toman los artículos *el* / *un*

De la misma forma que el inglés tiene dos artículos indefinidos *a* y *an* para poder usar el segundo con palabras que empiezan con 'a' *(an accident)* y no tener dos que pronunciarse 'a' seguidas *(*a accident)*°, el español reemplaza el artículo femenino singular *(la / una)* por el masculino cuando una palabra comienza con una 'a' acentuada ('a' tónica) para evitar la repetición de la 'a' *(*la agua / *una agua).*

°El asterisco (*) indica una forma o construcción incorrecta.

el agua limpia	**las** aguas limpias
el alma pura	**las** almas puras
el acta corta	**las** actas cortas
el águila hermosa	**las** águilas hermosas

Esta regla también aplica a palabras que empiezan con 'h' seguida por una 'a' tónica.

el hada	**las** hadas
el habla	**las** hablas
el hacha	**las** hachas

Esto no quiere decir que todas las palabras que comienzan con 'a' tónica son femeninas.

el año pasado	los años perdidos
el árbol pequeño	los árboles altos

¿Cómo se sabe si las palabras que comienzan con 'a' tónica son femeninas o masculinas? Existen dos maneras de identificarlas: (1) si el adjetivo que las acompaña es femenino *(el agua limpia / *el agua limpio)*; y (2) si el artículo en plural es *las* *(**las** aguas / *los aguas)*.

Sustantivos masculinos terminados en 'a'

Hay palabras que debido a que terminan en 'a' parecen ser femeninas. Sin embargo, son masculinas. Nótese que terminan en 'ma'.

el clima frío
el diploma ganado
el idioma extranjero
el problema complicado
el sistema cerrado
el tema conversado

También a este grupo se necesita agregar

el día nublado
el planeta frío
el mapa roto
el Papa

Contracción de preposición y artículo

Algo similar al fenómeno de *el agua* sucede cuando las preposiciones *a* o *de* preceden al artículo definido *el*. Simplemente por razones fonológicas (de sonido), se contraen los dos elementos.

a + el = **al**	Voy **al** parque.	Conozco **al** profesor.
de + el = **del**	Él es **del** Perú.	La mochila es **del** estudiante.

Esto no ocurre si: (1) el artículo es parte de un nombre propio; (2) cuando las preposiciones vienen seguidas del pronombre *él*, no del artículo *el* (que no lleva acento escrito).

Muchos mexicanos van **a El Paso** de compras.

Roberto es de **El Salvador.**

Leo fue una vez pero **a él** no le gustó nada.

Realmente **de él** no sé nada más.

P-6. Casos de la vida: En busca de talentos. Llene los espacios en blanco con la forma que complete el contexto correctamente. Elija entre **de él, del, a él** y **al.**

I

¡Qué interesante es el caso **(1)** _____________ joven actor Ramiro Torres! A pesar de venir **(2)** _____________ campo y ser de familia humilde ha logrado sobresalir **(3)** _____________ entrar en el mundo de la actuación. Curiosamente la pronunciación **(4)** _____________ español en las actuaciones **(5)** _____________ pertenecía **(6)** _____________ campesinado **(7)** _____________ estado de Guerrero y **(8)** _____________ tener que estudiar actuación en una universidad **(9)** _____________ Distrito Federal tuvo que cuidarse **(10)** _____________ hablar y **(11)** _____________ escribir la lengua. Su pronunciación mostraba un fuerte acento regional y muchos compañeros se burlaban **(12)** _____________ cuando actuaba.

de él, del, a él, al

II

(1) ______________ principio de sus estudios **(2)** ______________ no le importaba lo que pensara la gente, pero el profesor favorito **(3)** ______________ le aconsejó en la clase que tomara cursos de dicción para que adquiriera una pronunciación estándar, de manera que tuviera las mismas oportunidades que los demás estudiantes **(4)** ______________ pedir papeles importantes. Por supuesto, nunca le dijo que renunciara **(5)** ______________ acento original **(6)** ______________ lugar donde había nacido porque éste tenía estrecha relación con la identidad **(7)** ______________ y la de su familia. **(8)** ______________ contrario, la pronunciación, los dichos populares y la gracia de su acento regional le daban a Ramiro una chispa especial sólo **(9)** ______________ y de nadie más. Aún así **(10)** ______________ le parecía que traicionaba sus raíces y temía que de un momento a otro algún pariente se avergonzara **(11)** ______________, pero no fue así. El primer día que actuó en público se aparecieron padres, tíos y hermanos, y le demostraron con sus aplausos, sus porras y sus sonrisas lo orgulloso que estaban **(12)** ______________. El padre les decía a todos que el talento de Ramiro lo había heredado **(13)** ______________ y de nadie más. ¡Adelante Ramiro!

Vocabulario

La palabra *cita* en español tiene dos significados diferentes en inglés. ¿Sabe cuáles son? Si no está seguro/a, búsquela en el diccionario.

1. ______________ 2. ______________

¿Cómo se escriben los siguientes cognados en inglés? ¿Qué diferencia(s) existe(n) entre el inglés y el español?

español	**inglés**	**diferencia ortográfica**
la batería	______________	______________
la oficina	______________	______________
sugerir	______________	______________
el teléfono	______________	______________

P-7. ¡En español, por favor! Traduzca el párrafo al español. Preste atención a los usos de los artículos que difieren del inglés.

Yesterday I called Dr. Rodríguez to make an appointment. She is a friend of my cousin's and he suggested that I should go see her. On Sunday he came over to go out, but my head hurt because of all the documents I had to complete and we stayed home. I will meet her at her office on Tuesday. My cousin drew me a map, but the problem is that the battery on my telephone does not work and I will not be able to call him if I get lost.

____

____

____

____

____

hay, ay, ahí, allí

El sonido /ái/, con la fuerza de la pronunciación sobre la 'a', puede escribirse de dos maneras en español, dependiendo del significado.

Hay muchos estudiantes este semestre.

¡Ay! Me lastimé.

Por otra parte, el sonido /aí/ con la fuerza de la pronunciación en la 'í' siempre se escribe *ahí.*

Tu libro está **ahí.**

La palabra *allí* también se puede usar en lugar de *ahí.*

Tu libro está **allí.**

Práctica. Escriba una oración con cada una de estas palabras.

1. (hay) ______
2. (ay) ______
3. (ahí) ______

Gramática

Plural de los sustantivos

La creación del plural en los sustantivos en español es sencilla en los casos regulares. Por ejemplo, si un sustantivo finaliza con una vocal, se le añade una {s}: *lengua / lenguas, persona / personas, año / años.* Por el contrario, si el sustantivo termina con una consonante, la forma plural se logra añadiéndole {es}. Por ejemplo, *universidad / universidad**es**, reloj / reloj**es**, hogar / hogar**es***, etc. Por lo general, los hablantes del español no tienen dificultad en producir estos cambios. Sin embargo, hay casos en la escritura que requieren del conocimiento de las reglas gramaticales.

Las palabras españolas que terminan con 'z' en singular pasan a tener una 'c' en el plural (*pez / peces, luz / luces*). Pluralice los siguientes sustantivos.

1. la cruz ______
2. la paz ______
3. la raíz ______
4. una vez ______
5. una actriz ______
6. una nuez ______

Los sustantivos que acaban en 'í' acentuada o 'ú' acentuada se pluralizan con {es}, como *el rubí / los rubí**es*** y *el bambú / los bambú**es**.* ¿Cómo se escriben en plural los sustantivos a continuación?

1. un colibrí ______
2. un israelí ______
3. un iraquí ______
4. el hindú ______
5. el ají ______
6. el cebú ______

Los sustantivos que acaban en 's' y que **no** tienen la fuerza de la pronunciación en la última sílaba no se pluralizan, como *el análisis / los análisis, el lunes / los lunes*. Cambie los siguientes sustantivos a su forma plural y no se olvide de los artículos.

1. la crisis ____________
2. la neurosis ____________
3. el jueves ____________
4. una hipótesis ____________
5. una parálisis ____________
6. el brindis ____________

Compare los sustantivos recién mencionados con *el mes / los mes**es**, el inglés / los ingles**es***.

Los apellidos no tienen plural: los Peña, los García y los Rodríguez.

P-8. Pluralice. Con un/a compañero/a escriba el plural de cada palabra con el artículo correspondiente.

1. la mamá ____________
2. el abrelata ____________
3. un café ____________
4. el manatí ____________
5. el héroe ____________
6. un disfraz ____________
7. el maní ____________
8. el menú ____________
9. un rey ____________
10. la cicatriz ____________
11. un análisis ____________
12. el jabalí ____________

Gramática

Concordancia en la oración

Un sustantivo o nombre debe mantener una relación de número —singular o plural— y de género —masculino o femenino— con las palabras que lo modifican. Por eso decimos que existe concordancia de número y de género entre el sustantivo y las palabras que lo acompañan (sus modificadores).

el muchach**o** simpátic**o**
la muchach**a** trabajador**a**

los muchach**os** preocupad**os**
las muchach**as** cansad**as**

El segundo tipo de concordancia que encontramos en una oración es el que existe entre el sustantivo y el verbo. El verbo tiene que llevar la terminación que corresponda al sujeto de la oración.

La chica enfrent**ó** muchas dificultades después de inmigrar.

Los trabajadores entend**ían** sus responsabilidades.

P-9. Casos de la vida: El español en América. Haga los cambios necesarios para que las siguientes oraciones aparezcan en plural. Si tiene que agregar u omitir artículos, hágalo. Siga el siguiente modelo.

La luz de la civilización europea se apoderó del nuevo territorio americano.

Las luces de las civilizaciones europeas se apoderaron de los nuevos territorios americanos.

1. La voz de todo hablante latinoamericano debe ser tomada en cuenta por la academia de la lengua cuando acepta la nueva palabra.

____

____

2. La raíz del dialecto del español que se habla en América ha estado en contacto con la lengua amerindia.

____

____

3. La conquista y colonización del territorio americano irónicamente se llevó a cabo con la cruz del misionero abriendo camino y posteriormente la doctrina religiosa del país imperialista europeo se fue mezclando con el lenguaje y la cultura del indio americano.

____

____

____

4. Por tal razón, tanto el dialecto que se habla en América como la tradición refleja hoy la influencia católica e indígena.

____

____

5. Posteriormente ocurre un nuevo contacto con la lengua que trae el negro africano y surge una característica singular que le dan al territorio la base para la nueva nacionalidad.

____

____

6. La lengua africana, como anteriormente la indígena, aporta la palabra nueva y enriquece tanto al dialecto que se habla en la región como a la cultura.

____

____

7. En fin, el contacto entre una lengua con la otra no la daña sino que la enriquece.

____

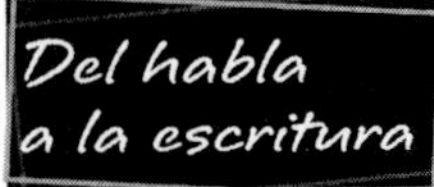

Sustantivos singulares con referencia plural

Algunos sustantivos abarcan grupos de personas; sin embargo, concuerdan con el verbo en singular a menos que exista una referencia plural a través del artículo u otro modificador. La palabra *gente,* por ejemplo, no es plural a pesar de que está implícita esta idea. Veamos otros ejemplos,

Mi familia es muy grande.	Las familias Pérez y Gómez son grandes también.
La orquesta tocó toda la noche.	Las dos orquestas tocaron magníficamente.
La gente se veía emocionada.	

Práctica. Termine las oraciones.

1. El grupo de trabajadores ______________________________
____
2. La mayoría de los hispanos ______________________________
____
3. Siempre que la gente ______________________________
____

Ortografía

Uso de mayúsculas y minúsculas

Las siguientes palabras comienzan con letra mayúscula:

1. La primera letra de toda oración

Nunca pensé que iba a divertirme tanto en la fiesta de Mercedes.	**L**a pasé de maravilla. **O**jalá tenga otra muy pronto.

2. Todos los nombres propios

Mabel **G**onzález	el río **A**mazonas	**I**talia
Adrián **P**érez	la **S**ierra **M**adre	mi gata **J**ulieta

3. Los títulos en su forma abreviada°

Sr., **S**ra., **S**rta.	**U**d., **U**ds.	**D**r., **D**ra.

°*Si no se abrevia el título se escribe con minúscula:* señor, doctor, *etc.*

4. Los títulos cuando sustituyen al nombre

el **P**residente	(pero el presidente Kennedy)
el **P**ríncipe	(pero el príncipe Felipe)

5. Los nombres de divinidades

Dios	**A**lá	**J**ehová
Cristo	la **V**irgen	**B**endito sea **T**u **N**ombre

6. Los días feriados

Navidad el **D**ía de la **I**ndependencia

7. La primera letra de un título (a menos que apliquen 1–6)

El coronel no tiene quien le escriba
Pioneros puertorriqueños en **N**ueva **Y**ork
La mejor **N**avidad de mi vida
Pedro **P**áramo

Las siguientes palabras comienzan con letra minúscula:

1. Los días de la semana, los meses del año y las estaciones

lunes, martes, miércoles...
enero, febrero, marzo...
otoño, invierno, primavera, verano

2. Los nombres de idiomas y los gentilicios°

español, inglés, vietnamita,
estadounidense, venezolano, marroquí, australiano

°Los gentilicios son adjetivos que indican el lugar de origen o nacionalidad de una persona o grupo.

3. Las asignaturas

las matemáticas, la sicología, las ciencias

4. Los adjetivos de religión

musulmán, cristiano, católico

5. Los partidos políticos

demócrata, republicano, socialista

6. Los puntos cardinales

norte, sur, este, oeste

P-10. A manera de laboratorio. Escriba lo que su profesor/a lea.

____

____

____

____

____

Vocabulario

¿Cómo se escriben los siguientes cognados en inglés? ¿Qué diferencia(s) existen entre el inglés y el español?

español	inglés	diferencia ortográfica
atractivo/a	___________	___________________________
la clase	___________	___________________________
difícil	___________	___________________________
español	___________	___________________________
la filosofía	___________	___________________________
físicamente	___________	___________________________
hebreo	___________	___________________________
inglés	___________	___________________________
italiano	___________	___________________________
judío	___________	___________________________
las matemáticas	___________	___________________________
el/la profesor/a	___________	___________________________
la química	___________	___________________________
trilingüe	___________	___________________________

P-11. ¡En español, por favor! Traduzca los párrafos al español. Tenga cuidado con el uso de mayúsculas y minúsculas.

1. My friend Rebeca is from Argentina. She was born on December 25th. It must be difficult to have one's birthday on Christmas. Her family is very interesting. Her mother speaks Spanish and Hebrew. Rebeca's maternal grandparents are Jewish. Her father speaks Spanish and Italian because his parents came from Italy. They are Catholic. She is a very attractive girl, physically and spiritually. Now the whole family lives in the U.S. and they all have U.S. citizenship.

____

____

____

____

2. I take four classes at the university this semester: math, chemistry, philosophy, and English. My high school Spanish teacher was Venezuelan, and my Spanish professor is from Guatemala and he has been living in the U.S. for three years. His name is Guillermo Domínguez. He is very intelligent. He speaks three languages; he is trilingual. He speaks Spanish, Portuguese, and English. I want to write in Spanish as well as I write in English, and I am going to work hard these fall and spring semesters.

____

____

____

____

Capítulo 1

Mi familia

Lectura
Nunca es tarde si la dicha es buena
Cápsula cultural
Los padres y los parientes
Gramática
Verbos
Verbos en el pasado
Acciones en el pretérito
Estados en el pretérito
Acciones en el imperfecto del indicativo
Estados en el imperfecto del indicativo
Pretérito del indicativo
Conjugaciones de los verbos
Del habla a la escritura
bailaste vs. **bailastes*
Ortografía
Acentuación—Fase I: Palabras que terminan en vocal
Gramática
Cambios ortográficos en la primera persona del pretérito
Cambios ortográficos en la tercera persona del pretérito
Cambios en la raíz en el pretérito
Verbos irregulares en el pretérito
Del habla a la escritura
dijeron vs. **dijieron*
Gramática
Imperfecto del indicativo
Del habla a la escritura
bailábamos vs. **bailábanos*
Ortografía
Acentuación—Fase II: Dos vocales juntas
Cápsula cultural
¿Gritan las gallinas en español?
Vocabulario
Cognados falsos
Calcos
Préstamos

http://thomsonedu.com/Spanish/Conozcamonos

Lectura

Antes de leer

1-1. ¿Cuánto sabemos? Conteste las siguientes preguntas.

1. ¿Cuándo llegó su familia a Estados Unidos? ¿Quién (o quiénes) vino primero? ¿Por qué razones salió de su país?

   ____

   ____

   ____

2. ¿Qué piensa usted de una pareja que tiene hijos sin pensar en los problemas que existen para mantenerlos?

   ____

   ____

   ____

3. ¿Cómo cree usted que una mujer debe dividir sus obligaciones familiares y profesionales? ¿Qué diferencia existe en nuestra sociedad entre las responsabilidades del hombre y las de la mujer?

   ____

   ____

   ____

   ____

   ____

¡A leer!

Nunca es tarde si la dicha es buena

En este nuevo milenio nuestra familia ha puesto grandes esperanzas en el futuro de nosotros que somos la nueva generación. En mi casa somos cinco, mi madre y mi padre, mis dos hermanas y yo. Soy el hijo mayor de la casa y me llamo Enrique Guerra Quintanilla, aunque todos me conocen como Quique.

Mi padre, Miguel Guerra, **llegó** a Estados Unidos cuando **tenía** solamente quince años. **Pasó** por muchas dificultades para legalizar su estado migratorio hasta que finalmente se **matriculó** en una escuela preparatoria de Estados Unidos. Lamentablemente lo **atrasaron** dos años de estudio por no dominar bien el inglés. Allí **conoció** a mi madre, Alicia Quintanilla, que **había** nacido en ese pueblo y se **enamoraron** locamente. Antes de terminar la preparatoria mi madre **quedó** embarazada de mí y se **creó** un gran caos en la familia. Mis abuelos maternos se **enojaron** mucho con mi mamá porque **sabían** que **era** muy inteligente y **soñaban,** desde que **era** pequeña, conque fuera la primera de la familia en graduarse de la preparatoria. Sin embargo, mis padres **tuvieron** que casarse de inmediato porque mis abuelos no **querían** que su primer nieto naciera fuera del matrimonio. Mi madre **tuvo** que dejar la escuela a los dieciséis años para esperar su bebé. En el pueblo los empleos no **pagaban** lo suficiente debido a que **había** gran cantidad de mano de obra barata disponible y mi padre **estaba** *más 'pelao' que las rodillas de una cabra.* Fue cuando **decidió** probar fortuna en la ciudad y la excusa perfecta para alejarse de sus suegros...o sea, mis abuelos. Siempre nos **decía** con picardía, y sin que mamá lo oyera, *¡los parientes y el sol, entre más lejos, mejor!* **Quería** alcanzar, como todo inmigrante, el sueño americano y proveernos de las oportunidades que él nunca **tuvo.** Se **proponía,** una vez llegara a la ciudad, conseguir un empleo, ahorrar dinero y alquilar una casa para mandarnos inmediatamente a buscar. Sin embargo, al llegar a esta ciudad **pensó** que se **había** *metido en la boca del lobo y* **tuvo** que compartir una pequeña residencia con diez personas de diferentes nacionalidades que **trabajaban** tan duro como él. En esa vivienda **había** colombianos, nicaragüenses, dominicanos y hasta un argentino. Mi padre **trabajaba** durante el día en una ferretería y en las tardes **consiguió** empleo como lavaplatos en una cafetería. Tan pronto como **ahorró** un dinerito, **alquiló** un apartamento en una de las zonas más humildes de la ciudad y le **envió** a mi madre los boletos del autobús para que finalmente estuviéramos los tres juntos.

En aquellos años no **existía** la educación sobre el control natal que existe hoy en día, y en las siguientes primaveras **nacieron** mis dos hermanas menores, Sofía y Josefina. Mi padre **descubrió** lo difícil que era ajustarse al refrán popular *a la mesa de San Francisco, donde comen cuatro, comen cinco* y en ocasiones se **dormía** en una silla del cansancio de tanto trabajar. En las Navidades a mis amigos les **regalaban** juegos electrónicos y tenis caros de los que se **anunciaban** por televisión mientras que yo **recibía** la ropa o los zapatos que **iba** a usar durante el año escolar. Mi madre nos **compraba** casi toda la ropa en una tienda de artículos usados y nunca nos **atrevimos** a protestar. Sofía y Josefina **estaban** más pequeñas y **recibían** muñecas rubias de ojos azules. Quizás fue ésa la razón por la que años más tarde deseaban teñirse el pelo de rubio y comprarse lentes de contacto azules. A veces mis amigos se **burlaban** de mí cuando se **enojaban** conmigo y se **reían** del corte de cabello que mi propia madre me **daba** cada tres semanas o de lo corto que me **quedaban** los pantalones a consecuencia de mi rápido crecimiento. **Fue** cuando **aprendí** que *del árbol caído todos hacen leña* y **trataba** de no hacerles caso porque **sabía** que mi padre **hacía** todo lo que **estaba** a su alcance para darnos lo necesario. Mi madre **decía** que el sacrificio de mi padre **iba** a dar fruto algún día y, por eso, nos **ayudaba** en las tareas de la escuela y nos **obligaba** a estudiar todos los días. **Quería** que nosotros tuviéramos una carrera universitaria y **estaba** siempre en nuestra escuela atenta a nuestro progreso académico. Tan pronto como mi hermana menor **comenzó** a estudiar el primer grado y mi madre **tuvo** las mañanas libres, **decidió** terminar la escuela preparatoria. **Era** el sueño de sus padres y los **quería** sorprender algún día regalándoles el diploma que no había podido conseguir. Mi padre la **quería** tanto que la **apoyó** en lo que **pudo. Sabía** que mi madre **creía** que la educación **era** un tesoro que nadie le **podía** arrebatar en la vida y además **estaba** arrepentida de la oportunidad que **perdió** cuando **tenía** dieciséis años de edad. Mi mamá **quería** darnos un buen ejemplo porque **temía** que nosotros cometiéramos el error de ella al casarse tan joven y, por eso, **estudiaba** día y noche hasta que **logró** su objetivo.

El día que se **graduó fue** muy especial para todos nosotros y mi padre nos **llevó** a cenar al restaurante más elegante que jamás habíamos visto, ignorando las peticiones de mis hermanas que sólo **querían** comer hamburguesas en McDonald's. ¡O la comida **estaba** deliciosa o, como dicen, *cuando hay hambre, no hay pan duro*!, pero todavía recuerdo aquel momento y me saboreo. Tan pronto **terminamos** y nos **llegó** la cuenta, mi madre se **puso** muy nerviosa. No por cl alto precio de la comida, sino por otra noticia que **quería** comunicarnos y no encontraba las palabras apropiadas para hacerlo. Mi padre inmediatamente **relacionó** este nerviosismo con el momento en que le había anunciado que **estaba** embarazada de Josefina **hacía** siete años y **estuvo** a punto de atragantarse con un pedazo de pollo que **masticaba**, pero ésa no **era** la razón. Sólo **quería** dejarnos saber que **iba** a asistir a la universidad con las intenciones de recibirse de maestra bilingüe y que ése era el diploma que **quería** regalarles a los abuelos. Mi padre **suspiró** profundamente sin pronunciar palabra; yo no **dormí** esa noche al imaginarme a mi madre todo el día en la misma escuela donde yo **estudiaba.** Aún así, Sofía y Josefina se mostraron indiferentes a la conversación e **insistían** en querer comer hamburguesas en McDonald's.

Compañeros, éstos **fueron** los primeros diez años de mi vida y los **quise** compartir con ustedes. ¿Pueden ustedes contarle a la clase alguna historia interesante de las dificultades que usted, un familiar o algún conocido pasó para llegar a Estados Unidos?

Después de leer

1-2. ¿Qué aprendimos? Conteste las siguientes preguntas.

1. ¿Cómo se llama la persona que narra la historia?
   Enrique Guerra Quintanilla.
2. ¿Quiénes son los miembros de la familia?
   Miguel, Alicia, Sofía, Josefina
3. ¿Qué hizo el padre para reunir el dinero y mandar a buscar a la familia?
   El trabajo durante el día como ferretería y en la noche lavando platos.
4. ¿Cómo describiría el carácter o la personalidad de Alicia?
   ella es luchadora y persistente.
5. ¿Qué hizo Alicia para cumplir el sueño de sus padres? ¿Qué noticia le da a su familia?
   ella regresó a terminar sus estudios. La noticia fue que ella va ser maestra bilingüe.

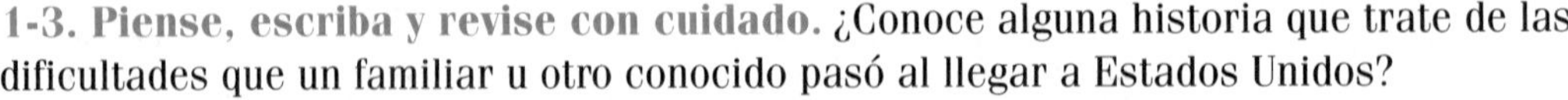

1-3. Piense, escriba y revise con cuidado. ¿Conoce alguna historia que trate de las dificultades que un familiar u otro conocido pasó al llegar a Estados Unidos?

1. Escriba en su computadora lo que recuerde dejando renglón por medio.
2. Organice sus ideas. Considere la manera más apropiada de contar la historia. Puede hacerlo cronológicamente, puede agrupar sus ideas de acuerdo a diferentes sucesos, etc.
3. Repase sus notas del **Capítulo preliminar** y aplique los conocimientos a su composición. Por ejemplo: revise el uso de mayúsculas, del artículo, etc.
4. Lea su trabajo completo y póngale un título apropiado.

Los padres y los parientes

Nuestros padres y parientes son todos miembros de nuestra familia. Sin embargo, usamos el término *padres* para referirnos a mamá y a papá, mientras que utilizamos *parientes* para referirnos a tíos, primos, abuelos, sobrinos, cuñados o cualquier persona relacionada con nosotros por sangre o vía matrimonial.

Gramática

Verbos

El verbo es la parte principal de la oración y puede describir un estado *(Me siento cansado)* o una acción *(Corro todos los días).* Es la única palabra que puede formar una oración por sí sola *(Estudio. / Comimos. / Soñaba.).* Los verbos en español se agrupan en tres categorías según las terminaciones del infinitivo, {ar}, {er}, {ir}, y éstas determinan la forma que toma el verbo en la oración.

primera conjugación {ar}	**segunda conjugación** {er}	**tercera conjugación** {ir}
bail**ar**	aprend**er**	abr**ir**
convers**ar**	beb**er**	asist**ir** (a)
dibuj**ar**	com**er**	compart**ir**
habl**ar**	comprend**er**	decid**ir**
llev**ar**	cre**er**	escrib**ir**
regres**ar**	le**er**	recib**ir**
tom**ar**	suced**er**	viv**ir**

Las distintas formas del verbo se categorizan de acuerdo al tiempo y al modo verbal. El español tiene tres modos verbales: el indicativo, el subjuntivo y el imperativo. El modo indicativo es el más usado y nos permite hablar de estados o acciones: (1) que ocurren en el momento del habla, (2) que suceden posterior a ese momento o (3) que han pasado con anterioridad al momento en que se expresa esta acción. Éstos últimos (3) son los primeros tiempos verbales que analizaremos en este capítulo.

Verbos en el pasado

Visit **http://www.thomsonedu.com/spanish** to practice these structures and listen to a Heinle audio chapter review on the difference between preterite and imperfect.

El español tiene dos tiempos verbales simples para hablar del pasado: el pretérito y el imperfecto.

Acciones en el pretérito

Ayer Estela y yo **fuimos** al centro comercial y **compramos** un montón de ropa.

Todos mis parientes se **reunieron** el viernes pasado para celebrar el cumpleaños de mi madre.

Estados en el pretérito

A Lorena no le **pareció** justa la decisión de su padre.

Los espectadores se **emocionaron** al oír el himno nacional.

Acciones en el imperfecto del indicativo

Mis hermanos y yo **visitábamos** a mis abuelos todos los veranos.

El panadero **pasaba** por el vecindario todos los días.

Estados en el imperfecto de indicativo

Mi abuela siempre **estaba** contenta cuando **tenía** a sus nietos cerca.

A Sofía y Josefina les **encantaban** los dulces.

Pretérito del indicativo

El verbo tiene que concordar con el sujeto de la oración. Es decir, para cada sujeto existe una forma verbal correspondiente. Por ejemplo, si tomamos la forma del infinitivo, {ar}, {er} o {ir}, y le quitamos esta terminación, nos quedamos con la raíz del verbo. A esta raíz le agregamos la forma personal que corresponde al sujeto y tenemos una conjugación.

Conjugaciones de los verbos

A continuación se presentan todas las formas del **pretérito** para los verbos regulares. Fíjese que las terminaciones aparecen en negrillas.

°Cuando *él* se refiere a una persona de sexo masculino o actúa como el pronombre de tercera persona singular, lleva acento. Por el contrario, cuando es artículo definido (*el libro, el muchacho, el señor López*), no lo lleva.

pronombre	*yo*	*tú*	*él°/ella/Ud.*	*nosotros/as*	*ellos/as/Uds.*
bail**ar**	bail**é**	bail**aste**	bail**ó**	bail**amos**	bail**aron**
aprend**er**	aprend**í**	aprend**iste**	aprend**ió**	aprend**imos**	aprend**ieron**
abr**ir**	abr**í**	abr**iste**	abr**ió**	abr**imos**	abr**ieron**

Es importante tomar en cuenta que todas las formas de la primera persona singular *(yo)* y las de la tercera persona singular *(él, ella, Ud.)* siempre llevan acento escrito en la última sílaba. La excepción a esta regla está formada por las formas verbales que sólo tienen una sílaba *(fui, fue, di, dio, vi, vio, rio)*.

El vendedor le **dio** la mercadería a Josefina.

La chica **rio** a carcajadas.

Quique no **vio** el anuncio pero yo sí lo **vi**.

1-4. Tablas. Llene la **Tabla A** (pág. 280–281) siguiendo las tres terminaciones que aparecen como modelo.

1-5. Del diario de Miguel: ***El que no la hace a la entrada, la hace a la salida.*** Llene los espacios en blanco con la forma del pretérito que complete el sentido de la historia.

I

Recuerdo la primera semana que ____________ (**1. vivir**) en esta ciudad. El primer día que ____________ (**2. viajar**) en autobús tuve un incidente tan vergonzoso que no me quiero acordar. En aquellos días había una huelga de autobuses y la compañía había contratado a choferes independientes que manejaban vehículos con espacio para diez personas solamente. Estaba la parada llena de pasajeros impacientes y me ____________ (**3. llamar**) la atención un hombre bigotudo que también esperaba como yo. El primer autobús ____________ (**4. pasar**) a las cuatro y quince e inmediatamente se ____________ (**5. llenar**) de pasajeros. Un señor grueso que estaba a mis espaldas ____________ (**6. tratar**) de entrar a la fuerza y me ____________ (**7. empujar**) con tal vigor que estuve a punto de romperme la cabeza con la ventana del autobús. Me caí al suelo y me ____________ (**8. levantar**) mirando hacia todas direcciones para saber si alguien se había dado cuenta de mi caída, y cuando ____________ (**9. voltear**) la cabeza ____________ (**10. encontrar**) al bigotudo riéndose con disimulo.

Comente. ¿Cómo se puede interpretar el refrán popular que aparece por título? ¿Se imagina una ciudad donde podría ocurrir esta aventura? ¿Toma usted el autobús o lo ha tomado como transporte diario? ¿Cree que es la manera más práctica de transporte?

II

Quince minutos más tarde ____________ (**1. aparecer**) otro autobús y me ____________ (**2. apresurar**) a tomarlo porque ya no quería verle la cara al bigotudo; sin embargo ni él ni yo tuvimos suerte. ¡Qué desgracia! A cada momento llegaban más pasajeros y ____________ (**3. temer**) perder mi segundo empleo por llegar tarde. Fueron los momentos en que soñaba con estar en mi pueblito cerca de Alicia y de mi pequeño Quique. De repente, dos autobuses se ____________ (**4. estacionar**) al mismo tiempo y yo me ____________ (**5. adelantar**) al grupo que comenzaba nuevamente con los atropellos para ubicarse en mejor posición. Me di cuenta de que era mi última oportunidad para llegar a tiempo a mi segundo empleo y también ____________ (**6. empujar**) a todo aquel que quería adelantarse. El autobús estaba prácticamente lleno cuando yo ____________ (**7. entrar**) y el chofer me dijo: —Lo siento, joven, pero la única silla vacía es la mía. Mi primer impulso fue mirar a los otros pasajeros en busca del bigotudo, pero como por acto de magia ____________ (**8. desaparecer**). Me ____________ (**9. enojar**) mucho mientras miraba hacia el segundo autobús y sin pensar ____________ (**10. gritar**): ¡Maldita sea mi suerte!, hasta el bigotudo se ____________ (**11. marchar**) en el autobús y yo, como tonto, me ____________ (**12. quedar**) una vez más. De repente, una voz gruesa se ____________ (**13. escuchar**) a mis espaldas diciendo: "Joven, el bigotudo no se ha ido. Está aquí todavía". No quise mirar hacia atrás y ____________ (**14. esperar**) pacientemente hasta que llegara otro autobús. Ésta fue la primera vergüenza que me ____________ (**15. ocurrir**) en la gran ciudad.

Comente. ¿Se ha expresado en voz alta sin saber que la persona de quién habla puede escuchar? ¿Qué sucedió?

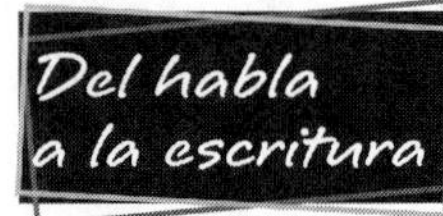

*bailaste vs. *bailastes*

La segunda persona singular *(tú)* termina en vocal en el pretérito, no en 's' (a pesar de que muchas veces escuchamos **bailastes, *aprendistes, *abristes).* Este cambio es muy común en todas las variedades del español. Vamos a ver más adelante que todas las formas de tú llevan 's' con la excepción de las formas del pretérito. Por eso, los hablantes tienden a agregar una 's' a la única construcción que no la tiene.

Práctica. Complete las oraciones con la forma correcta del verbo.

1. ¿Dónde trabajaste (trabajar: tú) ahora?
2. Pero, ayer no trabajaste (trabajar: tú), ¿verdad?
3. ¿Qué estudiaste (estudiar: tú) en la universidad este semestre?
4. ¿Estudiaste (estudiar: tú) anoche para el examen de hoy?

Ortografía

Visit **http://www.thomsonedu.com/spanish** to practice these structures and listen to a Heinle audio chapter review on accents and spelling.

Acentuación—Fase I: Palabras que terminan en vocal

Se ha notado que los verbos regulares del **pretérito** en la primera y la tercera persona singular se acentúan en la última vocal. Lea en voz alta:

	bailar	aprender	vivir
yo	bailé	aprendí	viví
ella/él/Ud.	bailó	aprendió	vivió

Cada uno de estos verbos termina en vocal y la fuerza de pronunciación recae precisamente sobre esa última vocal y, por esa razón, se acentúan.

Si extendemos este concepto e incluimos todas las vocales ('a, e, i, o, u'), podemos concluir diciendo que toda palabra en español que termina en **vocal** y la fuerza de la pronunciación recae sobre la misma, necesita ser acentuada. Veamos otros ejemplos de palabras que no son verbos y llevan la fuerza de pronunciación en la última vocal

sofá	bebé	israelí	dominó	bambú
acá	café	rubí	bongó	menú
Alcalá	chimpancé	ahí	Rodó	Perú

Existe un sinnúmero de palabras que participan del mismo fenómeno: *está, mamá, José, puntapié, allí, bisturí, cebú, Lulú.*

¡Cuidado! No significa que todas las palabras que terminan en vocal se acentúan. Todo lo contrario. La mayor parte de las palabras que terminan en vocal no se acentúan. Por tal razón, es importante que usted perciba la fuerza de la pronunciación en la vocal que finaliza la palabra.

Por ejemplo, las siguientes palabras **no se acentúan** porque no llevan la fuerza de la pronunciación en la última sílaba como las del grupo anterior. La fuerza de las palabras que terminan en vocal debe ir en la penúltima, y es ahí precisamente donde está la fuerza de las siguientes palabras.

ca**be**za	alca**hue**te	ma**ria**chi	**cur**si	ca**si**no
bel**le**za	fi**le**te	**Ca**li	espa**gue**ti	**pri**mo
a**mi**ga	**sie**te	**ca**si	**lin**do	**tri**bu

1-6. A manera de laboratorio. Explique la diferencia entre los siguientes pares.

A	B	A	B
papa	papá	camino	dominó
haya	allá	hongo	bongó
Jorge	José	hay	ahí
llave	café	caqui	aquí

1-7. A manera de laboratorio. Distinga la pronunciación de las palabras en negrillas.

Me gusta comer **papa** al horno. Me gusta comer con **papá.**

El cachorro **mama** del biberón porque su **mamá** no se puede levantar.

(Yo) **Hablo** español. (Ella) **Habló** español. (ayer)

Quiero que ella **hable** español. Ayer yo **hablé** español con ella.

Él **está** contento en **esta** clase. No creo que **este** niño **esté** preparado.

1-8. A manera de laboratorio. Elija un/a compañero/a que pronuncie en voz alta las palabras y acentúe las que tienen la fuerza en la última sílaba. Escriba la cantidad de acentos que encontró en el espacio en blanco.

I. Primer lector. Lea las palabras con naturalidad, haciendo las pausas.

1. muñeca, sofa, octava, manteca, ojala, alla, quiza, Tita ______
2. Bogota, poema, flaca, palabra, pirata, piñata, estaba, guayaba ______
3. camisa, vendra, Canada, escribira, estudia, aca, muchacha, Marta ______
4. dentista, Panama, cebolla, soda, casa, señorita, Olga, Juanita ______
5. bigote, pudiste, calente, cafe, suave, ave, comence, nieve ______
6. llave, estuve, comience, nave, cable, amable, garaje, puse ______
7. lenguaje, tendre, masaje, caminare, pasaje, salvaje, dare ______
8. bailare, aplaude, cine, hice, traje, nuve, pagare, dulce ______
9. Jose, Jorge, padre, quisiste, desperte, dijiste, fraile, aire ______
10. cobarde, empece, trajiste, quise, soñe, puntapie, chocolate ______

II. Segundo lector. Lea las palabras con naturalidad, haciendo las pausas.

1. superficie, nadie, rogue, trague, Josue, obedece, encontrare ______
2. bravo, estuvo, octavo, salio, milagro, comenzo, adulto ______
3. penso, escribio, aficionado, calzado, hizo, fallecio, dictado ______
4. consulado, criado, cuidado, cuñado, añadio, deportado, ajo ______
5. emigrado, empleado, estado, ganado, grado, pudo, helado ______
6. jurado, malvado, pecado, soldado, tejado, tratado, comio ______

7. quiso, pidio, alto, dijo, escribio, durmio, zorro, tesoro, horno ______
8. destrui, vivi, taxi, maniqui, casi, israeli, Miami, Haiti, cursi ______
9. asisti, papi, rubi, bebi, caqui, ahi, alli, pedi, mami, titi, espagueti ______
10. menu, Marilu, tribu, Peru, vudu, Moscu, Lulu, tabu ______

1-9. Casos de la vida: 'Lo que pasó, pasó'. Coloque los acentos sobre las palabras en negrillas que tienen la fuerza en la última sílaba.

1. yo: Esta mañana me **desperte** temprano, **prepare** el **cafe**, **busque** el periódico y me **sente** a leerlo. Cuando **mire** el reloj, vi que eran las once. Me **bañe** y me **vesti** rápidamente. **Sali** de la **casa**, fui al trabajo y **llegue atrasado** tres minutos.
2. tú: ¿Qué hiciste **anoche**? ¿Estudiaste para el examen o **fuiste** a jugar **domino** con Daniel? ¿Por qué **llegaste** tarde a **clase** esta **mañana**? ¿Te despertaste **tarde** o perdiste el autobús de las **ocho**?
3. Eduardo: El año pasado Eduardo **vivio** en Nueva York. **Asistio** a la Universidad de Columbia; **estudio arquitectura** y fue un **estudiante** excelente. **Hizo** una **maqueta** de un edificio y **gano reconocimiento** en la universidad. Todo el año **salio** con **Cristina**, una chica que **conocio** en un **restaurante** donde Eduardo **trabajo** dos meses.

1-10. Casos de la vida: Amo la vida de estudiante. Llene los espacios en blanco con la forma del **pretérito** que complete el contexto de las oraciones correctamente, y coloque los acentos sobre las palabras en itálicas que aparecen en orden alfabético.

1. Ayer Alicia ***(a)*** *tuvo* un día muy difícil. Por la ***(b)*** *mañana* se ______ **(levantar)** a las diez , se ______ **(bañar)** a las ***(c)*** *once* y ***(d)*** *cuarto* y ______ **(desayunar)** a las ***(e)*** *doce* en punto.
2. Su ***(f)*** *amiga* ***(g)*** *Noemí* ______ **(pasar)** a buscarla a la ***(h)*** *una* y ***(i)*** *veinte* porque habían ***(j)*** *acordado* almorzar juntas y se fueron inmediatamente. Ellas ______ **(llegar)** a un ***(k)*** *restaurante* ***(l)*** *italiano* a las dos y ***(m)*** *quince* y Noemi ______ **(ordenar)** la especialidad de la ***(n)*** *casa*, pero Alicia no ______ **(comer)** ***(ñ)*** *nada* porque no le ______ **(gustar)** lo que había en el ***(o)*** *menu*.
3. El ***(p)*** *camarero* del restaurante se ______ **(enojar)** ***(q)*** *mucho* porque después de haberles ***(r)*** *servido* por ***(s)*** *espacio* de ***(t)*** *hora* y ***(u)*** *media* le ______ **(dejar)** ***(v)*** *cincuenta* centavos de ***(w)*** *propina* y él las ______ **(mirar)** mal cuando ellas ______ **(salir)** del lugar.
4. A las cuatro de la tarde las dos ______ **(entrar)** a un cine y ______ **(mirar)** una película de misterio. Alicia ______ **(comprar)** palomitas de maíz porque ahora sí tenía hambre, pero Noemí solamente se ______ **(beber)** una Coca–Cola.
5. A las cinco y cuarto Noemí ______ **(decidir)** llevar a Alicia a la casa porque Miguel le había ***(x)*** *pedido* que llegara temprano. Esa tarde Alicia ______ **(regresar)** y se ______ **(acostar)** muy temprano porque tenía que estudiar la mañana siguiente para un examen.

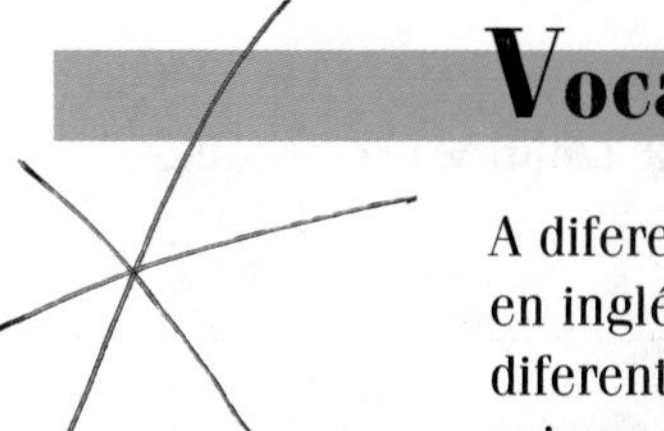

Vocabulario

A diferencia de **cognados** como *atención* y *attention,* que comparten el mismo significado en inglés y español, existen otros cognados como *carpeta* y *carpet* que tienen significados diferentes en los dos idiomas, y a éstos se les conocen como **cognados falsos.** Fíjese en la primera palabra de la columna A y escriba la palabra en inglés que tenga el mismo significado. Luego, trabaje con la columna C.

A **español**	B **inglés**	C **español**	D **inglés**
alfombra	*carpet*	carpeta	*binder*
asistir a	to attend	atender a	to serve
darse cuenta	to realize	realizar	accomplish
discusión	arguement	argumento	thesis

Un **calco** es un grupo de palabras o una frase que se traduce literalmente de un idioma a otro, como por ejemplo cuando los hablantes toman del inglés *to call back* y lo transfieren a su español a *llamar para atrás.* Finalmente, un **préstamo** es una palabra de un idioma que se adapta a otro mediante un ajuste de sonidos en la lengua receptora; por ejemplo, la palabra *market* del inglés se transforma en *marqueta* en el español del suroeste de Estados Unidos (EE.UU). ¿Puede Ud. escribir las palabras del inglés equivalentes a las que aparecen en español en la columna A? ¿Ha oído Ud. otra palabra? Escríbala en la columna C.

A **español académico**	B **inglés**	C **español de EE.UU.**
el almuerzo	*lunch*	*lonche*
aspirar	aspire	
la basura	garbage	
los buenos recuerdos	good memories	buenas memorias
la cuenta	the check	el cheque
el efectivo	in cash	con dinero
los muebles	furniture	
la oportunidad	opportunity	
regresar	go back	ir para atras
regresar la llamada	call back	llamar para atrás
la ropa sucia	laundry	
el supermercado	Supermarket	marqueta
trapear	mop	mopear

1-11. ¡En español, por favor! Traduzca las oraciones al español.

1. My parents never forgot the good memories they had from their country even though they never had a chance for a good job.

   Mi padres nunca olvidaron los buenos recuerdos que tuvieron de sus países aunque nunca tuvieron la oportunidad de un buen trabajo.

2. My grandparents always wanted us to come back.

   Mis abuelos siempre quisieron que nosotros regresamos.

3. Sofía used to fight with Josefina because neither of the two wanted to prepare lunch.

   Sofía peleaba con Josefina porque ninguna de ellas quisieron preparar el almuerzo.

4. The phone bill arrived late and I went to pay it in cash at the supermarket.

   La cuenta del teléfono llegó tarde y fui a pagarlo en efectivo en el supermercado.

5. Last night I took out the trash because the truck comes by early in the morning.

   Saqué porque ya viene temprano por la mañana.

6. Yesterday it was Josefina's turn to vacuum and Sofía dusted the furniture, but Enrique did not clean the carpet as he promised because he said he was tired.

   Ayer fue su turno para aspirar y depolvó no limpió .como lo prometió dijo que tenía sueño.

7. I asked him why he did not help us and he said with his innocent voice: "I was the one who mopped the kitchen floor yesterday and men should not do that."

8. My mom asked us for the laundry in order to wash it, but I only found two sweaters.

9. Uncle Gerardo called from Monterrey this morning to talk to Dad, but since he wasn't home, Dad is going to call him back this evening.

10. When they were little, Sofía and Josefina would hug after having an argument.

11. When my Dad bought the house, he did not realize all the work that it needed.

12. When I was on the border with my grandparents I attended summer school.

Gramática

Cambios ortográficos en la primera persona del pretérito

Hay dos grupos de verbos regulares que sufren cambios simplemente por razones fonológicas. Estos terminan en **-car** y **-gar** y para mantener el mismo sonido, la forma de la primera persona singular *—yo—*, cambia de 'c' a 'qu' o de 'g' a 'gu'. El grupo de verbos que termina en **-zar** tiene un cambio debido a que, como ya explicamos en el capítulo anterior, el español no permite las combinaciones 'ze' o 'zi'. Se necesita cambiar la 'z' a 'c'. Este cambio también sólo ocurre en la primera persona singular *(yo).*

	yo	*tú*	*él/ella/Ud.*	*nosotros/as*	*ellos/as/Uds.*
c→qu ata**car**	ata**qué**	atacaste	atacó	atacamos	atacaron
g→gu pa**gar**	pa**gué**	pagaste	pagó	pagamos	pagaron
z→c comen**zar**	comen**cé**	comenzaste	comenzó	comenzamos	comenzaron

Los verbos que terminan en **-guar** tienen que cambiar la combinación 'gu' a 'gü' enfrente de 'e' para poder mantener el sonido de la 'u'. El cambio sólo ocurre en la primera persona del singular. En este grupo encontramos *aguar, apaciguar, atestiguar, desaguar, santiguar.*

	yo	*tú*	*él/ella/Ud.*	*nosotros/as*	*ellos/as/Uds.*
averi**guar**	averi**güé**	averiguaste	averiguó	averiguamos	averiguaron

1-12. Tablas. Llene la **Tabla B** (pág. 282–283) siguiendo las tres terminaciones que aparecen como modelo.

1-13. Del diario de Alicia: *En tierra de ciegos, el tuerto es rey.* Llene los espacios en blanco con la forma del **pretérito** que complete el contexto de la historia correctamente, y coloque los acentos sobre las palabras en itálicas que aparecen en orden alfabético.

I

Mi primer día en la universidad fue traumático. En la mañana llegué **(1. llegar)** muy temprano y busqué **(2. buscar)** estacionamiento por veinte minutos, hasta que finalmente lo encontré **(3. encontrar).** Cuando apagué **(4. apagar:** yo) el auto todavía faltaban quince minutos para la clase de inglés y me tranquilicé **(5. tranquilizar)** porque sabía que llegaría a tiempo. Caminaba rápido mientras pensaba en mis tres ángeles cuando de pronto me tropecé **(6. tropezar)** con un señor de anteojos gruesos que caminaba leyendo el periódico. El señor se molestó **(7. molestar)** mucho y empezó **(8. empezar)** a decirme que me fijara por donde caminaba. Me ***(a)*** *sentí* mal porque le destrocé **(9. destrozar)** los anteojos gruesos. Se los recogí **(10. recoger)** y se los entregué **(11. entregar)** inmediatamente, pero me di cuenta de que los vidrios quedaron **(12. quedar)** destrozados. A pesar de que le expliqué **(13. explicar)** que no había sido mi culpa, y me disculpé **(14. disculpar)**, el señor me amenazó **(15. amenazar)** con pegarme con el periódico. Me decía: "Señorita, precisamente ayer pagué **(16. pagar)** trescientos dólares por estos anteojos y sin ellos no puedo ver". Ante su ***(b)*** *enojo* y sus palabras groseras, yo lo ignoré **(17. ignorar)** y avancé **(18. avanzar)** para llegar a tiempo a mi clase, pues solamente faltaban cuatro minutos para que ***(c)*** *comenzara.* No quería que nada ni nadie me echara a perder la experiencia del primer día en la universidad.

Comente. ¿Recuerda las emociones que sintió el primer día que asistió a la universidad? ¿Notó algunas diferencias en comparación con el primer día que entró a la preparatoria?

II

Cuando _______________ **(1. llegar:** yo**)** al salón todos los estudiantes estaban sentados en las primeras sillas y _______________ **(2. colocar)** mis cuadernos en el último asiento disponible. No había llegado el profesor todavía y tuve tiempo de tranquilizarme. De pronto se _______________ **(3. abrir)** la puerta y _______________ **(4. aparecer)** el señor que ***(a)*** *perdio* los anteojos cuando _______________ **(5. tropezar)** conmigo. Era el profesor de inglés e inmediatamente se _______________ **(6. excusar)** por haber llegado tarde. Él le _______________ **(7. contar)** a la clase el incidente que había tenido con una demente minutos antes de la clase y los estudiantes _______________ **(8. pensar)** que sólo era una excusa por haber llegado tarde. Solamente yo le ***(b)*** *crei*. Gracias a Dios no me _______________ **(9. reconocer)** debido a que nunca me _______________ **(10. llegar)** a ver con los anteojos puestos. Esa primera clase en la universidad fue muy corta porque el profesor no pudo leer la información que traía preparada. Por la noche le _______________ **(11. rezar)** a Dios de la misma manera que cuando me _______________ **(12. casar)** con Miguel. Le _______________ **(13. rogar)** que me ***(c)*** *ayudara* a ser buena madre, buena esposa y también buena estudiante. Durante el semestre _______________ **(14. comenzar:** yo**)** a usar gafas oscuras y hasta me _______________ **(15. teñir)** el cabello, de manera que el profesor no me reconociera. Me _______________ **(16. aplicar)** en su clase y fui una de las estudiantes más sobresalientes. Una vez él me _______________ **(17. entregar)** un ***(d)*** *trabajo* corregido y al fijar sus nuevos anteojos gruesos en mi rostro me dijo que mi cara le era familiar. Me puse muy nerviosa y ese día no _______________ **(18. almorzar)** debido al estrés. En resumen, a pesar de que _______________ **(19. tragar)** saliva todo el semestre por temor a que el profesor me reconociera, _______________ **(20. sacar)** una "A" porque me _______________ **(21. aplicar)** en su clase. ¡Qué mundo tan pequeño!

Comente. ¿Ha tenido un profesor intimidante? ¿En qué materia? ¿Le ha ocurrido algo similar? ¿Ha pasado un momento vergonzoso durante la primera semana en la universidad?

Vocabulario

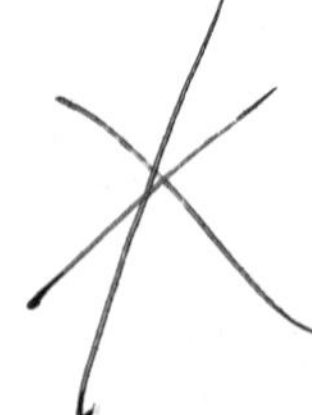

Traduzca la primera palabra de la columna A al inglés en la columna B. Esta palabra tiene un cognado falso en el español de Estados Unidos que aparece en la columna C. Busque el significado en inglés de esa palabra en el diccionario. Haga el mismo ejercicio con el resto de las palabras en la lista.

A **español**	B **inglés**	C **español**	D **inglés**
apoyar	*support*	soportar	*tolerate*
la confianza	_______________	la confidencia	_______________
la cuadra	_______________	el bloque	_______________
el inquilino	_______________	el teniente	_______________
el jardín/patio	_______________	la yarda	_______________
la materia/asignatura	_______________	el sujeto	_______________
la pandilla	_______________	la ganga	_______________

los parientes	____________	los padres	____________
la pregunta	____________	la cuestión	____________
presentar	____________	introducir	____________
la universidad	____________	el colegio	____________
los víveres	____________	las groserías	____________

El verbo *to move* en inglés tiene dos significados distintos en español. Traduzca las oraciones al español.

1. We moved to a new house last month. ______________________________
2. I moved my desk closer to the window. ______________________________

Las palabras en la columna A tienen variantes en el español de Estados Unidos que son calcos o préstamos del inglés. ¿Puede Ud. escribir las palabras del inglés equivalentes a las que aparecen en español en la columna A? ¿Ha oído Ud. otra palabra? Escríbala en la columna C.

A **español académico**	B **inglés**	C **español de EE.UU.**
la escuela primaria	____________	____________
la escuela secundaria	____________	____________
el/la gerente	____________	____________
el mercado	____________	____________

1-14. ¡En español, por favor! Traduzca las oraciones al español.

1. The block where my grandparents' house was located had a lot of old homes.

   ____

2. Quique preferred math in elementary school, but in high school his favorite subject was chemistry.

   ____

   ____

3. Sofía always had confidence in herself.

   ____

4. Quique, Sofía, and I knew the question that my parents would ask.

   ____

5. My uncle and his family moved because of all the gangs in the neighborhood.

   ____

6. My mother bought groceries from the same market every week until she had a huge argument with the manager.

   ____

   ____

7. My uncle and my aunt were introduced by a mutual friend.

____

8. My parents used to love it when relatives visited us.

____

9. We played in the yard every afternoon after school until my mother started college and we had to stay inside.

____

____

10. When we were little, we had a tenant in the apartment that was in the backyard.

____

11. My dad had to work two jobs to support our family.

____

12. Alicia dreamed of going to school to become a teacher.

____

Gramática

Cambios ortográficos en la tercera persona del pretérito

Un grupo de verbos cambia la 'i' a 'y' en la tercera persona singular y plural cuando la 'i' queda en medio de dos vocales. Este grupo incluye *construir, decaer, huir, incluir, recaer.*

	yo	*tú*	*él/ella/Ud.*	*nosotros/as*	*ellos/as/Uds.*
cre**er**	creí	creíste	creyó	creímos	creyeron
le**er**	leí	leíste	leyó	leímos	leyeron
o**ír**	oí	oíste	oyó	oímos	oyeron
ca**er**	caí	caíste	cayó	caímos	cayeron
destr**uir**	destruí	destruiste	destruyó	destruimos	destruyeron

Cambios en la raíz en el pretérito

Las irregularidades en el pretérito son de dos tipos. Un grupo de verbos de la tercera conjugación —los que terminan en {ir}— cambia la última vocal de la raíz sólo en la tercera persona singular y plural *(él, ella, Ud.* y *ellos, ellas, Uds.).* La 'e' se convierte en 'i' y la 'o' se transforma en 'u'. Las terminaciones verbales se mantienen exactamente iguales a las de los verbos regulares.

	yo	*tú*	*él/ella/Ud.*	*nosotros/as*	*ellos/as/Uds.*
preferir	preferí	preferiste	prefirió	preferimos	prefirieron
conseguir	conseguí	conseguiste	consiguió	conseguimos	consiguieron
dormir	dormí	dormiste	durmió	dormimos	durmieron

En el grupo que la vocal 'e' se transforma en 'i' encontramos a: *conseguir, despedir, medir, pedir, preferir, repetir, seguir, sentir, servir, vestir*. Entre los verbos que cambian de 'o' a 'u' se encuentran *dormir* y *morir*.

1-15. Tablas. Llene la **Tabla C** (pág. 284) tomando en cuenta los cambios que se presentaron en la sección anterior.

1-16. Del diario de Alicia: *No dejes para mañana lo que puedas hacer hoy.* Llene los espacios en blanco con la forma del **pretérito** que complete el sentido de la historia, y coloque los acentos sobre las palabras en itálicas que aparecen en orden alfabético.

I

No fue fácil para mí estudiar una carrera universitaria y, al mismo tiempo, mantener a la familia unida. El primer semestre de estudios _______________ **(1. creer)** que me iba a volver loca porque tenía la presión de las clases y las responsabilidades de la casa y mis hijos, y tuve también que enfrentar las inseguridades de un marido que temía que su esposa ***(a)*** *ganara* más dinero que él. Una noche Miguel me _______________ **(2. repetir)** tres veces durante la cena que yo no le dedicaba tiempo y que esa tarde _______________ **(3. oír)** una noticia que lo había puesto a meditar. De cien mujeres encuestadas que se _______________ **(4. graduar)** de la universidad, cincuenta de ellas _______________ **(5. destruir)** o _______________ **(6. romper)** la unidad del hogar durante los próximos cinco años divorciándose. Ese comentario me _______________ **(7. caer)** como una bomba porque siempre ***(b)*** *pense* que mi marido confiaba en mí y me ***(c)*** *moleste* porque quería educarme también para ayudarlo con los gastos del hogar. Además, habíamos llegado a un acuerdo mutuo antes de matricularme y no quería ***(d)*** *echarme* atrás tan rápido. Al día siguiente ***(e)*** *sali* para la universidad tan pronto como ***(f)*** *deje* a Sofía y a Josefina en la escuela. A ***(g)*** *Quique*, por ser el mayor y por ser varón, se le había enseñado a ser más independiente que sus hermanas. ¡Ése va a ser un macho como su padre!, decía Miguel constantemente porque estaba muy orgulloso de su primogénito.

Comente. ¿Estudió su madre o su padre una carrera universitaria? ¿Tuvieron las oportunidades que han tenido ustedes hoy día? ¿Pudieron estudiar después de haber tenido niños pequeños como Alicia?

II

Tan pronto _______________ (**1. llegar:** yo) a la universidad me ***(a)*** *encontre* con una compañera de clase llamada ***(b)*** *Noemi* que había intercambiado teléfonos conmigo y me ***(c)*** *pregunto* inmediatamente, ¿_______________ (**2. oír:** tú) la noticia sobre la relación entre las mujeres profesionales y los divorcios? Me _______________ (**3. leer**) del periódico la misma información que ya me había suministrado Miguel y _______________ (**4. preferir:** yo) cambiar el tema. ***(d)*** *Creo* que ella se _______________ (**5. sentir**) mal por la manera drástica en que ***(e)*** *cambie* la conversación, pero no lo pude evitar y simplemente me _______________ (**6. disculpar**). Siempre me he preguntado si muchos de los estudios que salen por las noticias deben tomarse con seriedad o tienen la intención de controlar nuestras decisiones. Los medios de comunicación nos bombardean con tanta información que perdemos la noción de lo que es real. Yo, a pesar de ser mujer, siempre quise ser independiente y no quería que me ***(f)*** *pasara* lo mismo que a mi ***(g)*** *mama* en el matrimonio. A pesar de que ella le _______________ (**7. servir**) siempre a mi ***(h)*** *papa* como si él fuera un rey, cuando tenían alguna discusión, le echaba en cara que gracias a él había comida en la mesa y, de esta manera, se hacía en la casa lo que él decía. ***(i)*** *Creo* que mi madre nunca le _______________ (**8. pedir**) o, mejor dicho, nunca le _______________ (**9. exigir**) los derechos que le correspondían como esposa y como ser humano porque ***(j)*** *asi* lo había aprendido de su madre y de la tradición. La Biblia enseña que Dios _______________ (**10. crear**) a Eva de la costilla de Adán; no de los pies para ser pisoteada, ni de la cabeza para ser superior; sino de las costillas para estar al mismo nivel, debajo del brazo para ser protegida, y al lado del corazón para ser amada. Algo me decía en mi interior que tenía que romper el ciclo que me había impuesto la cultura de mis padres y me di cuenta de que la decisión de permanecer o dejar la universidad podía cambiar mi futuro y el de mis hijos.

Comente. ¿Toma en serio las encuestas o los estudios que diariamente aparecen en los medios de comunicación? ¿Se ha preguntado si éstos (1) son patrocinados por alguna empresa privada, (2) son el requisito universitario para finalizar un título, (3) se hacen para lograr promociones o (4) intentan conseguir aumentos de salario en una compañía? ¿Qué le parece la interpretación bíblica de la creación de la mujer? ¿Tiene sentido y cómo? ¿Se cumple esta interpretación en nuestra cultura?

III

Por lo tanto, me _______________ (**1. negar**) a seguir las sugerencias del ***(a)*** *estudio* que mi esposo y mi amiga _______________ (**2. oír**) y ***(b)*** *deje* que las cosas pasaran. Esa noche me ***(c)*** *preocupe* mucho y no _______________ (**3. dormir**) bien. Nuevamente Miguel _______________ (**4. discutir**) conmigo cuando me _______________ (**5. despertar:** yo) porque me _______________ (**6. pedir**) que me ***(d)*** *dedicara* a los quehaceres domésticos y ***(e)*** *olvidara* mis sueños universitarios. Por más que él lo ***(f)*** *intento* no _______________ (**7. conseguir**) persuadirme y finalmente se _______________ (**8. vestir**) para el ***(g)*** *trabajo* y no se _______________ (**9. despedir**) de mí. Yo _______________ (**10. llorar**), _______________ (**11. rezar**) y hasta me _______________ (**12. arrepentir**) de haberme casado tan joven.

Comente. ¿Cree usted que Alicia fue egoísta al poner su matrimonio en peligro sin pensar en el bienestar de los niños?

IV

Realmente nunca _____________ **(1. gozar)** la vida como mis amigas ya que me _____________ **(2. entregar)** al primer novio que _____________ **(3. conocer).** Creo que después de que le _____________ **(4. rogar)** a Dios esa noche para que me diera una respuesta...me la dio. Es decir, si ***(a)*** *cometi* un error cuando todavía era una niña y me ***(b)*** *case* porque ***(c)*** *pense* que era mi única alternativa, no podía seguir cometiendo errores que posteriormente impedirían mi ***(d)*** *desarrollo* como ser humano. Tenía que ser firme en mi decisión y ponerme a mí misma en primer lugar antes de ser madre y esposa. A Miguel no le ***(e)*** *gusto* mi desobediencia porque rompía con lo que habíamos aprendido y continuaron las discusiones por un tiempo. Durante esa semana no pude concentrarme en los estudios y no _____________ **(5. leer)** un ***(f)*** *ensayo* que me había asignado el profesor de ciencias políticas. Ese día el maestro nos _____________ **(6. sorprender)** con una prueba y me _____________ **(7. morir)** de vergüenza cuando _____________ **(8. entregar)** el examen en blanco. Ésa fue la primera y la última vez que _____________ **(9. sacar)** una "F" en la universidad.

Comente. ¿Por qué fue importante para Alicia mantenerse firme en su decisión? ¿Es usted una persona que se deja influenciar por otros y sacrifica sus sueños? ¿Cuándo una mujer está preparada para casarse? ¿Debe ser la edad diferente a la del hombre o la edad no es importante?

Gramática

Verbos irregulares en el pretérito

Finalmente se encuentra otro grupo de verbos completamente irregular. Afortunadamente son verbos de uso frecuente y esto ayuda a recordarlos. Nótese que las formas de los verbos *ser* e *ir* en el pretérito son idénticas. Sólo el contexto en el que se usa el verbo aclara el significado. Además ninguno de estos verbos lleva acento escrito.

Óscar **fue** mi mejor amigo en la escuela primaria. **(ser)**

Óscar **fue** a una escuela privada cuando se pasó a la preparatoria. **(ir)**

° Los verbos que pasan a tener una terminación en **-uve** siempre se escriben con 'v'.

	yo	*tú*	*él/ella/Ud.*	*nosotros/as*	*ellos/as/Uds.*
andar	anduve°	anduviste	anduvo	anduvimos	anduvieron
caber	cupe	cupiste	cupo	cupimos	cupieron
dar	di	diste	dio	dimos	dieron
decir	dije	dijiste	dijo	dijimos	dijeron
traer	traje	trajiste	trajo	trajimos	trajeron
estar	estuve	estuviste	estuvo	estuvimos	estuvieron
hacer	hice	hiciste	hizo	hicimos	hicieron
poder	pude	pudiste	pudo	pudimos	pudieron
poner	puse	pusiste	puso	pusimos	pusieron
querer	quise	quisiste	quiso	quisimos	quisieron

continúa

°Los verbos terminados en **-ducir** incluyen *introducir, producir, reducir, seducir.*

continuación

	yo	*tú*	*él/ella/Ud.*	*nosotros/as*	*ellos/as/Uds.*
saber	supe	supiste	supo	supimos	supieron
ser / ir	fui	fuiste	fue	fuimos	fueron
tener	tuve	tuviste	tuvo	tuvimos	tuvieron
venir	vine	viniste	vino	vinimos	vinieron
conducir	conduje°	condujiste	condujo	condujimos	condujeron
deducir	deduje	dedujiste	dedujo	dedujimos	dedujeron
traducir	traduje	tradujiste	tradujo	tradujimos	tradujeron

Entre los verbos que participan de la misma irregularidad que *decir* y *traer* se encuentran *bendecir, contradecir, maldecir, atraer, contraer, distraer.* Los verbos *querer* y *poner* en el pretérito siempre se escriben con 's' *(quise, puse)*. Por el contrario *hacer* mantiene la 'c' *(hice)* excepto en la tercera persona singular *(hizo)* donde la 'c' cambia a 'z' para mantener el sonido.

1-17. Tablas. Llene la **Tabla D**(pág. 285) tomando en cuenta los cambios que se presentaron en la sección anterior.

1-18. Del diario de Miguel: *La mujer llora antes del matrimonio, el hombre después.* Llene los espacios en blanco con la forma del **pretérito** que complete el sentido de la historia, y coloque los acentos sobre las palabras en itálicas que aparecen en orden alfabético.

I

El día que ________ **(1. saber:** yo**)** que Alicia iba a comenzar en la universidad no ________ **(2. querer)** contradecirla porque estaba muy emocionada y no le ________ **(3. decir)** nada. Ella me lo ________ **(4. expresar)** frente a mis hijos y no ________ **(5. tener:** yo**)** el valor de llevarle la contraria. ***(a)*** *Temi* contradecirla porque como dicen por ***(b)*** *ahi, lo que la mujer no logra hablando, lo logra llorando,* y además, porque todo ________ **(6. ser)** tan rápido que no ________ **(7. poder)** darme cuenta de los problemas que enfrentaría y, en ese momento, no ________ **(8. hacer)** absolutamente nada.

Comente. ¿Ha estado en situaciones donde evita expresarse con claridad por temor a ofender o crear una situación desagradable? Si esto le ha ocurrido, ¿se ha molestado por no haber actuado en el momento y tener que pagar más tarde las consecuencias? ¿Estará actuando Alicia con astucia para conseguir sus propósitos de estudiar o Miguel está pensando como un hombre machista?

II

Recuerdo que después de comer ______________ (**1. dar:** nosotros) un ***(a)*** *paseo* por el parque y Alicia me ______________ (**2. poner**) el brazo por la cintura amorosamente. Me ______________ (**3. decir**) que me quería porque no era un hombre machista como los que había conocido y me ______________ (**4. bendecir**) frente a mis tres niños. Cuando regresamos a la casa, ______________ (**5. conducir:** yo) sin pronunciar una palabra y parece que la situación me ______________ (**6. producir**) un ***(b)*** *enojo* que no podía ocultar. Esa noche ______________ (**7. tener:** yo) la impresión de que Alicia me ______________ (**8. dar**) la noticia en un momento inoportuno, quizás planificado con astucia, y me ***(c)*** *senti* engañado o casi estafado. Esto lo ______________ (**9. deducir:** yo) por las preguntas precisas que Alicia me ______________ (**10. hacer**), a las que no ______________ (**11. poder**) responderle. Tan pronto llegamos, los niños me ______________ (**12. decir**) que querían comer fuera todos los días y tampoco ______________ (**13. saber**) qué responder. Esa noche no estaba para risas y me ______________ (**14. dirigir**) al cuarto inmediatamente. Alicia me ______________ (**15. seguir**) y me ***(d)*** *pregunto* qué me pasaba y le ***(e)*** *respondi* evasivamente: "La comida me ______________ (**16. hacer**) ***(f)*** *daño*". Alicia ______________ (**17. ir**) a la cocina y me ______________ (**18. traer**) una medicina que yo disimuladamente ***(g)*** *tire* por la tubería del ***(h)*** *baño*. Me ______________ (**19. ir**) a la cama inmediatamente mientras Alicia les leía a las niñas unas historias de bellas princesas que el día anterior yo les había comprado. Bien lo decía abuelo Modesto, *¡la mujer llora antes del matrimonio, el hombre después…!*

Comente. ¿Ha tenido que usar astucia para lograr sus objetivos? ¿Cree que debe usarse este recurso? ¿Tendrán alguna influencia en la formación de las niñas las historias de bellas princesas que Alicia les leía antes de irse a la cama? ¿Le parece ofensivo el refrán que lleva la historia por título? ¿Por qué?

Vocabulario

Las palabras en la columna A tienen variantes en el español de Estados Unidos que son calcos o préstamos del inglés. ¿Puede Ud. escribir las palabras del inglés equivalentes a las que aparecen en español en la columna A? ¿Ha oído Ud. otra palabra? Escríbala en la columna C.

A **español académico**	B **inglés**	C **español de EE.UU.**
el congelador	______________	______________
(no) importar	to (not) make a difference	______________
la lavandería	______________	______________
la nevera / el refrigerador	______________	______________

¿Cómo se dice *junk* en español? Si no está seguro, búsquela en el diccionario.____________

1-19. ¡En español, por favor! Traduzca los párrafos a continuación al español.

1. Last weekend I had a fight with my mother. It all began when I went out to the backyard to say good-bye to her, where she was watering the plants. She asked me if I had cleaned my room and when I said no, an argument started. My mother started to complain that I never helped her around the house, even though I was the oldest. I did not vacuum the carpet or mop the floors. She reminded me that whenever she asks me to clean the junk in my room, I always complain. I told her that it makes no difference to me if the house is clean or not and that since we moved, she never stops cleaning and she wants Quique and Josefina to help also. I don't know why I opened my mouth.

____

____

____

____

____

____

____

____

2. She started with the whole story of how we moved from a small town to this city because she and my dad wanted for us to have all the opportunities that they had not had. It was not easy for them to support three children and all that she asked of me was some help. She accused me of treating the house as a Laundromat, hotel, and restaurant: that I never pitched in preparing lunch or dinner; that I never offered to go to the supermarket, not even when the freezer and the refrigerator were empty. If we needed food, the only one that took care of the groceries was her. I did not even take care of my sister Josefina. She admitted realizing that the situation was difficult for all of us and she was only trying to give us the opportunity to realize our dreams.

____

____

____

____

____

____

____

____

____

dijeron vs. *dijieron

Muchos hablantes pronuncian **dijieron* y **trajieron* en el pretérito. Es un fenómeno muy común en el español de todos los países hispanos ya que los hablantes tratan de regularizar las formas irregulares colocando la terminación {ieron} de los verbos regulares como *comieron, salieron,* etc. Algo parecido ocurre con los verbos que terminan en **-ducir**, como *conducir, **deducir*** y ***traducir,*** donde muchos hablantes dicen **conducieron* y **traducieron* en lugar de *condujeron* y *tradujeron.*

Práctica. Complete las oraciones con la forma correcta del verbo.

1. Me acuerdo de que mis abuelos _______________ (**decir**) el año pasado que no querían que nos mudáramos.
2. Ellos nos _______________ (**traer**) un montón de regalos antes de que partiéramos.
3. Nunca se me olvida que ellos _______________ (**conducir**) dos días seguidos para venir a visitarnos el primer año.
4. Durante ese primer año extrañaron mucho a mis padres porque ellos fueron los que les _______________ (**traducir**) los documentos para obtener la cindadanía estadounidense.
5. El verano que mamá les envió Josefina, ellos se _______________ (**distraer**) y quedaron contentos.

Gramática

Imperfecto del indicativo

El imperfecto es el tiempo más regular del español. Todos los verbos, con excepción de tres, caen bajo una de las siguientes conjugaciones.

pronombre	*bailar*	*aprender*	*abrir*
yo	bail**aba**	aprend**ía**	abr**ía**
tú	bail**abas**	aprend**ías**	abr**ías**
él/ella/Ud.	bail**aba**	aprend**ía**	abr**ía**
nosotros	bail**ábamos**	aprend**íamos**	abr**íamos**
ellos/as/Uds.	bail**aban**	aprend**ían**	abr**ían**

Las terminaciones del imperfecto del indicativo de los verbos del grupo {ar} siempre se escriben con 'b' y la forma de nosotros se acentúa en la tercera sílaba (de izquierda a derecha): *traba**já**bamos, estu**diá**bamos, can**tá**bamos.* Las conjugaciones de los grupos {er} e {ir} son idénticas y siempre llevan acento sobre la 'i', {ía}.

Sólo hay tres verbos irregulares del **imperfecto** del indicativo.

pronombre	*ser*	*ir*	*ver*
yo	era	iba	veía
tú	eras	ibas	veías
él/ella/Ud.	era	iba	veía
nosotros	éramos	íbamos	veíamos
ellos/as/Uds.	eran	iban	veían

1-20. Tablas. Llene la **Tabla E** (pág. 286) siguiendo las terminaciones que aparecen como model.

1-21. Casos de la vida: Recuerdo que... Llene los espacios en blanco con la forma del **imperfecto del indicativo** que complete las oraciones correctamente.

I. Recuerdos de Josefina

1. Cuando era niña ______________ **(hablar:** yo) mucho y ______________ **(repetir)** todo lo que mis hermanos mayores ______________**(decir).**
2. Me ______________ **(encantar)** jugar con mi hermano Quique pero él siempre se la ______________ **(pasar)** con sus amigos y no me ______________ **(hacer)** caso.
3. Durante mi niñez nosotros ______________ **(ir)** a la playa los domingos y ______________ **(nadar)** o ______________ **(caminar)** por la arena sin zapatos. ¡Qué sencilla era la vida!
4. En esos años yo ______________ **(huir)** de las olas y les ______________ **(tirar)** pedazos de pan a las aves. Ahora me pregunto, ¿por qué está el agua tan sucia en estos tiempos?
5. Recuerdo que toda la familia ______________ **(salir)** junta los domingos y mi mamá nos ______________ **(poner)** la ropa más elegante que ______________ **(poder)** comprarnos y ______________ **(luchar)** conmigo porque sólo ______________ **(querer)** ponerme jeans.

II. Recuerdos de Sofía

1. Ayer Josefina me dijo —A pesar de que de niñas tú siempre ______________ **(gritar)** la misma frase cuando yo me ______________ **(caer)**, eso no me ______________ **(ayudar)** y siempre me ______________ **(raspar)** las rodillas.
2. Inmediatamente le contesté —Recuerdo que tú me ______________ **(perseguir)** por todos lados y yo ______________ **(tratar)** de esconderme pero nunca me ______________ **(dejar)** en paz. Aparentemente nada ha cambiado.
3. Enrique ______________ **(tener)** una perra muy fea y siempre nos ______________ **(repetir)** a Josefina y a mí que ______________ **(ser)** su única amiga. Espero que sus gustos cambien cuando elija una compañera.
4. A menudo Josefina y yo______________ **(bromear)** con Quique y le ______________ **(esconder)** sus lentes. Él se ______________ **(quejar)** de que no ______________ **(ver)** nada sin ellos y nosotros nos ______________ **(reír)** a carcajadas.
5. Siempre ______________ **(llegar)** mi mamá y nos ______________ **(mandar)** a nuestro cuarto. Nos ______________ **(ordenar)** que nos quedáramos allí hasta la hora de la cena. No nos ______________ **(importar)** porque ______________ **(jugar)** muy calladitas.

III. Recuerdos de Quique

1. Mis dos hermanitas se ____________ **(tomar)** del brazo antes de entrar al agua y después que ____________ **(entrar)** se ____________ **(soltar)** y ____________ **(chillar)** como locas. Todavía se comportan de esta manera aunque no estén en el agua.
2. En la escuela, yo siempre ____________ **(comenzar)** a estudiar a las siete de la mañana y ____________ **(terminar)** a las tres y cuarto.
3. Mi abuela ____________ **(percibir)** el mundo de una manera diferente a nosotros y, por eso, nosotros no nos ____________ **(comunicar)** a menudo. ¿Por qué los adultos nos juzgan usando sus valores...? ¡Compadezco a mis futuros nietos!
4. Mi familia sólo ____________ **(comer)** comida hecha en casa cuando ____________ **(vivir)** en el pueblo y ____________ **(soñar)** con las hamburguesas que ____________ **(mirar)** por televisión.
5. Nunca olvidaré como ____________ **(llorar)** mi mamá porque ____________ **(extrañar)** a mi padre que ____________ **(estar)** en la ciudad tratando de ahorrar dinero para que nos mudáramos con él.

Del habla a la escritura — bailábamos vs. *bailábanos

La primera persona plural *(nosotros)* siempre termina en {mos}, no solamente en las formas del imperfecto sino en todos los tiempos verbales. A veces en el español de EE.UU. se escucha **bailába*n*os*, **aprendía*n*os*, **abría*n*os* en lugar de *bailába**m**os*, *aprendía**m**os* y *abría**m**os*.

Práctica. Complete las oraciones con información lógica.

1. Cuando éramos pequeños mis hermanos y yo ________________________________
2. El pasado fin de semana mis amigos y yo ________________________________
3. Ayer por la tarde mi compañera de clase y yo ________________________________

Ortografía

Acentuación—Fase II: Dos vocales juntas

Los verbos en el imperfecto del indicativo que pertenecen a la segunda y tercera conjugación —exceptuando los irregulares *ser* e *ir*— llevan acento escrito **siempre** en la vocal débil 'i'.°

°Las vocales en español son cinco: 'a, e, i, o, u'. Las fuertes son 'a, e, o' y las débiles son 'i, u'.

	yo	*tú*	*él/ella/Ud.*	*nosotros/as*	*ellos/as/Uds.*
aprend**er**	aprend**ía**	aprend**ías**	aprend**ía**	aprend**íamos**	aprend**ían**
abr**ir**	abr**ía**	abr**ías**	abr**ía**	abr**íamos**	abr**ían**

Es decir, en una combinación de vocal débil y fuerte (diptongo), la vocal débil se acentúa si la fuerza de pronunciación recae sobre ella.

La acentuación de los verbos en el imperfecto del indicativo nos va a ayudar a acentuar otras palabras que aunque no pertenecen a este tiempo verbal participan del mismo fenómeno. Por ejemplo, las siguientes palabras se acentúan porque la fuerza de la pronunciación recae sobre la vocal débil 'í', lo cual marca la separación de la vocal fuerte 'a' que la acompaña: *taquería, panadería, lavandería, carnicería, biología, cirugía* y *brujería*. Esto es lo que se conoce como hiato.

Existen otras combinaciones de hiatos donde el acento es el que marca la ruptura o separación silábica: *categoría (ca-te-go-**rí**-a), frío (**frí**-o), María (Ma-**rí**-a), maíz (ma-**íz**), vehículo (ve-**hí**-cu-lo), Raúl (Ra-**úl**), grúa (**grú**-a).*

Recuerde que para acentuar tiene que estar seguro de que la fuerza de pronunciación recae sobre la vocal débil ('i, u'). Por ejemplo, palabras como las siguientes no llevan acento y se pronuncian como una sola sílaba la combinación de vocal fuerte y débil (diptongo): *Siria (Si-**ria**), Silvia (Sil-**via**), diccionario (dic-cio-na-**rio**), candelaria (can-de-la-**ria**), historia (his-to-**ria**), Australia (Aus-tra-**lia**), ceremonia (ce-re-mo-**nia**), iglesia (i-gle-**sia**).*

Visit **http://www.thomson.com/spanish** to practice these structures and listen to a Heinle audio chapter review on diphthongs.

1-22. A manera de laboratorio. Pronuncie en voz alta los siguientes pares y trate de escuchar la diferencia entre las palabras con diptongo ('ia') y las palabras que tienen hiato ('í-a').

A	*B*	*A*	*B*
funeraria	alcaldía	solitaria	cirugía
indumentaria	alegría	hemorragia	fantasía
maquinaria	antipatía	lluvia	librería
plegaria	antología	memoria	lotería

1-23. A manera de laboratorio. Elija un/a compañero/a que pronuncie en voz alta las palabras y acentúe las que tienen la fuerza en la última sílaba. Escriba la cantidad de acentos que encontró en el espacio en blanco.

I. Primer lector. Lea las palabras con naturalidad, haciendo las pausas.

1. dedicatoria, Gloria, maestria, historia, memoria, comia, antologia ______
2. victoria, agonia, anuncia, alcaldia, gimnasia, taqueria, zanahoria ______
3. academia, epidemia, sucia, Rusia, barberia, colonia, panaderia ______
4. carniceria, ceremonia, loteria, agencia, asistencia, armonia, alegria ______
5. artilleria, astrologia, envidia, familia, sufria, furia, Virginia, angustia ______
6. adolescencia, advertencia, ciencia, funeraria, comedia, Maria, cirugia ______
7. matrimonio, adulterio, escalofrio, judio, serio, Sofia, imperio, Antonia ______
8. hemisferio, prohibe, imperio, misterio, gentio, municipio, principio ______
9. diccionario, comia, creia, volaria, escribia, escribiria, arqueologia ______
10. lengua, Pascua, agua, grua, sauna, Laura, iglesia, bacteria, bateria ______

II. Segundo lector. Lea las palabras con naturalidad, haciendo las pausas.

1. todavia, energia, escapatoria, increible, Gloria, zanahoria, biologia ______
2. reimos, trayectoria, policia, mercancia, servicio, laboratorio, novia ______
3. creiste, geologia, antipatia, ciudadania, cobardia, estudia, escritorio ______
4. accesorio, auditorio, contradictorio, directorio, heroina, odio, salario ______
5. dormitorio, creimos, interrogatorio, cocaina, caserio, desafio, elogio ______
6. frio, poderio, trio, ejercicio, premio, serio, tio, resfrio, Aurelio ______
7. duo, Raul, baul, Saul, Pascua, aplauso, paraguas, agua ______
8. raiz, maiz, heroina, Maria, energia, cortesia, Thalia, fria ______
9. ingenua, dueña, estatua, maulla, pueblo, sueldo, actua, ataud ______
10. Polonia, Sonia, Antonia, joyeria, moneria, mania, tonteria ______

1-24. Casos de la vida: La rutina. Coloque los acentos sobre las palabras en negrillas que tienen una sílaba con dos vocales (una débil y una fuerte) y la fuerza recae sobre la débil.

Mi vida a los ocho años
Yo **vivia** en la casa de mis padres y todos los **dias asistia** a la escuela **primaria.** Yo caminaba a la escuela con mi mejor amiga y por la mañana **aprendia** a leer y **escribia** en la pizarra. A las diez yo **bebia** leche y **comia** galletas. **Iba** a la casa para almorzar y regresaba a la escuela. **Estudiaba geografia** y **hacia** dibujos. Yo jugaba voleibol con compañeros en el **patio** de la **escuela.** Frecuentemente pasaba por la casa de los **abuelos.** Cenaba con mis padres y ayudaba a lavar platos. **Veia** tele un rato y me acostaba a las ocho.

Matilde, mi prima, llevaba una vida distinta
Cuando yo **tenia** catorce años, **viviamos** en el campo. Yo iba al **colegio** en una **ciudad** cerca de casa y a veces **volvia** tarde porque **preferia** quedarme a jugar con mis amigos. Ellos a veces **venian** a visitarnos, especialmente cuando era el cumpleaños de mi madre. Siempre lo celebrabamos con una gran **fiesta** y ese **dia** mi padre **hacia** todos los preparativos y cocinaba él mismo. Nos visitaban parientes de todas partes y siempre se quedaban algunos con nosotros por dos o tres **dias.** Durante esos **dias dormiamos** poco porque mis primos y yo nos acostábamos en la sala de recreo y allí siempre **habia** gente hasta muy tarde. Usualmente mi **tia** estaba **seria** y no sé si **seria** por el alcohol o por la comida, pero durante esas festividades estaba muy contenta.

1-25. Del diario de Josefina: 'Voy a dejarme el pelo suelto'.° Llene los espacios en blanco con la forma del pretérito o el imperfecto del indicativo que complete el contexto de la historia, y coloque los acentos sobre las palabras en itálicas que aparecen en orden alfabético.

° Canción popular de la intérprete mexicana Gloria Trevi la cual expresa en esta canción su rebeldía contra lo establecido.

I

Cuando yo ______________ **(1. cumplir)** los nueve años mi madre ______________ **(2. comenzar)** a estudiar en una universidad de la ciudad y no ______________ **(3. tener:** ella) a ***(a)*** *nadie* que me ***(b)*** *llevara* a la escuela. Mis hermanos Quique y ***(c)*** *Sofia* ______________ **(4. estudiar)** en una escuela diferente a la ***(d)*** *mia* y mis abuelos le ______________ **(5. pedir)** a mi ***(e)*** *mama* que me ***(f)*** *dejara* pasar un verano con ellos en el pueblito. Mis abuelos ______________ **(6. vivir)** cerca de una escuela, y mis padres me ______________ **(7. enviar)** con ellos para que los ***(g)*** *acompañara* y ***(h)*** *tomara* clases de verano. La casa de mis abuelos me ______________ **(8. agradar)** mucho porque ______________ **(9. haber)** un ***(i)*** *patio* grande donde yo ______________ **(10. correr)** con mis primos y los vecinos de la cuadra. A mí me ______________ **(11. gustar)** corretear las gallinas y siempre que las ______________ **(12. ver)** les ______________ **(13. echar)** agua ***(j)*** *fria*. Cada vez que las gallinas ______________ **(14. sentir)** mis pasos, ______________ **(15. pegar)** unos gritos espantosos como si hubieran visto al mismo ***(k)*** *demonio*. ¡Qué divertido!

Comente. ¿Ha vivido en contacto con animales del campo? ¿Le gusta vivir en un área rural o prefiere vivir en una zona urbana?

II

Al ***(a)*** *principio* mis abuelos no ______________ **(1. decir)** nada; luego, me ______________ **(2. regañar)** con mucho cariño; pero como yo no les ______________ **(3. hacer)** caso, me ______________ **(4. amenazar)** con decirles a mis padres que yo me ______________ **(5. estar)** portando mal. Mis pobres abuelitos ya no ______________ **(6. saber)** qué hacer conmigo y una vez yo ______________ **(7. sorprender)** a mi abuelo cuando la ______________ **(8. consolar)** y le ***(b)*** *decia* que solamente ______________ **(9. faltar)** un mes para que yo ***(c)*** *regresara* con mis padres. En las mañanas a mi abuelita le ______________ **(10. costar)** mucho ***(d)*** *trabajo* despertarme porque yo ______________ **(11. odiar)** levantarme temprano para ir a la escuela. En esos momentos yo ______________ **(12. añorar)** estar en casa con Enrique y ***(e)*** *Sofia*. Por eso, siempre ______________ **(13. salir)** de la casa de la abuela tarde y ______________ **(14. caminar)** muy ***(f)*** *despacio*. A pesar de que la escuela ______________ **(15. quedar)** cerca, yo ______________ **(16. llegar)** tarde. Lo único que me ______________ **(17. entusiasmar)** era la hora del ***(g)*** *recreo* porque ______________ **(18. jugar)** con todas mis amigas y ______________ **(19. poder)** comer mis helados favoritos.

Comente. ¿Piensa que los niños manipulan a los adultos para salirse con la suya? ¿Se comportan de la misma manera cuando los padres están presentes a cuando se encuentran solos con otros adultos? Explique. ¿Qué puede hacerse para educarlos mejor? ¿Cree que la abuela se hacía la vista larga para evitarse un disgusto?

III

Un ***(a)*** *dia*, al salir de la clase ______________ **(1. llover)** muy fuerte y mis amigas y yo nos ______________ **(2. poner)** a hacer pasteles de barro y como dice el refrán *¡El cerdo siempre busca el lodo!* Nosotras ______________ **(3. usar)** uniformes blancos y después de terminar el juego, todas ______________ **(4. quedar)** tan sucias que ______________ **(5. parecer)** ***(b)*** *estatuas* de lodo. Cuando yo ______________ **(6. llegar)** a casa mi abuelita me ______________ **(7. preguntar)** qué me había pasado y solamente le ______________ **(8. decir)** que me ***(c)*** *habia* ***(d)*** *caido*. La pobre no se ______________ **(9. dar)** cuenta que yo la ______________ **(10. engañar)** y, con mucho cariño, ella me ______________ **(11. quitar)** la ropa, me ______________ **(12. ayudar)** a bañar y me ______________ **(13. peinar)** mi pelo suelto mientras yo ______________ **(14. mirar)** atentamente las caricaturas.

© Keith Alstrin/Inde Stock Image

Comente. ¿Qué significado tiene el refrán *¡El cerdo siempre busca el lodo!*? ¿Lo ha escuchado antes? ¿En qué se parece al dicho popular *¡La mona aunque se vista de seda, mona se queda!*? ¿Cuál le gusta más? ¿Le parece que son ofensivos? ¿Es normal que los niños mientan? ¿Por qué escuchamos decir que los niños y los borrachos siempre dicen la verdad?

IV

Cerca de la casa ______________ **(1. haber)** un charco que desde que lo ______________ **(2. ver)** por primera vez ______________ **(3. querer)** lanzarme de cabeza; pero mi abuela, que ya me ______________ **(4. estar)** conociendo, no me ______________ **(5. dejar)** lanzar porque ______________ **(6. ser)** muy peligroso. Un día, sin que mi abuelita se diera cuenta, ______________ **(7. decidir)** lanzarme al charco y ¿qué creen?, yo no ______________ **(8. saber)** nadar ***(a)*** *todavia*. En esos momentos me ______________ **(9. sentir)** indefensa porque pensaba que ______________ **(10. ir)** a morir ahogada y ______________ **(11. rezar)** mientras ______________ **(12. tragar)** y ______________ **(13. escupir)** agua ***(b)*** *sucia*.

Comente. Todos los niños van aprendiendo el peligro a través de las experiencias en el mundo real. ¿Qué acontecimiento de su niñez le ha traído recuerdos como el que cuenta Josefina?

V

Afortunadamente en esos momentos un vecino ______________ **(1. pasar)** por ***(a)*** *ahi* y me ______________ **(2. salvar)** la vida. ______________ **(3. Buscar:** yo**)** la manera de mentirle nuevamente, pero tan pronto ______________ **(4. comenzar)** a tartamudear, mi abuela me ______________ **(5. callar)** la boca diciéndome: Josefina, *¡a otro perro con ese hueso!* Esta vez le ______________ **(6. tener)** que confesar la verdad a mi abuelita porque yo ya le ***(b)*** *habia* comentado mis malvadas intenciones. Después del gran susto que mi abuela se ______________ **(7. llevar)**, me ______________ **(8. castigar)** por primera vez y la ______________ **(9. observar)** que ______________ **(10. suspirar)** profundamente mientras ______________ **(11. observar)** los ***(c)*** *dias* del almanaque.

Comente. ¿A quién considera la persona más rebelde de su familia y por qué? ¿Se atrevería a tomar los riesgos que toma esta persona? ¿La admira o le teme?

1-26. ¡En español, por favor! Traduzca el párrafo al español.

Remember the argument I had with my mother? In the end, I realized that her argument was valid. When we moved to the new house we loved the whole block because it looked really nice. We wanted all our relatives to live nearby. My aunt and uncle used to live in a neighborhood where there are a lot of gangs and they were always worried about my cousins. One night someone threw a concrete block through their neighbors' window and they were really scared. Fortunately, my relatives had already moved to another neighborhood.

____

____

____

____

____

____

____

1-27. Del diario de Josefina: The Terminator (Parte cuatro). Llene los espacios en blanco con la forma del **pretérito** o el **imperfecto del indicativo** que complete el sentido de la historia correctamente, y coloque los acentos sobre las palabras en orden alfabético que to necesiten.

I

La última semana de clases de verano ______________ **(1. pasar)** por una ***(a)*** *experiencia* que me ______________ **(2. enseñar)** mucho. En esos años a mí me ______________ **(3. gustar)** intimidar a los demás niños de la clase. Todos me ______________ **(4. tener)** miedo y me ______________ **(5. poner)** el apodo *The Terminator*. Un ***(b)*** *dia* ______________ **(6. salir)** a jugar afuera durante la hora del recreo y un niño del salón ______________ **(7. comenzar)** a molestar a mis amigas. Ellas ______________ **(8. venir)** a darme las quejas y cuando ______________ **(9. regresar:** nosotras) al salón la maestra ***(c)*** *habia* salido para la oficina y yo ______________ **(10. aprovechar)** para reclamarle al niño. Él ______________ **(11. tratar)** de hacerse el gracioso y me ______________ **(12. hacer)** una burla frente a la clase. Me ______________ **(13. enojar)** tanto cuando todos se ______________ **(14. reír)** que ______________ **(15. empezar)** a pegarle y a empujarlo como una trastornada hasta que finalmente su cabeza se ______________ **(16. estrellar)** con el ***(d)*** *vidrio* de la ventana y la ______________ **(17. destruir)**.

Comente. ¿Ha visto la película *The Terminator*? ¿Por qué cree que apodaban a Josefina de esta manera? ¿Existen niñas que se comportan como Josefina? ¿Es normal que esto ocurra? ¿Cómo se deben comportar las niñas? ¿Y los niños?

II

¡Dios ***(a)*** *mio,* que susto! Yo me _____________ **(1. asustar)** mucho porque el niño _____________ **(2. llorar)** como María Magdalena y los demás _____________ **(3. gritar)** y se _____________ **(4. reír)** como salvajes. Yo les _____________ **(5. gritar)** repentinamente para que se callaran y para que se comportaran como niños buenos, y los _____________ **(6. amenazar)** diciéndoles que si alguien le _____________ **(7. contar)** a la maestra lo que ***(b)*** *habia* ocurrido, todos iban a vérselas conmigo. Rápidamente _____________ **(8. recoger:** yo**)** los ***(c)*** *vidrios* y _____________ **(9. cerrar)** la cortina para que la maestra no se diera cuenta. La profesora Pérez _____________ **(10. regresar)** y ***(d)*** *nadie* se _____________ **(11. atrever)** a decir nada. Entonces yo _____________ **(12. ir)** al ***(e)*** *baño* y de pronto _____________ **(13. tener:** yo**)** un horrible presentimiento. En efecto, cuando _____________ **(14. volver:** yo**)** al salón _____________ **(15. ver)** a mi abuela que _____________ **(16. venir)** de la oficina de la directora y se _____________ **(17. dirigir)** al salón de clase. Yo me _____________ **(18. poner)** muy nerviosa y _____________ **(19. sentir)** que el corazón se me _____________ **(20. salir)** del pecho porque _____________ **(21. saber)** que ***(f)*** *alguien* en el salón había abierto la boca y la maestra había llamado a mi abuela. Cuando _____________ **(22. llegar:** yo**)** al salón mi abuela estaba hablando en voz baja con la profesora y tan pronto como me vieron llegar, ellas me _____________ **(23. decir)** que me ***(g)*** *acercara* y ya yo no _____________ **(24. poder)** ocultar más la culpa que tenía clavada en el pecho.

Comente. ¿A quién se refiere Josefina cuando menciona a María Magdalena y por qué hace esta comparación con el niño? ¿Cree usted que los presentimientos son un vaticinio del futuro o son anticipos de lo que ocurrirá? Explique.

III

De repente, _____________ **(1. comenzar:** yo**)** a llorar con mucho sentimiento y la maestra me _____________ **(2. preguntar)** por qué _____________ **(3. chillar),** y yo le _____________ **(4. decir)** que había sido un accidente y que nunca más le ***(a)*** *pegaria* a nadie. Me siguieron interrogando y finalmente les _____________ **(5. tener:** yo**)** que confesar toda la verdad. La profesora me _____________ **(6. regañar)** y me _____________ **(7. castigar)** durante el ***(b)*** *resto* de la semana. Mi abuela también me _____________ **(8. prohibir)** usar la manguera con la cual yo _____________ **(9. mojar)** las gallinas. Antes de regresar con mis padres le _____________ **(10. preguntar:** yo**)** para qué había ido a la escuela esa tarde y ella me _____________ **(11. decir)** que me _____________ **(12. querer)** llevar a comprar la ropa que ***(c)*** *llevaria* para el ***(d)*** *regreso.* Esta simple respuesta me _____________ **(13. mostrar)** que en la vida no se debe abrir la boca a menos que se nos ***(e)*** *pregunte.* ¡Compañeros de clase! Éstas fueron unas de las muchas travesuras que _____________ **(14. cometer)** cuando _____________ **(15. ser)** una niña. Sin embargo, yo nunca _____________ **(16. averiguar)** por qué el siguiente verano mi abuela no _____________ **(17. querer)** que yo la ***(f)*** *visitara.* Sólo le dijo a mi madre que ya me _____________ **(18. conocer)** bastante bien y que _____________ **(19. ser)** tiempo de conocer más de cerca a mis otros hermanos.

Comente. ¿Cree que los abuelos o los padres deben consentir a los nietos o a los hijos? ¿Por qué los padres se molestan cuando otros papás les permiten libertades a sus hijos, sin embargo, se comportan de la misma manera cuando se trata de los suyos? ¿Conoce algunos casos? ¿Se puede predecir la personalidad futura de un niño a través de sus primeros seis años de edad? ¿Cree usted que se puede alterar esta conducta?

Cápsula cultural ¿Gritan las gallinas en español?

En la historia "Voy a dejarme el pelo suelto" Josefina señala que las gallinas pegaban gritos (ítem I, 15) cuando les echaba agua fría, y en "The Terminator (Parte cuatro)" la maestra le pregunta a Josefina por qué chillaba (ítem III, 3) en lugar de usar el verbo *llorar*. En ambos casos los verbos *gritar* y *chillar* están usados en sentido figurado ya que las gallinas no gritan sino que cacarean, y el chillido es propio de animales como los conejos, entre otros. Este uso de estos verbos crea colorido en la narración y, como lectores, tenemos que reconocer este recurso estilístico del escritor.

Entre los verbos que expresan sonidos de animales se encuentran *zumbar* (las abejas), *berrear* (los becerros), *relinchar* (los caballos), *gruñir* (los cerdos), *rugir* (los leones), *aullar* (los lobos), *maullar* (los gatos), *piar* (los pollitos) y, por supuesto, *ladrar* (los perros). El ladrar de los perros se escribe en español ¡guau, guau!, el piar de los pollitos ¡pío, pío! y el maullar de los gatos ¡miau, miau! Curiosamente en inglés estos sonidos, conocidos también como onomatopeyas, se perciben diferentes, y los perros en los países de habla inglesa hacen *woof, woof!*, los pollitos *peep!* y los gatos *meow!*

En este sentido figurado podría ser un insulto el decir que alguien está *berreando* o *gruñendo* debido a que son los becerros y los cerdos quienes expresan respectivamente tales sonidos onomatopéyicos.

1-28. ¡En español, por favor! Traduzca el párrafo al español.

As I told you earlier, I think that my mother is winning the argument. When I suggested looking for a job to help with the bills, my parents were firmly opposed. They felt that the most important thing was for me to attend school and that anything I needed—books, binders, pencils—they would take care of buying them. Between my dad's salary and the money they received from the tenant that rented out the apartment in the back of the house, they would manage. My mother has always been very frugal and since I was a little girl, apart from food, she only buys when she finds a bargain.

____

1-29. Del diario de Quique: *¡Pico, pico, mandorico!* Llene los espacios en blanco con la forma del **pretérito** o el **imperfecto del indicativo** que complete el sentido de la historia, y coloque los acentos sobre las palabras en orden alfabético que lo necesiten.

I

Recuerdo el verano que Josefina estuvo con los abuelos. Durante esos años yo no ______________ **(1. tener)** mucha amistad con Sofía y mi única compañera ______________ **(2. ser)** una perra que se ______________ **(3. llamar)** Juguetona, la cual hace mucho tiempo ______________ **(4. morir).** Recuerdo que por las noches mi mamá la ______________ **(5. sacar)** de mi cama porque ______________ **(6. decir)** que la perra me ______________ **(7. ir)** a pegar las pulgas. Ese verano a ***(a)*** *Sofia* y a mí nos ______________ **(8. pasar)** algo muy ***(b)*** *extraño.* Mi ***(c)*** *mama* nos ______________ **(9. llevar)** a visitar a una compañera de la universidad llamada ***(d)*** *Noemi.* Al entrar, mi hermana y yo nos ______________ **(10. quedar)** impresionados al ver una casa tan grande y tan lujosa. Al fondo del pasillo ______________ **(11. oír)** un sonido extraño que ______________ **(12. parecer)** una burla o palabras de un anciano. Me ______________ **(13. fijar)** y ______________ **(14. ver)** un enorme perico verde como lechuga con un inmenso ***(e)*** *pico.* Sofía y yo nos ______________ **(15. asustar)** porque nunca habíamos visto un pájaro tan grande. Antes de subir la señora Noemí nos ______________ **(16. decir)** que no nos acercáramos al pájaro porque no ______________ **(17. estar)** en la jaula y no nos ______________ **(18. conocer).**

Comente. ¿Es éste un perico como señala Quique? ¿Son los pericos tan grandes? ¿Qué otro pájaro podría ser? ¿Lo puede deletrear correctamente...? ¿Piensa que fueron irresponsables estas dos adultas al dejar a dos niños expuestos a un peligroso pájaro o piensa que el que corría peligro era el ave? ¿Es la palabra ave masculina o femenina? ¿Se dice la ave o el ave? y ¿por qué? ¿Cuál es el plural? ¿Podría predecir lo que va a ocurrir en esta anécdota?

II

Mi madre y la señora Noemí se ______________ **(1. ir)** a la segunda planta de la casa, dejándonos encendida la televisión para que viéramos las caricaturas. Tan pronto ellas ______________ **(2. subir)** la escalera, Sofía y yo ______________ **(3. correr)** al cuarto para ver de cerca al enorme pájaro y ______________ **(4. comenzar)** a jugar con él. Ustedes saben que *cuando el gato está ausente los ratones se divierten* y eso fue precisamente lo que hicimos. Había un palo de escoba y yo lo ______________ **(5. agarrar)** y le ______________ **(6. tocar)** las alas al pájaro mientras mi hermana, por el otro lado, lo ______________ **(7. distraer)** y le pedía que ***(a)*** *cantara*: "Pico, pico mandorico, ¿quién te dio tamaño pico?" Mas como dicen *loro viejo no aprende a hablar,* y de repente, el perico le ______________ **(8. picar)** el dedo pulgar a Sofía con su gran ***(b)*** *pico* y no la ______________ **(9. soltar)** a pesar de que ______________ **(10. llorar)** y le ______________ **(11. suplicar)** tanto en inglés como en español. Instintivamente ______________ **(12. reaccionar**: yo) y le ______________ **(13. pegar)** al perico en la cabeza con el palo de escoba y, después de dar un ***(c)*** *grito* espantoso, el perico ______________ **(14. caer)** con las patas ***(d)*** *hacia* arriba.

Comente. ¿Qué significado tiene el refrán *¡cuando el gato está ausente los ratones se divierten!*? ¿Podría dar algún ejemplo? ¿Cuál es el *dedo pulgar*? ¿Conoce el nombre de otro de sus dedos? ¿Puede explicar la diferencia entre la conjugación de *picar* en el item 8 y la palabra (b) *pico*?

III

Yo no _______________ **(1. querer)** que la señora Noemí lo viera de esta manera, ***(a)*** *asi* que se me _______________ **(2. ocurrir)** meterlo en el bolsillo de mi chaqueta. Sofía y yo _______________ **(3. regresar)** al cuarto donde _______________ **(4. estar)** la televisión. Tan pronto como mi ***(b)*** *mama* y su amiga _______________ **(5. bajar)** del segundo piso, nos _______________ **(6. ir:** nosotros**)** a nuestra casa y todo el episodio se nos _______________ **(7. olvidar).** Dos ***(c)*** *dias* después mi madre _______________ **(8. encontrar)** al perico tieso y maloliente entre mi ropa íntima y después de dos horas de interrogación y una buena paliza _______________ **(9. echar:** yo**)** al perico en una caja de zapatos y todos _______________ **(10. ir:** nosotros**)** a entregárselo a ***(d)*** *Noemi.* A mi madre no le gustaba pegarnos, pero mis abuelos le recordaban continuamente el dicho *¡si a tu hijo no le das castigo, serás su peor enemigo!* y nos ***(e)*** *castigo* sin misericordia. Cuando fuimos a ver a la pobre señora, ella _______________ **(11. llorar)** al ver su perico muerto y yo le _______________ **(12. repetir)** una y otra vez que solamente lo _______________ **(13. estar:** nosotros**)** observando cuando de repente se _______________ **(14. desmayar),** y sin explicación alguna _______________ **(15. estirar)** las patas. Le _______________ **(16. explicar)** que probablemente había sido un ***(f)*** *ataque* al corazón, pero ***(g)*** *creo* que no me _______________ **(17. creer).**

Comente. ¿Qué significado tiene el refrán *¡si a tu hijo no le das castigo, serás su peor enemigo!*? ¿Podría dar algún ejemplo de cómo se puede cumplir este refrán? ¿Habrá convencido Quique a Noemí de la muerte prematura de su perico? ¿Qué haría usted en lugar de ella?

IV

Por muy trágico que esto _______________ **(1. ser)** para la señora y para el perico, _______________ **(2. haber)** algo positivo al final de la historia. Mi hermana Sofía y yo nos _______________ **(3. hacer)** buenos amigos y ***(a)*** *todavia* me agradece por haberle salvado el dedo pulgar. Mi madre se _______________ **(4. molestar)** mucho con nosotros y constantemente nos _______________ **(5. regañar)** y nos _______________ **(6. exigir)** que nos portáramos como nuestra hermana Josefina que _______________ **(7. visitar)** a los abuelos.

Comente. ¿Hay ironía en la última oración de la anécdota? Explique.

Vocabulario

¿Cómo se dice *good manners* en español? Si no está seguro, busque *manners* en el diccionario.

____

1-30. ¡En español, por favor! Traduzca el párrafo al español.

Honestly, my mother always trusts me and I can confide in her. If it was a matter of money, she always made sure that I had cash in case of an emergency. While I thought about all these things, I decided to call my friends back and tell them that I was not going to be able to go out with them. I stayed at home to help my mother. Since the furniture is already old, I polished it and I moved it. I think the living room looks bigger this way. In addition, I put all the papers on my desk in order. There was so much trash when I finished that the pile of papers was a yard tall. The next day when my friends came to pick me up, I introduced them to my mom. I want to behave better toward my mother and I set out not to use foul language, not just to show her that she raised a daughter with good manners but so that she will have good memories of this period in our lives.

____

____

____

____

____

____

____

____

____

____

Capítulo 2

La universidad

Lectura
Charlas en los pasillos de la universidad

Cápsula cultural
El bachillerato y la licenciatura

Gramática
Presente del indicativo
Conjugaciones de los verbos
Verbos irregulares en la primera persona singular del presente del indicativo

Del habla a la escritura
a, ah, ha, e, eh, he, o, u

Gramática
Cambios en la raíz en el presente del indicativo

Del habla a la escritura
va a ver vs. *va a haber*

Gramática
Verbos que terminan en **-uir** en el presente del indicativo
Verbos irregulares en el presente del indicativo

Del habla a la escritura
va a ser vs. *va a hacer*

Ortografía
Acentuación—Fase III: Palabras que terminan en 'n' y 's'

Vocabulario
Cognados falsos
Calcos
Préstamos

http://thomsonedu.com/Spanish/Conozcamonos

Lectura

Antes de leer

2-1. ¿Cuánto sabemos? Conteste las siguientes preguntas.

1. ¿Qué palabras o expresiones ha escuchado usted en el español que se habla en Estados Unidos que le parecen incorrectas?

____

____

2. ¿Recuerda alguna experiencia en la que Ud. tuvo dificultad comunicándose en español? ¿Qué ocurrió?

____

____

____

3. ¿Qué opina Ud. sobre el español que se habla en Estados Unidos? ¿Es diferente al que se habla en América Latina? ¿Cómo?

____

____

____

4. ¿Cree Ud. que todo inmigrante en Estados Unidos debe aprender inglés? ¿Se deben ofrecer formularios e instrucciones en otras lenguas para las personas que no lo hablan ni lo escriben?

____

____

5. ¿Por qué toman clases de español los hispanos en Estados Unidos si ya saben hablarlo?

____

____

¡A leer!

Charlas en los pasillos de la universidad

El diálogo a continuación se lleva a cabo entre la segunda generación de los Guerra en el salón de matrículas de la universidad. Los personajes son Enrique Guerra (Quique), estudiante de negocios internacionales, Socorro —novia de Quique y empleada en una oficina de abogados—, Sofía Guerra —hermana de Quique y estudiante de ciencias naturales—, Josefina Guerra —hermana menor y estudiante con especialización en mercadeo y comunicación.

Quique: **Necesito** ver a mi consejera urgentemente. Éste **es** mi último año en la universidad y si no me **inscribo** en las clases que **necesito, voy** a tener que estudiar hasta el verano próximo.

Socorro: No **sé** para qué **vengo** nuevamente a la universidad. Gracias a Dios que *gradué* el año pasado y ya **estoy** aburrida de hacer estas colas enormes para pagar la *registración. Anyway,* ¿qué *sujetos* **vas a** tomar este semestre, Quique?

Quique: **Tengo** que tomar cinco clases: una química con el doctor Mohamed, la filosofía con el doctor Smith, una matemática con la doctora Gómez y la clase de español con el doctor Quintanilla.

Socorro: ¿Para qué **vas a** tomar español nuevamente si ya lo tomaste el año pasado y lo **hablas** muy bien?

Quique: ¿Les **preguntas** a tus amigos angloparlantes por qué **toman** inglés si ya lo hablan? ¿**Piensas** que una sola clase **es** suficiente para dominar la lengua? Si supieras que no he olvidado el español debido a que mi madre siempre nos leía antes de acostarnos a mis hermanas y a mí cuando éramos pequeños y todavía hoy en día nos **regaña** cuando **llegamos** a la casa mezclando el inglés con el español. Además cuando tomé la clase tuve que hacer presentaciones orales y me di cuenta de que los estudiantes de otros países hispanos no entendían muchas de las palabras y expresiones que **uso** diariamente. Tú **sabes** que **deseo** trabajar algún día con una compañía internacional y, por eso, **quiero** mejorar mi pronunciación, adquirir un vocabulario técnico y académico y escribir de una manera aceptable, de manera que todas estas destrezas me sean útiles cuando viaje por América Latina o quizás por España. Recuerda que si me **propongo** conseguir un empleo haciendo uso de mi bilingüismo **voy a** tener que competir con los hispanos que constantemente **vienen** a Estados Unidos y han estudiado español mucho más tiempo que yo. **Sé** que si **viajo** a países hispanoparlantes por razones de trabajo, **voy a** tener que comunicarme con gente que ha recibido la educación universitaria en español.

Socorro: ¡Qué ambicioso **eres** y cómo te **gusta** viajar! Yo, por el contrario, no **veo** tanta diferencia entre el spanglish y el español académico o, como dice tu mamá, el español estándar. ¿Qué **tiene** de malo decir *espelear, dropear, jaiescul, la troca, las brecas, ahí te washo, pagar los biles, taipiar un papel* y *llamar pa'tras,* si **es** así como **hablamos** en esta ciudad y todos nos **entendemos** bastante bien. Creo que lo importante **es** que me comunique con los clientes que **vienen** a la oficina y, para eso fue que me contrataron los abogados donde **trabajo.** ¿Qué me **importa** saber ese español académico del que tanto la gente **presume**?

Quique: Socorro, no **niego** que el spanglish **tiene** su uso práctico en la comunicación con otros hablantes bilingües y, dentro de ese círculo social no es incorrecto usarlo, pero bien **sabes** la dificultad que **tienen** para entenderte los hispanos recién llegados de América Latina que todavía no **hablan** inglés. Acuérdate del día que llegaron a tu oficina aquellos chilenos y se enojaron contigo cuando te preguntaron dónde podían comprar frutas frescas y les dijiste que fueran a la tienda de *groserías* de la esquina. ¡Qué metida de pata! O aquella vez que te pidieron una solicitud relacionada con la campaña electoral del licenciado Sánchez y les dijiste que finalmente un latino iba a *correr para mayor* de la ciudad.

Socorro: ¡Me sentí tan *embarazada*! Y eso no **es** nada. Si supieras que **hace** dos meses llegó un ingeniero argentino muy pensativo a la oficina y le pregunté por qué estaba tan *agüitado*, y como él no sabía lo que significaba esa palabra le dio mucho coraje y se quejó con mi jefe. Otro día le dije *güero* a un puertorriqueño y él entendió *huero*, lo cual se usa comúnmente en Puerto Rico para referirse al huevo de la gallina cuando se **pudre.** Mejor me **callo** la boca porque si se **entera** el licenciado de todos los disparates que he dicho en la oficina me corre... **digo,** me **despide.** ¿Crees que me **hace** falta tomar clases de español?

Quique: Por supuesto, Socorro. Tomar clases no **quiere** decir que no sepamos el idioma. Los estudiantes que **toman** cursos de español como segunda lengua **luchan** muchísimo para aprender lo que nosotros ya **sabemos.** Lo que **ocurre es** que como no **cursamos** ni la escuela ni la universidad en español, no **tenemos** muchas oportunidades de practicar el lenguaje académico. Además, al hablar con otra persona bilingüe **sabemos** que **podemos** usar la primera palabra que se nos **viene** a la mente, y no nos **importa** si nos sale en inglés, en español o en spanglish. Realmente, ¿cuántas personas como nosotros **practican** la lectura en español? y, peor aún, ¿cuándo **practicamos** la escritura? Por otro lado, ya quisieran muchas personas que sólo hablan español, saber el inglés que hablamos y escribimos tú y yo. Sin embargo no debemos conformarnos solamente con el español que aprendimos en el hogar. Yo honestamente casi nunca lo había escrito hasta que tomé la clase de español el pasado semestre y ahí fue que me di cuenta de la cantidad de errores que se cometen en todas partes y nunca me había percatado. Por ejemplo, ayer fui a un restaurante Tex-Mex de una cadena muy popular en la ciudad y leí en letras de imprenta muy grandes (escribiendo en una hoja de la carpeta el siguiente mensaje): *Éste establecimiento no se permite posesión de armas en éste local°*. En esta simple oración encontré cuatro errores. Me parece que existe poca consideración hacia los clientes que sólo hablan español y que patrocinan estas cadenas de comida rápida. ¿Qué pasaría si esa misma cantidad de errores se hubiera cometido en el aviso en inglés? No **crees** que ya algún cliente hubiera puesto el grito en el cielo. Yo no **soy** académico de la lengua y no **creo** que lo sea algún día, pero gracias al curso de español intermedio que tomé en la universidad podría traducir ese mensaje mucho mejor que la persona que probablemente recibió dinero por hacerlo.

°Notice: This establishment does not allow the possession of a weapon on these premises.

Socorro: Oye, Quique, dime cuáles **son** los errores que encontraste porque para mí todo está muy bien.

Quique: ¡Te los **digo** más tarde! Ahí **vienen** Sofía y Josefina y **quiero** que veas cómo se **enojan** conmigo. Les **voy a** hablar un poco en spanglish. (Dirigiéndose a Sofía y a Josefina que se **acercan**) ¿Qué ondas ruquitas? ¿Ya *loncharon* o se la han pasado desde el primer día *taipiando* toda la mañana en la *librería?*

Sofía: ¡Que chistoso! ¡Qué mala imitación del pachuco en Zoot Suit°! Sólo te **falta** el sombrero y los pantalones negros, ya que **tienes** una cara... **Sabes** que mamá no **quiere** que hagas esas bromas en público porque **da** la impresión de que te **burlas** de los latinos que han nacido en Estados Unidos como nosotros.

°Obra teatral de Luis Valdés llevada al cine bajo el mismo nombre, y basada en los acontecimientos de unas revueltas en las comunidades méxico-americanas de Los Ángeles durante los años cuarenta.

Josefina: A mí se me **parece** a Paul Rodríguez, pero sin la gracia, sin la fama ni el dinero. Luego **dice** que **está** orgulloso de hablar español y nos **quiere** corregir a nosotras. ¿**Es** acaso eso lo que te ha enseñado el profesor Quintanilla?

Quique: Calma y no se pongan así conmigo. Solamente estoy tratando de convencer a Socorro para que tome una clase de español y quería que ella viera la reacción de ustedes. No **traten** así a su precioso hermano mayor. Recuerden que **voy** a comenzar a trabajar el año próximo y probablemente sea la única persona que les ofrezca empleo cuando terminen su carrera.

Socorro: **Es** cierto. No se **molesten** con Quique. Sólo nos estábamos riendo de las innumerables metidas de patas en mi oficina. Quique me **quiere** animar a que tome una clase de español. Mañana **voy a** hablar con el licenciado Gutiérrez para saber si me **deja** *atender* una de esas clases para estudiantes que ya **hablan** español y que sólo **necesitan** practicar la escritura, la conversación y **buscan** ampliar el vocabulario. **Creo** que si le **muestro** a mi jefe el *grado* de la clase, me **da** *pa'trás mi feria,* **digo,** mi dinero. Quién **sabe** si algún día pueda solicitar uno de los empleos de traductora que constantemente **aparecen** en la corte municipal. El salario **es** magnífico pero el licenciado Gutiérrez **dice** que los exámenes para la certificación **son** muy difíciles y que pocas personas los **pasan.** ¿**Sabes** si **tengo** que *aplicar* a la universidad otra vez para tomar esta asignatura?

Sofía: No, Socorro, **creo** que como ya te recibiste de la universidad, puedes seguir tomando cursos sin llenar otra solicitud de ingreso. A mamá le **va a** dar mucha alegría que también tú **tomes** clases de español. **Dice** que cada día **va a haber** en Estados Unidos más necesidad de dominarlo con fluidez. Cada día que **pasa existe** mayor relación política, económica y cultural con América Latina y **debemos** estar preparados para las oportunidades que **surgen** de todos estos nuevos tratados económicos. Por ejemplo, a pesar de que yo quisiera ser doctora o enfermera graduada, **sé** que **voy a** tener que trabajar tan pronto termine mi licenciatura en ciencias naturales porque me **doy** cuenta que mis padres no **pueden** pagar mis estudios postgraduados. **Estoy** pensando conseguir un empleo en el centro médico ayudándoles a los pacientes que constantemente **vienen** de América Latina en búsqueda de tratamientos para el cáncer, las enfermedades del corazón y hasta para cirugías plásticas.

Socorro: **Suena** muy bien eso, pero ese trabajito lo **puede** hacer cualquier persona que hable español e inglés.

Sofía: No me **estoy** refiriendo a explicar cosas rutinarias, sino a llamar por los nombres en español los medicamentos, los órganos del cuerpo humano, las intervenciones quirúrgicas que se les **practican** a los pacientes, etc. Este tipo de servicio no lo **puede** hacer cualquier persona por sólo hablar español e inglés, sino que **es** necesario que la persona tenga una preparación académica en ambas lenguas, además de un conocimiento de la terminología médica y del funcionamiento del cuerpo humano. Recuerda que los pacientes que **vienen** de América Latina sólo **conocen** ese vocabulario en español y se **sienten** muy a gusto cuando la persona que les **habla** de su condición física se **expresa** con propiedad. Sin embargo, muchos de los que **sirven** de intérpretes en los hospitales de la ciudad **inventan** cada cosa que ¿para qué te **cuento**? Socorro, éste **es** un nuevo mundo en el que **vivimos** y **tenemos** que estar al día con los nuevos retos.

Josefina: Lo que **dice** Sofía me **hace** recordar a una amiga que tuve en la escuela intermedia y como sus padres no hablaban inglés, la pobre tenía que servirles de intérprete en todas partes; en la farmacia, en las consultas médicas de sus padres y hasta en las oficinas donde sus padres pagaban las facturas del agua, la luz y el gas. A ella no le gustaba hacerlo porque no sabía el significado de muchas palabras técnicas que le preguntaban y sentía mucho estrés cuando no podía traducirles correctamente a sus padres. A pesar de que Dalia era buena estudiante comenzó a faltar bastante a la escuela y, años más tarde, se fue con el primer enamorado buscando liberarse de la presión familiar. Nunca más estudió. Ahora que lo **puedo** analizar mejor me **planteo,** si sus padres eran clientes de estas agencias y éstas les estaban cobrando por el servicio, ¿por qué una niña de trece años tenía que hacerles el trabajo a estas agencias?

Quique: **Estás** en lo correcto, mi querida hermana. Yo me **pregunto** por qué las farmacias, los hospitales privados u otras agencias de servicios al consumidor no **emplean** a individuos capacitados en más de una lengua. Lamentablemente las personas que **sirven** de intérpretes no **están** lo suficientemente capacitadas para ofrecer el servicio que los consumidores se **merecen.** De todas formas nadie **puede** negar que Estados Unidos es una nación en continuo cambio que se formó y se **sigue** formando a través de la aportación de todo tipo de inmigrante. Entonces, ¿no les **parece** a ustedes una ironía que muchos de los que una vez fueron inmigrantes defiendan con feroz nacionalismo el territorio donde ellos mismos recibieron una oportunidad?

Socorro: Sí, Quique... pero **cuesta** mucho dinero ofrecer todos estos servicios y mucha gente **piensa** que en Estados Unidos tienes por obligación que aprender el inglés o, si no, **debes** regresar al lugar de donde has venido.

Sofía: Ésa **es** la misma actitud etnocéntrica° o racista que constantemente **aparece** en muchos medios de comunicación. ¿Por qué la gente no **puede** aceptar que el manejo de dos o tres lenguas **ofrece** todo tipo de oportunidades en un mundo cada vez más globalizado?° En una clase de filosofía aprendí que las personas que **estudian** más de una lengua y aprenden sobre otras religiones se **comportan** con más tolerancia hacia otras culturas o, como diría mi amiga Raquel, son *más abiertas de mente.* **Demuestran** más cultura, mejores modales y, por supuesto, **tratan** con mayor respeto a los demás. Hay países como Suiza, Canadá y Bélgica donde **aprenden** más de un idioma en su sistema educativo y todavía conservan la unidad nacional. Mucha gente en Estados Unidos **es** tan poco transigente que ni siquiera **puedes** hablar en español con alguien en un ascensor sin que veas unas caras largas en las personas que te **rodean.**

°El etnocentrismo es el sentimiento de un grupo o un país por considerarse superior a los demás.

°Se conoce como globalización al fenómeno económico, social y cultural de nuestros tiempos que elimina las fronteras nacionales en la producción y manufacturación de productos. Las personas y los productos pierden las señas que en el pasado los identificaban con un determinado país, incorporándose a un mercado intercultural.

Socorro: No tenía idea de que ustedes tuvieran conversaciones de este tipo. Me **parece** todo súper *cool* aunque no **sé** qué cosa **es** eso de mundo globalizado y menos aún eso otro de actitud etnocéntrica. Todo eso parece que viene de la clase de filosofía y por poco la *flonqueo* cuando la tomé. **Prefiero** callarme la boca porque *en boca cerrada no* ***entran*** *moscas.* Me han dejado con la boca tan abierta que por poco me **trago** una mosca. *Anyway,* ¿qué **podemos** hacer?

Josefina: Nuestra madre **afirma** que las compañías que se **benefician** económicamente por los servicios que **ofrecen** como, por ejemplo, las *aseguranzas* o seguros médicos, los bancos, las farmacias y hasta la gente que nos **llaman** a todas horas para ofrecernos tarjetas de crédito **deben** darnos mejores servicios a nosotros que somos consumidores y aportamos con nuestro trabajo al bienestar del país. Por eso mi bella madre, que a pesar de que **habla** muy bien el inglés, al encontrarse en situaciones de este tipo siempre **exige** que la atiendan en español. Ella no lo **hace** para su beneficio, sino para que estas instituciones se **den** cuenta de la necesidad que **existe** de un personal bilingüe que pueda comunicarse eficazmente con sus clientes. Es su manera particular de darles voz a las personas que no la tienen.

Sofía: Por eso **es** que siempre **elige** la famosa alternativa de los teléfonos con mensajes computarizados: *Para español presione el número cuatro.* No le **importa** tener que esperar más tiempo en la línea telefónica del que se espera cuando se elige a un representante en inglés. Creo, mi querida cuñada, que el hablar dos lenguas a nivel académico nos **da** gran prestigio y nos **va a** abrir más oportunidades cuando solicitemos algún empleo. Yo, por ejemplo, tomé ya nueve créditos en español y los coloqué en los cursos electivos que me **permite** mi especialidad. **Créeme** que no los he tomado para subir mi promedio, como **piensan** aquéllos que **opinan** que el español **es** una materia fácil. Les dediqué el mismo tiempo, y a veces un poco más, que a mis clases de biología. **Tomo** mis clases de español muy en serio y *me he quemado las pestañas* para sacar buenas notas porque **sé** que tarde o temprano este conocimiento me **va** a ser útil en mi carrera profesional. Cuando tomé el primer curso **hace** unos años me sentí un poco avergonzada porque había una muchacha que no era hispana y a pesar de que no tenía el vocabulario que yo **dispongo,** cometía menos errores en la escritura que yo. Me llamó la atención el porqué se interesaba tanto en el español y cuando la traté me enteré de que era sueca y había vivido en México un año bajo un programa estudiantil de intercambio. Obviamente su mentalidad era diferente al pragmatismo que nos **caracteriza** a la mayor parte de los que nos educamos en el sistema estadounidense. Sin embargo, no todo **está** perdido. **Está** surgiendo cada vez más un interés entre las nuevas generaciones no latinas por aprender español como segunda lengua y de ahí la gran cantidad de libros que se **venden** en la librería para los cursos de primer año. No **sé** si ha sido por la influencia de Ricky Martin, Enrique Iglesias, Marc Anthony, Shakira o todos los que les han seguido, pero lo importante **es** que cada día más gente en Estados Unidos se **da** cuenta de los beneficios que **existen** cuando **podemos** comunicarnos oralmente y por escrito en dos o más idiomas.

Quique: ¡Dios mío! Se me **está** haciendo tarde. **Tengo** que ver a la consejera lo antes posible. ¡Las mujeres **hablan** muchísimo! La próxima vez que nos encontremos les **compro** chicle o, como **dicen** los puristas, goma de mascar.

Sofía: ¡Qué pesado! Y antes de que me olvide, cuando dijiste que me ofrecías trabajo en tu compañía, ni lo **sueñes,** porque Josefina y yo nos **imaginamos** el salario que nos **vas** a querer pagar ya que **eres** más tacaño que nuestro tío Gerardo. El mismo que no se **toma** una Coca-Cola por no botar los gases. Eso **es** para que sepas que yo también **puedo** usar los estereotipos a mi conveniencia.

Socorro: Bye, girls!

Después de leer

2-2. ¿Qué aprendimos? Conteste las siguientes preguntas a continuación y en la página 62.

1. ¿Qué piensa Socorro de Quique por tomar clases de español? ¿Cuál es la explicación que él le da?

   ____

   ____

2. ¿Cuál es el español que estudia Quique? ¿Por qué le interesa dominarlo bien?

   ____

   ____

3. ¿Dónde trabaja Socorro? ¿Qué le pasó en el trabajo?

   ____

   ____

4. ¿Qué tipo de trabajo quiere encontrar Sofía? ¿Por qué?

5. ¿Qué opinan Josefina y Sofía sobre el uso del español en Estados Unidos? ¿Está usted de acuerdo con ellas? Explique.

2-3. Piense, escriba y revise con cuidado. ¿Está Ud. de acuerdo con la opinión de los hermanos Guerra acerca de la importancia de un manejo profesional de dos o más lenguas? ¿Cómo le puede servir? ¿Se nos juzga por la manera que nos expresamos en público?

1. Escriba en su computadora las respuestas a estas preguntas.
2. Organice sus ideas y defienda su opinión. Agregue —si lo desea— alguna anécdota personal de algún incidente relacionado con la temática.
3. Escriba una página (250 palabras) dejando renglón por medio.
4. Repase sus notas de los capítulos anteriores y aplique los conocimientos a su composición. Por ejemplo: revise las formas verbales del pretérito y el imperfecto, los acentos, el uso de mayúsculas, etc.
5. Lea su trabajo en voz alta y póngale un título apropiado.

Cápsula cultural: El bachillerato y la licenciatura

La educación escolar en el mundo hispano está dividida en dos partes. La escuela primaria comienza en kínder o el jardín de infantes y termina en sexto grado. La escuela secundaria comienza en primer grado (séptimo de middle school en EE.UU.) y termina en sexto grado (el equivalente al duodécimo en high school). En algunos países de América Latina la *secundaria* dura tres años y los siguientes tres son *la preparatoria* o *el bachillerato*. Esta división varía de un país a otro; en algunos países la secundaria es de cuatro años y el bachillerato de dos. El término *colegio* siempre se refiere a la escuela, tanto primaria como secundaria, pero nunca a la universidad. En español no existe un término equivalente a *college,* sólo la palabra *universidad.* Tener *el bachillerato* indica que la persona ha terminado la escuela secundaria. Cuando uno termina la universidad, recibe una *licenciatura* o un *título universitario.* En Puerto Rico, por el contrario, al título universitario de cuatro años se le conoce como bachillerato y la *high school* se denomina como la escuela superior.

Otra diferencia interesante es la terminología que usamos para los pedagogos. Mientras que en inglés usamos la palabra *teacher* para referirnos a un docente tanto en la escuela primaria como secundaria, en español el título de *maestro* se limita a las personas que enseñan en la escuela primaria. Las que enseñan en la escuela secundaria y la universidad son *profesores.*

Gramática

Presente del indicativo

Desde el punto de vista discursivo, cuando hablamos dividimos el tiempo en tres: el pasado, el presente y el futuro. En el capítulo anterior discutimos el pasado (pretérito e imperfecto del indicativo) y en este capítulo se va a hablar del presente del indicativo. El uso típico del presente del indicativo es para hablar de una acción o evento que sucede en el mismo momento en que se habla.

Hoy mi hermana **trabaja** todo el día.

Necesito una pluma.

Sin embargo, hay otros usos del presente. El presente histórico permite relatar un hecho que ya ocurrió, siempre y cuando el contexto aclare el período. El uso del presente en estos casos parece realzar más la acción, trayéndola al presente.

Colón **llega** a América en 1492.

Anoche dormía cuando de repente **suena** el teléfono.

Un uso muy común del presente es para hablar del futuro. Para poder usarlo de esta forma, se necesita agregar algún adverbio de tiempo que dé la idea de que la acción va a ocurrir en el futuro. También se puede usar para describir algo que sucede o se hace con regularidad.

Más tarde **pasa** el primo de José a recogerlo.

Mañana **estudio** con mis amigos.

Los viernes por la noche Socorro siempre **cena** con sus padres.

Conjugaciones de los verbos

Las formas del presente se obtienen agregándole a la raíz del verbo las terminaciones del presente, como en el pretérito y el imperfecto que vimos en el **Capítulo 1.** Estas terminaciones aparecen a continuación en negrillas.

pronombres	*hablar*	*romper*	*decidir*
yo	habl**o**	romp**o**	decid**o**
tú	habl**as**	romp**es**	decid**es**
él/ella/Ud.	habl**a**	romp**e**	decid**e**
nosotros/as	habl**amos**	romp**emos**	decid**imos**
ellos/as/Uds.	habl**an**	romp**en**	decid**en**

Hay dos grupos de terminaciones, una para la primera conjugación {ar} y otra para la segunda {er} y la tercera conjugación {ir}. La única diferencia entre las últimas dos es la forma de la primera persona del plural *(nosotros)* que en la tercera conjugación {ir} mantienen la 'i'. Note la diferencia entre *romp**emos*** y *decid**imos**.*°

°***Pregunta:*** *¿Alguien puede explicarle a la clase qué diferencia existe entre rompemos y rompimos?*

2-4. Tablas. Llene la **Tabla F** (pág. 287), siguiendo las tres terminaciones que aparecen como modelo.

2-5. Del diario de Sofía: Y ahora, ¿quién podrá ayudarme... ? Llene los espacios en blanco con la forma del **presente del indicativo** que complete el sentido de la historia, y coloque los acentos sobre las palabras en orden alfabético que lo necesiten.

I

Éste es el primer año que ______________ **(1. estudiar)** en la universidad y ______________ **(2. necesitar)** consejos de una persona que no sea un familiar. No me ______________ **(3. gustar)** hablar de estos asuntos con ***(a)*** *nadie* cercano porque ______________ **(4. desear)** resolver mis problemas por mí misma y todos ______________ **(5. saber)** en mi casa que en lo personal soy muy independiente y nunca ______________ **(6. buscar)** ayuda de nadie. Sin embargo, en lo económico es otro asunto, especialmente si me comparan con mis dos hermanos. Quique y Josefina ______________ **(7. estudiar)**, ______________ **(8. trabajar)** y ______________ **(9. pagar)** sus propios gastos. En lo económico son independientes y no ______________ **(10. recibir)** nada de nadie. Yo, por el ***(b)*** *contrario*, soy la mimada de la casa y mis padres me lo ______________ **(11. ofrecer)** todo *en bandeja de plata*. Ellos me ______________ **(12. comprar)** lo que se me ______________ **(13. antojar)** porque ______________ **(14. desear)** que me ***(c)*** *dedique* solamente a mis estudios y quieren que sea la primera doctora en la ***(d)*** *familia*. ¡Qué fácil es para ellos decirlo con la boca!

Comente. ¿Le aconsejan sus padres o familiares a estudiar profesiones lucrativas como la medicina o el derecho? ¿A qué se debe esta actitud? ¿Siente usted presión o no le importa lo que piensen?

II

Esto ha creado mucha presión en mí porque no me ______________ **(1. gustar)** mucho las ciencias y ______________ **(2. creer)** que voy a defraudar a mis padres. ¿Qué pasa si algún ***(a)*** *dia* mis padres me ______________ **(3. echar)** en cara todo lo que han hecho por mí? Estoy tan tensa que muchas veces ______________ **(4. pelear)** con Josefina por ***(b)*** *tonterias* y solamente siento tranquilidad cuando ______________ **(5. escribir)** en este ***(c)*** *diario*. Por esta situación me he dado cuenta de que ______________ **(6. deber)** hablar con un consejero en la universidad que me ***(d)*** *ayude* a solucionar este problema.

Comente. ¿Cree usted que un consejero u otra persona puede solucionar problemas personales? ¿Tiene usted la capacidad de resolver sus problemas sin ayuda externa? ¿Podría ser beneficioso escuchar la opinión de un profesional cuando existe un problema?

2-6. A manera de laboratorio. En grupos de dos estudiantes van a dictarse partes de la historia que acaban de completar. Su profesor/a le dará instrucciones.

____

____

____

____

____

Gramática

Verbos irregulares en la primera persona singular del presente del indicativo

Estos verbos son irregulares en la primera persona singular solamente. En todas las demás personas gramaticales son regulares.

infinitivo	*yo*	*tú*	*él/ella/Ud.*	*nosotros/as*	*ellos/as/Uds.*
caber	**quepo**	cabes	cabe	cabemos	caben
caer	ca**igo**	caes	cae	caemos	caen
dar	d**oy**	das	da	damos	dan
distinguir	distin**go**	distingues	distingue	distinguimos	distinguen
escoger	esco**j**o	escoges	escoge	escogemos	escogen
exigir	exi**j**o	exiges	exige	exigimos	exigen
poner	pon**go**	pones	pone	ponemos	ponen
saber	**sé°**	sabes	sabe	sabemos	saben
hacer	ha**go**	haces	hace	hacemos	hacen
reconocer	recono**zc**o	reconoces	reconoce	reconocemos	reconocen
traducir	tradu**zc**o	traduces	traduce	traducimos	traducen
convencer	conven**z**o	convences	convence	convencemos	convencen
ver	v**e**o	ves°	ve	vemos	ven

°Cuando sé se refiere al verbo saber, siempre lleva acento. Cuando es el pronombre se, no lo lleva.

°No confunda esta segunda persona singular de ver con vez. Si alguna vez me ves (ver), no me dirijas la palabra.

Algunos verbos que se comportan como *caer* son *traer, atraer, contraer, distraer* y *extraer*. Los verbos que siguen el mismo patrón de *escoger* son *coger, proteger, recoger, elegir* y *corregir* que cambian la 'g' a 'j'. Verbos del mismo grupo de *poner* son *salir, valer, componer, imponer* y *reponer*. Todos los derivados de *hacer* se conjugan de la misma manera: *satisfacer, rehacer* y *deshacer*. Un grupo de verbos terminados en **-cer** y **-cir**, como *traducir* y *reconocer*, cambia la 'c' a 'zc'. En este grupo se encuentran *aborrecer, agradecer, aparecer, conocer, crecer, desaparecer, enloquecer, enriquecer, favorecer, merecer, obedecer, ofrecer, padecer, parecer, pertenecer, conducir, introducir, producir, reducir, seducir*. Existen otros con la misma terminación **-cer** como *convencer* que necesitan cambiar una letra en la conjugación para poder mantener el mismo sonido que aparece en el infinitivo, por eso la 'c' pasa a 'z'. Este mismo cambio ocurre en verbos como *vencer* y *zurcir*.

2-7. Tablas. Llene la **Tabla G** (pág. 288), tomando en cuenta los cambios que se presentaron en la sección anterior.

2-8. Casos de la vida: ***El que no oye consejos, no llega a viejo.*** Llene los espacios en blanco con la forma del **presente del indicativo** que complete el sentido de la historia y coloque los acentos sobre las palabras en orden alfábético que lo necesiten.

I

Sofía: Señor Morales, le ______________ **(1. agradecer)** en el alma por tomarse tanto interés en mi caso y por haberme atendido con tan poco tiempo de anticipación. Yo ______________ **(2. saber)** que tiene muchos estudiantes que consultar y nuevamente le ______________ **(3. dar)** las gracias.

Consejero: Sofía, no tiene que agradecerme nada. Le ______________ **(4. ofrecer)** mi humilde servicio cuando usted lo ***(a)*** *necesite* porque ______________ **(5. ver:** yo**)** que usted tiene la necesidad de consejería. Para comenzar la sesión quiero dejarle saber por adelantado que soy cristiano y la ______________ **(6. bendecir)** en este momento porque pienso que el destino me ha puesto en su ***(b)*** *camino.* ***(c)*** *Contribuyo* en la obra del Señor con un granito de arena porque desde pequeño hasta el día de hoy le ______________ **(7. conocer)** como mi único Salvador y le ______________ **(8. pertenecer)**, y él ______________ **(9. habitar)** en mi corazón. Quiero decirle además que todos los problemas son pequeños cuando los vemos desde una perspectiva distante y eso es precisamente lo que ______________ **(10. ir:** nosotros**)** a lograr juntos. Dígame, ¿qué le preocupa?

Comente. ¿Le dan confianza las palabras de los consejeros o le impiden que se comunique con libertad? ¿Se siente cómodo/a cuando la persona con quién conversa se le presenta de esta manera?

II

Sofía: Señor Morales, no ______________ **(1. saber)** qué estudiar... ninguna carrera me ______________ **(2. satisfacer)**. Mis padres contribuyen económicamente con mis estudios y yo siempre les ______________ **(3. obedecer)** en todo lo que ______________ **(4. decir:** ellos**)**. Temo que si algún día les contradigo y no ______________ **(5. estudiar:** yo**)** lo que ellos siempre han soñando se ______________ **(6. ir)** a sentir defraudados de mí. Ellos ______________ **(7. desear)** que sea farmacéutica o que ***(a)*** *estudie* una carrera en el área de la medicina, pero siempre me ha molestado pasar más de una hora en un laboratorio de ciencias. No soy una persona que quiere estar el resto de la vida encerrada entre cuatro paredes. ______________ **(8. Odiar:** yo**)** las carreras monótonas en las que siempre se ______________ **(9. hacer)** la misma rutina y aunque ***(b)*** *trabaje* muy ***(c)*** *duro* nunca ______________ **(10. producir:** yo**)** el máximo de mi potencial. Cuando ______________ **(11. hacer)** mis tareas en la biblioteca y ______________ **(12. observar)** a los empleados llevando a cabo las mismas funciones, me ______________ **(13. dar)** una desesperación tan grande que inmediatamente ______________ **(14. recoger)** mis libros y ______________ **(15. salir)** como una loca a la calle. En fin, señor Morales, este sentimiento de compromiso o culpa hacia mis padres me afecta mucho y, por eso, ***(d)*** *huyo* de mi ***(e)*** *familia* y de mis amigos.

Comente. ¿Está satisfecho/a o se ha resignado a la carrera que ha elegido? Si no está contento/a del todo, ¿lo expresa abiertamente o se lo calla?

III

Consejero: Sofía, no es para tanto. ¡Cálmese... ! ______________ **(1. deducir:** yo**)**, por lo que me ______________ **(2. comunicar)** que ninguna carrera le agrada. ¿Por qué no se lo ha dicho a sus hermanos?

Sofía: Bueno, una vez lo ***(a)*** *mencione* durante una conversación casual en la universidad, pero los ______________ **(3. conocer)** muy bien y ______________ **(4. saber)** que no le dieron importancia a mis comentarios. Dígame, señor Morales. ¿Es común que los jóvenes tengan estas dificultades o dudas para elegir lo que quieren estudiar?

Consejero: El problema es más común de lo que la gente ______________ **(5. creer)**. Muchos estudiantes ______________ **(6. cursar)** los primeros años y no ______________ **(7. saber)** qué facultad elegir y, en ocasiones, ______________ **(8. acumular)** una gran cantidad de cursos en diversas disciplinas y no ______________ **(9. distinguir)** entre los cursos de una licenciatura y otros que sólo sirven como clases electivas. El día menos pensado Cupido les ______________ **(10. dar)** un flechazo; se ______________ **(11. distraer)** en amores de primavera; y ¡fuaa!: ______________ **(12. contraer:** ellos**)** matrimonio, ______________ **(13. traer)** niños al mundo y, por último, ______________ **(14. dejar)** de estudiar. Recuerde el refrán, *¡la mujer casada, preñada y en casa!*

Comente. ¿Está exagerando el consejero? ¿Pueden ocurrir tan rápido los acontecimientos en la vida? Comente el refrán que finaliza la sección.

IV

Sofía: Yo le ***(a)*** *aseguro* que no me ______________ **(1. distraer)** tan fácilmente y no me ______________ **(2. casar)** hasta que ***(b)*** *termine* de estudiar; tampoco ______________ **(3. traer)** niños al mundo porque ______________ **(4. apreciar:** yo**)** mi vida y ***(c)*** *creo* que mis padres me ***(d)*** *matarian.*

Consejero: Entonces, ¿a cuál facultad desea entrar?

Sofía: Señor Morales, todavía no ______________ **(5. elegir:** yo**)** ni puedo hacerlo. Tengo que tomar primero los cursos generales que la universidad ______________ **(6. exigir)** antes de entrar a una facultad. ______________ **(7. Aborrecer:** yo**)** tomar cursos que son una pérdida de tiempo porque no se relacionan con lo que me gusta, pero la universidad no me ______________ **(8. ofrecer)** otra alternativa.

Consejero: ¿Qué ______________ **(9. creer)** usted? ¿Son los cursos generales una pérdida de tiempo?

Sofía: ¡Por supuesto! Yo ______________ **(10. favorecer)** el que los estudiantes tomen los cursos de inglés, ciencias y matemáticas; pero ¿para qué nosotros ______________ **(11. necesitar)** los cursos de ***(e)*** *historia,* ciencias políticas, arte, música, ***(f)*** *teatro* y otros? Todos estos cursos sólo me ______________ **(12. producir)** estrés y me ______________ **(13. parecer)** que no me sirven para nada.

Comente. ¿Está de acuerdo con Sofía? ¿Existen cursos en su licenciatura que son una pérdida de tiempo? ¿Conoce algún país latinoamericano o una universidad de Estados Unidos que tenga un sistema de enseñanza diferente al que se menciona en el diálogo?

Vocabulario

Traduzca la palabra de la columna A al inglés en la columna B. Esta palabra tiene un cognado falso en el español de EE.UU. que aparece en la columna C. Busque el significado en inglés de esa palabra en el diccionario.

A **español**	B **inglés**	C **español**	D **inglés**
la biblioteca	____________	la librería	____________

Las palabras en la columna A tienen variantes en el español de EE.UU. que son calcos o préstamos del inglés. ¿Puede Ud. escribir las palabras del inglés equivalentes a las que aparecen en español en la columna A? ¿Ha oído Ud. otra palabra? Escríbala en la columna C.

A **español académico**	B **inglés**	C **español de EE.UU.**
el informe	____________	____________
la matrícula	____________	____________
la nota / calificación	____________	____________
la solicitud	____________	____________
reprobar	____________	____________

2-9. ¡En español, por favor! Traduzca el párrafo al español.

Ésta es la carta que Verónica, una amiga de Socorro, le escribió a su astrólogo.

Dear Walter,

I was planning to graduate from the university last semester, but I forgot to file an application for May, after it cost me so much money for the registration. Then I attended an English composition class and the professor flunked me because I did not type the final paper. I knew my grade was low, but not an "F." I am upset because I wasted so much time in the library for that class, plus I could not take back the books to the bookstore. They are going to request a new edition. My advisor asked me to repeat the course next year and I have to buy new textbooks. Help me, please; I don't know what to do.

____

____

____

____

____

____

____

____

____

a, ha, ah, e, he, eh, o, u

En español, la palabra con el sonido /a/ se puede escribir de tres maneras diferentes y cada una de ellas tiene un uso específico. Ellas son la preposición *a*, la tercera persona singular del verbo *haber, ha*, y la interjección *ah*.

La última vez que Mónica fue **a** la clase de biología, el profesor le dio su promedio.

La pobre chica **ha** tenido que darse de baja en la clase.

¡**Ah,** qué decepción para los padres!

Distinguir *ah* de *a* es relativamente fácil. Tenemos que tener en cuenta que *ah* siempre es una exclamación; la usamos cuando queremos denotar sorpresa. Para recordar cuándo usar *ha* es necesario notar que funciona como el auxiliar del verbo y, por eso, viene seguido del participio. Los participios de los verbos regulares terminan en {ado} e {ido} *(hablado, bebido, salido)* aunque además tememos varios participios irregulares *(abierto, escrito, dicho)*. También la traducción de *ha* al inglés siempre es *has (The poor girl **has** had to drop the class).*

Algo parecido ocurre con la palabra con el sonido /e/; puede ser la conjunción *e,* la primera persona singular del verbo *haber, he,* y también la interjección *eh.*

Padres **e** hija pasaron unos momentos de preocupación.

Mónica: —Es sólo la segunda vez que me **he** dado de baja en una clase.

Madre: —¿**Eh**? ¿Qué has dicho?

Fíjese que en el primer ejemplo la conjunción *e* reemplaza a la *y* debido a que el sonido de la palabra que sigue comienza con 'i' y no es agradable al oído la repetición de dos vocales similares. En el segundo ejemplo vemos que *he* viene seguido del participio {ado}, igual que *ha,* y también se traduce al inglés como *I have (It's only the second time that **I have** dropped a class).* En el tercer ejemplo, *eh,* en español lo podríamos usar a manera de pregunta o para indicar que no entendimos o no escuchamos algo claramente.

Por la misma razón que anteriormente reemplazamos la conjunción *y* seguida de una palabra que inicia con 'i' en *e hija,* reemplazamos la conjunción *o* por la *u* si la siguiente palabra comienza con la misma vocal.

Padre: —Mónica, no quiero que tengas trabajo **u** otras obligaciones mientras asistes a la universidad.

Práctica. Escriba una oración con cada una de las palabras a continuación.

a ____________________

ha ____________________

ah ____________________

e ____________________

he ____________________

eh ____________________

o ____________________

u ____________________

Gramática

Cambios en la raíz en el presente del indicativo

Existe un grupo de verbos que cambia la última vocal 'e' de la raíz al diptongo 'ie' en todas las personas con excepción de *nosotros.*

infinitivo	*yo*	*tú*	*él/ella/Ud.*	*nosotros/as*	*ellos/as/Uds.*
pensar	pienso	piensas	piensa	**pensamos**	piensan
entender	entiendo	entiendes	entiende	**entendemos**	entienden
sentir	siento	sientes	siente	**sentimos**	sienten

Éste es un grupo de verbos numeroso, y en el grupo {ar} encontramos *acertar, apretar, calentar, cerrar, comenzar, confesar, despertar, empezar, encerrar, enterrar, quebrar, recomendar, reventar, sembrar, sentar, tropezar.* En el grupo {er} se encuentran *atender, defender, descender, encender, entender, perder, querer, tender, verter.* Finalmente, en el grupo {ir} están *advertir, consentir, convertir, divertir, herir, hervir, mentir, preferir, referir, resentir, sugerir.*

En el segundo caso de estos verbos con cambio en la raíz, la vocal 'o' se convierte en el diptongo 'ue' en todas las personas con excepción de *nosotros.*

infinitivo	*yo*	*tú*	*él/ella/Ud.*	*nosotros/as*	*ellos/as/Uds.*
contar	cuento	cuentas	cuenta	**contamos**	cuentan
oler	huelo°	hueles	huele	**olemos**	huelen
dormir	duermo	duermes	duerme	**dormimos**	duermen

°El español tiene una regla ortográfica que coloca una 'h' al principio de las palabras que comienzan con el grupo de vocales 'ue'. Probablemente ya haya visto palabras como huevo, huelga y huésped. Note que en las formas de nosotros no hace falta la 'h'.

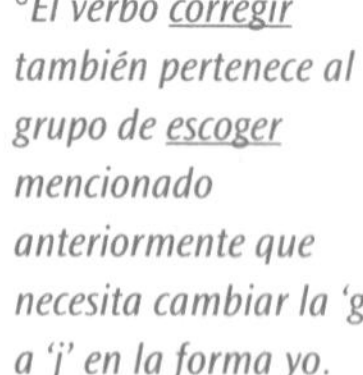

También este grupo es bastante amplio y dentro de los que terminan en {ar} aparecen *acordar, acostar, almorzar, aprobar, avergonzar, colgar, demostrar, encontrar, esforzar, jugar,° mostrar, probar, recordar, rogar, soltar, sonar, soñar, tostar* y *volar.* El grupo {er} tiene verbos como *doler, morder, mover, poder, resolver* y *volver.* Finalmente, en el grupo {ir} se encuentran verbos como *morir* y *dormir.*

°El verbo jugar es el único en el que la 'u' se convierte en 'ue'.

En el tercer caso de estos verbos con cambio en la raíz se encuentran los que intercambian la vocal 'e' por la 'i', como *competir, conseguir, despedir, elegir, freír, impedir, medir, reír, rendir, reñir, servir, sonreír* y *vestir.*

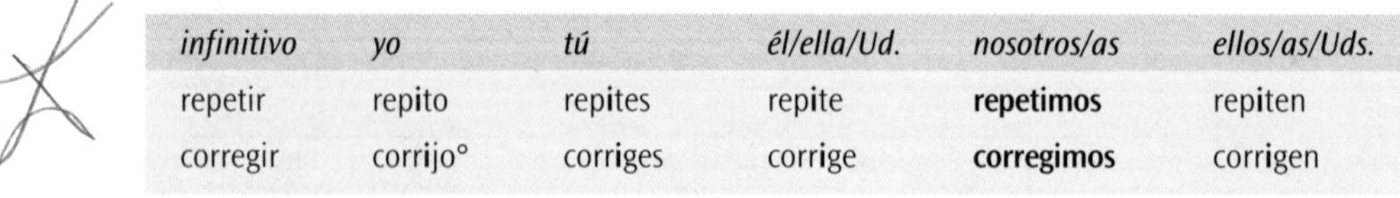

infinitivo	*yo*	*tú*	*él/ella/Ud.*	*nosotros/as*	*ellos/as/Uds.*
repetir	repito	repites	repite	**repetimos**	repiten
corregir	corrijo°	corriges	corrige	**corregimos**	corrigen

°El verbo corregir también pertenece al grupo de escoger mencionado anteriormente que necesita cambiar la 'g' a 'j' en la forma yo.

2-10. Tablas. Llene la **Tabla H** (pág. 289–290), tomando en cuenta los cambios que se presentaron en la sección anterior.

2-11. Casos de la vida: *Dos cabezas piensan mejor que una.* Llene los espacios en blanco con la forma del **presente del indicativo** que complete el sentido de la historia, y coloque los acentos sobre las palabras en orden alfabético que lo necesiten.

I

Consejero: Sofía, en ocasiones me ____________ **(1. sentir:** yo**)** culpable porque ____________ **(2. pensar)** que no ____________ **(3. poder)** hacerles ver a los estudiantes la importancia de los estudios generales para su formación universitaria. En las consultas diarias ____________ **(4. encontrar)** que los estudiantes no ____________ **(5. entender)** que existe una ***(a)*** *filosofia* detrás de estos cursos y entre más se los ____________ **(6. probar:** yo**)** con ejemplos prácticos, ellos ____________ **(7. pensar)** que ____________ **(8. mentir:** yo**)** o que sólo ____________ **(9. servir:** yo**)** a los intereses de la universidad. ¿____________ **(10. Creer)** usted que nosotros ____________ **(11. mentir)** porque trabajamos para la universidad?

Comente. ¿Puede el consejero de una institución ser imparcial cuando explica la validez del programa que representa? ¿Es la persona más indicada para responder a este tipo de preguntas?

II

Sofía: No es eso, señor Morales; lo que ocurre es que muchos padres no ____________ **(1. poder)** pagarles a sus hijos cuatro años de estudios universitarios y ____________ **(2. preferir)** que terminen lo antes posible porque ____________ **(3. querer)** que ellos empiecen a trabajar inmediatamente. Yo ____________ **(4. conocer)** a una muchacha que siempre que ____________ **(5. almorzar:** nosotras**)** en la ***(a)*** *cafeteria* nunca ____________ **(6. almorzar)** con nosotras porque no ____________ **(7. poder)** pagar su comida. Ella siempre ____________ **(8. traer)** alimentos de la casa y se ____________ **(9. encerrar)** en algún lugar para que ***(b)*** *nadie* la vea comer. Ella ____________ **(10. vestir)** muy humilde y muchas veces nos ____________ **(11. pedir)** los libros prestados porque no le ____________ **(12. alcanzar)** el dinero para comprarlos. Soy su amiga íntima y a veces me ____________ **(13. confesar)** que se ____________ **(14. sentir)** fuera del grupo y se ____________ **(15. avergonzar)** cuando los muchachos la ven junto a nosotras. Ahora le ***(c)*** *pregunto* a usted, ¿es justo que mi amiga tenga que tomar todos estos cursos generales cuando no puede ni siquiera pagar sus libros?

Comente. ¿Le convence el argumento de Sofía? ¿Es el costo de la matrícula muy alto en su universidad? ¿Cómo compara con lo que pagan sus amigos de la preparatoria en otras universidades?

III

Consejero: Un momento, por favor. No ______________ **(1. poder:** nosotros**)** confundir dos cosas diferentes. Yo ______________ **(2. compadecer)** a su amiga y la ______________ **(3. invitar)** a que ***(a)*** *solicite* alguna ayuda en la universidad, pero su situación económica no tiene nada que ver con la misión de la universidad. La universidad debe preparar hombres y mujeres en estudios multidisciplinarios de manera que puedan enfrentar los nuevos retos del futuro. Debe desarrollar en los estudiantes la capacidad analítica que todos ______________ **(4. poseer),** al igual que el ***(b)*** *gusto* por lo estético y el ***(c)*** *deseo* por conocer nuestro pasado histórico. Si los padres de su amiga piensan que la única misión de la universidad es preparar a su hija para un **(d)** *empleo,* deben buscar una escuela vocacional que sea corta y que sólo ***(e)*** *enfatice* una destreza. Si ella ***(f)*** *eligio* la universidad y algún ***(g)*** *dia* termina con un título, le ***(h)*** *aseguro* que su manera de pensar con relación a la vida va a cambiar. Sofía, le ______________ **(5. confesar:** yo**)** que me ______________ **(6. divertir:** yo**)** cuando oigo muchas de las conversaciones sobre el tema y me ______________ **(7. acordar)** de que yo también ***(i)*** *pense* de la misma manera cuando fui estudiante. ______________ **(8. Recordar)** los comentarios de una chica que me ***(j)*** *pregunto*: "¿Por qué ______________ **(9. comenzar)** tomando ciencias políticas, ***(k)*** *historia* e inglés si la carrera que ______________ **(10. querer)** estudiar es la medicina?"

Comente. ¿Ha tomado cursos que no le han servido para nada? ¿Qué curso y por qué opina de esta manera? ¿Ha tenido el profesor algo que ver con su opinión?

IV

Sofía: Otra cosa que mis amigas y yo no ______________ **(1. entender),** señor Morales, es ¿qué tipo de trabajo ______________ **(2. conseguir)** los estudiantes que estudian cuatro años de ***(a)*** *sociologia,* ***(b)*** *sicologia,* humanidades, ciencias políticas u otras de las disciplinas que ofrece la universidad? Yo ______________ **(3. admitir)** que no me ______________ **(4. acostar)** los domingos por la noche hasta que no haya ***(c)*** *leido* todos los empleos que aparecen en el periódico. Lo ______________ **(5. hacer)** porque me ______________ **(6. interesar)** saber cuáles son los trabajos de más demanda en el mercado y nunca ______________ **(7. hallar)** empleos que pidan una licenciatura en historia, en arte, en ciencias políticas o en muchas de las disciplinas que se ofrecen en la universidad. La mayor parte de los empleos que aparecen en el periódico se ______________ **(8. encontrar)** relacionados con ventas, negocios, hospitales, ***(d)*** *ingenieria* y educación. **(9. I am not going to be)** ______________ maestra ni nada que tenga que ver con los negocios. **(10. I am going to do)** ______________ todo lo posible por estudiar una carrera que me ***(e)*** *asegure* un ***(f)*** *empleo* cuando salga de la universidad, pero me ***(g)*** *pregunto* a mí misma, ¿qué facultad ______________ **(11. elegir**: yo)? y ¿qué licenciatura ______________ **(12. is going to prepare me)** para ese empleo? Señor Morales, ¿qué representa para las empresas un título universitario?

Comente. ¿Qué representa una licenciatura de cuatro años? ¿Qué tipo de empleos el estudiante consigue regularmente?

V

Consejero: No ______________ **(1. saber)** si tengo la respuesta que buscas, Sofía, y perdona que te comience a tutear, pero ______________ **(2. creer)** que un título universitario nos ______________ **(3. deber)** abrir las puertas a un sinnúmero de profesiones especializadas. Como has dicho, la mayor parte de los estudiantes que se ______________ **(4. graduar)** y buscan una ocupación, se dan cuenta de que no existe un ***(a)*** *empleo* perfecto que les permita poner en práctica todos los conocimientos que adquirieron en la universidad. Todo el tiempo los ______________ **(5. oír:** nosotros) decir: "***(b)*** *Termine* una carrera en sicología y sólo ***(c)*** *consegui* un empleo con el departamento de ***(d)*** *policia* en un banco o en una ***(e)*** *compañia* privada". Algunos optan por continuar estudios graduados debido a que los cuatro años no fueron suficientes para prepararlos en el área que ellos eligieron. ¿______________? **(6. Do you see?:** informal**)**

Comente. ¿Qué significa *tutear,* y cuándo se da este fenómeno en la comunicación? ¿Trata usted de tú a sus padres o a sus tíos? ¿Qué grupos nacionales se caracterizan por *tutear*?

VI

Consejero: A la vez he escuchado a otras personas sin título universitario que se quejan constantemente porque han trabajado en una empresa por muchos años y no se les otorga ascenso o un buen ***(a)*** *salario* por no haber podido estudiar en la universidad. Se molestan porque ______________ **(1. creer)** que es injusto que les ofrezcan las posiciones importantes a personas recién graduadas de la universidad sin la experiencia que ellos adquirieron trabajando y, para colmo, ellos mismos las tienen que entrenar. Ahora, no ______________ **(2. saber)** si veas algunas de las ventajas del diploma ***(b)*** *universitario,* pero aparte del conocimiento adquirido en licenciaturas como ***(c)*** *sociologia, filosofia,* etc., existen otros méritos muy atractivos para las ***(d)*** *compañias* que emplean. Es decir, un título en esta universidad se completa si el estudiante ______________ **(3. finalizar)** satisfactoriamente alrededor de ciento veintidós créditos universitarios, que dividido entre tres se ______________ **(4. convertir)** en más de cuarenta asignaturas. Cada una de éstas tiene un profesor que ***(e)*** *podria* representar en el sector privado un supervisor que sema-nalmente impone reglas sobre cómo debe hacerse el trabajo. Es decir, el profesor ______________ **(5. exigir)** que se ***(f)*** *trabaje* independientemente y en grupos, ______________ **(6. pedir)** que entreguen proyectos en fechas específicas y no les ______________ **(7. permitir)** que falten con regularidad o que lleguen tarde a clases. Los exámenes ______________ **(8. probar)** por escrito el rendimiento de cada estudiante; aunque en una clase pequeña el maestro ______________ **(9. reconocer)** por experiencia quién es buen estudiante y quién no. La relación de poder o de autoridad entre el profesor y el alumno es similar a la que se ______________ **(10. establecer)** en el sector empresarial y la calificación en cada una de estas clases ***(g)*** *podria* predecir qué tipo de empleado el estudiante ______________ **(11. is going to be)** en el futuro.

Comente. ¿Qué tipo de empleado sería si son ciertos los comentarios del consejero? ¿Existe espacio para una posición intermedia entre los dos extremos que se presentan?

VII

Sofía: ¿Usted quiere decir que una licenciatura le ______________ **(1. mostrar)** a una empresa que soy versátil o que puedo adaptarme a diferentes personas y a distintos sistemas de trabajos? Si es ***(a)*** *así,* aquellos estudiantes que constantemente entregan tarde su tarea, faltan con exceso o se atreven a incurrir en tácticas ilegales para sacar buenas calificaciones, perpetúan o ______________ **(2. seguir)** estos mismos patrones de comportamiento cuando ______________ **(3. adquirir)** un empleo.

Consejero: Lo interesante del caso es que muchos de estos estudiantes irresponsables algún día logran terminar la carrera y no ______________ **(4. titubear)** en pedirle al profesor una carta de recomendación. Sofía, hay estudiantes inteligentes sin disciplina; otros valoran unas clases más que otras y esperan que un profesor los compadezca al final del semestre con una buena nota. Existen otros que después de haber aprendido el material de una asignatura y haber sacado una buena calificación, no ponen en práctica el conocimiento aprendido y ______________ **(5. continuar)** cometiendo los viejos errores en las asignaturas que ______________ **(6. seguir)** durante los próximos semestres. Los consejeros ______________ **(7. pensar:** nosotros**)** que si un estudiante tiene la capacidad para sacar buenas calificaciones y no lo hace por vago o perezoso, debe dedicarse a otra carrera. ¿Cómo ______________ **(8. poder)** ser estos individuos los líderes del mañana? A mí me molesta que un estudiante con talentos no los ***(b)*** *desarrolle* por no tener disciplina. La inteligencia es como una piedra preciosa a la que hay que pulir para que resplandezca y si esta persona no la cultiva, no ______________ **(9. merecer)** una buena nota. ¿Cómo puede el profesor evaluar a estos estudiantes con la misma regla que ______________ **(10. evaluar)** a otros que entregan sus tareas a tiempo, estudian para las clases y aportan comentarios positivos durante las discusiones. ¿Acaso los perezosos ______________ **(11. pensar)** que son superiores a los demás o que sus problemas son más importantes que los de los otros? Por experiencia personal, las personas que lloran todo el tiempo o le ______________ **(12. contar)** sus problemas al que escucha por caridad, creen que son el centro del universo. Éstas ______________ **(13. are going to be)** personas conflictivas en los empleos y ______________ **(14. opinar:** yo**)** que el salón de clases ***(c)*** *debería* proveer especial énfasis en la disciplina. La ecuación es sencilla, Sofía, y así se los ______________ **(15. expresar)** cuando vienen a verme: "Si no tiene tiempo, no ***(d)*** *estudie.*"

Comente. ¿Piensa que el consejero es muy estricto con los estudiantes? ¿Es una generalización la que hace el consejero o está usted de acuerdo con él?

2-12. Presentación. Después de leer *El que no oye consejos, no llega a viejo* y *Dos cabezas piensan mejor que una,* prepare una presentación para la clase en la que usted expresa su punto de vista sobre la temática de los diálogos. Su profesor/a le va a indicar si es una presentación individual o de grupo y cuánto tiempo debe durar.

Vocabulario

Las palabras en la columna A tienen variantes en el español de EE.UU. que son calcos o préstamos del inglés. ¿Puede Ud. escribir las palabras del inglés equivalentes a las que aparecen en español en la columna A? ¿Ha oído Ud. otra palabra? Escríbala en la columna C.

A **español académico**	B **inglés**	C **español de EE.UU.**
el aire acondicionado	____________	____________
la autopista	____________	____________
café / marrón	____________	____________
la calcomanía	____________	____________
la contaminación	____________	____________
estacionar	____________	____________
los frenos	____________	____________
el motor	____________	____________
la multa	____________	____________
perder (aire, gasolina)	____________	____________
regresar (algo a alguien)	____________	____________
ser candidato a	____________	____________
el silenciador (del auto)	____________	____________
las tuberías	____________	____________

¿Cómo se dice *handicap* en español? Si no está seguro, busque la palabra en el diccionario.

____

Para expresar la idea de *to give someone a break* en español ¿qué opciones se le ocurren? Traduzca la siguiente oración al español.

Everyone deserves a break from time to time.

____

2-13. ¡En español, por favor! Traduzca el párrafo al español.

La respuesta que Verónica recibió a su última carta la ayudó tanto que decidió enviar otra.

Dear Walter,

Last week my school mailed me a letter asking me to pay a bill for more than two hundred dollars for a ticket because I parked in the handicap parking. I was there for just an hour. Anyway, I had no money, so I closed the envelope and sent the letter back without money. I hope they think I am no longer living at that address. Things get worse. For instance, I had an argument with my boss yesterday and he asked me to get out of his office. I called him on the phone, but he was so mad that he never answered my messages. Then, the brown truck that my brother has been lending me since last year broke down on the freeway. I knew it needed new brakes but then the engine was hot, too. When I went to check it the door locked with the keys inside the truck. I called a wrecker, but the police arrived first, saying that I did not have an inspection sticker. They said also the engine was making noise and the muffler was smoking too much. Also, the air conditioner was leaking gas through a pipe. I tried to blame my brother because he has always been an irresponsible person, but the policeman did not care. I was afraid to get another ticket because since the mayor ran for office there is a pollution warning and these police officers do not give anybody a break. I have no luck. What do you think?

____

____

____

____

____

____

____

____

____

____

____

____

____

____

____

____

Del habla a la escritura — *va a ver* vs. *va a haber*

El verbo *ir* va siempre seguido de la preposición *a* cuando aparece en combinación con un infinitivo *(va **a** habl**a**r, va **a** anochecer, iba **a** asistir)*. Muchas personas omiten la preposición al escribir debido a que el infinitivo comienza también con la letra 'a' *(h**a**blar, **a**nochecer, **a**sistir);* sin embargo, esta omisión es gramaticalmente incorrecta.

Por otro lado, cuando los infinitivos son *ver* y *haber,* las frases se confunden por sonar iguales y, por esta razón, es importante que las diferenciemos en la escritura.

Socorro **va a ver** a Quique el sábado.

Van a estudiar juntos porque **va a haber** un examen el lunes en la clase de matemáticas.

Traduzca las dos oraciones anteriores al inglés en los espacios que siguen.

Socorro ____

They ____

____

¿Cómo explicaría usted la diferencia?

____

____

Práctica. Complete las oraciones.

Mañana va a haber ______________________________

Mañana va a ver ______________________________

Escriba dos oraciones con cada una de las frases verbales en paréntesis. Cada una debe llevar el verbo *ir* en el imperfecto y el presente del indicativo (si no recuerda las formas de *ir* en el imperfecto, repáselas en el **Capítulo 1**).

Imperfecto (ir a haber) ______________________________

Presente (ir a haber) ______________________________

Imperfecto (ir a ver) ______________________________

Presente (ir a ver) ______________________________

Gramática

Verbos que terminan en -uir en el presente del indicativo

Los siguientes verbos intercambian la 'i' por la 'y' en todas las formas con excepción de nosotros: *atribuir, concluir, construir, contribuir, destruir, diluir, disminuir, distribuir, excluir, incluir, instruir, obstruir* y *restituir.*

infinitivo	*yo*	*tú*	*él/ella/Ud.*	*nosotros/as*	*ellos/as/Uds.*
huir	huyo	huyes	huye	**huimos**	huyen

Verbos irregulares en el presente del indicativo

Finalmente, existe una variedad bastante amplia de verbos irregulares que no siguen ningún patrón especial.

infinitivo	*yo*	*tú*	*él/ella/Ud.*	*nosotros/as*	*ellos/as/Uds.*
ser	soy	eres	es	somos	son
estar	estoy	est**á**s	está	estamos	est**á**n
ir	voy	vas	va	vamos	van
haber	he	has	ha	hemos	han
oír	oigo	oyes	oye	oímos	oyen
tener	tengo	tienes	tiene	tenemos	tienen
decir	digo	dices	dice	decimos	dicen

Algunos derivados de decir son *bendecir, contradecir, maldecir* y *predecir.* Otros verbos que siguen el patrón de tener son *contener, detener, entretener, mantener, retener, venir, convenir, intervenir* y *prevenir.*

2-14. Tablas. Llene la **Tabla I** (pág. 291), tomando en cuenta los cambios que se presentaron en la sección anterior.

2-15. Del diario de Quique: ***De poetas, tontos y locos todos tenemos un poco.*** Llene los espacios en blanco con la forma del **presente del indicativo** que complete el sentido de la historia, y coloque los acentos sobre las palabras en orden alfabético que lo necesiten.

I

No ______________ **(1. saber:** yo**)** si ***(a)*** *reir* o llorar, pero ______________ **(2. necesitar)** desahogarme escribiendo. La escritura ______________ **(3. ser)** para mí una manera de escapar de la realidad y, por eso, me ______________ **(4. complacer)** expresar mis preocupaciones en estas hojas. En primer lugar, me ______________ **(5. sentir)** muy preocupado porque pronto ______________ **(6. I am graduating)** de la universidad y ______________ **(7. temer)** que no encuentre un ***(b)*** *empleo.* Mis padres y mis hermanas me ______________ **(8. querer)** mucho y, aunque no se lo propongan, ellos me ______________ **(9. poner)** mucha presión cuando me ______________ **(10. comunicar)** lo orgullosos que ______________ **(11. estar)** de mí y es, por eso, que ______________ **(12. huir)** de todos y los ______________ **(13. excluir)** de mis asuntos personales. ¿Qué ______________ **(14. poder:** yo**)** hacer?

Comente. ¿Siente o ha sentido la presión de su familia para conseguir un empleo de prestigio una vez que termina la universidad?

II

Mi profesor de mercadeo ______________ **(1. sugerir)** que desde ahora ***(a)*** *solicite* empleo en una ***(b)*** *compañia* internacional, de manera que me vaya relacionando con la compra y venta de ***(c)*** *mercancia.* ***(d)*** *Antonia,* la hermana de Socorro, siempre me ______________ **(2. pedir)** que vaya a verla porque ______________ **(3. conocer)** a muchos clientes que me ______________ **(4. poder)** ayudar. No ______________ **(5. conocer)** a Antonia bien, ni ______________ **(6. estar)** al tanto de dónde ______________ **(7. trabajar)** pero si ______________ **(8. ver:** yo**)** a Socorro mañana le ______________ **(9. decir)** que me haga una cita con ella. *¡El que tiene padrino se bautiza!,* pero... ¡Siempre me ______________ **(10. ocurrir)** lo mismo! Me ______________ **(11. desagradar)** recurrir a terceros para alcanzar mis metas y me ______________ **(12. sentir)** mal si le ______________ **(13. pedir)** un favor a Socorro; especialmente en estos días que las cosas no ______________ **(14. andar)** bien entre nosotros. Entre ustedes y yo, ______________ **(15. tener:** nosotros**)** muchos problemas desde que ella ***(e)*** *consiguio* ese ***(f)*** *trabajo* con los abogados y quizás se deba a que no ______________ **(16. compartir:** nosotros**)** como antes. ***(g)*** *Creo* que nos ______________ **(17. querer:** nosotros**)** ***(h)*** *todavia* y ______________ **(18. pensar:** yo**)** que nos ______________ **(19. respetar)** mutuamente, pero tal parece que no ______________ **(20. ser:** nosotros**)** el uno para el otro.

Comente. ¿Qué significa el refrán *el que tiene padrino se bautiza*? ¿Le parece apropiado que se usen personas influyentes para conseguir favores especiales?

III

Yo ______________ **(1. ser)** culpable de ***(a)*** *cobardia* porque no ______________ **(2. encontrar)** la manera de decirle a Socorro que ______________ **(3. desear:** yo**)** terminar con la relación. ______________ **(4. Saber:** yo**)** que ella es una buena muchacha y a mi ***(b)*** *familia* le ______________ **(5. caer)** muy bien. No ______________ **(6. querer)** que mi familia piense que yo siempre ______________ **(7. destruir)** las buenas relaciones sentimentales porque me recalcan que *me voy a quedar sin la soga y sin la cabra,* pero lo ______________ **(8. hacer:** yo**)** porque mi felicidad ______________ **(9. estar)** en juego. La gente no me ______________ **(10. entender)** y ______________ **(11. detestar:** yo**)** todo lo que me pasa. ¿Acaso ______________ **(12. ser)** la única persona que se ______________ **(13. sentir)** ***(c)*** *asi*? ¿Me______________ **(14. equivocar)**? ¿Qué ______________ **(15. creer)** usted? ¿______________ **(16. Merecer)** lo que me ______________ **(17. estar)** ocurriendo? ¿Tan malo ______________ **(18. haber)** sido? ¿Le ______________ **(19. haber)** pasado algo similar a usted, lector? ¿Qué me ______________ **(20. poder)** aconsejar?

Comente. Analice en pares la situación de Quique y ofrezca tres sugerencias sobre cómo debe enfrentar esta situación. Si conoce un caso parecido, o le ha pasado algo similar, compártalo con la clase. No tiene que usar los nombres de las personas.

2-16. A manera de laboratorio. Repase la historia anterior y su profesor/a le va a leer un fragmento para que Ud. lo escriba.

____

____

____

____

____

2-17. Casos de la vida: *Las estrellas te aconsejan, pero no te obligan.* Llene los espacios en blanco con la forma del **presente del indicativo** que complete el sentido de la historia, y coloque los acentos sobre las palabras en orden alfabético que lo necesiten.

I

Fíjese que Verónica no es la única que escribe cartas de consulta.

Estimado Wálter,

______________ **(1. Desear:** yo**)** confesarle lo que me ______________ **(2. estar)** ocurriendo en los últimos meses. Todos los días me ______________ **(3. encontrar)** en una oficina muy prestigiosa rodeada de personas muy importantes y ______________ **(4. sentir)** que he aprendido y madurado mucho. Ahora ______________ **(5. ver)** la vida dife-rente y me ______________ **(6. dar)** cuenta de que ______________ **(7. estar:** yo**)** a punto de cometer un gran error, pero no ______________ **(8. saber)** qué hacer. No ______________ **(9. amar)** a mi novio Enrique y no ______________ **(10. hallar)** la manera de decírselo porque es muy bueno y ______________ **(11. creer)** que cuando se lo diga, él ______________ **(12. is going to suffer)** mucho. ¿Qué ______________ **(13. I am going to do)** o qué me ______________ **(14. sugerir)** usted que haga?

Comente. ¿Quién está escribiendo la carta? ¿Cree usted en los poderes sobrenaturales? ¿Se pueden encontrar respuestas a los problemas a través de videntes o piensa que es todo un fraude?

II

Yo le ____________ **(1. agradecer)** a Quique que me haya presentado a su familia y ____________ **(2. reconocer)** que sus hermanas me ____________ **(3. caer)** muy bien, pero ¡eso es todo! Por ese amor que él me ____________ **(4. haber)** brindado le ____________ **(5. ofrecer)** todo mi ***(a)*** *apoyo* si él me ____________ **(6. pedir)** algo. Sin embargo, ____________ **(7. deber)** terminar esta relación con Quique porque no ____________ **(8. poder)** más o, mejor dicho, nosotros no ____________ **(9. poder)** seguir esta farsa. ____________ **(10. Pensar:** yo**)** que los dos lo ____________ **(11. saber)**, pero no ____________ **(12. querer)** platicarlo porque siempre ____________ **(13. huir)** de los enfrentamientos que nos ____________ **(14. doler)** o nos ____________ **(15. herir)**. ¿Por qué los seres humanos ____________ **(16. ser:** nosotros**)** tan complicados?

Comente. ¿Tiene dificultades para tomar decisiones inevitables? ¿Le duele lastimar los sentimientos ajenos?

III

Yo ____________ **(1. valer)** mucho y ____________ **(2. reconocer)** que él también ____________ **(3. valer)**, porque nuestros padres nos enseñaron buenos valores, pero aún así de sólo pensarlo me ____________ **(4. morir)** de vergüenza o me ____________ **(5. sentir)** culpable si soy la que inicia la plática sobre este asunto. ¿____________ **(6. Creer)** usted que se lo debo comunicar por carta? ¿Qué me ____________ **(7. aconsejar)**? Usted ____________ **(8. saber)** que mucha gente en nuestra cultura no ____________ **(9. mostrar)** compasión o, mejor dicho, no ve bien que una mujer ***(a)*** *termine* primero con un hombre, aunque todos digan que las cosas están cambiando. Seguramente la gente ____________ **(10. is going to think)** que yo ____________ **(11. tener)** un pretendiente en la oficina que me ____________ **(12. atraer)**. ¿____________ **(13. Opinar)** Ud. que la sociedad es más exigente con la mujer que con el hombre? ¿Cómo ____________ **(14. aparecer)** yo frente a mi familia y frente a la de Quique si soy yo la que ____________ **(15. romper)** nuestro noviazgo?

Gracias, Wálter por leer estas líneas. ***(b)*** *Espero* que me responda pronto.

Comente. ¿Está de acuerdo con Socorro sobre lo injusta que es la cultura hispanoamericana con la mujer en estos asuntos, o piensa que estas ideas pertenecen al siglo pasado?

va a ser vs. va a hacer

Cuando los verbos *ser* y *hacer* siguen al verbo *ir* en el habla rápida, suenan iguales ya que la 'a' que en estas construcciones sigue al verbo *ir* se une al verbo *ser* y produce un sonido idéntico a *hacer*. Fíjese, por ejemplo, en las dos oraciones a continuación:

Sofía **va a ser** traductora.

Josefina **va a hacer** un trabajo para su clase de historia.

A pesar de que *va a ser* y *va a hacer* suenan iguales, no se escriben de la misma manera, y además no tienen el mismo significado.

Traduzca las dos oraciones anteriores al inglés en los espacios que siguen.

Sofía ______________________________

Josefina ______________________________

¿Cómo explicaría usted la diferencia?

____

____

Práctica. Complete las oraciones.

Mañana voy a hacer ______________________________

No sé si voy a ser ______________________________

Escriba tres oraciones con cada una de las frases verbales en paréntesis. Cada una debe llevar el verbo *ir* en el pretérito, el imperfecto y el presente del indicativo (si no recuerda las formas de *ir* en el pretérito y el imperfecto, repáselas en el **Capítulo 1**).

Pretérito (ir a hacer) ______________________________

Imperfecto (ir a hacer) ______________________________

Presente (ir a hacer) ______________________________

Pretérito (ir a ser) ______________________________

Imperfecto (ir a ser) ______________________________

Presente (ir a ser) ______________________________

Vocabulario

Las palabras en la columna A tienen variantes en el español de EE.UU. que son calcos o préstamos del inglés. ¿Puede Ud. escribir las palabras del inglés equivalentes a las que aparecen en español en la columna A? ¿Ha oído Ud. otra palabra? Escríbala en la columna C.

A **español académico**	B **inglés**	C **español de EE.UU.**
el calentador	________	________
la carie	________	________
el correo electrónico	________	________
darse de baja	________	________
divertirse	to have fun	________
engordar	________	________
mecanografiar	________	________
el estacionamiento	________	________
la fábrica	________	________
parecer divertido	to sound like fun	________
la población	________	________
el promedio	________	________
sacar buena nota	________	________

2-18. ¡En español, por favor! Traduzca la conversación al español.

Ésta fue una conversación telefónica entre Sofía e Inés, una compañera de estudios.

Inés: Did you type the English paper? The professor said that if he does not receive it on time, we cannot attend class anymore and we have to drop the course.

____

____

Sofía: I have not finished yet and it is essential for me to make a good grade because I do not want to flunk this class again. The stress made me gain ten pounds since I started attending this fall. If I do not raise my average, I won't be able to register next semester, and I need to graduate soon.

____

____

____

____

Inés: I am not worried because I already sent my paper through e-mail, and last night Marcela, Martha, and I had a good time in my apartment. The music was so loud that the tenants in the complex called the police twice.

____

____

____

Sofía: That sounds like fun. We have to go out some day. There is a nightclub close to my house with no cover on Fridays. But I also want to see your new apartment. How is it?

____

____

Inés: It does not have furniture yet, and the carpet is brown. The heater and the air conditioner are included with the rent, and it is close to the freeway. I love it because the bus stop is just two blocks away.

____

____

____

Sofía: I don't like that area of the city very much because there are too many industries and a lot of pollution. My uncle is an inspector and he always finds leaks in the pipes in most of the factories. That is why the population in that area is selling their properties cheaply. I prefer to live close to the university because I can walk to the library on weekends and I never spend a dime on transportation. Can you imagine how much money I saved since I moved?

____

____

____

Inés: That's true! I remember when the city's mayor ran in the election last year and won easily because he promised to end the environmental problems. No wonder there are plenty of spaces in the parking lot of the apartment complex and all the grass in the yard is dead.

____

____

____

____

Sofía: Sorry! I need to go. I just drank some cold juice from my refrigerator and it went straight into a cavity. I'll call you right back.

____

____

Ortografía

Acentuación—Fase III: Palabras que terminan en 'n' y 's'

En la **Fase I** aprendimos que las palabras que llevan la fuerza de pronunciación en la última sílaba y terminan en vocal ('a, e, i, o, u') necesitan ser acentuadas.

Yo **llegué** a las cuatro, **comí** y luego me **dormí.** Posteriormente, ella **llegó, comió** e igualmente se **durmió.**

En este ejemplo encontramos otras palabras que aunque terminan también en vocal *(cuatro, luego* y *ella),* no se acentúan debido a que al pronunciarlas la fuerza no se encuentra en esa última vocal.

En esta **Fase III** vamos a expandir un poco este concepto y les agregaremos a las vocales las consonantes 'n' y 's'. Es decir, si una palabra termina en vocal ('a, e, i, o, u'), 'n' o 's' y lleva la fuerza de la pronunciación en la última sílaba, necesita ser acentuada.

Por ejemplo, si examinamos el verbo *estar* en el presente del indicativo, nos damos cuenta de que termina en vocal, 'n' o 's' en cuatro de las cinco personas gramaticales, exceptuando la primera persona singular *(yo).*

pronombre	*yo*	*tú*	*él/ella/Ud.*	*nosotros/as*	*ellos/as/Uds.*
estar	estoy	**estás**	**está**	**estamos**	**están**

La tercera persona singular *ella **está*** se acentúa de acuerdo a lo que aprendimos en la **Fase I,** es decir, debido a que termina en la vocal 'a' y tiene la fuerza de pronunciación en esa última sílaba.

Esta **Fase III** nos dice que la tercera persona plural *(ellos/as/Uds. **están**)* y la segunda persona singular *(tú **estás**)* se acentúan también debido a que terminan en 'n' y 's', y la fuerza de la pronunciación recae igualmente sobre esa última sílaba.

Note que tanto ***estás*** como *esta**mos*** terminan en 's'; sin embargo, *es**ta**mos* no se acentúa porque la fuerza no está en la última sílaba.

2-19. A manera de laboratorio. Explique la diferencia entre los siguientes pares.

A	*B*	*A*	*B*
Carmen	Adán	canciones	japonés
levantaron	león	saludos	veintidós
viven	jardín	crisis	veintitrés
iban	Iván	meses	estrés

____

____

____

____

____

Ejemplos de palabras que terminan en 'n' con la fuerza en la última sílaba: *ala**crán**, baila**rín**, A**dán**, ale**mán**, capi**tán**, Guar**dián**, hara**gán**, bole**tín**, musul**mán**, orangu**tán**, pa**tán**, re**frán**, sacris**tán**, Sa**tán**, vol**cán**, calce**tín**, al**gún**, a**tún**, co**mún**, nin**gún**, se**gún**, almi**dón**, actua**ción**, apre**tón**, habla**rán**, cabe**zón**, algo**dón**, admira**ción**, contribu**ción**, li**món**, vivi**rán**.*

Ejemplos de palabras que terminan en 's' con la fuerza en la última sílaba: ***inglés**, japo**nés**, fran**cés**, **Inés**, a**diós**, auto**bús**.*

Por el contrario, existen otras palabras que terminan en 'n', 's' o vocal ('a, e, i, o, u') y no llevan acento debido a que la fuerza de pronunciación no está en la última sílaba como el grupo anterior. Ejemplos de palabras que terminan en 'n' con la fuerza en la penúltima sílaba: ***ha**blan, ha**bla**ron, ha**bla**ban, **ha**blen, **co**rren, **co**rran, co**rrie**ron, co**rrie**ran, **vi**ven, **vi**van, vi**vie**ron, vi**vie**ran, **cri**men*. Ejemplos de palabras que terminan en 's' con la fuerza en la penúltima sílaba: *Aries, **Car**los, mi**la**gros, **ma**nos, del**ga**dos, colom**bia**nos, inteli**gen**tes*°.

°*En este grupo podemos agregar todos los sustantivos y adjetivos que terminan en vocal no acentuada y se pluralizan con 's'.*

2-20. A manera de laboratorio. Elija un compañero que pronuncie en voz alta las palabras, y acentúe las que tienen la fuerza en la última sílaba. Escriba la cantidad de acentos que encontró en el espacio en blanco.

I. Primer lector. Lea las palabras con naturalidad, haciendo las pausas.

1. comezon, cantan, guardian, patan, jardin, compasion, estudian ___5___
2. confusion, estudiaron, congestion, contaminacion, tiburon, trampolin ______
3. contradiccion, salieron, mandarin, dieron, dragon, escalon, estudiaban ______
4. jamon, charlatan, leon, limon, lloron, estan, raton, fueron, huracan ______
5. melocoton, melon, salen, violin, millon, razon, religion, hablan ______
6. burgues, cosquillas, calzoncillos, crisis, bronquitis, veintidos ______
7. veintiseis, veintitres, Paris, atras, ademas, atenciones, corazones ______
8. sillas, ventanas, muchachas, universidades, mesas, estres, ingles ______

9. El **autobus** de **Ines** se encuentra **detras** de los **almacenes japoneses.** ______
10. **Quizas** tiene **interes** en comprar con **Carmen** las **bodegas** de **atras.** ______

II. Segundo lector. Lea las palabras con naturalidad, haciendo las pausas.

1. admision, alimentacion, comieron, camion, carton, celebracion ______
2. calcetin, Simon, ciclon, latin, levantan, levantaban, levantaron ______
3. Ruben, pantalon, Satan, nacion, sarampion, avion, bombon ______
4. descortes, meses, desinteres, apendicitis, despues, escoces ______
5. holandes, irlandes, japones, marques, portugues, acciones ______
6. riñon, atun, Jerusalen, Belen, sarten, caminaban, almacen ______
7. banderin, botin, varon, apreton, balcon, baston, iban, Ivan ______
8. bendicion, poblacion, Carmen, boton, cabezon, bailarin ______
9. Tarzan, certamen, aleman, trajeron, dijeron, gastan, refran ______
10. tradujeron, corazon, batallon, sillon, accion, delfin, acordeon ______

2-21. Casos de la vida: Como en las telenovelas... Coloque los acentos sobre las palabras en orden alfabético que terminan en 'n', 's' o vocal y que tienen la fuerza en la última sílaba.

Alicia siempre quiso a Socorro como a una hija. Desde que *(a) salio* por primera vez con Quique le *(b) cayo* muy bien. *(c) Despues (d) conocio* a la madre, Julia, y *(e) tambien* se *(f) encariño* mucho con ella. *(g) Admiro* mucho a esta señora porque pudo criar a sus hijas sola. El *(h) papa* de Socorro *(i) fallecio* cuando las niñas eran muy pequeñas. ¡Es una historia muy triste! El señor era un *(j) aleman* alto y muy *(k) galan.* Se conocieron en una *(l) reunion* de amigos y les *(m) causo* risa la coincidencia de sus nombres. *(n) Julian* hablaba español muy bien, *(ñ) ademas* de *(o) ingles* y, por supuesto, *(p) aleman* pero *(q) Julia* se *(r) enamoro* de sus *(s) ojos* color *(t) cafe.* Su *(u) relacion (v) resulto* ser de telenovela pero desafortunadamente no *(w) duro* mucho porque a los *(x) veintiseis* años al señor le dio un *(y) ataque* al *(z) corazon* y *(aa) murio* inmediatamente.

Vocabulario

Las palabras en la columna A tienen variantes en el español de EE.UU. que son calcos o préstamos del inglés. ¿Puede Ud. escribir las palabras del inglés equivalentes a las que aparecen en español en la columna A? ¿Ha oído Ud. otra palabra? Escríbala en la columna C.

A	B	C
español académico	**inglés**	**español de EE.UU.**
el dueño (del apartamento)	______________	______________
vencer (el contrato, la fecha)	______________	______________

2-22. ¡En español, por favor! Traduzca el párrafo al español.
Verónica continúa con sus problemas.

Dear Walter,

Walter, my bad luck was so bad that a few months ago my apartment lease expired and last week my landlord threatened to sue me because I did not pay the rent for the last four months. He told me that no tenant had ever done something like this, and last week he tried to open my door to put all my furniture in the front yard. He has some nerve! He did not do it because I changed the door lock. As soon as I arrived at the apartment he saw me and we argued for half an hour. All my neighbors were watching through the windows. I was so ashamed! I told him that I was going to give him a check as soon as my income tax return arrived, but I do not know why he did not believe me. He will only accept cash from me. I do not know why no one in my family wants to lend me a penny. Please help me.

____

____

____

____

____

____

____

____

____

____

____

Capítulo 3

Las carreras profesionales en el nuevo siglo

Lectura
En la unión está la fuerza

Cápsula cultural
Las variantes del español

Gramática
Presente del subjuntivo
Relación entre los tiempos verbales
Verbos que terminan en **-car**, **-gar** y **-zar** en el presente del subjuntivo
Verbos que terminan en **-cer** / **-cir**, **-ger** / **-gir** y **-guir** / **-uir** en el presente del subjuntivo

Del habla a la escritura
que obligatorio

Gramática
Cambios en la raíz en el presente del subjuntivo
Verbos irregulares en el presente del subjuntivo

Del habla a la escritura
haya vs. **haiga*

Gramática
Futuro del indicativo

Del habla a la escritura
*buscar *por*

Ortografía
Acentuación—Fase III (Repaso)
Acentuación—Fase IV: Palabras con la fuerza en la antepenúltima sílaba

Vocabulario
Calcos
Préstamos
Cognados falsos

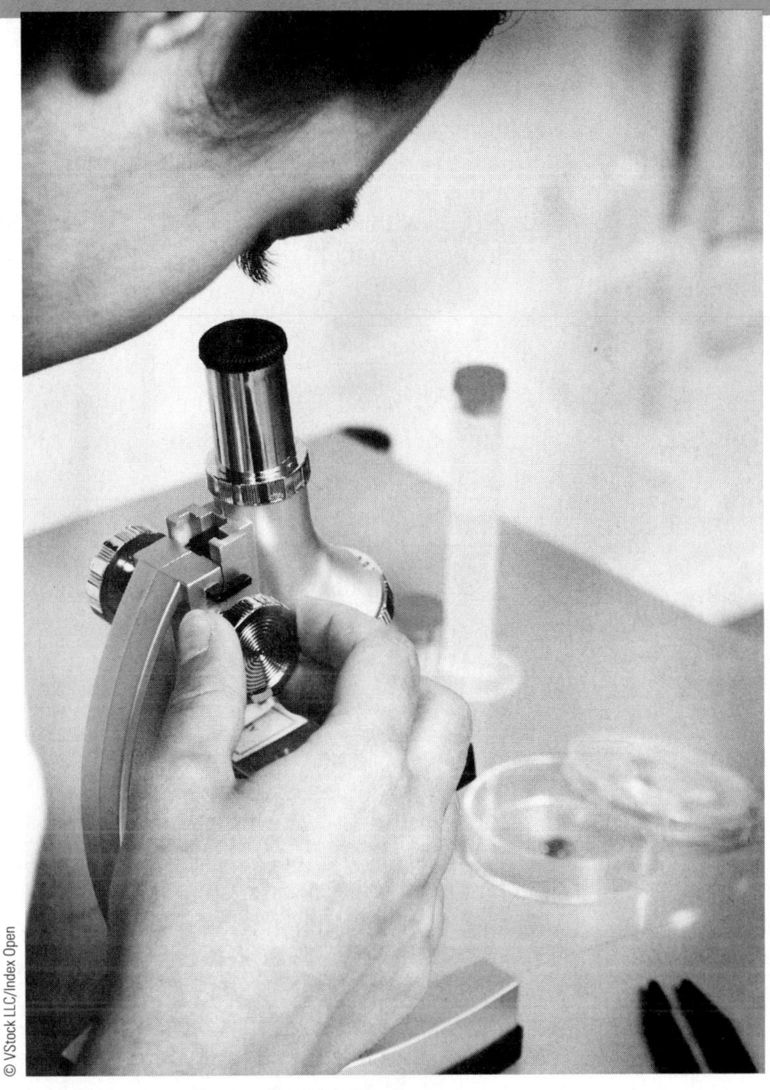

http://thomsonedu.com/Spanish/Conozcamonos

Lectura

Antes de leer

3-1. ¿Cuánto sabemos? Conteste las siguientes preguntas.

1. ¿Qué carrera estudia Ud.? ¿Qué tipo de trabajo le gustaría conseguir cuando termine de estudiar?

   ____

   ____

2. ¿Lee el periódico? ¿en español o en inglés? Si no lee el periódico, ¿qué le gusta leer?

   ____

   ____

3. Si Ud. estuviera a cargo de un periódico en inglés, ¿que haría para atraer lectores que lean en español?

   ____

   ____

4. ¿Qué variedad del español debe usar un periódico? ¿la variedad estándar o la variedad que habla el grupo de lectores que predomina en la comunidad?

   ____

   ____

5. ¿Cuáles son las nacionalidades hispanas que habitan en la ciudad donde vive?

   ____

   ____

¡A leer!

En la unión está la fuerza

La vida está llena de sorpresas y después de que Josefina Guerra se cambió de facultad en la universidad, se graduó finalmente con una especialización en mercadeo y otra en español. Consiguió un empleo en una de las radioemisoras en español de la ciudad vendiendo espacios comerciales y promoviendo espectáculos artísticos. La experiencia adquirida en esta ocupación, conjuntamente con su destreza para hablar y escribir tanto el inglés como el español la capacitaron para desempeñar un nuevo empleo en el periódico de más importancia en la ciudad. Este diario se ha propuesto expandir su mercado produciendo una sección solamente en español destinada a la gran cantidad de lectores que hasta el momento habían quedado marginados de la información periodística. Ante este reto nuevo Josefina Guerra convoca una reunión relámpago con los empleados que están involucrados en este proyecto periodístico con el propósito de ofrecerles las

últimas noticias y, al mismo tiempo, desea discutir los planes del periódico para los próximos meses. He aquí su presentación.

Antes que nada deseo darle las gracias a cada uno de ustedes por su cooperación y quiero que **sepan** que he estado muy impresionada con el trabajo que han producido en tan poco tiempo. He estado leyendo varias de las tiradas que se han publicado en los pasados meses y espero que este año **sea** el comienzo de nuevos éxitos. Me alegra mucho que ustedes **estén** tan deseosos como yo de trabajar en este proyecto y espero que juntos **produzcamos** un gran impacto en los lectores de la ciudad que leen en español.

Para comenzar, me satisface comunicarles que hace sólo una hora se aprobó el presupuesto para ampliar la sección del periódico en español durante el siguiente año fiscal y la gerencia desea que **tenga** el título "¿Qué pasa en nuestra ciudad?" Todos están muy contentos con nuestro trabajo y desean que **comencemos** a producir este proyecto de inmediato. Por tal razón, es necesario que a partir de la próxima tirada **aparezca** una filosofía de trabajo definida que no **esté** en pugna con nuestra ética profesional, y al mismo tiempo que **vaya** de la mano con los intereses del periódico. Durante esta semana he tenido varias reuniones con la gerencia y hoy se me ha pedido que **discuta** con ustedes algunos de los puntos principales.

En primer lugar, el periódico busca que la comunidad latinoamericana se **integre** activamente a la ciudad y, por eso, se estima necesario que **desaparezcan** las distancias que separan a los hispanos que viven en Estados Unidos. Es tiempo que **finalice** ese sentimiento de ser inmigrante o ave de paso en este país cuando hemos vivido acá por tantos años. No queremos que la población que habla español en Estados Unidos **continúe** ocupando una ciudadanía de segunda clase y, por tal motivo, el periódico se propone contribuir a que cada una de las personas que vive en esta ciudad **ejerza** activamente sus derechos.

Ustedes y yo sabemos que este acercamiento del periódico a la comunidad que lee español no es una acción caritativa o filantrópica. Dos agencias de mercadeo han demostrado el enorme poder adquisitivo del hispano que habita en la ciudad. Pero independientemente de las razones que hayan motivado esta decisión, lo que deseamos es que el periódico nos **ofrezca** la oportunidad de trabajar en una profesión que nos apasiona y, al mismo tiempo, nos exige que llevemos un mensaje que **beneficie** a la infinita cantidad de personas que lee en español. Por esta razón deseo que desde hoy mismo **definamos** una filosofía de trabajo que no sólo **responda** a los intereses del periódico sino que, al mismo tiempo, **contribuya** al crecimiento económico, social y político de los hispanos que viven en Estados Unidos, y les **provea** una información clara y objetiva.

Al tomar todo esto en cuenta, es necesario que **estemos** de acuerdo con la dirección a seguir en la variedad del español que vamos a utilizar en nuestras páginas. "¿Qué pasa en nuestra ciudad?" no puede estar dirigido a una clase social específica o a un determinado grupo nacional. Es necesario que todos los individuos que lean español sean tomados en cuenta. Sabemos de la existencia en la ciudad de una comunidad hispanoamericana heterogénea, compuesta de mexicanos, puertorriqueños, cubanos, salvadoreños, dominicanos, venezolanos, argentinos y, por supuesto, españoles. Estas nacionalidades desempeñan toda clase de empleos que oscilan desde los profesionales hasta los quehaceres domésticos, y todos estos lectores deben ser tomados en consideración en nuestras páginas. Al mismo tiempo existen programas en español en las distintas universidades de la ciudad que si, por una parte, pudiesen convertirse en nuestros mayores críticos, por otra, podrían ser nuestros mejores aliados. Para lograr nuestros objetivos, es imprescindible que **utilicemos** en las páginas del periódico un español que se **acerque** a la variedad estándar, de manera que **podamos** llevar un mensaje claro a todos los grupos nacionales que diariamente aportan a la economía de esta ciudad. Buscamos un español que se **aleje,** en lo posible, del vocabulario o los giros idiomáticos que **caractericen** a una determinada clase social, tratando siempre de que el lenguaje no se **convierta** en herramienta de exclusión. Al mismo tiempo es necesario que **huyamos** de barbarismos, anglicismos o préstamos del inglés debido a que es imprescindible que les **proveamos** a los lectores de un español lo más cerca posible de la variedad estándar. Para mí, contribuir al mantenimiento del español que se habla y se escribe en Estados Unidos es una obligación más de las que debemos perseguir como comunicadores. Sin embargo, tampoco pretendemos que nuestro periódico **sirva** de cátedra para un público selecto. El periódico, desde sus comienzos en el siglo XIX, ha tenido una misión democratizadora en el sentido de que debe llevar un mensaje simple e imparcial a todos los ciudadanos sin importar la raza, la clase social o la religión. Debemos pensar que la mayor parte de los lectores no han tenido la oportunidad de cursar estudios universitarios y, por lo tanto, el periódico debe estar dirigido a un lector con una educación promedio.

En lo que respecta al trabajo que se ha hecho durante los meses que el periódico ha estado bajo evaluación, los comentarios que circulan entre los lectores se relacionan con la calidad de las traducciones al español de las columnas que originalmente fueron escritas en inglés. Se comenta que éstas son muy fieles al texto original y, en ocasiones, no toman en cuenta la sensibilidad del lector que lee en español. Por ejemplo, en uno de los artículos se comentó que el dueño del equipo profesional de béisbol era un hombre muy ambicioso y todo el artículo se desarrollaba a partir de esta premisa. Sin embargo, ustedes y yo sabemos que la palabra ambicioso en inglés tiene una connotación diferente a la que existe en español y, por tal razón, muchos de los lectores expresaron un sentimiento negativo hacia uno de los hombres más queridos de la ciudad. Es decir, éstos no se percataron de que una persona ambiciosa en inglés tiene la connotación de ser emprendedora, trabajadora o de gran liderazgo, mientras que en español la ambición está asociada al amor por el dinero y al egoísmo.

Por tal motivo, es necesario que **estemos** alertas y nos **percatemos** de cualquier problema de orden semántico que **surja** cuando se **traduzca** una columna al español. El editor general nos ha autorizado, si es necesario, a que **agreguemos** o **cambiemos** información del texto original con tal que **expresemos** el mensaje del columnista. Por otro lado, él se propone además brindarnos la oportunidad para que **escribamos** sobre temas que **afecten** a los hispanos en Estados Unidos. Gracias a los avances en los medios de comunicación podemos tener acceso cibernético a casi todo lo que se dice y se publica en todos los idiomas, y podemos manejar este recurso a nuestra conveniencia. Ya no es necesario que **tengamos** que recurrir a intermediarios que nos **digan** cuáles son nuestras necesidades o nuestros problemas, sino que a través de la oportunidad que nos brinda el periódico los podemos expresar nosotros mismos.

Compañeros, ésta es la información que se me ha pedido que les **comunique** y espero que **podamos** trabajar unidos, y **echemos** a un lado cualquier asunto personal que **entorpezca** nuestro trabajo. Espero que me **den** la oportunidad de dirigir este proyecto. Recuerden que *¡Muchos cocineros dañan la comida!* Ahora quisiera darles la oportunidad para que **hagan** preguntas y **expresen** cualquier preocupación que **tengan.** Muchas gracias por su atención.

Después de leer

3-2. ¿Qué aprendimos? Conteste las siguientes preguntas.

1. ¿Qué trabajo consiguió Josefina al terminar su licenciatura? ¿Cuál es su especialidad?

 ____

 ____

2. ¿Qué proyecto están desarrollando? ¿Qué ideas propone Josefina?

 ____

 ____

 ____

 ____

3. ¿Qué preocupaciones tiene Josefina sobre la variedad del español que se va a usar?

 ____

 ____

4. ¿Qué críticas podría hacerle al discurso de Josefina? Si usted fuera empleado/a de esta empresa, ¿podría sentirse a gusto con una supervisora como Josefina? ¿Le cae bien o le cae mal? ¿Por qué?

 ____

 ____

 ____

 ____

ATAJO 4.0

3-3. Piense, escriba y revise con cuidado.

1. Escoja uno de los temas a continuación.
   a. Imagine que es jefe/a del negocio de sus sueños. Escriba un discurso dirigido a sus empleados —usando el de Josefina como modelo— que explique los planes que tiene para su trabajo, negocio, etc. Puede escribir acerca de cómo aumentar la producción, la eficiencia o cualquier otro problema que usted haya observado en su propio trabajo o que crea que existe en la industria que le interesa.
   b. Usted está a cargo de una presentación en grupo que se va a hacer para la clase. Elija un tema que le interese y escriba un discurso en el que les explica a sus compañeros de equipo cómo se va a organizar el trabajo, qué quiere que ellos hagan, etc. Por ejemplo, su tema podría relacionarse con: (1) la comunidad hispana en nuestra ciudad, (2) los trabajos disponibles para una persona bilingüe con diploma universitario en nuestra ciudad, (3) las ventajas y desventajas de una carrera específica. Recuerde que su trabajo no es describir el tema sino repartir las tareas o darles las instrucciones a sus compañeros.
2. Escriba en su computadora las ideas que se le ocurran sobre el tema: ¿Sobre qué desea escribir? ¿A quién está dirigido su discurso?, etc.
3. Organice sus ideas escribiendo un bosquejo. Debe incluir: (1) la idea principal (qué quiere lograr), (2) puntos de apoyo (cómo se va a llevar a cabo su idea), (3) la conclusión (qué desea lograr).
4. Escriba una página (250 palabras) dejando renglón por medio.
5. Repase sus notas de los capítulos anteriores y aplique los conocimientos a su composición. Por ejemplo: revise las formas verbales que hemos aprendido, los acentos, etc.
6. Lea su trabajo en voz alta y póngale un título apropiado.

Cápsula cultural: Las variantes del español

No existe una respuesta sencilla a la pregunta ¿quién habla español correcto? Todos los hablantes del español se expresan en una variedad que refleja no sólo su nivel académico, social y económico, sino también factores sociolingüísticos como la edad, el género y la clase social. Establecer un juicio de quién habla español correcto bajo la creencia en la supremacía de un país sería asumir que dentro de esas fronteras nacionales toda la población se expresa al mismo nivel intelectual y, al mismo tiempo, esta afirmación le resta importancia a la contribución lingüística de otros países donde se habla español. Aquellas concepciones de pureza del español que todavía se escuchan en boca de personas cultas carecen de bases legítimas, ya que precisamente el contacto con las lenguas nativas de los países colonizados por España enriquecieron el idioma y lo han convertido en el vehículo de comunicación en veintiún países.

Es en este sentido que podemos hablar con orgullo nacional de un español panameño, salvadoreño, cubano, puertorriqueño, dominicano, nicaragüense, venezolano, etc., sin denigrar ninguna variedad al compararla con otra. Cada una de estas variedades nacionales podría a su vez subdividirse en otras categorías, como por ejemplo, dentro del español mexicano existe un español norteño, otro yucateco, otro propio del Distrito Federal y así sucesivamente. Entonces, si en México coexisten distintas variedades del español y aún así podemos hablar de un español mexicano, podríamos concluir que en Estados Unidos ocurre un fenómeno parecido. Estados Unidos ha sido —desde sus orígenes— el destino y el hogar de millones de inmigrantes hispanoamericanos, los cuales se han ido convirtiendo en una gran familia. ¿Quién no ha tenido interacción con personas de alguna nacionalidad hispanoamericana diferente a la propia? Aún así, a pesar de la mezcla lingüística entre los hablantes del español en Estados Unidos, todavía existen ciudades o territorios donde predomina la variante del grupo mayoritario y éstos crean una especie de norma que predomina en esas respectivas áreas. Así tenemos el español de los cubano-americanos establecidos en Miami, el de los puertorriqueños y dominicanos que viven en Nueva York, el de los salvadoreños en Washington, D.C., y las distintas variedades del español de la población mexico-americana esparcida por todo el Suroeste. Los hablantes del español que pertenecen a una variedad y se movilizan a ciudades donde predomina otra, tienden a hacer concesiones, en la manera de hablar y en el vocabulario, para poder integrarse a la infraestructura económica, política y social de la mayoría de los hablantes.

Gramática

Visit **http://www.thomsonedu.com/spanish** to practice these structures and listen to a Heinle audio chapter review on the subjunctive mood.

Presente del subjuntivo

Además del modo indicativo que, como ya hemos visto, sirve para expresar una realidad en el pasado, en el presente y en el futuro, existe otro modo verbal, el subjuntivo, para expresar acciones posibles, deseadas o necesarias. La diferencia entre el modo indicativo y el modo subjuntivo radica en que usamos el primero para situaciones reales y el segundo para situaciones irreales o acontecimientos que no han ocurrido todavía.

Dudo que Quique **tenga** su pasaporte al día.

Josefina va a pedirles a sus padres que la **dejen** ir de vacaciones con sus amigos.

Es importante que la agente de viajes **haga** las reservaciones con anticipación.

En estos tres ejemplos los verbos *tenga, dejen* y *haga* anuncian o expresan una acción que no ha ocurrido todavía o no pertenece a la realidad y, por eso, aparecen en el presente del subjuntivo.

Compare el siguiente par de oraciones con el verbo *hablar* y explique qué diferencia existe.

Mónica: —Busco a la secretaria que habl**a** español. (presente del indicativo)

Óscar: —Busco una secretaria que habl**e** español. (presente del subjuntivo)

Mónica debe conocer a la secretaria y probablemente sea la única de todas las de la oficina que habla español. Es decir, la secretaria es una realidad desde el punto de vista del hablante. Por el contrario, Óscar no sabe si hay alguna secretaria que hable español y, por eso, expresa su voluntad a través del presente del subjuntivo.

Analice la siguiente oración y explique ¿por qué se usa el verbo *venir* en dos diferentes tiempos?

Conozco a un padre que sólo **viene** a la escuela a darme quejas, pero no conozco a nadie que **venga** a darme las gracias.

____

____

Conjugaciones de los verbos

El presente del subjuntivo tiene dos conjugaciones distintas; la primera funciona con los verbos que terminan en {ar}, y la segunda con los verbos que terminan en {er} e {ir}. Vea las terminaciones de los dos tiempos verbales a continuación y explique las diferencias que encuentra entre uno y otro.

Presente del indicativo

pronombres	*{ar}*	*{er}*	*{ir}*
yo	trabaj**o**	beb**o**	recib**o**
tú	trabaj**as**	beb**es**	recib**es**
él/ella/Ud.	trabaj**a**	beb**e**	recib**e**
nosotros/as	trabaj**amos**	beb**emos**	recib**imos**
ellos/as/Uds.	trabaj**an**	beb**en**	recib**en**

Presente del subjuntivo

pronombre	*{ar}*	*{er}*	*{ir}*
yo	trabaj**e**	beb**a**	recib**a**
tú	trabaj**es**	beb**as**	recib**as**
él/ella/Ud.	trabaj**e**	beb**a**	recib**a**
nosotros/as	trabaj**emos**	beb**amos**	recib**amos**
ellos/as/Uds.	trabaj**en**	beb**an**	recib**an**

¿Qué diferencias puede señalar entre los dos tiempos?

____

____

Como puede ver, los verbos con terminaciones en {ar} tienen un cambio a 'e' en el presente del subjuntivo, mientras que los verbos con terminación {er} e {ir} cambian a la vocal 'a'. Sin embargo, existe una manera menos complicada de reconocer el presente del subjuntivo para los hablantes de español en la mayor parte de las oraciones con dos cláusulas. Consiste en colocar la expresión *quiero que* seguida del verbo que aparece en la segunda cláusula. Si la oración tiene sentido, el verbo está conjugado en el presente del subjuntivo; si no, está en un tiempo del indicativo.

Sofía espera que su madre **reciba** buenas noticias pronto.

Quiero que su madre **reciba** buenas noticias pronto.

Me parece que su vecina siempre **recibe** buenas noticias.

***Quiero que** su vecina siempre **recibe** buenas noticias.

Usos del presente del subjuntivo

El uso del presente del subjuntivo está limitado a contextos irreales o inexistentes, situaciones en que el hablante expresa duda o incertidumbre, intentos por parte del hablante de convencer al oyente o comentarios sobre una acción o evento que puede suceder en el futuro.

Además, el presente del subjuntivo aparece en contextos muy específicos como después de los adverbios *quizá(s), posiblemente, probablemente, tal vez;* después de la interjección *ojalá* y en una oración subordinada encabezada por verbos de duda, mandato, o emoción.

Quizás María **compre** su boleto de avión por la red.

Posiblemente mis tíos nos **visiten** este verano.

Probablemente Rafael y Teresa **pierdan** el tren.

Tal vez **prefieras** la habitación con vista al mar.

Ojalá que no **llueva** hoy.

La oración subordinada

Por lo general, el subjuntivo aparece en una oración compuesta de dos cláusulas: una principal y otra subordinada. En la cláusula principal se encuentra un verbo en el modo indicativo que indica duda, persuasión o emoción, seguido de la conjunción *que,* y entonces aparece el presente del subjuntivo. Es decir, la oración subordinada no puede aparecer sola —a menos que sea un mandato—°; de lo contrario necesita estar adjunta a la oración principal. En los ejemplos a continuación la oración principal aparece en itálicas y la oración subordinada está subrayada. En cada una hay un verbo en el indicativo *(creo, quiere, es)* y otro verbo en el presente del subjuntivo, en negrillas, en la oración subordinada (sea, acompañe, lleve).

°*Usamos el subjuntivo para dar órdenes o mandatos negativos y formales. No regreses tarde. Haga su trabajo*

No creo que el viaje **sea** más barato si alquilamos un auto en vez de tomar el tren.

Paola quiere que su amiga Carmen la **acompañe** en su viaje a Europa.

Es necesario que Braulio **lleve** su cámara.

La duda

Cuando el hablante quiere indicar que no está seguro del resultado de un evento o acción, usa un verbo de duda o incertidumbre en la cláusula principal en el presente del indicativo el cual va a anticipar la aparición del presente del subjuntivo en la cláusula subordinada. En este grupo de verbos o expresiones de duda encontramos *dudar, negar, no creer, no estar seguro, no es cierto, no es verdad, es imposible, es improbable, (no) es posible, (no) es probable.* Ciertas conjunciones también indican falta de certeza, por ejemplo: *a menos que, antes (de) que, con tal (de) que, cuando, después (de) que, en caso (de) que, en cuanto, hasta que, mientras, para que, sin que, tan pronto como.*

No creo que **salga** el viernes.

Es posible que **llueva** mañana.

Íngrid y yo no queremos ir tan lejos *a menos que* Dina **conduzca** el coche.

En cuanto **encontremos** los pasajes podremos salir.

No vas a disfrutar de tus vacaciones *mientras* **mantengas** ese mal humor.

¿Puede encontrar el verbo en el presente del subjuntivo en las oraciones a continuación? Hay uno en cada oración. Subráyelo.

1. Josefina reconoce que probablemente sus colegas no tomen en cuenta las recomendaciones que sugirió en su discurso.
2. En caso de que su jefe no la apoye, está dispuesta a hablar directamente con el editor general del periódico.
3. Piensa comenzar a trabajar en la nueva sección tan pronto como regrese a su oficina.

La persuasión

Algunos de los verbos utilizados por el hablante en la oración principal que pretenden convencer o persuadir al oyente son *aconsejar, desear, importar, insistir, mandar, necesitar, pedir, preferir, prohibir, querer, recomendar, rogar, sugerir.* También sirven al mismo propósito expresiones impersonales como *es necesario que, es importante que, es mejor que, es urgente que.*

La madre de Ángela *insiste* en que **termine** la tarea antes de salir.

Es urgente que **arreglen** el sistema de seguro médico.

¿Puede encontrar el verbo en el presente del subjuntivo en las oraciones a continuación? Hay uno en cada oración. Subráyelo.

1. Su madre siempre le aconseja que no se preocupe tanto, pero ella siempre ha sido así.
2. Josefina sabe que es mejor que ayude a sus colegas para prevenir malentendidos.
3. Necesitamos que nos envíen todos los detalles para poder escribir un buen artículo.

La emoción

Las situaciones en las que la oración principal indica emoción por parte del hablante requieren verbos en el modo indicativo como *alegrarse, esperar, gustar, molestar, preocupar, sentir, sorprender, temer, tener miedo.* También podemos encontrar expresiones como *es extraño, es una lástima, es ridículo, es terrible, es triste.*

Leticia *espera* que su novio le **regale** boletos para el concierto.

Es ridículo que la madre de Daniel **tenga** que venir a limpiarle el departamento.

¿Puede encontrar el verbo en el presente del subjuntivo en las oraciones a continuación? Hay uno en cada oración. Subráyelo.

1. Tanto a Alicia como a Miguel les preocupa que Josefina trabaje hasta muy tarde.
2. Temen que se canse de trabajar tantas horas.
3. Es una lástima que sus colegas no la aprecien.

Relación entre los tiempos verbales

Los tiempos verbales del subjuntivo sólo incluyen el presente y el pasado (en formas simples y compuestas). Por lo tanto, cuando la acción o el evento no ha ocurrido todavía, el único tiempo que puede aparecer en la oración subordinada es el presente del subjuntivo. En la oración principal, por lo contrario, existe la opción de usar un verbo en el presente del indicativo, el presente perfecto del indicativo o el futuro.

Sofía y Quique *quieren* ir a la playa después de que **regresen** de hacer compras.
La Sra. Guerra les *ha negado* permiso para que **vayan** al concierto.
¿*Será* posible que **vengas** con nosotros?

Los padres de Ángel *insisten* en que **lleve** suficiente dinero.
Nuestros padres nos han aconsejado que **sigamos** estudiando.
Los estudiantes menores de edad no *viajarán* hasta que **consigan** el permiso de sus padres.

Temo que Eduardo no **salga** con nosotros ya que se siente mal.
A mi madre siempre le ha encantado que sus hermanos **vengan** de visita.
Será una lástima que Quique **pierda** el vuelo.

3-4. Tablas. Llene la **Tabla J** (pág. 292), siguiendo las tres terminaciones que aparecen como modelo.

3-5. Del diario de Sofía: Nadie sabe lo que hay en la olla... sólo la cuchara. Llene los espacios en blanco con la forma del **presente del subjuntivo** que complete el sentido de la historia, y coloque los acentos sobre las palabras en orden alfabético que lo necesiten.

I

Necesito hablar urgentemente con Quique, aunque ***(a)*** *se* que ***(b)*** *el* no quiere que me ______________ **(1. meter)** en su vida. Josefina me ha dicho ***(c)*** *tambien* que no me ______________ **(2. involucrar)** en su matrimonio porque Azucena y él ***(d)*** *estan* ***(e)*** *todavia* ***(f)*** *recien* casados y es normal que estos problemas ______________ **(3. ocurrir)** entre parejas. Tampoco quiere que le ______________ **(4. escribir)** mensajes electrónicos y ayer me ***(g)*** *respondio* a uno que yo le ***(h)*** *envie* con la siguiente frase: *La ropa sucia se lava en casa.* ¿Qué me ***(i)*** *habra* querido decir? Me siento atada de manos. ***(j)*** *Quizas* sea mejor que ______________ **(5. llamar)** a mi madre para saber si lo esperan esta tarde durante la cena y ***(k)*** *asi* me le aparezco sin avisar. ¡Buena idea! Tan pronto como ______________ **(6. terminar)** la cena le voy a proponer que ______________ **(7. caminar:** nosotros**)** por varias cuadras y ***(l)*** *aprovecho* la ***(m)*** *ocasion* para tocar el asunto. No sé cómo, pero tengo que lograr que mi hermano ______________ **(8. dejar)** la edad de piedra y ______________ **(9. pasar)** al siglo veintiuno. No quiero que Azucena lo ______________ **(10. botar)** de la casa como a perro callejero; ***(n)*** *asi* que ***(ñ)*** *sera* mejor que ______________ **(11. conversar)** con él cuanto antes.

Comente. ¿Existe algún refrán en inglés que se parezca a *la ropa sucia se lava en casa*? ¿Cómo dice y qué significa?

II

(a) *Espero* que no ______________ **(1. callar)** nada porque quiero ayudarlo y aunque Azucena me advierte continuamente que no me ______________ **(2. entrometer)** en sus ***(b)*** *problemas* matrimoniales, ***(c)*** *nadie* va a lograr que yo me ______________ **(3. quedar)** con los brazos cruzados. ¿Acaso no ***(d)*** *haria* usted lo mismo? ¿Quiere usted que yo ______________ **(4. permitir)** que el matrimonio de mi hermano se ______________ **(5. romper)** de la noche a la mañana? ***(e)*** *Ademas*, estoy segura de que si ***(f)*** *logro* que todo se ______________ **(6. arreglar)** entre ellos me lo van a agradecer eternamente porque, entre usted y yo, soy la única que conoce las dos caras de la moneda. Aunque usted no me lo ______________ **(7. creer)**, Azucena me lo ***(g)*** *confia* todo y a Quique lo conozco como la palma de mi mano.

Comente. ¿Aprueba usted el comportamiento de Sofía en este asunto? ¿Por qué?

III

El problema es que Quique no quiere que Azucena ______________ **(1. trabajar)** fuera de la casa. No le importa que ______________ **(2. estudiar)** y ______________ **(3. terminar)** una carrera, pero quiere que ______________ **(4. permanecer)** en el hogar una vez Azucena ______________ **(5. quedar)** embarazada. Por supuesto, sé que tan pronto ella ______________ **(6. aceptar)**, él va a esperar que ***(a)*** *tambien* ______________ **(7. criar)** al niño por tiempo indefinido. ***(b)*** *Dudo* que eso le ______________ **(8. agradar)** a Azucena porque también la conozco y sé que es tan feminista como yo. Realmente Azucena no quiso entrar en muchos detalles cuando me ***(c)*** *confeso* este asunto porque probablemente ***(d)*** *penso* que yo iba a comentarle a Quique. Bueno, ¿qué creen... ? ¡Alguien tiene que hacer algo y ***(e)*** *aqui* estoy yo!

Comente. ¿Debe una mujer sacrificar su carrera profesional una vez dé a luz a sus hijos? ¿Qué alternativas existen según su opinión?

IV

Lamentablemente, es difícil que una mujer en nuestra sociedad ______________ **(1. lograr)** llevar a cabo sus sueños sin el consentimiento de un hombre porque siempre se encuentra sometida a unas tradiciones que la reprimen. Para Azucena siempre ha sido muy importante valerse por sí misma. Por eso, deseo que mi hermano ______________ **(2. razonar)** y ______________ **(3. conversar)** inteligentemente con su esposa y no se ______________ **(4. ahogar)** *en un vaso de agua*. Mi hermana, Josefina, no se da cuenta que mi ***(a)*** *intencion* es evitar que Azucena ______________ **(5. tomar)** una ***(b)*** *decision* drástica y ______________ **(6. esperar)** hasta que Quique ______________ **(7. reconsiderar)** su posición. Es bueno que ambos ______________ **(8. respirar)** profundamente antes de expresar algo ofensivo, y se ______________ **(9. preparar)** mentalmente para hacer concesiones mutuas. Ya es tiempo que mi hermano ______________ **(10. aceptar)** que no vive en el siglo pasado y, al mismo tiempo, que a Azucena le ______________ **(11. caber)** en la cabeza que no es suficiente conque ______________ **(12. desear)** tener hijos sino que también ______________ **(13. comprender)** que con los hijos vienen unas responsabilidades que nunca ***(c)*** *podra* evadir. ¿Quién cree ella que los va a cuidar? Espero que no piensen en mamá ni tampoco en mí. Yo los cuido el día que los ______________ **(14. tener)**. Usted ***(d)*** *pensara* que soy una chismosa por meterme en este asunto, pero lo hago porque presiento un divorcio y ***(e)*** *jamas* he conocido una pareja que se ______________ **(15. llevar)** mejor que ellos dos y que se ______________ **(16. amar)** tanto. Aunque yo estoy de acuerdo con Azucena para que no ______________ **(17. tolerar)** la actitud machista de mi hermano, creo que ambos tienen que analizar seriamente su relación matrimonial. Yo espero que ella se ______________ **(18. animar)** a darle otra oportunidad a mi hermano y ______________ **(19. meditar)** cuidadosamente el deseo de ser madre en estos primeros años de su matrimonio.

Comente. ¿Quiénes cuidan a los niños de los matrimonios jóvenes en su familia? ¿Son las guarderías infantiles las mejores alternativas? ¿Qué sugiere? ¿Podría explicarle a la clase el cambio ortográfico que ocurre en el ítem iv? ¿Puede relacionar la pronunciación de este verbo con otro tiempo verbal estudiado?

V

En lo que a mi hermano respecta, quiero que Quique ______________ **(1. recapacitar)** y no le ______________ **(2. temer)** al ***(a)*** *dia* que la mujer ______________ **(3. poseer)** los mismos derechos que el hombre. Si él deja que ella ______________ **(4. participar)** en la relación y que ______________ **(5. aportar)** de igual a igual en todas las decisiones del hogar, ***(b)*** *fortalecera* su lazo matrimonial y le ***(c)*** *devolvera* la autoestima que ha perdido. Es importante que Quique ______________ **(6. apreciar)** todo lo que vale su esposa y no ______________ **(7. permitir)** que el orgullo de hombre o el machismo destruyan su matrimonio. Por otro lado, es necesario que ______________ **(8. hablar)** con él cautelosamente sin que ______________ **(9. levantar)** las ***(d)*** *sospechas* de mis padres. No puedo permitir que ellos se ______________ **(10. enterar)** porque mi madre tiene ya mucho ***(e)*** *estres* en la escuela donde trabaja y no quiero que ______________ **(11. sufrir)**. Prefiero que no se ______________ **(12. inquietar)** por los problemas de nosotros y que ______________ **(13. creer)** que todo marcha *como viento en popa*. Después de todo, *sólo la cuchara sabe lo que hay en la olla...*

Comente. ¿Cuál es el significado del refrán *sólo la cuchara sabe lo que hay en la olla*? ¿Qué piensa Ud. de la conducta de Sofía en este monólogo? ¿Está de acuerdo en que intervenga en el matrimonio de su hermano? ¿Cree usted que aporta algo positivo a esta relación matrimonial?

3-6. A manera de laboratorio. En grupos de dos estudiantes van a dictarse partes de la historia que acaban de completar. Su profesor/a le dará instrucciones.

____

____

____

____

____

Gramática

Verbos que terminan en -car, -gar y -zar en el presente del subjuntivo

°*Vea la Tabla B (pág. 282–283).*

El grupo de verbos **-car, -gar, -zar** requiere que recordemos momentáneamente la primera persona del pretérito. Estos verbos que tienen los cambios c→qu, g→gu, z→c, respectivamente° repiten el mismo cambio en el presente del subjuntivo.

infinitivo	*pretérito*	*yo*	*tú*	*él/ella/Ud.*	*nosotros/as*	*ellos/as/Uds.*
buscar	bus**qué**	bus**que**°	bus**ques**	bus**que**	bus**que**mos	bus**quen**
pagar	pa**gué**	pa**gue**	pa**gues**	pa**gue**	pa**gue**mos	pa**guen**
organizar	organi**cé**	organi**ce**	organi**ces**	organi**ce**	organi**ce**mos	organi**cen**

°*La única diferencia entre la primera persona singular del presente del subjuntivo y la del pretérito es el acento (la pronunciación). Espero que mi hermana no busque su suéter porque lo tengo yo. Ayer busqué a mi perra por todo el vecindario.*

-car	-gar	-zar
atacar	*ahogar*	*abrazar*
brincar	*amargar*	*adelgazar*
chocar	*apagar*	*alcanzar*
colocar	*cargar*	*avanzar*
destacar	*entregar*	*cruzar*
educar	*juzgar*	*destrozar*
explicar	*jugar*	*empezar*
pescar	*llegar*	*forzar*
sacar	*negar*	*legalizar*

Verbos que terminan en -cer / -cir, -ger / -gir y -guir / -uir en el presente del subjuntivo

infinitivo	*presente ind.*	*yo*	*tú*	*él/ella/Ud.*	*nosotros/as*	*ellos/as/Uds.*
reconocer	reconozc~~o~~	reconozca	reconozcas	reconozca	reconozcamos	reconozcan
traducir	traduzc~~o~~	traduzca	traduzcas	traduzca	traduzcamos	traduzcan
convencer	convenz~~o~~	convenza	convenzas	convenza	convenzamos	convenzan
escoger	escoj~~o~~	escoja	escojas	escoja	escojamos	escojan
elegir	elij~~o~~	elija	elijas	elija	elijamos	elijan
distinguir	disting~~o~~	distinga	distingas	distinga	distingamos	distingan
huir	huy~~o~~	huya	huyas	huya	huyamos	huyan

Los verbos que terminan en **-cer** y **-cir** cambian la 'c' por las 'zc' en la primera persona singular del presente del indicativo, y nuevamente se transfiere este cambio a todas las personas del presente del subjuntivo.

-cer		-cir
aborrecer	*entorpecer*	*conducir*
agradecer	*favorecer*	*introducir*
aparecer	*merecer*	*producir*
conocer	*obedecer*	*reducir*
crecer	*ofrecer*	*seducir*

El verbo *convencer* tiene un cambio irregular en la primera persona del presente del indicativo (*yo convenzo*) que lo distingue de los otros verbos del grupo **-cer.** Note que la 'c' se transforma en 'z', como ocurre en *vencer, ejercer y zurcir.*

Los verbos con las terminaciones **-ger** y **-gir** conservan en todas las personas gramaticales el cambio de la 'g' por la 'j': *(escojo → escoja)* que anteriormente habíamos estudiado en el presente del indicativo. Entre otros se encuentran ***coger, proteger, recoger, escoger, afligir, corregir, elegir, exigir** y **fingir.***

En el verbo *distinguir (yo distingo)* la 'u' desaparece de la primera persona del presente del indicativo y, por supuesto, de todas las conjugaciones del presente del subjuntivo.

Finalmente, los verbos que terminan en **-uir**, como *huir (huyo)* se transfiere la 'y' a todas las formas del presente del subjuntivo.

atrib**uir**	destr**uir**	excl**uir**
concl**uir**	dil**uir**	incl**uir**
constr**uir**	dismin**uir**	instr**uir**
contrib**uir**	distrib**uir**	restit**uir**

3-7. Tablas. Llene la **Tabla K** (pág. 293–294), tomando en cuenta los cambios que se presentaron en la sección anterior.

3-8. Casos de la vida: Lo que el viento se llevó... Llene los espacios en blanco con la forma del **presente del subjuntivo** que complete el sentido de la historia, y coloque los acentos sobre las palabras en orden alfabético que lo necesiten.

Ésta es la segunda parte del discurso que había preparado Josefina y eliminó por razones de tiempo.

I

Todos los empleados del periódico desean que la sección en español se distinga **(1. distinguir)** en la ciudad y que el comercio reconozca **(2. reconocer)** la ***(a)*** *contribución* de los hispanos en Estados Unidos. Por tal ***(b)*** *razón*, necesitamos que el ***(c)*** *equipo* de redacción traduzca **(3. traducir)** los artículos al español, sin que éstos parezcan **(4. parecer)** que provienen literalmente del inglés. No se quiere que se introduzca **(5. introducir)** en el texto los giros idiomáticos que provienen del inglés y se desea que se reorganice **(6. reorganizar)** las ideas para que los lectores no reconozcan **(7. reconocer)** que han sido traducciones. En lo que respecta a los que trabajan en ventas y ***(d)*** *promoción* quiero que entreguen **(8. entregar)** al final del mes los reportes de los gastos que hicieron durante cada período. Además, ***(e)*** *espero* que nadie llegue **(9. llegar)** tarde a las reuniones, como es la costumbre de algunos. ***(f)*** *También*, es necesario que nosotros busquemos **(10. buscar)** más patrocinadores en la comunidad que paguen **(11. pagar)** los anuncios comerciales a un precio justo.

No podemos esperar que el dinero que sostiene nuestra ***(g)*** *sección* aparezca **(12. aparecer)** por arte de ***(h)*** *magia*.

Comente. ¿Le parecen inapropiadas las recomendaciones que Josefina propone en su discurso inicial para mejorar la producción del periódico? ¿Debió incluirlas?

II

Al mismo tiempo, queremos que ustedes ________ **(1. rechazar)** aquellos clientes que ________ **(2. pagar)** tarde las promociones, poniendo todo tipo de pretexto. *¡Desde que se inventaron las excusas nadie queda mal!* Estos individuos nos crean una mala fama a pesar de haber sido beneficiados por las campañas publicitarias que con mucho profesionalismo les hemos preparado. Tienen que darse cuenta de que el servicio que ofrecemos no es gratuito y, por tal ***(a)*** *razon,* queremos que ustedes ________ **(3. huir)** de todo aquél que nos ________ **(4. perjudicar)** con calumnias y nos ________ **(5. destrozar)** la ***(b)*** *reputacion* que con mucho esfuerzo hemos ganado. En fin, ***(c)*** *necesito* que ustedes y yo ________ **(6. contribuir)** en hacer de "¿Qué pasa en nuestra ciudad?" una ***(d)*** *seccion* que ________ **(7. incluir)** ***(e)*** *informacion* de ***(f)*** *interes* al público de ascendencia hispanoamericana y que ________ **(8. destruir)** los mitos negativos que le han adjudicado a nuestra gente que evitan su avance económico, social y político en Estados Unidos. Desde el primer día que ***(g)*** *acepte* este ***(h)*** *cargo* me di cuenta de la responsabilidad que ***(i)*** *teniamos* ***(j)*** *hacia* el público lector. Debe ser fundamental para nosotros que se ________ **(9. respetar)** y se ________ **(10. educar)** al público, que se le ________ **(11. explicar)** los temas de importancia, que se ________ **(12. destacar)** a las personas que hacen aportes importantes en la comunidad y que se ________ **(13. agradecer)** las buenas acciones de los ciudadanos que ayudan a la comunidad.

Comente. ¿Está de acuerdo con Josefina acerca de los propósitos del periódico y su función con respecto al público?

III

No quiero que ________ **(1. sacar:** nosotros**)** artículos sensacionalistas sólo para que se ________ **(2. favorecer)** el nombre de un reportero o un columnista. Esto es amarillismo. Además ***(a)*** *deseo* que nos ________ **(3. organizar:** nosotros**)** lo mejor posible para que muy pronto ________ **(4. construir)** una sección dinámica que ________ **(5. obedecer)** a las demandas del público-lector. Damas y caballeros, *no puede haber muchos caciques y pocos indios.* Es necesario que todos ________ **(6. seguir:** nosotros**)** estas recomendaciones. Tenemos que hacernos los sordos y trabajar unidos, aunque ________ **(7. aparecer)** personas que ________ **(8. aborrecer)** los cambios y ________ **(9. ofrecer)** resistencia a unas medidas que sólo buscan que se ________ **(10. alcanzar)** más lectores. Estas personas no van a lograr que nosotros nos ________ **(11. mantener)** repitiendo lo que se ha hecho sin éxito durante muchos años y ***(b)*** *espero* que algún día nos ________ **(12. dar)** el crédito que merecemos.

Comente. ¿Le parece, por lo que dice Josefina, que desea hacer estos cambios por razones económicas, por ambición de reconocimiento personal o por que tiene una conciencia moral como ciudadana?

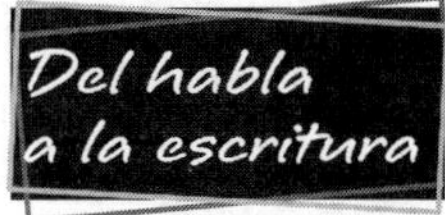

que obligatorio

En inglés existe una construcción en la que el uso de *that* es opcional.

I think **(that)** I'm going to get the job.

The manager mentioned **(that)** she was impressed with my résumé.

Este tipo de construcción en español siempre requiere el uso de *que*.

Pienso **que** voy a conseguir el trabajo.

La gerente mencionó **que** quedó impresionada con mi currículum.

Práctica. Traduzca las siguientes oraciones.

1. Josefina may find out it is not easy to be in charge.

   ____

2. We can all agree she made a good decision when she edited her presentation.

   ____

3. Sofía truly believes she is helping her brother and her sister-in-law.

   ____

4. Do you think her intervention will help?

   ____

5. Her sister will not be happy when she finds out Sofía got involved.

   ____

Gramática

Cambios en la raíz en el presente del subjuntivo

En los siguientes tres grupos de verbos aparece un cambio en la raíz aparte del cambio de vocal en la terminación que ya hemos visto anteriormente. Este cambio de raíz ocurre en todas las personas gramaticales con excepción de *nosotros*, a pesar de que los verbos de la tercera conjugación {ir} no sigan exactamente este patrón. Veamos estos grupos.

En el primer grupo aparecen verbos como ***pensar***, ***entender*** y ***sentir*** la última 'e' de la raíz cambia a 'ie'.

°*Note que el cambio no se efectúa en nosotros.*

infinitivo	*presente ind.*	*yo*	*tú*	*él/ella/Ud.*	*nosotros/as*	*ellos/as/Uds.*
pensar	(piens~~o~~)	piense	pienses	piense	pensemos°	piensen
entender	(entiend~~o~~)	entienda	entiendas	entienda	entendamos	entiendan
sentir	(sient~~o~~)	sienta	sientas	sienta	**sintamos**	sientan

ar		*er*	*ir*
acertar	encerrar	atender	advertir
apretar	enterrar	defender	consentir
calentar	quebrar	descender	convertir
cerrar	recomendar	encender	divertir
comenzar	reventar	entender	herir
confesar	sembrar	perder	hervir
despertar	sentar	querer	mentir
empezar	tropezar	tender	preferir

¿Recuerda que mencionamos que las formas de *nosotros* de los verbos que terminan en {ir} tienen otra irregularidad? ¿Cuál es?

consentir	nosotros ______________	divertir	nosotros ______________
mentir	nosotros ______________	preferir	nosotros ______________
referir	nosotros ______________	sugerir	nosotros ______________

En los verbos del segundo grupo la 'o' cambia a 'ue' en todas las personas —excepto *nosotros*— en verbos como ***contar***, ***oler*** y ***dormir***.

infinitivo	*presente ind.*	*yo*	*tú*	*él/ella/Ud.*	*nosotros/as*	*ellos/as/Uds.*
contar	(cuent~~o~~)	cuente	cuentes	cuente	contemos	cuenten
oler	(huel~~o~~)	huela	huelas	huela	olamos	huelan
dormir	(duerm~~o~~)	duerma	duermas	duerma	**durmamos**	duerman

°*Estos dos verbos cambian en la forma nosotros: muramos, durmamos*

ar		*er*	*ir*
acordar	mostrar	doler	morir y dormir°
almorzar	probar	morder	
acostar	recordar	mover	
aprobar	rogar	poder	
avergonzar	soltar	resolver	

continúa

continúa

ar		*er*
colgar	sonar	torcer
demostrar	soñar	volver
encontrar	tostar	
esforzar	volar	
jugar		

Finalmente, el tercer grupo con cambio en la raíz aparece con verbos como *repetir* y *corregir,* donde la vocal 'e' cambia a 'i'. Se da en verbos como *competir, conseguir, despedir, elegir, impedir, medir, reír, sonreír, freír, rendir, reñir, seguir, servir y vestir.* Note que en *corregir* aparece el segundo cambio de la primera persona singular del presente indicativo *(corrijo)* que ocurre igualmente en los verbos con la terminación **-ger.**

infinitivo	*presente ind.*	*yo*	*tú*	*él/ella/Ud.*	*nosotros/as*	*ellos/as/Uds.*
repetir	(repit~~o~~)	repita	repitas	repita	repitamos	repitan
corregir	(corrij~~o~~)	corrija	corrijas	corrija	corrijamos	corrijan

3-9. Tablas. Llene la **Tabla L** (pág. 295–296), tomando en cuenta los cambios que se presentaron en la sección anterior.

3-10. Casos de la vida: *A palabras necias, oídos sordos.* Llene los espacios en blanco con la forma del **presente del subjuntivo** que complete el sentido de la historia, y coloque los acentos sobre las palabras en order alfabético que lo necesiten.

I

Comentarios de ***(a)*** *Virginia* ***(b)*** *Garcia,* editora y redactora de noticias

(c) *Espero* que Josefina no ________ **(1. pensar)** que le tengo ***(d)*** *envidia,* pero quiero que ella ________ **(2. entender)** que la ***(e)*** *critico* porque ***(f)*** *deseo* que nosotros ________ **(3. competir)** al mismo nivel que los periodistas que escriben en ***(g)*** *ingles.* No quiero que nadie ***(h)*** *aqui* le ________ **(4. contar)** lo que estoy diciendo de ella ni le ________ **(5. mostrar)** ningún resentimiento, pero no ***(i)*** *esta* bien que ella ________ **(6. cerrar)** los ojos ante la realidad. Ya es hora de que ella se ________ **(7. despertar)** de los ideales que trae de sus libros y que ________ **(8. comenzar)** a hacer su ***(j)*** *trabajo* como se realiza en el mundo real, o sencillamente que ________ **(9. confesar)** que no sabe hacerlo y ¡punto! Estoy cansada de que se ________ **(10. encerrar)** en su oficina y no ________ **(11. atender)** los problemas que constantemente surgen en el diario. Realmente no me importa que se ________ **(12. resentir)** conmigo ni que se ________ **(13. convertir)** en mi peor enemiga. *¡Perro que ladra no muerde!*

Comente. Si usted consigue un empleo de importancia en el área de su especialización, ¿debería implementar las teorías que aprendió en los libros y en las discusiones en clase, o debe permitir que la empresa continúe operando de la misma manera? Discuta.

II

Es hora de que ella, como dice ***(a)*** *Raul*, le pierda **(1. perder)** el miedo a la ***(b)*** *gerencia* y nos demuestre **(2. demostrar)** que ***(c)*** *esta* del lado nuestro. No es que nosotros pidamos **(3. pedir)** muchas cosas, pero es necesario que le demostremos **(4. demostrar:** nosotros**)** que no nos vamos a quedar con los brazos cruzados. Debemos *tener los pantalones bien puestos*. Quiero que ella le recuerde **(5. recordar)** al jefe que nuestro departamento está capacitado para hacer un buen trabajo y ***(d)*** *deseo* que tanto ustedes como yo le pruebe **(6. probar)** que tenemos creatividad. A pesar de que habla muy elocuentemente, no ***(e)*** *creo* que ella le provea **(7. proveer)** a los lectores en sus escritos los ideales que predica y, por eso, es hora de que nosotros empecemos empiecemos **(8. empezar)** a tomar el control de "¿Qué pasa en nuestra ciudad?" Temo mucho que ***(f)*** *esta* situación de ***(g)*** *tension* entre nosotros revente **(9. reventar)** antes de que yo sugiera **(10. sugerir)** los cambios que estoy segura van a funcionar. ¡No es que ______________ **(11. soñar:** yo**)** con cambiar la ***(h)*** *filosofia* del periódico de una forma dramática! Pero me ***(i)*** *gustaria* crear una ***(j)*** *seccion* que ______________ **(12. divertir)** a los lectores, que ______________ **(13. tender)** a ser más sencilla y entretenida, que ______________ **(14. hacer)** que la gente ______________ **(15. sonreír)** y, por supuesto, que los lectores no ______________ **(16. encontrar)** por la mañana una información tan cruda y tan pesimista. ¡Es ***(k)*** *increible* la obsesión que tiene esa mujer por publicar las cosas tal y como son! Eso es sensasionalismo.

Comente. ¿Le gustan las noticias sensacionalistas? ¿Ha comprado periódicos o revistas por los escándalos de la farándula que aparecen en la portada? ¿Estamos como sociedad adictos al sensacionalismo?

III

Varias veces he tratado de hacerle entender que los medios de ***(a)*** *comunicacion* deben ofrecer una cara diferente de la realidad, pero parece que me escucha como si oyera la ***(b)*** *lluvia*. ¡Qué tiene que ver que se ______________ **(1. torcer)** un ***(c)*** *poco* la verdad si lo que importa es que el periódico ______________ **(2. conseguir)** más lectores y ______________ **(3. poder)** vender más anuncios comerciales! No es que a mí no me ______________ **(4. doler)** engañar al público y ***(d)*** *ojala* que ***(e)*** *algun* día todo el gremio de periodistas ______________ **(5. elegir)** comportarse de una manera más honesta; pero mientras todos ______________ **(6. seguir)** con la mentalidad de "vender" la ***(f)*** *noticia*, las cosas no van a cambiar. ¿Cómo es posible que una niñita ***(g)*** *recien* graduada de la universidad, por mucho que se ______________ **(7. esforzar)**, ______________ **(8. impedir)** que el mercado ______________ **(9. repetir)** los modelos que siempre han prevalecido en la industria? ¡Se le han ido los humos a la cabeza! En lo que a mí concierne, no me importa que Josefina me ______________ **(10. corregir)** ni que me ______________ **(11. reñir)** porque sé que no me puede despedir del ***(h)*** *trabajo* y estoy segura de que algún día yo la ***(i)*** *reemplazare*. Cuando esto ______________ **(12. ocurrir)**, *¡borrón y cuenta nueva!*

Comente. ¿Qué le parece Virginia García como persona? ¿Se identifica con ella? ¿Se parece a alguien que Ud. conozca?

IV

Pero, *¡cuidado con la viperina!* No quiero que ustedes le _______________ **(1. soltar)** ni una sola palabra a Josefina, aunque ella les _______________ **(2. rogar)** o les _______________ **(3. contar)** chismes de mí. No saben lo chismosas que son estas niñas que aún viven con sus padres. Sólo quiero que ustedes _______________ **(4. disfrutar)** conmigo cuando _______________ **(5. llegar)** el día en que personalmente la _______________ **(6. despedir)** y cuando la ***(a)*** *gerencia* _______________ **(7. aprobar)** los cambios que sugiero. ***(b)*** *Espero* que ese día ustedes me _______________ **(8. dar)** el crédito que merezco, me _______________ **(9. respetar)** y no se _______________ **(10. atrever)** a murmurar o darme una puñalada por la espalda.

Comente. ¿A qué o a quién se refiere ella cuando menciona *la viperina*?

V

(a) *Añoro* el momento en que Josefina se _______________ **(1. morir)** de la envidia cuando la gerencia me _______________ **(2. recomendar)** para la misma posición que le acaban de dar a ella. Cuando _______________ **(3. llegar)** ese día y me _______________ **(4. tropezar)** con alguien que no _______________ **(5. defender)** mis ideas o se _______________ **(6. interponer)** en mis decisiones, lo voy a *poner de patitas en la calle* aunque _______________ **(7. poseer)** más educación universitaria que yo. Por eso, es importante que me _______________ **(8. mover)** con ***(b)*** *astucia* porque *camarón que se duerme se lo lleva la corriente*. No sé si ya algo de lo que va a ocurrir le _______________ **(9. oler)** mal a Josefina, pero ***(c)*** *espero* que todo se _______________ **(10. resolver)** de inmediato. Por ahora, es mejor que ustedes _______________ **(11. volver)** a lo que estaban haciendo sin levantar sospechas y _______________ **(12. producir)** de la misma manera que lo han estado haciendo hasta el momento. ¡Cuidado que por ***(d)*** *ahí* viene! ¿Cómo es posible que esa mujer se _______________ **(13. vestir)** tan ridícula... ? *¡La mona aunque se vista de seda, mona se queda!*

Comente. ¿Puede interpretar los últimos dos refranes que aparecen en el ejercicio? Dé ejemplos reales de su significado.

Gramática

Verbos irregulares en el presente del subjuntivo que siguen el patrón del presente del indicativo

°Vea la Tabla G. (pág. 288)

Los verbos irregulares en la primera persona (*yo*)° del presente del indicativo estudiados en el capítulo anterior manifiestan el mismo cambio en todas las personas del presente del subjuntivo. Veamos algunos modelos en la siguiente tabla.

infinitivo	*presente ind.*	*yo*	*tú*	*él/ella/Ud.*	*nosotros/as*	*ellos/as/Uds.*
decir	digo	diga	digas	diga	digamos	digan
oír	oigo	oiga	oigas	oiga	oigamos	oigan
tener	tengo	tenga	tengas	tenga	tengamos	tengan
caer	caigo	caiga	caigas	caiga	caigamos	caigan
hacer	hago	haga	hagas	haga	hagamos	hagan
poner	pongo	ponga	pongas	ponga	pongamos	pongan
caber	quepo	quepa	quepas	quepa	quepamos	quepan

Los cambios que ocurren en estos verbos nos permiten agregar otros que, por tener la misma terminación, participan de cambios similares. Por ejemplo, entre los verbos que cambian como *decir* se encuentran *bendecir, contradecir, maldecir y predecir.* Los verbos que siguen el patrón de *tener* son *contener, detener, entretener, mantener, retener, venir, convenir, intervenir* y *prevenir.* Los verbos que se comportan como *caer* son *traer, atraer, contraer, distraer, extraer* y *oír.*

Todos los verbos derivados de *hacer* se conjugan de la misma manera y, entre ellos, se encuentran *deshacer, rehacer* y *satisfacer.* Los verbos que cambian como *poner* son *salir, valer, componer, imponer* y *reponer.*

3-11. Tablas. Llene la **Tabla M** (pág. 297–298), tomando en cuenta los cambios que se presentaron en la sección anterior.

3-12. Casos de la vida: *Dios los cría y ellos se juntan.* Llene los espacios en blanco con la forma del **presente del subjuntivo** que complete el sentido de la historia, y coloque los acentos sobre las palabras en orden alfabético que lo necesiten.

Éstos son los comentarios que Raúl Acosta —redactor y traductor del periódico— les hizo a sus compañeros unos momentos antes de que Josefina pronunciara el discurso que inicia el capítulo.

I

Dudo que valga **(1. valer)** la pena discutir con la empresa por cambios que yo sé de antemano que no van a funcionar. Si Josefina quiere hacerlo, que intervenga **(2. intervenir)** en este asunto sola, y que rehaga **(3. rehacer)**, si lo desea, lo que yo ya había puesto a funcionar desde hace mucho tiempo. Si cree ser la mujer maravilla que componga **(4. componer)** lo que yo anteriormente había perfeccionado, que corrija **(5. corregir)** las traducciones una vez ***(a)*** *esten* terminadas... ¡No me importa!, pero que no me dirija **(6. dirigir)** la palabra. Estoy cansado de lo mismo. Cada vez que el periódico contrata a uno de estos jovencitos con diplomas universitarios ***(b)*** *tratan* de virar el mundo al ***(c)*** *reves* para justificar su ***(d)*** *posicion* en la empresa. ***(e)*** *Espero* que estos nuevos cambios de la gerencia no nos distraigan **(7. distraer)** y no nos mantengan **(8. mantener)** más ocupados de lo que ya estamos. Realmente sólo quiero que ella convenza **(9. convencer)** al jefe para que nos rebaje **(10. rebajar)** la carga de ***(f)*** *trabajo.* ¿Cómo es posible que esta gente de la noche a la mañana nos imponga **(11. imponer)** más responsabilidades?

Comente. ¿A qué podría deberse la actitud negativa de Raúl Acosta contra Josefina antes de haberla escuchado?

II

Por eso, espero que la ***(a)*** *reunion* se _____________ **(1. demorar)** toda la tarde y se _____________ **(2. detener:** ellos**)** a discutir cuidadosamente cada uno de los cambios sugeridos. Quiero que el editor general se _____________ **(3. entretener)** debatiendo las quejas y _____________ **(4. oír)** a cada una de las partes. Espero que con los desacuerdos que _____________ **(5. surgir)** en la reunión, el jefe no _____________ **(6. recoger)** los trabajos que nos ***(b)*** *pidio* por la mañana, ya que no he podido terminar ***(c)*** *todavia*. Si todo el mundo protesta en la reunión, dudo que ellos nos _____________ **(7. imponer)** más responsabilidades de las que ya tenemos, y aunque la ***(d)*** *gerencia* _____________ **(8. aparecer)** en la fiesta de Navidad regalando titulitos y certificados de reconocimiento no debemos conformarnos, a menos que _____________ **(9. venir)** acompañados de jugosos aumentos. ¿Por qué esa tal Josefina no pide que _____________ **(10. reponer)** en sus puestos a toda la gente que despidieron el mes pasado? ¿Cómo es posible que ***(e)*** *despues* de todo lo que nos han hecho, _____________ **(11. esperar)** que nosotros los _____________ **(12. bendecir)** y le _____________ **(13. besar)** los pies por el solo hecho de mantenernos el ***(f)*** *empleo*? En este ***(g)*** *negocio* es necesario que nos _____________ **(14. proteger:** nosotros**)** los unos a los otros y que _____________ **(15. exigir)** los derechos que por ley nos corresponden.

Comente. ¿Debe existir solidaridad entre los empleados de una empresa para combatir la injusticia? ¿Cómo se define la injusticia? ¿Está de acuerdo con la posición de Raúl Acosta?

III

Es muy posible que ellos _____________ **(1. fingir)** reemplazarnos, pero no lo ***(a)*** *creo*. En primer lugar, no es posible que _____________ **(2. atraer)** a personas competentes con la miseria que ***(b)*** *estan* pagando. Pienso que es más práctico para ellos que _____________ **(3. retener)** a la gente que ha hecho el trabajo por muchos años. ¡Dios ***(c)*** *mio*! ¡Cómo detesto a las personas que contratan por sus diplomitas universitarios y nos arrebatan las mejores posiciones de la empresa por el solo hecho de que no pudimos terminar la universidad! Por eso, cuando Josefina _____________ **(4. venir)** con su presentación ***(d)*** *sera* mejor que nosotros no _____________ **(5. decir)** ni una palabra aunque _____________ **(6. oír:** nosotros**)** información que no nos _____________ **(7. satisfacer).** Entonces, una vez que nos _____________ **(8. reunir)** en secreto y nos _____________ **(9. poner)** de acuerdo, le pondremos presión para que cumpla con nosotros. Sé que a ella no le conviene que _____________ **(10. surgir)** problemas con nosotros porque acaba de empezar con la empresa.

Comente. ¿Le parece éticamente correcta la estrategia que está utilizando Raúl Acosta contra Josefina? ¿Ocurre este tipo de situación en los empleos? ¿Es fácil mantenerse al margen de los grupitos?

IV

Entre ustedes y yo, no creo que ella ______________ **(1. tener)** la autoridad o el poder para decidir lo que se ______________ **(2. hacer)** durante los próximos meses. Aún ***(a)*** *asi* no queremos que ella nos ______________ **(3. caer)** encima con preguntas sospechosas y nos ______________ **(4. decir)** que estamos en su contra. No pretendemos que se ______________ **(5. poner)** a la defensiva con nosotros y, como venganza, nos ______________ **(6. exigir)** más ***(b)*** *trabajo* del que podemos producir.

Recuerden que todo esto lo hago por ustedes, no por mí. Por lo tanto, es mejor que lo ______________ **(7. planear**: nosotros**)** juntos y ***(c)*** *quizas* ella se ______________ **(8. convencer)** de que tenemos ***(d)*** *razon* y se ______________ **(9. armar)** de valor y ______________ **(10. contradecir)** al editor sobre la poca efectividad de estos cambios que intenta imponernos. Es hora de que la empresa nos ______________ **(11. tener)** fe y nos ______________ **(12. oír)** antes de tomar cualquier decisión que nos ______________ **(13. afectar).** Necesitamos que nos ______________ **(14. consultar)** los nuevos planes, de manera que ______________ **(15. elegir:** nosotros**)** entre todos una manera más práctica de tomar las decisiones importantes en el periódico.

Comente. ¿Le parecen justas las exigencias de Raúl? ¿Son apropiadas las estrategias que utiliza para lograr sus objetivos?

V

Es necesario que ______________ **(1. expresar:** nosotros**)** nuestros desacuerdos y ______________ **(2. detener)** inmediatamente estos planes tan ridículos que se nos quieren imponer. Por lo que he visto de Josefina, es poco probable que ______________ **(3. intervenir)** de parte nuestra y ______________ **(4. prevenir)** la catástrofe que se nos avecina. Por el contrario, si lo hacemos bajo mi liderazgo, podremos convencer a la ***(a)*** *gerencia* para que ______________ **(5. traer)** un editor capacitado al periódico de manera que nuestra ***(b)*** *seccion* en español ______________ **(6. salir)** adelante, y finalmente se ______________ **(7. deshacer)** de una vez por todas del ***(c)*** *patan* que han contratado. Este señor es tan incompetente que no ***(d)*** *creo* que se ______________ **(8. salir)** de su posición por su cuenta, aunque todos ______________ **(9. estar)** en su contra. Ustedes y yo sabemos que es tiempo de que la gerencia lo ______________ **(10. poner)** de patitas en la calle y... ¡Cállense! Shuuu... *¡Hablando del rey de Roma y la nariz que asoma!* Se cree tan inteligente o tan grande que no creo que le ______________ **(11. caber)** el ego por la puerta. No ______________ **(12. temer:** ustedes**)**. *No es tan fiero el* ***(e)*** *leon como lo pintan.* Mejor ______________ **(13. contener:** ustedes**)** la risa.

Comente. ¿Aportan algo positivo los últimos refranes de la historia a la opinión que usted tiene de Raúl? ¿Le cae bien esta persona?

Gramática

Verbos irregulares en el presente del subjuntivo

Finalmente existe un pequeño grupo de verbos irregulares que no siguen ningún patrón específico y seguramente usted haya escuchado sus cambios debido al conocimiento que ya tiene de la lengua.

°Este monosílabo se acentúa para diferenciarlo de la preposición de (from, of). Miguel es de México. Quiere que le dé mi cuaderno.

°No confunda en la escritura este verbo con valla (cerca o muro). El perro brincó la valla. No creo que Lucía vaya a la reunión.

*°Esta conjugación es la que escuchamos comúnmente como *haiga.*

infinitivo	*yo*	*tú*	*él/ella/Ud.*	*nosotros/as*	*ellos/as/Uds.*
dar	dé°	des	dé	demos	den
estar	esté	estés	esté	estemos	estén
ir	vaya°	vayas	vaya	vayamos	vayan
saber	sepa	sepas	sepa	sepamos	sepan
ser	sea	seas	sea	seamos	sean
haber	——	——	haya°	——	——

3-13. Del diario de Alicia: *Al pan, pan y al vino, vino* (Frustraciones de una maestra—Primera parte). Llene los espacios en blanco con la forma del **presente del subjuntivo** o del **presente del indicativo** que complete el sentido de la historia, y coloque los acentos sobre las palabras en orden alfabético que lo necesiten.

I

¡Cómo es posible que __________ **(1. haber)** tanta ***(a)*** *diferencia* entre los padres de hoy y los de antes! Cuando mis hijos eran pequeños y la maestra mandaba alguna queja a la casa, inmediatamente castigábamos al desobediente. Rara vez se nos ***(b)*** *ocurria* poner en duda la autoridad de la maestra porque nos enseñaron que *la ley entra por la casa.* Hoy día todo es diferente. No es que yo __________ **(2. estar)** a la defensiva y __________ **(3. creer)** que una maestra no __________ **(4. poder)** ser injusta con un niño o se __________ **(5. equivocar)**, pero siempre le he dado el ***(c)*** *beneficio* de la duda a los maestros. Hoy que soy maestra, me doy cuenta de que la mayoría de los padres __________ **(6. pensar)** que los maestros siempre __________ **(7. tener)** la culpa cuando existe un problema. ¿Cómo puede ser que a los padres les __________ **(8. parecer)** lógico que una maestra por capricho se __________ **(9. tomar)** la ***(d)*** *molestia* de mandarles ***(e)*** *avisos* a la casa solicitando su ***(f)*** *cooperacion*? ¿Acaso piensan que la maestra __________ **(10. sentir)** placer en quedarse ***(g)*** *despues* de un día de ***(h)*** *trabajo* para hablar con ellos sobre las travesuras de sus hijos? No es posible que a ***(i)*** *alguien* le __________ **(11. caber)** en la cabeza que una maestra sólo __________ **(12. querer)** perder su tiempo enviándoles papelitos. A los padres no les gusta que __________ **(13. acusar)** a sus hijos de nada. Conozco a padres que sólo __________ **(14. venir)** a la escuela a darme quejas, pero no conozco a nadie que __________ **(15. venir)** a darme las gracias.

Comente. ¿En los items I, 14-15 el verbo venir aparece en dos tiempos diferentes ¿Podría explicar el porqué?

II

¿No es mejor para el maestro olvidarse de sus alumnos cuando ______________ **(1. sonar)** el timbre? ¿Acaso recibe incentivos tan pronto como los estudiantes se ______________ **(2. saber)** el material? El solo hecho de que el maestro se ______________ **(3. detener)** más tiempo para revisar el ***(a)*** *progreso* de un estudiante y le ______________ **(4. poner)** una ***(b)*** *atencion* especial, cuando tiene tantos, y le ______________ **(5. corregir)** haciendo anotaciones precisas, sólo indica un ***(c)*** *deseo* del maestro de que el estudiante ______________ **(6. mejorar)** y ______________ **(7. sacar)** provecho de su ***(d)*** *educacion*. Entonces, ¿por qué piensan que el maestro ______________ **(8. mentir)** cuando dice haberlo visto copiarse en un ***(e)*** *examen*? Estoy completamente segura de que el maestro no ______________ **(9. inventar)** las calumnias y me parece que estos incidentes hay que aprovecharlos como una oportunidad para que el estudiante se ______________ **(10. dar)** cuenta de que las ***(f)*** *acciones* negativas en la vida tienen repercusiones o un ***(g)*** *costo*. El estudiante debe aprender que cada vez que ______________ **(11. escoger)** una alternativa equivocada en la vida tiene que enfrentar las ***(h)*** *consecuencias*. Debe darse cuenta de que aunque algunos caminos en nuestras vidas ______________ **(12. aparentar)** ser fáciles, muchas veces no lo son. El hecho de que un estudiante se ______________ **(13. copiar)** en un examen y ______________ **(14. adquirir)** una buena nota tal vez le ______________ **(15. crear)** una ***(i)*** *reputacion* momentánea frente a sus padres y compañeros, pero a largo plazo evita que ______________ **(16. alcanzar)** el conocimiento necesario que lo ______________ **(17. conducir)** a nuevas metas.

Comente. En los ítems II, 1–2 el presente del indicativo y el presente del subjuntivo son respuestas posibles. ¿Cuál eligió y por qué?

III

(a) *Ademas*, ¿por qué tiene que ser necesario que la maestra les ______________ **(1. pedir)** a los padres que ______________ **(2. asistir)** a la escuela, en vez de que esta responsabilidad les ______________ **(3. nacer)** del ***(b)*** *corazon*. Me parece que la educación de los niños ______________ **(4. exigir)** una participación coordinada de padres y maestros. Es cierto que todo el mundo ______________ **(5. estar)** muy ocupado hoy en ***(c)*** *dia*, pero es nuestra obligación. El hecho de que los padres ______________ **(6. ir)** a la escuela es el primer ***(d)*** *paso*, pero es más importante aún que se ______________ **(7. mantener)** al tanto del ***(e)*** *progreso* académico de sus hijos. ¿Cómo puede ser que ______________ **(8. haber)** padres que no ______________ **(9. tener)** la menor idea de lo que hacen sus hijos hasta que un día les sorprende un ***(f)*** *aviso* escolar? Y cuando esto ocurre, y el maestro confronta a los padres para que se ______________ **(10. preocupar)** por sus hijos, muestran una actitud defensiva y los ______________ **(11. proteger)** como leonas paridas. Sé que estas personas no ______________ **(12. apreciar)** el esfuerzo del profesor ni ______________ **(13. valorar)** su dedicación. Muchos creen que nosotros no ______________ **(14. hacer)** nada. No sabe usted las veces que le he dicho a un padre que es imprescindible que ______________ **(15. hacer)** su parte para que su hijo se ______________ **(16. componer)** de manera que desde pequeño ______________ **(17. aprender)** a controlar su temperamento y se ______________ **(18. aplicar)** en cada una de las materias.

Comente. ¿Piensa que existen padres que protegen exageradamente a sus hijos? ¿Dónde se establece una división entre el amor paternal y la disciplina?

IV

Se deben disciplinar desde pequeños para que ______________ **(1. dirigir)** sus ***(a)*** *energias* hacia tareas constructivas y no ______________ **(2. contradecir)** ni le ______________ **(3. faltar)** el respeto a las autoridades. *Árbol que crece torcido, jamás su tronco endereza.* Sé por experiencia que cuando los padres los ______________ **(4. defender)** frente a los maestros, estos hombres del mañana no desarrollan al máximo su capacidad intelectual. Varias veces le he pedido a un estudiante que ______________ **(5. rehacer)** una tarea porque no ***(b)*** *siguio* las instrucciones, y esto es ***(c)*** *motivo* para que los padres se ______________ **(6. quejar)** dándole la ***(d)*** *razon* a los hijos y se ______________ **(7. atrever)** a cuestionar mi ***(e)*** *metodologia* de enseñanza. No comprenden que el solo hecho de que su hijo ______________ **(8. repetir)** una tarea escolar le va a mostrar que en la sociedad existen normas que todos debemos seguir. En otras palabras, las intervenciones constantes de los padres a favor de los hijos van a jugar un papel importante cuando ______________ **(9. ser)** adultos. ¿Ha visto usted la cantidad de jóvenes mayores de edad que se meten en dificultades y esperan que sus padres los ______________ **(10. proteger)** o los ______________ **(11. sacar)** de aprietos? Pienso que a estos jóvenes no les ______________ **(12. servir)** de nada esta protección excesiva. A otros padres les parece que la educación ______________ **(13. ser)** esencialmente la responsabilidad de la escuela. Éstas son para muchos una especie de ***(f)*** *guarderias* con el deber de mantenerlos ocupados mientras ellos trabajan. Creen que una llamada del maestro sólo ______________ **(14. interrumpir)** las tareas laborales y, al final de cuentas, el maestro se convierte en el chivo expiatorio o el culpable. Probablemente ésta ______________ **(15. ser)** la ***(g)*** *razon* por la cual tengo dificultades con algunos padres, pero voy a seguir luchando por mis principios. *Al pan, pan y al vino, vino.*

Comente. ¿Qué recomienda que se haga para que los padres se interesen en la educación de los hijos? ¿Conoce a jóvenes mayores de edad que se comportan todavía como si fueran niños? ¿Conoce algún caso de padres que se molestan porque tienen que visitar la escuela de sus hijos después de una llamada telefónica de los maestros?

3-14. A manera de laboratorio. Repase la historia anterior y su profesor/a le va a leer un fragmento para que Ud. lo escriba.

____

____

____

____

____

haya vs. *haiga

El verbo *haber* en la tercera persona del presente del subjuntivo *(haya)* ocasiona dificultades para los hablantes del español y escuchamos a muchas personas usando **haiga* en sus conversaciones.

No creo que **haya** / ***haiga** clase mañana.

Este verbo se usa solamente en tercera persona en el presente del subjuntivo y equivale a *there is* y *there are* en inglés.

¡Qué extraño que **haya** tantos estudiantes en la biblioteca un sábado!

No confunda este tiempo de *haber* con *halla* del verbo *hallar,* o *encontrar,* en el presente del indicativo ni tampoco con el adverbio de lugar *allá.*

Quique no **halla** sus llaves y es posible que estén **allá.**

Práctica. Escriba la forma apropiada de *haya, halla, allá.*

1. Quique no _______________ sus libros porque los dejó por _______________ y ahora no sabe qué hacer.
2. Espero que mañana no _______________ clases porque su auto se descompuso y no tiene transporte para llegar _______________. Si no los _______________ no podrá estudiar.
3. Hay un refrán popular que dice: *el que busca,* _______________.

Vocabulario

Las palabras en la columna A tienen variantes en el español de EE.UU. que son calcos o préstamos del inglés. ¿Puede Ud. escribir las palabras del inglés equivalentes a las que aparecen en español en la columna A? ¿Ha oído Ud. otra palabra? Escríbala en la columna C.

A **español académico**	B **inglés**	C **español de EE.UU.**
el descanso	_______________	_______________
la enfermera	_______________	_______________
la facultad de medicina	_______________	_______________
el interruptor (de la electricidad)	_______________	_______________
renunciar (a un empleo)	_______________	_______________
el techo	_______________	_______________

¿Cómo se escribe la siguiente palabra en inglés? ¿Qué diferencia(s) existen entre el inglés y el español?

endosar (un cheque) _______________ ______________________________

3-15. ¡En español, por favor! Traduzca los párrafos al español.

1. There were two things that Andrés wanted to do when he graduated from school: he wanted to move out of the house he was renting and he wanted to buy a new car. His house was falling apart. The roof leaked, the walls needed paint, and the carpet had stains everywhere. There was even a leak in the water pipe going to the bathroom sink. The light switch in the kitchen failing was the last straw. He tried to get the landlord to fix the problems, but the guy was too busy running for mayor. Can you believe it?

____
____
____
____
____
____
____

2. To make matters worse, his truck did not look much better than the house. The brakes were worn, the muffler made a terrible noise, and the starter—well, it did not always start. Fortunately, his lease had expired and he took advantage of spring break his last semester in school to look for a new place. He had been working as a nurse's aide while attending school, and when he received his last paycheck in May from the office manager, he endorsed it to the car dealer. By the way, he quit his job to take a break over the summer before starting medical school in the fall.

____
____
____
____
____
____
____

3-16. Del diario de Alicia: *Al pan, pan y al vino, vino* (Frustraciones de una maestra—Segunda parte). Llene los espacios en blanco con la forma del **presente del subjuntivo** o del **presente del indicativo** que complete el sentido de la historia, y coloque los acentos sobre las palabras en orden alfabético que lo necesiten.

I

No es fácil ser maestra en estos tiempos aunque mucha gente no se ______________ **(1. dar)** cuenta. No sólo tenemos problemas con los alumnos, los padres, los directores, etc., sino que ***(a)*** *tambien* tenemos el problema de los ingresos. ¿Cómo esperan que un maestro ______________ **(2. subsistir)** con el salario que se le paga? Para que los sueldos ______________ **(3. incrementar)** es necesario que ______________ **(4. haber)** más conocimiento de las obligaciones que tiene el maestro. Se ***(b)*** *deberia* implementar un programa de concientización social en el que todos los estudiantes universitarios tan pronto como se ______________ **(5. graduar)**, ______________ **(6. estar)** obligados a servir como maestros por un año antes de comenzar sus carreras. ¡Qué magnífico ***(c)*** *seria*! Creo que muchas personas se ______________ **(7. negar)** hoy a votar en favor del ***(d)*** *aumento* porque no ______________ **(8. entender)** la importancia del trabajo que hacemos, pero si nos observan durante una semana no creo que se ______________ **(9. negar)** a darnos el ***(e)*** *voto.*

Comente. ¿Cuánto dinero al año gana un maestro? ¿Cómo compara este salario con el de otro profesional? Establezca una lista de las ventajas y desventajas que tiene el magisterio, y compárela con la profesión que ha elegido.

II

¿Han notado que cada vez que la tasa de desempleo aumenta en la ciudad, los profesionales desplazados ______________ **(1. encontrar)** en el magisterio una alternativa para solucionar sus problemas económicos inmediatos? Me parece que esa gente no ______________ **(2. poseer)** vocación para la enseñanza y, por lo tanto, no ______________ **(3. permanecer)** en el oficio por mucho tiempo. *¡Zapatero a sus zapatos!* Tan pronto como ______________ **(4. conseguir)** otro empleo se desaparecen de las aulas *como almas que se las lleva el viento.* Sé que ni siquiera los ______________ **(5. atraer)** las vacaciones de verano, los días feriados ni los fines de semana libres. Y el problema es que la ***(a)*** *profesion* del magisterio no es tan sencilla como la pintan. Es importante que la gente ______________ **(6. experimentar)** por sí misma el ***(b)*** *trabajo* que realizamos para que se ______________ **(7. dar)** cuenta de que todo el tiempo libre que tenemos no es solamente para que nos ______________ **(8. divertir)** sin preocupaciones, sino ***(c)*** *tambien* para que nos ______________ **(9. recuperar)** de todo el ***(d)*** *estres* acumulado y ***(e)*** *asi* ______________ **(10. regresar)** nuevamente al ***(f)*** *salon* revitalizados. ***(g)*** *Ademas*, parte del tiempo libre es para que ______________ **(11. hacer: nosotros)** los esquemas de enseñanza que usamos durante el semestre siguiente. En este plan maravilloso que propongo, los padres que no ______________ **(12. estar)** capacitados para enseñar por no tener una ***(h)*** *preparacion* universitaria ***(i)*** *deberian* comparar nuestra labor con el cuidado que requieren varios niños que se han dejado bajo su responsabilidad. Estoy segura que todos ______________ **(13. saber)** lo difícil que es cuidar en sus casas a dos o tres niños. Ahora, ¿qué les parece si en vez de dos o tres niños ***(j)*** *bajo* su cuidado les ______________ **(14. asignar:** nosotros**)** los veinticuatro estudiantes reglamentarios en este distrito? Quiero que ______________ **(15. saber:** ustedes**)** que cada uno de estos niños ______________ **(16. traer)** a la clase problemas familiares, de personalidad, de disciplina, de aprendizaje, de salud y hasta de higiene. Muchos ______________ **(17. requerir)** atención especial, son hiperactivos y nunca se les ha disciplinado. Tengo niños que ***(k)*** *estan* acostumbrados a hacer las cosas cuando se les ______________ **(18. golpear)** solamente o cuando se les ______________ **(19. castigar)** corporalmente. A veces intentan retarme para que yo ______________ **(20. perder)** la paciencia y, como ustedes saben, a los maestros se les ***(l)*** *prohibe* que ______________ **(21. golpear)** a los niños o que los ______________ **(22. castigar)** de una manera corporal. Hay padres que ni siquiera permiten que los ______________ **(23. tocar)**, especialmente si el maestro es ***(m)*** *varon*. Al mismo tiempo, no se nos permite que los ______________ **(24. abrazar)** o les ______________ **(25. dar)** un ***(n)*** beso maternal.

Comente. En el ítem II, 12 el presente del indicativo y el presente del subjuntivo son posibles respuestas. ¿Cuál eligió y por qué? ¿Le parece que el castigo corporal podría ser una alternativa para disciplinar a los niños cuando se han agotado los demás recursos? Explique.

III

En medio de todas estas restricciones al maestro se le paga para que ______________ **(1. enseñar)** el material requerido por el estado, de manera que los estudiantes ______________ **(2. lograr)** pasar los exámenes que se ______________ **(3. exigir)** al final del año escolar. Para colmo, el prestigio del maestro y el de la escuela dependen en gran medida de que los niños ______________ **(4. salir)** bien en estos exámenes estatales. ¿Qué ______________ **(5. creer)** de todo esto aquéllos que ______________ **(6. leer)** mis quejas o que algún día las ______________ **(7. leer)**, y todavía ______________ **(8. buscar)** un futuro en el magisterio? Quiero que ______________ **(9. saber)** que *¡no es lo mismo hablar del diablo que verlo venir!* ni es la misma cosa *¡mirar la lluvia por la ventana que estar debajo de ella!* Es necesario que los maestros ______________ **(10. disfrutar)** de su ***(a)*** *descanso* durante los veranos y ______________ **(11. regresar)** en el otoño con la ***(b)*** *energia* necesaria para que ______________ **(12. poder)** llevar a cabo un buen trabajo. Sin embargo, me he dado cuenta de que muchos maestros tienen que trabajar ***(c)*** *tambien* durante el verano para compensar sus bajos sueldos y, como resultado, se agotan en un ***(d)*** *corto* plazo y, tarde o temprano, ***(e)*** *terminan* buscando otra ***(f)*** *profesion*. Por esto, ***(g)*** *añoro* el momento en que todos los padres ______________ **(13. pasar)** por la experiencia de haber enseñado en las escuelas públicas y que ______________ **(14. tomar)** conciencia de la ***(h)*** *situacion* que diariamente vivimos los maestros. En el mundo perfecto que ***(i)*** *imagino* ***(j)*** *convertiria* en ley inmediatamente estas medidas. ¿No creen ustedes que con estas reglas que ______________ **(15. proponer)** se ______________ **(16. conseguir)** que los padres ______________ **(17. participar)** activamente en la ***(k)*** *educacion* de sus hijos?

Comente. ¿Qué papel juegan los exámenes del estado en la educación de los jóvenes? ¿Logran mejores resultados algunos grupos étnicos o clases sociales que otros en estos exámenes? Explique.

IV

Bueno, sé que esto nunca va a ocurrir, y sólo ***(a)*** *espero* que _______________ **(1. recoger:** nosotros**)** el número de firmas necesarias en la ciudad para que se _______________ **(2. obtener)** un ***(b)*** *aumento* salarial que se _______________ **(3. ajustar)** a la ***(c)*** *inflacion* de los últimos años. Prefiero que se _______________ **(4. establecer)** un plan adecuado para que _______________ **(5. culminar)** de una vez y por todas esta ***(d)*** *condicion* inaceptable, y no _______________ **(6. desaparecer)** los buenos maestros que aman la ***(e)*** *profesion*. Sé que a los administradores de las escuelas y a los políticos les _______________ **(7. doler)** que _______________ **(8. contar:** yo**)** lo que he visto y lo que he escuchado. ¿Debo hablar? O ***(f)*** *quizas* _______________ **(9. ser)** mejor que _______________ **(10. permanecer)** callada y _______________ **(11. continuar)** haciendo mi labor. Creo que voy a seguir hablando hasta que alguien me _______________ **(12. insinuar)** que no lo _______________ **(13. hacer)** o me _______________ **(14. decir)** claramente que _______________ **(15. callar)**. ***(g)*** *Espero* que tan pronto el público se _______________ **(16. dar)** cuenta de la gravedad del asunto y del poco ***(h)*** *apoyo* que recibimos, nos _______________ **(17. ofrecer)** su ***(i)*** respaldo incondicional. ¡Qué me _______________ **(18. partir)** un rayo y me _______________ **(19. morir)** si no estoy diciendo la verdad! Es ***(j)*** *increible* que el departamento de ***(k)*** *instruccion* pública no _______________ **(20. emplear)** a personas capacitadas para enseñar. ¿Acaso buscan que estos maestritos por ***(l)*** *conveniencia* y ***(m)*** *desesperacion* _______________ **(21. funcionar)** como niñeros por una temporada y una vez que la ***(n)*** *economia* se _______________ **(22. restablecer)**, _______________ **(23. volver)** a sus ***(ñ)*** *antiguas* profesiones? Cómo puede ser que el departamento de instrucción pública no _______________ **(24. preferir)** mejorar las condiciones laborales para que los maestros genuinos _______________ **(25. encontrar)** nuevamente el ***(o)*** *entusiasmo* que han perdido y se _______________ **(26. dedicar)** a la profesión que desde jóvenes eligieron. Ya no sé qué hacer para que los padres se _______________ **(27. sentir)** como nos _______________ **(28. sentir)** nosotros, y nos _______________ **(29. apoyar)** o nos _______________ **(30. dar)** crédito por el trabajo que _______________ **(31. realizar)**. ¿Qué tengo que hacer yo para que los padres _______________ **(32. enviar)** cartas a sus representantes en el gobierno de manera que se _______________ **(33. evaluar)** nuevamente el sistema educativo y que se _______________ **(34. convencer)**, de una vez y por todas, de lo ineficiente que ha sido? Espero que algún día se _______________ **(35. comenzar)** a implementar los cambios que _______________ **(36. sugerir)** y _______________ **(37. finalizar)** este ***(p)*** *abuso* que tienen ***(q)*** *hacia* nosotros.

Comente. ¿Tiene sentido la proposición que hace Alicia? ¿Cómo se relaciona con el dicho *Zapatero a tus zapatos*? ¿Qué le parece el tono o la actitud de Alicia? ¿Qué consejo le daría?

3-17. Presentación. Después de leer *Al pan, pan y al vino, vino—Primera parte* y *segunda parte*, prepare una presentación para la clase acerca de la carrera de maestro. Su profesor/a le va a indicar el formato de la presentación: si es una presentación individual o de grupo y cuánto tiempo debe durar.

Tome en consideración las siguientes preguntas al preparar su presentación (aunque no tiene que limitarse a ellas):

1. ¿Cuánto gana anualmente un maestro de escuela pública?
2. ¿Cómo se compara este salario con lo que gana otro profesional?
3. ¿Qué beneficios tiene el maestro?
4. ¿Qué problemas existen en el magisterio?
5. ¿Tienen todas las escuelas o distritos escolares los mismos recursos económicos para proveerles a los estudiantes de una buena educación?
6. ¿Consideraría usted esta carrera? ¿Por qué?

Gramática

Futuro del indicativo

El tiempo verbal que indica que una acción o evento va a ocurrir después del momento del habla es el futuro.

Llamaré a mi hermana esta noche.

Los invitados **llegarán** a las ocho.

También el futuro permite expresar la idea de probabilidad en el presente.

¿Qué hora **será**?

Me imagino que Matilde **podrá** encontrar la dirección.

Conjugaciones de los verbos

Sólo hay un grupo de terminaciones para las tres conjugaciones del futuro {é}, {ás}, {á}, {emos}, {án}. A diferencia de los tiempos que se han visto hasta ahora, en los que se eliminaba la terminación del infinitivo {ar}, {er}, {ir} antes de agregarle a la raíz del verbo las nuevas terminaciones, en el futuro, las terminaciones se le agregan al verbo tal y como está en el infinitivo. Note en las siguientes conjugaciones que los infinitivos se mantienen completos en todas las personas una vez que se les agrega los afijos del futuro.

infinitivo	*yo*	*tú*	*él/ella/Ud.*	*nosotros/as*	*ellos/as/Uds.*
entregar	entregar**é**	entregar**ás**	entregar**á**	entregar**emos**	entregar**án**
recoger	recoger**é**	recoger**ás**	recoger**á**	recoger**emos**	recoger**án**
conducir	conducir**é**	conducir**ás**	conducir**á**	conducir**emos**	conducir**án**

Verbos irregulares en el futuro

La mayor parte de los verbos en el futuro son regulares a excepción de los que se encuentran en la siguiente lista y sus derivados. A pesar de que estos irregulares pierden la vocal 'e' o 'i', mantienen las mismas terminaciones que caracterizan al futuro.

°*Como vimos anteriormente bajo el presente del subjuntivo, en los tiempos simples* haber *sólo tiene una forma, tercera persona singular. Se usa tanto para singular como plural.*

*¿**Habrá** mucha gente en la reunión?*

*Creo que **habrá** quince personas en total.*

infinitivo	*yo*	*tú*	*él/ella/Ud.*	*nosotros/as*	*ellos/as/Uds.*
caber (cabr-)	cabr**é**	cabr**ás**	cabr**á**	cabr**emos**	cabr**án**
decir (dir-)	dir**é**	dir**ás**	dir**á**	dir**emos**	dir**án**
haber (habr-)	——	——	habrá°	——	——
hacer (har-)	har**é**	har**ás**	har**á**	har**emos**	har**án**
poder (podr-)	podr**é**	podr**ás**	podr**á**	podr**emos**	podr**án**
poner (pondr-)	pondr**é**	pondr**ás**	pondr**á**	pondr**emos**	pondr**án**
querer (querr-)	querr**é**	querr**ás**	querr**á**	querr**emos**	querr**án**
saber (sabr-)	sabr**é**	sabr**ás**	sabr**á**	sabr**emos**	sabr**án**
salir (saldr-)	saldr**é**	saldr**ás**	saldr**á**	saldr**emos**	saldr**án**
tener (tendr-)	tendr**é**	tendr**ás**	tendr**á**	tendr**emos**	tendr**án**
valer (valdr-)	valdr**é**	valdr**ás**	valdr**á**	valdr**emos**	valdr**án**
venir (vendr-)	vendr**é**	vendr**ás**	vendr**á**	vendr**emos**	vendr**án**

Revise la acentuación de los verbos en el futuro y note que todas las palabras terminan en vocal, 'n' o 's', y llevan acento escrito, con excepción de una persona gramatical. ¿Cuál de las personas gramaticales *(yo, tú, él/ella/Ud., nosotros/as, ellos/as/Uds.)* no se acentúa? ¿Por qué ocurre este fenómeno?

____

____

3-18. Tablas. Llene la **Tabla N** (pág. 299), siguiendo las tres terminaciones que aparecen como modelo y tomando en cuenta los cambios que se presentaron en la sección anterior.

3-19. Casos de la vida: Vaticinios para el año 2050. Llene los espacios en blanco con la forma del **futuro** u otro tiempo verbal que complete el sentido de la historia, y coloque los acentos sobre las palabras en orden alfabético que lo necesiten.

Éste fue un borrador de un artículo que causó controversia escrito por Josefina Guerra para el periódico. Virginia García lo atacó severamente por la crueldad y el pesimismo de sus pronósticos.

I

El nuevo ***(a)** milenio* promete grandes y difíciles retos para cada uno de los hispanos que vive en Estados Unidos, al igual que para el ***(b)** resto* de los habitantes del planeta. El ***(c)** progreso* y la unificación de todos los hispanos en el 2050 se ______________ **(1. manifestar)** en lo político, económico y social. Nosotros ______________ **(2. ser)** la ***(d)** minoria* más grande y poderosa de este ***(e)** pais* y ______________ **(3. trabajar)** en conjunto para que cada uno de los derechos constitucionales se ***(f)** lleve* a la práctica. En la medida en que el siglo ***(g)** avance* ______________ **(4. surgir)** la posibilidad de elegir un presidente de Estados Unidos de ascendencia hispanoamericana, y por primera vez en la historia se nos ______________ **(5. dar)** el ***(h)** respeto* que todos merecemos. Este presidente no ______________ **(6. tener)** la ***(i)** presion* o el compromiso moral de servir a un solo grupo étnico o nacional, sino que ______________ **(7. gobernar)** con ***(j)** justicia* a todos los estadounidenses. Al mismo tiempo, ______________ **(8. buscar)** el ***(k)** respaldo* de todas las nacionalidades que componen esta gran potencia mundial y con mano ***(l)** firme* ______________ **(9. lograr)** que se cumplan las palabras olvidadas de la ***(m)** constitucion.*

Comente. ¿Puede enumerar los grupos étnicos más grandes en Estados Unidos y algún líder político, artístico o deportista que sea representativo de ellos?

II

Los éxitos de los descendientes de inmigrantes hispanoamericanos ______________ **(1. eliminar)** los estigmas negativos que ***(a)*** *habian* predominado durante las décadas anteriores. En el sistema educativo, los estudiantes que salgan de las escuelas preparatorias ______________ **(2. hablar)** y ______________ **(3. escribir)** en dos o más idiomas y, al mismo tiempo, ______________ **(4. tener)** ***(b)*** *comunicacion* frecuente con estudiantes de otros continentes. A pesar de estos logros, no es todo optimismo y prosperidad en la ***(c)*** *vision* del futuro que proponemos en este artículo y ______________ **(5. venir)** los momentos más difíciles que han existido en la historia de la humanidad. En primer lugar, a mediados del siglo XXI ______________ **(6. haber)** tantos habitantes en el planeta que no ______________ **(7. caber)** éstos en la infraestructura económica de muchos ***(d)*** *paises*. Un número considerable de personas ______________ **(8. emigrar)** ***(e)*** *hacia* los continentes más desarrollados y ______________ **(9. renacer)** las campañas de odios o prejuicios raciales que históricamente han acompañado estos fenómenos migratorios. ______________ **(10. Haber)** escasez de empleos y viviendas adecuadas debido a las nocivas condiciones ambientales de estos años, y el hombre de esta generación ______________ **(11. tener)** la urgencia de encontrar novedosas maneras para subsistir.

Comente. ¿Encuentra un tono de optimismo o pesimismo en las dos primeras secciones del artículo periodístico que escribió Josefina? ¿Podría ser una estrategia estilística para acaparar la atención del lector y presentar en los siguientes párrafos la otra cara de la realidad?

III

En esos años, la ***(a)*** *ciencia* ______________ **(1. experimentar)** con alimentos sintéticos que ______________ **(2. reemplazar)** paulatinamente los productos naturales que se cosechan y se procesan en la actualidad, y la purificación del agua y la conservación de ***(b)*** *energia* se ______________ **(3. convertir)** en actividades imprescindibles para la ***(c)*** *subsistencia*. Las personas mayores se ______________ **(4. quejar)** constantemente de la falta de olor y sabor al ingerir estos alimentos sintéticos, los cuales no ______________ **(5. tener)** entre sus componentes el azúcar, las grasas saturadas ni ingredientes que eleven el nivel de colesterol. Todos estos ***(d)*** *cambios* ______________ **(6. incrementar)** el ***(e)*** *costo* de vida para el año 2050 y la gran ***(f)*** *mayoria* de los habitantes______________ **(7. carecer)** del ***(g)*** *amparo* económico gubernamental. Estados Unidos y otros ***(h)*** *paises* europeos ______________ **(8. poner)** en práctica las medidas que existen actualmente en China para controlar el rápido índice de natalidad. A pesar de lo controversial de esta medida, ______________ **(9. ser)** necesaria su implementación ***(i)*** *junto* a otras, debido a que el promedio de vida durante estos años ______________ **(10. sobrepasar)** los cien años. Nuevos medicamentos ______________ **(11. hacer)** que ______________ **(12. desaparecer)** las enfermedades que nos han agobiado durante la primera mitad del siglo XXI y, como resultado, nuestros descendientes ______________ **(13. disfrutar)** de una larga y saludable vida.

Comente. ¿Qué medida se practica en China para evitar el crecimiento desmesurado de la población?

IV

Las catástrofes naturales ya no ______________ **(1. poder)** mantener un balance natural como en los siglos anteriores debido a que los avances tecnológicos se ______________ **(2. encargar)** de predecir y minimizar los daños causados por terremotos, maremotos, erupciones volcánicas, tornados, tormentas tropicales y otros fenómenos atmosféricos que ***(a)*** *jamas* se han visto. Los miedos a la naturaleza ______________ **(3. desaparecer)** de las mentes de los seres humanos; sin embargo, estos adelantos científicos ______________ **(4. traer)** al mismo tiempo nuevos peligros. En otras palabras, los éxitos del hombre en términos científicos ______________ **(5. mostrar)** sus efectos secundarios y la humanidad se ______________ **(6. multiplicar)** a un ritmo nunca antes imaginado. El hombre ______________ **(7. tener)** que vivir protegido de los rayos ultravioletas que ______________ **(8. traspasar)** la atmósfera una vez ______________ **(9. destruir)** la capa de ozono. La temperatura del planeta ______________ **(10. aumentar)** y ______________ **(11. ser)** necesario perfeccionar una vestimenta que ______________ **(12. proteger)** al hombre del calor y la ***(b)*** *contaminacion* ambiental. Aquellos días de playa al aire libre ______________ **(13. quedar)** plasmados en las fotos y en los videos veraniegos de los abuelos, y el ser humano poco a poco se ______________ **(14. acostumbrar)** a nuevas maneras de disfrutar lo que ***(c)*** *aun* se conserva de la naturaleza. La desertización de grandes territorios ocasionada por la tala de árboles ______________ **(15. producir)** en el suelo unos daños irreversibles y la ***(d)*** *erosion* ______________ **(16. amenazar)** al hombre como nunca antes. Ante las altas temperaturas del planeta se ______________ **(17. perder)** muchos de los depósitos subterráneos de agua, y los precios del precioso líquido ______________ **(18. alcanzar)** durante estos años unos costos equivalentes al precio de la gasolina actual. El sentimiento de ***(e)*** *impotencia* ante las consecuencias del ***(f)*** *progreso* se ______________ **(19. apoderar)** cada vez más del hombre en el año 2050.

Comente. ¿Existen en la actualidad indicios o síntomas de la catástrofe que la periodista pronostica? ¿Le parece exagerado el vaticinio?

V

Desafortunadamente, el hombre ______________ **(1. ver)** que la guerra ______________ **(2. seguir)** siendo la medida más efectiva para mantener un control poblacional, y cada uno de los ***(a)*** *paises,* por pequeño que sea, ______________ **(3. recurrir)** a alianzas continentales para evitar su ***(b)*** *extincion* del planeta. Los países, que hoy día conocemos, ______________ **(4. perder)** la identidad nacional que los había caracterizado durante los siglos XIX y XX, y se ______________ **(5. convertir)** en parte integrante de una de las tres potencias mundiales existentes. Los que estemos vivos para estos años ______________ **(6. estar)** a la espera de ***(c)*** *algun* acontecimiento mundial trágico debido a que irónicamente las armas destructivas ______________ **(7. ser)** la única ***(d)*** *garantia* para que el mundo no ______________ **(8. desaparecer).** En fin, ______________ **(9. venir)** unos años difíciles durante la segunda mitad del siglo y muchos ______________ **(10. perder)** la esperanza de alcanzar la felicidad en la tierra.

Comente. ¿Le provoca terminar la lectura del ejercicio? ¿Qué sentimientos le causa: tristeza, temor o indiferencia?

VI

Ante este caos la pregunta que surge es, ¿qué se _____________ (**1. poder**) hacer de manera que podamos controlar el incremento poblacional? ¿Cree usted que sus progenitores _____________ (**2. estar**) dispuestos, por ejemplo, a que el gobierno ***(a)*** *controle* la cantidad de hijos que _____________ (**3. poder**) traer al mundo? ¿Cree que _____________ (**4. llegar:** nosotros) a aceptar ***(b)*** *algun* día que se nos intervenga quirúrgicamente o se nos castre para evitar que _____________ (**5. procrear**)? ¿_____________ (**6. Llegar**) el día en que el estado, no el ciudadano, tenga la autoridad para decidir sobre la vida y sobre la muerte de sus ciudadanos? Éstas y otras medidas para controlar la natalidad _____________ (**7. estar**) en boca de todos los ciudadanos de Estados Unidos y mucha gente _____________ (**8. protestar**) y _____________ (**9. rechazar**) los logros científicos alcanzados. Lamentablemente no _____________ (**10. haber**) manera de echar el tiempo ***(c)*** *atras* y nuestro capacitado presidente _____________ (**11. tener**) la responsabilidad de iniciar cambios hacia una inmediata recuperación. En estos años el periodismo y todos los medios de comunicación _____________ (**12. jugar**) un papel importante en la diseminación o ***(d)*** *propagacion* de todas estas medidas controversiales, y el Estado _____________ (**13. buscar**) controlar, a cualquier ***(e)*** *costo,* la libertad de expresión. En otras palabras, los periodistas _____________ (**14. tener**) mucha ***(f)*** *presion* del gobierno para dar propaganda a la ***(g)*** *informacion* beneficiosa a una alta ***(h)*** *jerarquia* económica, de manera que sea aceptada por el público y _____________ (**15. producir**) los consensos necesarios para su ***(i)*** *implementacion.* Se _____________ (**16. buscar**) desalentar a los opositores de tan controversiales medidas las cuales, tarde o temprano, se _____________ (**17. incorporar**) como leyes en la ***(j)*** *constitucion.*

Comente. ¿Qué piensa del control o la manipulación de los medios de comunicación por el Estado? ¿Podría o podrá ocurrir esto algún día? ¿Ocurre hoy?

VII

Éste _____________ (**1. ser**) el panorama mundial que _____________ (**2. enfrentar**) el primer presidente de Estados Unidos de ***(a)*** *ascendencia* hispanoamericana durante la década de 2050. La gran ***(b)*** *mayoria* de los votantes lo _____________ (**3. elegir**) en las elecciones con la esperanza de que encuentre alternativas sensatas a los problemas en unos años difíciles.

Comente. ¿Puede usted predecir el futuro? Use su imaginación y exprese tres acontecimientos positivos y tres acontecimientos negativos para el año 2050. ¿Qué ve para los habitantes de la tierra?

3-20. Presentación. Después de leer "Vaticinios para el año 2050", prepare una presentación para la clase en la que usted se transporta al año 2050 y es candiato/a a presidente de Estados Unidos. ¿Qué promesas de campaña les dará a los votantes para que depositen la confianza en usted? Recuerde que, como todo político, su mensaje debe ser de esperanza aunque el panorama mundial no sea alentador. Su profesor/a le va a indicar si es una presentación individual o de grupo y cuánto tiempo debe durar.

3-21. Del diario de Sofía: ***Entre marido y mujer, nadie se debe meter.*** Llene los espacios en blanco con la forma y el tiempo verbal que complete el sentido de la historia, y coloque los acentos sobre las palabras en orden alfabético que lo necesiten.

I

No sé si Azucena y Quique _______________ **(1. venir)** a la casa este domingo, pero ***(a)*** *mientras* tanto, Josefina y yo _______________ **(2. tener)** que convencer a mi madre de que todo marcha bien en el ***(b)*** *matrimonio* de nuestro hermano porque parece que sospecha que se aproxima una separación. ***(c)*** *Algun* día le _______________ **(3. contar)** la verdad, pero en estos momentos no podemos hacerlo. *¡Ojos que no ven, corazón que no siente!* ¿Qué _______________ **(4. pasar)** en las próximas semanas si ninguno de los dos da el brazo a torcer? Me ***(d)*** *imagino* que Uds. _______________ **(5. estar)** al tanto de lo que ***(e)*** *esta* ocurriendo y _______________ **(6. establecer)** sus propias conclusiones. Estoy segura de que cuando Quique y Azucena _______________ **(7. llegar)** a casa el domingo todo _______________ **(8. ser)** como de costumbre porque los _______________ **(9. conocer)** y sé que frente a mis padres _______________ **(10. saber)** mantener las apariencias. Estoy segura de que los viejos no se _______________ **(11. dar)** cuenta de lo que ***(f)*** *esta* ocurriendo porque mi hermano, como siempre, va a disimular frente a ellos con besitos y abrazos. Sé que tan pronto mi madre los _______________ **(12. ver)** juntos y felices _______________ **(13. dormir)** tranquila porque aunque supuestamente no está enterada de nada, me ***(g)*** *pregunto* si _______________ **(14. tener)** sospechas.

Comente. ¿Qué tipo de persona le parece Sofía de acuerdo a las preocupaciones que muestra en este diario? ¿Le gustaría tener una hermana como ella?

II

Mientras esto ocurre, no ***(a)*** *deseo* que Josefina se _______________ **(1. molestar)** conmigo y me _______________ **(2. insinuar)** constantemente que soy la chismosa de la ***(b)*** *familia*. ¿Cree usted que algún día ella _______________ **(3. agradecer)** mi ***(c)*** *intervencion* en este asunto y _______________ **(4. aceptar)** de ***(d)*** *corazon* que lo he hecho de buena fe? Me ***(e)*** *imagino* que, como de costumbre, me _______________ **(5. hacer)** la vida imposible criticándome, pero tarde o temprano _______________ **(6. admitir)** que todo ha sido necesario. Ella siempre ha sido introvertida en sus asuntos personales y piensa que nadie debe meterse en problemas ajenos. Sin embargo, estoy segura de que pronto se _______________ **(7. reunir)** con sus amigas del periódico y les _______________ **(8. contar)** el problema de mi hermano con lujo de detalles. Ellas, como siempre, _______________ **(9. decir)** lo que se les _______________ **(10. antojar)** de mí, pero ***(f)*** *algun* día me _______________ **(11. dar)** crédito por haber contribuido a la felicidad de mi hermano. De todas maneras, ¿qué me importa lo que _______________ **(12. pensar)** o _______________ **(13. decir)** esas chismosas? Yo _______________ **(14. conocer)** a mi madre y _______________ **(15. saber)** que _______________ **(16. descansar)** bien cuando todo se ***(g)*** *arregle* entre Quique y Azucena, y mi padre también se _______________ **(17. tranquilizar)** una vez que mi madre ***(h)*** *este* bien.

Comente. ¿Qué piensa Josefina de la hermana? ¿Es una mala hermana Josefina por haberse quedado con los brazos cruzados mientras su hermano pasa por problemas maritales?

III

Quiero ser optimista y creer que todo ______________ **(1. salir)** bien entre ellos; lo demás no me importa. Pero ¡Dios ***(a)*** *mio*!, ¿qué hora ______________ **(2. ser)**... ? Ya es tiempo de que hayan confirmado su visita. ¿______________ **(3. Haber)** pasado algo... ? Estoy segura de que no se ______________ **(4. atrever)** a romper los planes que ya habían hecho con nosotros y ______________ **(5. venir)** como lo han prometido, pero ¿cuándo ______________ **(6. llamar)** para confirmar... ? Tengo la ***(b)*** *impresion* de que tarde o temprano ellos ______________ **(7. discutir)** los problemas que surgen cuando vienen los niños al matrimonio y, como personas civilizadas, ______________ **(8. llegar)** a un acuerdo que los ______________ **(9. satisfacer)** a ambos. El día que yo me ______________ **(10. casar)** con mi novio Ángel o con el que ______________ **(11. ser)**, me ______________ **(12. asegurar)** de que él ______________ **(13. comprender)** que el matrimonio ______________ **(14. ser)** para toda la vida. No le ______________ **(15. decir)** mentiras ni le ______________ **(16. hacer)** promesas que no ______________ **(17. poder)** cumplir; tampoco ______________ **(18. aparentar)** ser una mosquita muerta porque tarde o temprano ______________ **(19. tener)** que ser yo misma y enfrentar las consecuencias.

Comente. ¿Qué tiempo verbal utilizó en el ítem III, 2: futuro o presente del indicativo? ¿Existe alguna diferencia en significado cuando usa uno u otro? ¿Conoce a alguna persona que piense y se comporte como Sofía?

IV

Me pregunto, ¿______________ **(1. poder)** mantenerme unida tantos años como mis padres? o ¿______________ **(2. terminar)** igual que esos artistas famosos que se divorcian en *menos de lo que canta un gallo*? Quizás el problema ______________ **(3. ser)** que las mujeres que nos educamos en una carrera profesional no ______________ **(4. querer)** aceptar las responsabilidades que nos han puesto a las espaldas las viejas generaciones. Al despertar repentinamente de tantos años de opresión se nos ha hecho difícil "negociar" nuestro rol tradicional junto al hombre. No estamos exigiendo una igualdad para vestirnos y comportarnos como el sexo opuesto, como lo han tergiversado los que se oponen al feminismo. ¡Eso es absurdo! Sólo buscamos que se nos ______________ **(5. respetar)** y se nos ______________ **(6. dar)** salarios justos, voz para tomar cualquier decisión que ***(a)*** *afecte* nuestra vida, y sobre todo, igualdad en la relación matrimonial. Hoy me pregunto si ***(b)*** *algun* día ______________ **(7. lograr:** nosotras) que se nos ***(c)*** *pague* un salario justo en los empleos o si ______________ **(8. tener)** el derecho a decidir si queremos o no abortar sin que la Corte Suprema ______________ **(9. intervenir)** en esta decisión personal.

Comente. ¿Conoce algún planteamiento teórico del feminismo? ¿Qué derechos exigen las feministas? ¿Cuándo se originó el movimiento? ¿Qué avances ha logrado para la mujer?

*buscar *por*

A pesar de que algunos verbos en inglés vienen seguidos de la preposición *for,* los mismos verbos en español no la llevan.

*I **asked for** a raise at work.*	**Pedí** un aumento de sueldo.
*We **waited for** our parents at the airport.*	**Esperábamos** a nuestros padres en el aeropuerto.
*Did you **look for** the file that Juan needs?*	¿**Buscaste** el archivo que necesita Juan?
*I am **sorry for** the trouble.*	**Siento** que le cause problemas.
	Lamento causarle un problema.
*Did you **pay for** the books?*	¿**Pagaste** los libros?
*She **thanked** us **for** the gift.*	Ella nos **agradeció** el regalo.

Esto no quiere decir que no haya verbos en español que vienen acompañados de esta preposición. Al contrario, verbos como *brindar, esforzarse, felicitar, optar, preocuparse* y *votar* vienen generalmente seguidos de *por.*

Práctica. Traduzca las oraciones al español en su cuaderno.

1. Quique waited for Azucena at his parents' home.

____

2. Alicia visited Socorro and congratulated her on the baby.

____

3. Josefina has to go on a business trip. Fortunately, the company pays for all the expenses.

____

4. She is concerned about her work at the office.

____

5. She is going to look for someone to replace her while she is away.

____

Vocabulario

Traduzca la primera palabra de la columna A al inglés en la columna B. Esta palabra tiene un cognado falso en el español de EE.UU. que aparece en la columna C. Busque el significado en inglés de esa palabra en el diccionario. Haga el mismo ejercicio con el resto de las palabras en la lista.

A **español**	B **inglés**	C **español**	D **inglés**
las cifras	________	las figuras	________
la meta	________	el gol	________
el presupuesto	________	estimado	________
solicitar	________	aplicar	________
el solicitante	________	el aplicador	________

¿Cómo se escribe la siguiente palabra en inglés? ¿Qué diferencia(s) existe(n) entre el inglés y el español?

habilidad ______________ ____________________________

¿Cómo se escriben las siguientes palabras en español? Si no está seguro, búsquelas en el diccionario.

1. deadline ______________
2. employer ______________
3. insurance ______________
4. to major ______________

3-22. ¡En español, por favor! Traduzca los párrafos al español.

1. Adrián majored in accounting, but after several years of dealing with figures he is tired. He thinks the key to his happiness lies in a more social environment. He is concerned that if he changes jobs his income will suffer. After all, he has a lot of debts still left from his school days and the unemployment rate does not inspire confidence. He knows he has the support of his family, but he lacks training in areas outside his field. He has decided that he will look at all his bills and he will write an estimate so that he will know how much money he will need to cover his expenses. He will change the insurance on his truck to the minimum required by law and then he will focus on applying for other jobs. What he does not want to be is homeless.

____
____
____
____
____
____
____
____
____

2. His dream is that someone will see his abilities and will give him a chance even though he does not have any experience. He knows he needs to emphasize to his future employer his performance in previous positions as well as his new skills and his goals. He also knows there are a lot of applicants looking for work, but he is willing to take a pay cut; most of his income goes to pay taxes, anyway. He has set a deadline for himself. If he can't find a job in three months, he will focus on the source of the problem.

____
____
____
____
____
____
____

Ortografía

Acentuación—Fase III (Repaso)

Las palabras en español que terminan en 'n', 's' o vocal normalmente llevan la fuerza de la pronunciación en la penúltima sílaba. Pensemos por unos segundos en nombres de amistades, familiares u objetos de la clase que terminan en una de estas letras y vamos a notar que la fuerza de la pronunciación recae en la penúltima sílaba.

Rosa, **Jai**me, Ar**man**do, Mer**ce**des, **Car**los, Pa**di**lla, Ri**ve**ra, Gon**za**lo, **si**llas, pu**pi**tres, **lu**ces, pi**za**rra, ma**es**tros, ma**es**tra, estu**dian**te, **plu**ma, **puer**ta.

¿Qué otras palabras puede usted agregar a la lista anterior?

____

____

Las palabras que terminan en 'n', 's' o vocal y que siguen el patrón anterior no se acentúan. Cuando una palabra rompe esta regla y tiene la fuerza en otra sílaba, necesita acento escrito.

Por ejemplo, las palabras que terminan en 'n', 's' o vocal ('a, e, i, o, u') y llevan la fuerza de la pronunciación en la **última sílaba,** se acentúan.

José De **León está** en **Japón** con un **francés** y un **inglés**.

En esta oración todas las palabras en negrillas terminan en 'n', 's' o vocal, y se acentúan porque la fuerza de la pronunciación se encuentra en la última sílaba. Léalas en voz alta.

¿Qué hace el acento? El acento en la última sílaba o en cualquier otro lugar de una palabra tiene la función de notificarle al lector que la palabra no se comporta en la forma esperada (en este caso, no lleva la fuerza en la penúltima sílaba).

pas - te - les
C B A
A = última
B = penúltima
C = antepenúltima

Trate de pronunciar en voz alta algunos de los ejemplos al principio de esta sección con la fuerza en la última sílaba y ponga atención a cómo se escuchan. *Ro**sá,** pizar**rá,** puer**tá,** Jai**mé.** Es obvio que no es la pronunciación correcta de estas palabras y, por tal motivo, estas palabras no deben acentuarse.

Pronuncie en voz alta los siguientes pares y explique la diferencia:

A	B	A	B
Pepe	José	tribu	menú
papa	papá	Carlos	adiós
buscaron	ratón	mientes	francés
estaban	cantarán	andan	Adán

Vea la conjugación del verbo *estar* en todos los tiempos que hemos cubierto hasta el momento y note que algunos se acentúan mientras que otros no. ¿En qué letras terminan los verbos que llevan acento en esta tabla?

tiempo	*yo*	*tú*	*él/ella/Ud.*	*nosotros/as*	*ellos/as/Uds.*
presente indicativo	~~estoy~~	est**ás**	est**á**	est**a**mos	est**án**
presente subjuntivo	est**é**	est**és**	est**é**	est**e**mos	est**én**
imperfecto indicativo	est**a**ba	est**a**bas	est**a**ba	est**á**bamos	est**a**ban
pretérito	est**u**ve	estu**vis**te	est**u**vo	estu**vi**mos	estu**vie**ron
futuro	esta**ré**	esta**rás**	esta**rá**	esta**re**mos	esta**rán**

Escriba las formas acentuadas del verbo que terminan en:

vocal	*'s'*	*'n'*
1. ______	1. ______	1. ______
2. ______	2. ______	2. ______
3. ______	3. ______	3. ______
4. ______	4. ______	
5. ______		

¿Puede usted establecer alguna relación en este listado con lo que se ha discutido hasta el momento? ¿Cómo lo explicaría?

____

____

En esta lista hay un verbo que **no** se acentúa en la última sílaba como los que hemos visto hasta el momento, sino que el acento se encuentra localizado en la antepenúltima sílaba. ¿Cuál es?

____

En la siguiente sección vamos a ver por qué.

Acentuación—Fase IV: Palabras con la fuerza en la antepenúltima sílaba

En español las palabras que llevan la fuerza de la pronunciación en la antepenúltima sílaba se acentúan **siempre** y, por esta razón, *est**á**bamos*, en la lista que usted hizo, se acentúa. Veamos otros ejemplos de palabras que se acentúan en la antepenúltima sílaba.

Ángeles, ejército, vehículo, periódico, lingüística, matemáticas, lámpara, catálogo, recámara, física, película, México

La palabra ***Mé**xico (**Mé**-xi-co)* termina en vocal y si se escribiera sin acento la fuerza recaería automáticamente en la penúltima sílaba (**Me**xi**co,* como ocurre con *Ar**man**do, Mer**ce**des, **Car**los,* etc.). Es decir, en las palabras que terminan en vocal, 'n' o 's', la fuerza de la pronunciación recae automáticamente en la penúltima sílaba, como sucede con *mexi**ca**no.*

Esto significa que si **no** hubiéramos acentuado en la antepenúltima sílaba en el listado anterior, la fuerza habría recaído en la penúltima sílaba, lo cual sería incorrecto:

Ange**les, *cata**lo**go, *reca**ma**ra, *fi**si**ca,* etc.

3-23. A manera de laboratorio. Elija un/a compañero/a que pronuncie en voz alta las palabras y acentúe las que tienen la fuerza en la antepenúltima sílaba. Escriba la cantidad de acentos que encontró en el espacio en blanco.

I. Primer lector. Lea las palabras con naturalidad, haciendo las pausas.

1. Barbara, camara, cascara, cuchara, descarga, muchacha __*3*__
2. pajaro, Lazaro, sabado, universidades, verdades, ciudades ______
3. domingo, sabado, miercoles, aguilas, botanicas, maquinas ______
4. lagrima, Navidad, matematica, mecanica, octubre, quimica ______
5. pagina, Mercedes, olimpico, fanatico, perico, relampago ______
6. clasico, mexicano, cocinero, selvatico, inteligente, cerveza ______
7. magico, femenino, esqueleto, nostalgico, secreto, cocodrilo ______
8. palido, parecido, problema, problematico, tragico, pequeño ______
9. Africa, africano, America, americano, Australia, australiano ______
10. maximo, filipino, hermano, padrastro, plastico, elastico ______

II. Segundo lector. Lea las palabras con naturalidad, haciendo las pausas.

1. enfasis, chismoso, enfoque, telefono, televisor, televidente __*2*__
2. diabetico, diabetes, amarillo, autentico, huerfano, orfanato ______
3. sombrilla, tecnico, puertorriqueño, credito, Pedrito, electrico ______
4. cemento, oceano, histerico, tremendo, Guatemala, guatemalteca ______
5. estudiante, jardinero, lagarto, mamifero, oxigeno, soltero ______
6. Carlota, anecdota, carpintero, asamblea, lingüistica, fisica ______
7. victima, legitima, caracteristico, humoristico, salado, higado ______
8. linea, desea, aerea, pelea, area, chimenea, aerolinea, tareas ______
9. comico, biblico, identico, identidad, medico, medicina, reflejo ______
10. sombrero, Roberto, barbero, principe, Felipe, maestra, rapido ______

3-24. Casos de la vida: Ángel busca departamento tranquilo. Coloque los acentos sobre las palabras que tienen la fuerza en la antepenúltima sílaba.

Todos tenemos nuestros limites de tolerancia y a mí se me ha derramado la ultima gota de la paciencia que me quedaba. Estoy cansado de la musica espantosa que sale del departamento del vecino. Es tan fuerte que con las vibraciones se enciende la lampara, no escucho el telefono y no puedo dormir. Lo peor es que necesito estudiar muchisimo ya que tengo dos examenes el miercoles de la semana proxima y al antipatico de mi vecino no le importa. El sabado pasado yo estaba histerico, y mi amigo Lazaro y su compañera Debora llegaron de sorpresa y me encontraron gritandole palabrotas en publico. El estupido se hizo la victima y me dijo que yo necesitaba ir al medico para que me diera un antidoto que me hiciera amar su ridicula musica. ¡Qué cinico! Todos estabamos boquiabiertos porque el sinvergüenza estaba dandome ordenes y, una vez que terminó, puso una cara de simpatico y me dejó con la palabra en la boca. Me quedé sin oxigeno en el pecho y me tuve que tomar una pildora para calmar los nervios. Por tal razón ahora busco departamento.

Vocabulario

Las palabras en la columna A tienen variantes en el español de EE.UU. que son calcos o préstamos del inglés. ¿Puede Ud. escribir las palabras del inglés equivalentes a las que aparecen en español en la columna A? ¿Ha oído Ud. otra palabra? Escríbala en la columna C.

A **español académico**	B **inglés**	C **español de EE.UU.**
el contratista	______________	______________
el dominio (de una lengua)	______________	______________
los requisitos	______________	______________

¿Cómo se escriben las siguientes palabras en inglés? ¿Qué diferencia(s) existen entre el inglés y el español?

el ingeniero ______________ ____________________________

el mensajero ______________ ____________________________

La palabra *union* tiene más de un significado en inglés. Una es un cognado y la otra es un cognado falso. Traduzca las oraciones al español.

1. The union of two departments within the company made paperwork simpler.

   ____

2. Miguel was ready to join the union at work in order to fight for better work conditions.

   ____

¿Cómo se escriben las siguientes palabras en español? Si no está seguro, búsquelas en el diccionario.

1. to manage (a business) ______________
2. money exchange office ______________
3. wire transfer ______________

3-25. ¡En español, por favor! Traduzca los anuncios al español.

Debido al gran número de puestos que requieren personas bilingües en la ciudad, Josefina convenció a su jefe de comenzar una sección de anuncios clasificados de empleos completamente en español. A continuación aparecen los primeros anuncios recibidos por el periódico.

CLASSIFIEDS

Employment

1. Administrative assistant for dentist's office. Needed: 2 years' experience in dental office and excellent command of medical terminology in Spanish and English. Résumé and salary requirements to: midentista@importantmail.com

____

____

____

2. Money exchange office looking for cashier. Experience with international wire transfers and endorsed personal checks required. Call: 555-9879.

____

____

3. Contractor to supervise roof construction in apartment complex in the southeast part of the city. Minimum experience 5 years. Send details to: asoto@yourmail.com

____

____

4. Electrician with minimum 10 years' experience. Must belong to union. Spanish/English bilingual. Send your résumé to: lopezm@latinnet.com

____

____

5. Electrical switch factory looking for electricians. Call: 555-4666.

____

6. Restaurant manager, minimum 10 years' experience managing restaurants. Send résumé to: chimichurri@yourmail.com

____

____

7. Systems engineer. Experience with natural gas, leaks, and emergencies. See details on our web site: www.responsiblegas.com

____

____

8. Courier. Needs to have own car and insurance. $10/hour. 8–5 Monday–Friday. Call: 555-4567.

____

Capítulo 4

La tecnología en el mundo de hoy

http://thomsonedu.com/Spanish/Conozcamonos

Lectura

Antes de leer

4-1. ¿Cuánto sabemos? Conteste las siguientes preguntas.

1. ¿Qué diferencias cree que hubo entre su niñez y la de sus padres? ¿y la de sus abuelos?

____

____

____

____

____

____

2. ¿Han tenido sus padres dificultades para adaptarse al prograso o para aprender algún avance tecnológico durante los últimos años? Explique.

____

____

____

____

3. Haga una lista de tres productos electrónicos o avances tecnológicos que considera más importantes en su vida en orden de importancia. Si no sabe el nombre en español, búsquelo en un diccionario bilingüe.

____

____

____

____

____

4. ¿Cuáles son las tres actividades para las que usa su computadora con más frecuencia?

____

____

____

¡A leer!

Disfruta, come y bebe que la vida es breve

El siguiente diálogo familiar ocurre en la cocina del matrimonio de Sofía Guerra y el cubano-americano Ángel Rodríguez durante la temporada navideña. Tienen una pequeña reunión familiar para formalizar el noviazgo entre Josefina y el puertorriqueño Eduardo Vázquez y **se** encuentran preparando los últimos detalles antes de cenar. Hay tamales mexicanos, cubanos y salvadoreños, además de arroz con gandules, ensalada de papas y un precioso y suculento pavo. Esperan que Enrique llegue de Uruguay en cualquier momento

donde ha estado varias semanas en un viaje de negocios. Su esposa, la salvadoreña Azucena **los** acompaña mientras el pequeño Enriquito duerme en una de las habitaciones del hogar. Josefina y Azucena **están sirviéndose** refrescos mientras se escucha al fondo un CD de música navideña.

Sofía: Esta mañana **me** estaba acordando de los días que estuvimos viviendo en la casita del barrio donde nací. ¡Qué lindos recuerdos! Allí fue donde pasé mis primeras navidades y donde perdí mis dientes de leche. Una mañana **me** levanté y cuando **me** los **estaba cepillando**, **me** di cuenta de que los de adelante habían desaparecido misteriosamente. No quería salir del baño porque pensaba que todos **se** iban a burlar de mí.

Eduardo: Eso no es nada, mi querida cuñada. Yo **estaba viviendo** con mis abuelos en un pueblo de Puerto Rico conocido como Barranquitas y cuando **se me** aflojó el primer diente, mi abuelito **me lo** amarró con un cordón e hizo otro nudo en la perilla de la puerta principal. Yo estaba muy pequeño y no sabía lo que **me estaba esperando.** Cuando mi abuelo tiró la puerta de repente, saqué un grito de espanto que todavía hoy **me** dan escalofríos cuando alguien tira una puerta. Todos **me estuvieron *gufeando*** por mucho tiempo al ver**me** mellado, y yo lloraba como un zángano. ¡Ah! Ni **me** quiero acordar.

Azucena: Oye Eduardo tradúce**me,** ¿qué cosa es eso de *mellado, zángano* y ¿es acaso un verbo nuevo *gufear*? ¿De dónde sacas tales palabritas?

Eduardo: **Me** imagino que *gufear* viene del inglés *goof off* y **lo** he escuchado así desde pequeño en Nueva York y también en Puerto Rico; pero *mellado* es la única palabra que conozco para referir**me** a alguien a quien le faltan dientes. Recuerdo que mi abuelo solamente tenía uno y aún así **se las** ingeniaba para comer**se** hasta el *pegao,* o el arroz que **se** pega al caldero. Claro, no era un espectáculo bonito ver**lo** comer porque la mayor parte de la comida **se le** escapaba de la boca. Por otra parte, *zángano* **lo** uso en el sentido de tonto, aunque sé que académicamente es el macho de la abeja que por falta del aguijón, no produce miel o no trabaja; o sea creo que ese insecto de *menso,* como diría Josefina, no tiene un pelo.

Azucena: En primer lugar, ese sentido de zángano no tiene uso en mi país y comúnmente usamos la palabra *dundo* o *dunda,* dependiendo del género de la persona. En segundo lugar, en El Salvador **les** decimos *cholcos* a los que **les** faltan los dientes y **me** acuerdo de cuando perdí los míos no podía pronunciar las consonantes. Cada vez que intentaba rozar la lengua por mis dientes de adelante **se me** escapaba un zumbido por el agujero y producía un sonido tan chistoso que si en aquellos días hubiéramos tenido las cámaras digitales que todo el mundo tiene ahora, **estarían** ustedes **burlándose** de mí. Toda mi familia **se** reía menos yo.

Josefina: Bueno, para aclarar la discusión, no **se** dice ni mellado ni tampoco cholco. ¡Qué salvajismo! Nuestros padres **nos** enseñaron la palabra chimuelo y ustedes están en la casa de mi hermana, y nosotras somos las que tenemos la última palabra. Recuerden el refrán *cada uno en su casa es rey, pero la mujer hace la ley...* **Me** acuerdo cuando Enrique mudó los dientes de adelante, ¡ah! el pobre no podía cerrar la boca porque eran enormes y apenas **le** cabían cuando estaba serio. Sofía y yo **lo estábamos molestando** todo el tiempo hasta que a los pocos años quedamos chimuelas también. Y como dice el refrán, *el que ríe último, ríe mejor.* En esos días yo no **me** quería levantar de la cama y en las noches era la primera que **me** acostaba. Siempre **andaba tapándome** la boca con la mano cuando alguien **me** hacía reír.

Ángel: Perdonen que cambie el tema, pero con esta conversación sobre dientes y con los olores que **están saliendo** de la cocina **me está dando** hambre y quisiera saber, ¿a qué hora llega el vuelo de Quique?

Azucena: No estoy segura, pero debe **estar llegando** de un momento a otro. Cuando **se** levantó esta mañana **me** escaneó una fotografía que **se** tomó en una de las playas de Punta del Este y **me la** envió por correo electrónico. No **le** respondí inmediatamente porque **estaba bañándome** y, cinco minutos más tarde, **me** llamó por teléfono. Cuando escuché el timbre del teléfono **me** imaginé que era él y salí **corriendo** como una loca a responder y por poco **me** rompo una *pata* al salir de la bañera. Fue entonces cuando **me** dijo que **estaría llegando** como a las seis de la tarde y que vendría directo para acá.

Ángel: Ojalá que llegue temprano. El Quique **está metiéndose** en eso de la informática cada vez más. Yo no tengo paciencia para estar todo el día **mirando** un monitor, **escaneando** una fotografía, **chateando** con extraños o **enviando** faxes y los mismos e-mails a decenas de amigos por no poder dedicar**les** a cada uno un tiempito. Adónde vamos a llegar con esta tecnología que **nos** arrastra a todos. **Nos estamos tecnificando** tan rápido que lo que compramos hoy **se** torna obsoleto mañana. Es como si viviéramos en una cultura desechable. Yo personalmente prefiero echar**le** un 'timbrazo' a la gente y escuchar el calor de sus voces.

Sofía: Mira, ¿quién **está hablando** de estar atado a la tecnología? El hombre que no deja el celular ni cuando **está bañándose.** ¿Acaso crees que el móvil no forma parte de la tecnología? Y ¿acaso no **estás enviándoles** siempre fotos a tus amigos mediante el celular?... Recuerdo los tiempos cuando nuestros abuelos **nos** escribían a puño y letra aquellas cartas interminables y nos decían al final que **les** respondiéramos pronto. ¡Cómo odiaba responder**las**!

Josefina: Lo que Sofía odiaba era escribir en español. Sin embargo, por esas cartas que mamá **nos** obligaba a escribir y por el alto costo de las llamadas telefónicas, Sofía y yo pudimos desarrollar la destreza de escribir en español. Gracias a ese hábito tengo hoy día mi propia columna en el periódico. Sin embargo, a pesar de todo, **le** debemos a la tecnología la facilidad para escribir en español o en cualquier otro idioma porque los procesadores de palabras tienen diccionarios en casi todos los idiomas y hasta **te** revisan la gramática tan pronto hayas terminado. Claro, no son perfectos pero **te** ayudan bastante.

Sofía: Ahora que **estamos hablando** de tecnología, **me** acuerdo de que anoche **me estaba preguntando** qué cosa **le** podíamos comprar a papá para las Navidades, y **se me estaba ocurriendo** mientras manejaba que podríamos regalar**le** entre todos una computadora portátil. Como saben, papá **ha estado trabajando** por más de veinte años en la misma compañía y nunca ha podido ascender a supervisor debido a que **le** teme a la cibernética. No es justo que mientras nosotros **estuvimos estudiando** durante tantos años, **lo** olvidemos en los momentos en que **estamos cosechando** los frutos. ¿Qué **les** parece si convencemos a Quique para que **le** dé unas clases básicas?, y así **se le va quitando** poco a poco el miedo a papá. Creo que él es el único que tiene la paciencia o el temperamento para enseñar**le** porque ni Josefina ni yo podemos con papá; aunque no sé si Quique **se** preste para esa tarea. Recuerden el refrán que dice que *el águila no caza moscas.*

Eduardo: Ya es tiempo de que Don Miguel **se** ponga al día con los tiempos modernos. **Me** gustaría comprar el procesador de palabras que escribe mientras hablas pero creo que ese *software* **se** va a echar a perder conmigo cuando yo comience a comer**me** las eses al final de las palabras... Y, pobre de la maquinita de mi amigo Ángel con el tremendo apetito que siempre ha tenido para las eres. Reconozco que digo *¡colbata!* en lugar de *corbata,* pero mi compañero de la tierra del *azúca* es tan económico que **se** come la 'r' y dice *co-bata.*

Azucena: Quizás **se** deba al hambre que tiene y al olor de los tamales. Creo que ésta va a ser una de las temáticas de todas las reuniones familiares: el idioma, la comida y las tradiciones. En mi tierra yo nunca **estuve perdiendo** mi tiempo **comiéndome** letras ya que mi abuela hacía para Navidad unos tamales de pollo y unas pupusas de chicharrón tan sabrosos que para qué imitar a Ángel **hartándome** de sonidos. Eso sí, mi abuela, nunca supo qué era eso de teléfonos celulares, correos electrónicos y faxes. Lo único que disfrutó fue la radio y la televisión. **A ella le encantaba** mirar las telenovelas por la tarde. Bueno, con la velocidad de la tecnología no **me** extrañaría que Enrique estuviera aquí en un minuto... *Hablando del rey de Roma y la cara que asoma.* (*Llega Enrique con corbata y chaqueta. Saluda, besa y abraza a cada uno de los integrantes de la familia*).

Ángel: Mi querido *cuñao,* ayúda**me. Me** siento *como una cucaracha en un baile de gallinas.* **Se están burlando** de la manera en que pronuncio el español y de todo lo que **me** como. Con amigos así, *¿quién quiere enemigos?*

*Enrique: (*Hablando muy bajito sin que las mujeres escuchen*)* Cálme**se** cuñadito que a mí no **me** importa lo que **estén diciendo** de usted, siempre y cuando convenza a Eduardo que **se** case con mi hermana. No quiero que **se** cumpla el refrán de la abuela: *la que de treinta no tiene novio, tiene un humor como un demonio. (*Hablando nuevamente en voz alta*)* Díga**les** que **le** tienen envidia. Recuerde que *al que Dios **se lo** dio, San Pedro **se lo** bendiga.* Además, tenemos que hablar más tarde porque **lo** necesitaré muy pronto para que me llene las planillas de los impuestos electrónicamente. Este año voy a necesitar la ayuda de un experto y ¿quién mejor que mi cuñado?

Ángel: Cuando **lo** desees... , menos los dos primeros días de la semana porque *los lunes ni las gallinas ponen,* y *los martes ni **te** cases ni **te** embarques.*

Eduardo: ¡Qué bien estuvo eso, Ángel! **Me** encantan tus refranes. A mí **se me** olvidan en un abrir y cerrar de ojos. Enrique, ¿cómo estuvo el vuelo? ¿**Te estás acostumbrando** a viajar casi todas las semanas a Uruguay?

Enrique: Por supuesto que **estoy acostumbrándome.** Montevideo es una ciudad muy bonita y ya he **estado hablando** con Azucena sobre la posibilidad de mudar**nos** algún día con toda la familia si la compañía **me** transfiere permanentemente. Es una pena que la empresa **me haya estado manteniendo** tan ocupado durante la última semana y no haya podido conocer otros lugares. Además quisiera ir**me** de vacaciones con la familia. Bien lo dice el refrán: *al pobre y al feo de todo le da deseo.* Con respecto al viaje creo que **me** fue bastante bien aunque siempre **estoy haciendo** escala en Miami. Gracias al equipo electrónico que han implementado para revisar el equipaje en los aeropuertos, el proceso **se está llevando** a cabo rápidamente. Ya no tengo que quitarme los zapatos como antes y, como viajo en primera clase, **la estoy pasando** *a todo dar.*

Azucena: ¡Ah!, creo que el niño **está levantándose.** Tal parece que escuchó la voz de su padre. No quiero que **se** duerma nuevamente porque esta noche yo soy la que **me** tengo que sacrificar. La semana pasada **me** desvelé toda la noche y **estuvo doliéndome** la cabeza todo el día (**se** va Azucena **hablando** en voz baja). ¡**Se me están quitando** los deseos de tener la niña!

Josefina: ¡Da**te** prisa, Azucena! *Al mal tiempo, buena cara.* Tan pronto regreses con el niño vamos a servir la cena porque **están enfriándose** los tamales y **se me está muriendo** de hambre mi Eduardito.

Ángel: Bueno, *¡a comer, bailar y gozar que el mundo **se** va a acabar!*

Después de leer

4-2. ¿Qué aprendimos? Conteste las siguientes preguntas.

1. ¿Qué gran acontecimiento está por celebrarse en la familia Guerra?

   ____

2. Todos discuten el uso de una palabra en la variedad puertorriqueña, salvadoreña y mexicana. ¿Cuál es la palabra? ¿Qué palabra usa usted?

   ____

3. ¿De qué acusa Enrique a Ángel? ¿Y Sofía a Ángel?

   ____

   ____

4. ¿Qué favor le pide Enrique a Ángel?

   ____

5. Al final de la historia todos esperan a Azucena para comenzar a cenar. ¿Qué fue a buscar?

   ____

4-3. Piense, escriba y revise con cuidado.

1. Escoja uno de los temas a continuación.
   a. La tecnología está invadiendo todos los campos y nos hace la vida más fácil. Si tuviera que vivir en una isla desierta y le dieran a escoger dos aparatos electrónicos, ¿cuáles elegiría y por qué?
   b. Todos tenemos sueños o deseos de convertirnos algún día en alguien importante. Si pudiera inventar algún aparato electrónico que mejore las condiciones de vida de los seres humanos, ¿qué inventaría? Explique la necesidad del producto en nuestra sociedad y cómo funciona, y pronostique las ganancia que devengará una vez que su sueño se cumpla.
2. Escriba en su computadora sus ideas.
3. Organice sus ideas en un bosquejo.
4. Escriba una página (250 palabras) dejando renglón por medio.
5. Repase sus notas de los capítulos anteriores y aplique los conocimientos a su composición.
6. Lea su trabajo en voz alta y póngale un título apropiado.

La influencia de las lenguas amerindias en el español

Las variedades del español de los veintiún países donde es lengua oficial se reconocen principalmente por el vocabulario y la pronunciación y, en ocasiones, podemos identificar la nacionalidad de los hablantes por las palabras o expresiones que utilizan. Por ejemplo, las palabras *aguacate* y *palta* existen en español para identificar la misma fruta; la primera viene del náhuatl; la segunda, del quechua. Ninguna es superior a la otra y simplemente en países como Chile, Perú, Argentina y Bolivia se introdujo *palta* en el español por existir una situación de contacto con el quechua. Aguacate, por el contrario, se introdujo en México y Centroamérica por el contacto que hubo entre el español y el náhuatl, y la palabra se fue propagando por otras variantes del español.

Algo similar ocurre con palabras como *cacahuate* y *maní* o *chile* y *ají,* donde el uso de una u otra, junto a la pronunciación del hablante se convierten en pistas para distinguir la nacionalidad. Las personas de descendencia mexicana utilizan *cacahuate* y *chile,* debido al contacto que ha habido entre la variedad mexicana del español con el náhuatl, mientras que los que utilizan *maní* y *ají* reflejan la influencia del taíno, una de las lenguas indígenas del Caribe.

Se desea dejar claro que la existencia de dos o más palabras para designar lo mismo no denigra ninguna de ellas; al contrario, esta diversidad enriquece al español y le da a la variedad una connotación nacionalista.

Gramática

Gerundio

En el **Capítulo 1** hablamos del infinitivo, una de las formas impersonales del verbo. Es la forma que termina en {ar}, {er} o {ir}, como en *hablar, comer, vivir.* La segunda de estas formas es el gerundio y es la forma que termina en {–ando} o {–iendo}, como en *hablando, comiendo, viviendo.* En otras palabras, los verbos del grupo {ar} forman el gerundio con la terminación {–ando} y los verbos de los grupos {er} e {ir} lo forman con la terminación {–iendo}.

Gerundios

Primera conjugación	*Segunda conjugación*	*Tercera conjugación*
{ar}	{er}	{ir}
bailar = bail**ando**	aprender = aprend**iendo**	abrir = abr**iendo**
conversar = convers**ando**	beber = beb**iendo**	asistir (a) = asist**iendo** (a)
dibujar = dibuj**ando**	comer = com**iendo**	compartir = compart**iendo**

Todos los verbos del grupo {ar} tienen gerundios regulares. Los gerundios irregulares se encuentran en los grupos {er} e {ir} con las mismas irregularidades que vimos en el pretérito.

cambios	*verbo*	*pretérito*	*gerundio*	*otros verbos*
e → i	sentir	sintió	sintiendo	corregir, divertir, elegir
o → u	dormir	durmió	durmiendo	morir, poder
i → y	leer	leyó	leyendo	caer, creer, traer
e → o	reír	rio	riendo	freír, sonreír

Tanto el infinitivo como el gerundio se consideran formas impersonales porque no se pueden usar como el verbo principal de una oración *(*Sofía cantar* o **Sofía cantando).* Es decir, ambas necesitan estar acompañadas de otro verbo en una forma conjugada o personal para formar una oración gramatical.

Sofía **está cantando.**

Sofía **quiere cantar.**

Construcciones progresivas con *estar*

El gerundio es la forma del verbo que junto con el verbo *estar* crea las formas progresivas más comunes del español. Es decir, si repasamos los tiempos verbales estudiados en clase, usando *estar* podemos construir diversas formas progresivas en cada uno de estos tiempos.

Anoche Quique **estuvo navegando** en la red por horas.	(pretérito)
Mientras tanto Azucena **estaba mandando** mensajes electrónicos a su familia en El Salvador.	(imperfecto ind)
Ahora los dos **están acostando** a Enriquito.	(presente ind)
Esperan que se **esté acostumbrando** a dormir solo.	(presente sub)
En muy poco tiempo **estará comenzando** la escuela.	(futuro)

Diferencias entre el uso del gerundio en español e inglés

Existen dos diferencias importantes entre el uso del **gerundio** en español y en inglés. La primera se trata del presente progresivo (*estar* + gerundio), donde en español expresa una acción que ocurre en el mismo momento en que se habla mientras que en inglés además de tener el mismo uso *(I am writing a letter to my mother now)* también sirve para referirse a algo que va a ocurrir en el futuro *(I am writing a letter to my mother this weekend),* donde la acción no se ha iniciado todavía. Este segundo uso del presente progresivo no se permite en español.

Estoy escribiéndole una carta a mi madre ahora.

***Estoy escribiéndole** una carta a mi madre este fin de semana.

También, a diferencia del inglés, el gerundio no puede usarse como sujeto en una oración *(Walking is good for your health).* En estos casos el español no usa el gerundio sino el infinitivo, tanto solo como acompañado del artículo *el.*

Caminar es bueno para la salud.

El caminar es bueno para la salud.

Me encanta **pasar** tiempo con la familia.

El **pasar** tiempo con mis seres queridos es lo que más disfruto de los fines de semana.

Otras construcciones progresivas

El gerundio también puede ir acompañado de verbos como *andar, ir, seguir* y *venir* en el mismo tipo de construcciones progresivas que vimos con el verbo *estar*.

Las chicas **andan comiendo** en la cafetería.

Quique **va corriendo** a tomar el vuelo.

Los muchachos **siguen discutiendo** en la casa de Sofía.

Ángel y Eduardo **vienen bromeando** todo el camino.

Vocabulario

La palabra *política* en español tiene dos significados diferentes en inglés. ¿Sabe cuáles son? Va a encontrar uno de ellos en el ejercicio 4-4.

1. ______________ 2. ______________

La palabra *impresora* tiene una variante en el español de EE.UU. que es un préstamo del inglés. ¿Puede Ud. escribir la expresión del inglés que tiene el mismo significado? ¿Ha oído Ud. otra palabra?

español académico	**inglés**	**español de EE.UU.**
impresora	______________	______________

4-4. ¡En español, por favor! Traduzca la carta al español.

Josefina envió esta carta quejándose de un problema que tuvo con una compra.

Dear Customer Service Representative,

I am writing you to explain why I am sending back the printer that I purchased from your company. The price seemed like quite a steal at the time but as soon as I got home and connected it, I pushed the 'on' button and it fell off. I called your Customer Service number and left a message but no one called me back.

I hope you take it back or at least replace it with a working printer. I am not looking for a favor, only for what is fair. I shop at your store all the time, but if your return policy is so inflexible that you are not taking my situation into account I am not coming back to your store. So, I am leaving it in your hands.

Sincerely,
Josefina Guerra

____

____

____

____

____

____

____

____

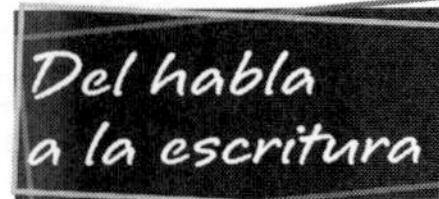

ver vs. mirar

Los verbos *ver* y *mirar* tienen significados parecidos; no obstante, no se usan exactamente de la misma forma. Al igual que *see* y *look* en inglés, el segundo implica que se le pone más atención a la acción de *ver*.

Te **veo** mañana. *I'll see you tomorrow.*

?Te **miro** mañana.° *?I'll look at you tomorrow.*

°El signo de pregunta indica una construcción dudosa.

Es posible encontrar un uso lógico para el segundo ejemplo, como un novio hablándole a su novia:

Te **miro** con mucho amor.

Sin embargo, podemos reconocer que el significado es distinto. Si el significado es *watch,* cualquiera de los dos se puede usar.

El sábado pienso **mirar** televisión todo el día.

El sábado pienso **ver** televisión todo el día.

Práctica. Traduzca las siguientes oraciones al español en su cuaderno.

1. We'll see them at the mall on Saturday.

____

2. She looked at the new paintings, but she didn't find any she liked.

____

3. I'll see you tomorrow.

____

4. If he looked at all the work on his desk, he would get depressed.

____

5. We'll see each other tomorrow.

____

Vocabulario

Las palabras en la columna A tienen variantes en el español de EE.UU. que son calcos o préstamos del inglés. ¿Puede Ud. escribir las palabras del inglés equivalentes a las que aparecen en español en la columna A? ¿Ha oído Ud. otra palabra? Escríbala en la columna C.

A **español académico**	B **inglés**	C **español de EE.UU.**
el archivo	________	________
cambiar de parecer	________	________
el cartucho de tinta	________	________

¿Cómo se lee la dirección de correo electrónico que aparece en el ejercicio 4-5 en español? Hay dos palabras que quizás no conozca: *arroba* (@) y *subraya* (_).

4-5. ¡En español, por favor! Traduzca la conversación al español.

Un representante de *Computers for All* telefoneó a Josefina.

Josefina: Hello!

Rep: Good morning! May I speak with Josefina Guerra, please?

Josefina: Speaking.

Rep: My name is Leo and I am a customer service rep for Computers for All. I am looking at your printer and I can see that there is something wrong with the on / off mechanism.

Josefina: Turning it on or shutting it off are not the only problems. The ink cartridge does not fit properly, either.

Rep: Yes, you are right. I am trying to put one in but it is not working.

Josefina: I was telling all this to the salesperson at the store, but she was not listening.

Rep: I know that apologizing is not enough for all the trouble we caused you. I am crediting your credit card for the full amount as soon as we get off the phone. Also, please allow me to send you a free working printer to replace this one.

Josefina: Thank you for doing this. I am pleased that it's all working out.

Rep: I am sending it tomorrow. Am I shipping it to the same address that we have in your file?

Josefina: Yes, that's great.

Rep: It should be arriving in three to five days. Thank you for giving us an opportunity to make things right. Losing you as a customer was never our intention.

___

___

___

Josefina: I was seriously thinking about never shopping at your store again, but this is certainly changing my mind.

___

___

Rep: I am glad you are reconsidering. If there is anything else I can do, please let me know. The easiest way to reach me is by sending me an e-mail. The address is leo@customerservice_cfa.com.

___

___

___

Josefina: Great! Thank you for calling me back and for helping me.

___

Rep: You are very welcome. Good-bye!

___

Josefina: Bye!

___

Gramática

Pronombres personales

El pronombre es la categoría gramatical que se usa para reemplazar a un nombre. En una oración como *Él sacó un puntaje muy alto en su examen*, sabemos que *Él* se refiere a una persona de sexo masculino. De la misma manera, en *Gustavo las invitó a la fiesta*, el pronombre *las* indica que *Gustavo* invitó a más de una persona del sexo femenino.

Con el propósito de facilitar la explicación a continuación, separaremos a los pronombres personales del español en dos grupos: los que pueden funcionar como sujeto de una oración y los que no.

En el primer grupo los pronombres personales que en español cumplen la función de sujeto son *yo, tú, usted, vos, él, ella, nosotros, nosotras, vosotros, vosotras, ustedes, ellos* y *ellas*.

El segundo grupo de pronombres, es decir el que contiene todos los pronombres que no pueden usarse como sujeto de una oración, incluye *me, te, se, nos, lo, la, los, las, le*, y *les*.° Existe una relación importante entre este grupo de pronombres y las dos formas impersonales del verbo que hemos visto hasta ahora, el infinitivo y el gerundio. Ambas pueden llevar uno (o más) de estos pronombres adherido al final, ya que la posición del pronombre es opcional en construcciones con gerundio o infinitivo.

°El pronombre os también pertenece a este grupo pero como sólo se usa para referirse a vosotros, no se discutirá en este texto.

En este momento no puedo ir porque quiero enviar**le** un mensaje electrónico.
En este momento no puedo ir porque **le** quiero enviar un mensaje electrónico.

Acabo de mandár**selo.**
Se lo acabo de mandar.

Creo que está respondiéndo**me** ahora mismo.
Creo que **me** está respondiendo ahora mismo.

Estoy contestándo**selo.**
Se lo estoy contestando.

Se necesita destacar que si el pronombre se coloca antes del verbo conjugado, se escribe como palabra(s) separada(s) del verbo. Si se coloca después del grupo verbal, tiene que obligatoriamente estar unido al gerundio o al infinitivo.

A diferencia de los casos que acabamos de comentar en los cuales el pronombre puede ir opcionalmente antes o después del verbo, existe otro uso con mandatos u órdenes afirmativas donde el pronombre siempre va después del verbo y unido a éste. Esto ocurre también cuando hay más de un pronombre.

Mánda**lo.**	(el mensaje)	Mánda**melo.**	(a mí, el mensaje)
Envía**la.**	(la carta)	Envía**sela.**	(a él o a ella, la carta)
Escríbe**me.**	(a mí)	Escríbe**mela.**	(a mí, la carta)

Es importante notar que al agregársele un pronombre a un verbo de más de una sílaba, la acentuación se coloca en la antepenúltima sílaba por las reglas discutidas en la **Fase IV (Capítulo 3).** Por eso es que tanto en los gerundios *(contándole),* como en los mandatos *(mándalo)* nos vemos obligados a agregar un acento que previamente no era necesario.

En los casos en que se agregan dos pronombres al final del gerundio o al final de mandatos polisilábicos°, el acento se mantiene en la mísma sílaba.

°*De más de una sílaba*

Vocabulario

La palabra *insatisfecho* tiene una variante en el español de EE.UU. que es un préstamo del inglés. ¿Puede Ud. escribir la expresión del inglés que tiene el mismo significado? ¿Ha oído Ud. otra palabra?

español académico	**inglés**	**español de EE.UU.**
insatisfecho	____________	____________

Traduzca la palabra de la columna A al inglés en la columna B. Esta palabra tiene un cognado falso en el español de EE.UU. que aparece en la columna C. Busque en el diccionario el significado en inglés de esa palabra.

A **español**	**B** **inglés**	**C** **español**	**D** **inglés**
el agente	____________	el oficial	____________

Con los avances de la tecnología encontramos que algunas palabras que ya existían en español adquieren nuevos usos. ¿Puede Ud. encontrar las palabras del inglés equivalentes a las del español que aparecen a continuación? Revise la carta de Josefina en el ejercicio 4-6.

español	**inglés**
ingresar / introducir	____________
navegar	____________
colgar	____________

4-6. ¡En español, por favor! Traduzca la carta al español.

Ésta es otra carta que Josefina escribió debido a los problemas que le estaba dando su nueva computadora. Parece que no tiene suerte con los aparatos electrónicos.

Attention: Refunds Officer

I am writing this letter to let you know that I am very dissatisfied with the computer I bought from your company. Surfing the Net is impossible; it freezes constantly. Typing this letter would not be possible (I am using a friend's computer to do it). It kicks me out the first time I hit 'Enter'. I know that it has to be the computer because I did not have these problems with my old one. If keeping me as a customer makes any difference to you, please call me at 555-8673 or e-mail me at fina@importantmail.com to let me know what I need to do to get my money back.

Thank you,
Josefina Guerra

____

____

____

____

____

____

____

____

____

____

4-7. Presentación. Después de hacer las traducciones 4-4, 4-5 y 4-6, prepare una presentación para la clase en la que usted relata alguna situación similar en la que se vio involucrado/a. Su profesor/a le va a indicar si es una presentación individual o de grupo y cuánto tiempo debe durar.

Vocabulario

Los adelantos tecnológicos hacen que necesitemos nuevas palabras para describir artefactos o acciones que no existían anteriormente. ¿Sabe Ud. las palabras del español equivalentes a las del inglés que aparecen a continuación? Puede ojear rápidamente "La modernización de papá—Parte I" y ver cuántas encuentra. Busque las demás en el diccionario.

to blink	__________	drop-down menu	__________
to click	__________	hard drive	__________
to file	__________	key	__________
to save	__________	laptop computer	__________
apostrophe	__________	monitor	__________
backspace	__________	mouse	__________
clipboard	__________	password	__________
cursor	__________	screen	__________
database	__________	spell-check	__________
desktop computer	__________	spreadsheet	__________
dialog box	__________	user name	__________
disk	__________	word processor	__________

4-8. Casos de la vida: La modernización de papá—Primera parte. Llene los espacios en blanco con la forma que complete el sentido de la historia, y coloque los acentos sobre las palabras en orden alfabético que lo necesiten.

Quique decidió comprarle una computadora a su padre y quería que fuera portátil pero decidió que una de escritorio le gustaría más a Miguel.

I

Quique: Papá, __________ **(1. I want to show you)** cómo funciona la computadora y __________ **(2. we are going to do it)** paso por paso. Ves dónde __________ **(3. I am pressing).** Éste es el interruptor de corriente para encender la computadora. Este ***(a)*** *boton* ***(b)*** *esta* localizado en lo que se conoce como el CPU o la unidad central de procesamiento, es decir, el ***(c)*** *cerebro* de la computadora.

Miguel: Hijo, ten paciencia y habla despacio que a mis años, esos nombres ***(d)*** *tecnicos* me ponen a temblar.

Quique: Recuerda papá que dicen que *es malo llegar a viejo, pero peor es no llegar,* ***(e)*** *asi* que no tengas miedo. Esto __________ **(4. is going to be)** para ti una rutina de ahora en adelante. Si no lo entiendes en la primera explicación __________ **(5. you are going to learn it)** con la repetición. Mientras que estoy ***(f)*** *encendiendola,* ***(g)*** *veras* una luz verde ***(h)*** *parpadeando.* ***(i)*** *Fijate* como el monitor __________ **(6. is turning on),** y de repente aparece en la pantalla lo que se conoce como una caja de ***(j)*** *dialogo,* la cual __________ **(7. is asking us for)** el nombre del ***(k)*** *usuario* y la contraseña.

Miguel: Quique, ¿cómo me voy a acordar de tantos nombres si a veces no sé ni el ***(l)*** *mio*? Aunque digan que *más sabe el diablo por viejo que por diablo,* este viejo no sabe nada de ***(m)*** *informatica.*

Quique: Calma. *No intentes cruzar el río antes de llegar.* __________ **(8. I already programmed them).** Ya le he dado tu nombre y apellido para que no batalles, ***(n)*** *asi* que pon ***(ñ)*** *atencion* porque desde ahora en adelante __________ **(9. you will be repeating)** los mismos pasos todos los ***(o)*** *dias.* Esta computadora y las clases privadas __________ **(10. are going to be)** mi ***(p)*** *regalo* para tu cumpleaños.

Miguel: Así la cosa cambia. *A caballo regalado no se le mira el colmillo.*

Comente. ¿Existen miembros de su familia u otras personas que Ud. conozca que se resistan a usar la computadora por temor? ¿Cuáles son las excusas más comunes para negarse a ser parte de la informática? ¿Qué quiere decir el dicho *a caballo regalado no se le mira el colmillo?*

II

Quique: Observa como ahora _____________ **(1. I am writing)** tu nombre ***Miguel*** en el blanco del usuario, y ***(a)*** *bajo* contraseña, ***Guerra***. ***(b)*** *Fijate* que tan pronto ***(c)*** *lleno* estos espacios, _____________ **(2. I am clicking)** donde dice OK con el ***(d)*** *boton* izquierdo del ***(e)*** *raton.*

Miguel: Hijo, ¿qué es eso de cliquear?

Quique: ¿No escuchas el ruido que hace el ratón cuando oprimo uno de los dos botones?

Miguel: Yo no ***(f)*** *escucho* nada, Quique.

Quique: ¡Ay, papá!, bien sabes que *no hay mejor sordo que el que no quiere oír.* Pon atención y ***(g)*** *oiras* el *clic.* De ahí viene el verbo *cliquear* o *hacer clic.* Primero, colocas el cursor sobre el mandato que quieras darle a la computadora y entonces cliqueas con el botón izquierdo del ratón. De repente ves esta preciosa imagen que _____________ **(3. is appearing)** en la pantalla. En esta computadora hay *de todo como en botica:* hoja de ***(h)*** *calculos,* juegos ***(i)*** *electronicos,* procesador de palabras, base de datos, acceso al Internet y otras cosas que ni yo mismo sé para qué son.

Miguel: Pero para qué quiero saber tanto. ***(j)*** *Enseñame* lo ***(k)*** *basico* solamente y un par de juegos de cartas para divertirme. ***(l)*** *Ademas* _____________ **(4. I am getting hungry).** ¿Vamos a comprar unas hamburguesas o cualquier cosa? que *cuando hay hambre no hay pan duro.*

Quique: No te impacientes que mamá _____________ **(5. is fixing dinner).** Volvamos a lo nuestro. La primera aplicación o el primer programa que _____________ **(6. we are going to use)** es el procesador de palabras. Esta computadora tiene una aplicación muy popular llamada Word y vas a ver lo que pasa tan pronto haga clic en el ***(m)*** *boton* de arranque, y otra vez en el icono con la letra W. Observa como el programa _____________ **(7. is opening)** y aparece un documento en la pantalla parecido a una hoja de papel. Desde ahora en adelante, como _____________ **(8. you are seeing)** en la pantalla, puedes mecanografiar lo que quieras. Es decir, si escribes algo y metes la pata, no te preocupes. Por ejemplo, ***(n)*** *fijate* lo que escribo, ***Estoy cocinando comida grega,*** e inmediatamente la computadora _____________ **(9. is telling me)** que la ***(ñ)*** *ultima* palabra que ***(o)*** *escribi* está incorrecta.

Miguel: Y, ¿cómo _____________ **(10. is it talking to you)**?

Quique: ¿Ves como aparece una ***(p)*** *linea* roja en zigzag debajo de la palabra? Eso _____________ **(11. tells us)** que hay un error ***(q)*** *ortografico* en la palabra. Ahora _____________ **(12. I am erasing)** con la tecla de retroceso las tres ***(r)*** *ultimas* letras para poder agregar la 'i', y re-escribo lo que ya ***(s)*** *habia* borrado. Este proceso lo puedes hacer de varias maneras, pero éste es el más simple. Sin embargo, hay que tener cuidado con el verificador ortográfico porque si por ejemplo escribo ***papa***, en vez de ***papá*** con acento en la última vocal, puedes ver que _____________ **(13. it is not letting us know what is happening)** porque las dos palabras existen en español y el verificador no distingue cuál es la que deseamos. _____________ **(14. To place it),** _____________ **(15. I am pressing)** la tecla de control junto con la tecla del apóstrofo y luego la letra 'a'. Ves como aparece la 'á' con el acento. Hay otras maneras de acentuar, pero _____________ **(16. I like this one).**

Comente. Explique cómo funciona el verificador ortográfico de un procesador de palabras como Word. ¿Por qué al escribir *ingles* sin acento la computadora no lo corrige?

III

Miguel: ¿Qué ocurre si meto la pata? ¿Acaso rompo la computadora?

Quique: De ninguna manera. Además es tuya y ya está pagada, pero continuemos. Papá, quiero enseñarte un ***(a)*** *uso* ***(b)*** *practico* llamado *copiar y pegar,* y para mostrarte _______________ **(1. I am going to use)** dos documentos que ayer ***(c)*** *guarde* en el disco ***(d)*** *duro.* _______________ **(2. Returning)** a cualquier parte del texto es ***(e)*** *facil* a ***(f)*** *traves* del ratón. Por ejemplo, observa como _______________ **(3. I am moving)** el cursor con el ratón y _______________ **(4. I am clicking)** en el lugar donde _______________ **(5. I want to place it).** Para terminar _______________ **(6. I am copying)** toda esta sección del texto y el programa automáticamente lo _______________ **(7. is placing)** temporalmente en el porta-papeles, e inmediatamente _______________ **(8. I am pasting it)** en el otro documento.

Miguel: ¡Qué impresionante! Parece ***(g)*** *magia.*

Quique: No has visto nada todavía. Ahora vamos a embellecerlo un poquito. En la parte superior de la pantalla tienes un par de barras con ***(h)*** *instrucciones.* _______________ **(9. Clicking)** en la letra ***B*** _______________ **(10. allows you)** oscurecer las letras, es decir, _______________ **(11. change them)** a negrillas. En cambio, si eliges la letra ***I*** _______________ **(12. you change them)** a itálicas. ***(i)*** *Tambien* tienes la opción de cambiar el tamaño de la letra o el tipo. Es decir, papá, puedes formatear el documento como lo desees. Una vez que hayas terminado _______________ **(13. you must save it)** en un archivo por si se cuelga la computadora.

Miguel: ¿Cómo se puede colgar la computadora? ¿dónde está el ***(j)*** *arbol?*

Quique: No papá, no me mires con esa cara de ***(k)*** *espanto.* Colgar es como si la señal del ***(l)*** *satelite* del televisor se perdiera momentáneamente. Si esto ocurre lo ***(m)*** *unico* que tienes que hacer es reiniciarla apretando estas tres teclas al mismo tiempo o apagarla. Para no perder este documento _______________ **(14. click)** en la parte superior izquierda de la pantalla, donde dice *Archivar* y vas a ver que aparece un ***(n)*** *menu* desplegable que _______________ **(15. gives you)** la ***(ñ)*** *opcion* de guardar tu ***(o)*** *documento.* Ahora _______________ **(16. I am saving it)** bajo el nombre ***prueba 1,*** pero primero _______________ **(17. I am placing)** el ***(p)*** *archivo* en una de las carpetas que está aquí. _______________ **(18. I am naming it)** ***instrucciones*** y _______________ **(19. it is going to be available)** cuando lo necesites nuevamente. _______________ **(20. You can save it)** en el disco duro de la computadora o _______________ **(21. you can place it)** en un disquete o un cedé por si deseas ***(q)*** *llevartelo* y abrirlo en la oficina. Por el momento, observa como _______________ **(22. I am saving it)** en el disco ***(r)*** *duro,* conocido con la letra *C* y fíjate como _______________ **(23. I am closing it).** ¡Ves qué fácil!

Miguel: No me digas que se ***(s)*** *acabo* la clase. Precisamente cuando me comenzó a gustar. Ya se me ***(t)*** *quito* hasta el hambre.

Quique: Ésta es la primera lección, papá. Ahora, haz todo nuevamente y no me preguntes nada. No te sientas mal si sólo puedes escribir con un dedo. Más tarde _______________ **(24. I will teach you)** a manejar el teclado con todos los dedos.

Miguel: No sabes en qué lío te ***(u)*** *estas* metiendo. _______________ **(25. I am going to call you)** a Uruguay cada vez que tenga una pregunta.

Comente. Explique cómo colocar el acento sobre la letra 'i' en la palabra *tía* ¿y cómo puede conseguir la letra 'ñ'? ¿Cómo se escribe la 'u' con diéresis? Si no sabe, averigüe. ¿Cree Ud. que es buena idea que Quique trate de incorporar a su padre a la informática o piensa que ya está mayor para aprender? ¿Le ha pasado a Ud. algo parecido con algún miembro de su familia o amigo/a? Explique.

4-9. A manera de laboratorio. En grupos de dos estudiantes van a dictarse partes de la historia que acaban de completar. Su profesor/a le dará instrucciones.

____

____

____

____

____

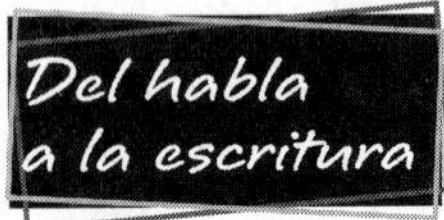

nos vs. los

En el español estándar el pronombre *los* sólo se usa para reemplazar a un objeto masculino plural. Nunca se usa en lugar de *nosotros,* como se escucha a menudo.

*Hoy **los** vamos a las 4:00 p.m.	Hoy **nos** vamos a las 4:00 p.m.
*Todos **los** damos cuenta de que es importante estudiar.	Todos **nos** damos cuenta de que es importante estudiar.

Explique la diferencia entre las dos oraciones que siguen.

Ayer **los** vimos en el centro comercial.

Ayer **nos** vimos en el centro comercial.

____

____

Práctica. Traduzca las oraciones al español.

1. We realized that making good grades was important to her.

   ____

2. We are going on vacation this weekend.

   ____

3. The guests behaved poorly even though we treated them well.

   ____

4. My siblings and I treat each other with a lot of love.

   ____

5. My friends did not want to go to the party, but Angélica and I convinced them.

   ____

6. After the party Angélica and I convinced ourselves that we were not going to any more of them.

   ____

Gramática

Pronombres obligatorios

Algunos verbos necesitan obligatoriamente estar acompañados de un pronombre; es decir, la oración no es gramatical si eliminamos el pronombre que acompaña al verbo.

Santiago **se graduará** en mayo.

Cuando estaba caminando al trabajo **me di cuenta de** que me había olvidado de la presentación.

Todos **nos arrepentimos** de algo en la vida.

Zulema no **se atreve** a contradecir a su padre.

Recuerdo que de niño siempre **te quejabas** de las maestras.

En este grupo se encuenta: *acordarse*, *arrodillarse*, *callarse*, *casarse* y *divertirse*.

4-10. ¡En español, por favor! Traduzca las oraciones al español.

1. Enrique knelt down to propose marriage to Azucena.

____

2. When Sofía found out, she cried and cried. According to Josefina, she wouldn't shut up.

____

____

3. When Quique arrived at the church, he didn't remember where he had left the rings.

____

4. Fortunately, the best man had them and they got married.

____

5. Everyone had a good time at the wedding.

____

Verbos del grupo *gustar*

Visit **http://www.thomsonedu.com/spanish** to practice these structures and listen to a Heinle chapter review on the verb **gustar**.

Algo parecido pasa con el verbo *gustar* (también *encantar, fascinar, importar, molestar* y otros del mismo grupo). Estos verbos 'tipo *gustar*' siempre van acompañados de un pronombre.

Me gusta estudiar en la biblioteca.

Ya veo que **te** gustan todas las innovaciones tecnológicas.

Le gusta la música clásica.

Nos gusta el café con azúcar.

Les gusta el suéter de María Pérez.

Si necesitamos clarificar de quien se habla en estas construcciones 'tipo *gustar*' o si queremos ponerle énfasis a la persona involucrada, podemos hacerlo agregando la preposición *a,* seguida de la persona que aparenta ser el sujeto de la oración. Compare las oraciones anteriores con las que se presentan a continuación.

A mí me gusta estudiar en la biblioteca pero mi hermano prefiere hacerlo en casa.

A ti te gustan todas las innovaciones tecnológicas por muy inútiles que sean.

A Mercedes le gusta la música clásica.

A todos en mi familia nos gusta el café con leche, pero **a mi tío** le gusta negro.

A las nietas de Carmen les gusta el suéter de María Pérez.

¿Por qué podría ser útil agregar esta aclaración? Si escuchamos la oración —*Le gusta viajar*— la pregunta obvia del oyente sería ¿a quién? Sabemos que el hablante se refiere a él o a ella, e inclusive a usted, pero si no existe alguna indicación es imposible determinarlo. Entonces podríamos decir —*A Paola le gusta viajar*—, donde la *a* junto a *Paola* clarifica a quién nos referimos. También podríamos decir —*No me gustan los dulces*— dejando claro que *me* —en este caso— sólo se refiere a la persona que está hablando. Sin embargo, en una oración como —*A mí no me gustan los dulces pero a ti te encantan*— *a mí* y *a ti* no son necesarios, pero le dan al enunciado más énfasis. En fin, lo que debemos recordar es que si queremos agregarles nombres propios *(Paola)* o pronombres *(mí, ti)* a estas construcciones que funcionan como *gustar,* éstos deben ir acompañados de la preposición *a.*

4-11. ¡En español, por favor! Traduzca las oraciones al español.

1. I like sending e-mails but my sister loves writing letters.

   ____

2. Sofía does not like going shopping but Josefina loves it.

   ____

3. Who is short on money, you or her?

   ____

4. I am fascinated by beauty pageants but my roommate is bored by them.

   ____

5. It annoys Sofía that Ángel spends so much time on his cell phone.

   ____

6. All the new technology interests Quique and Azucena.

   ____

7. How many classes do you have left to finish your bachelor's degree? And your roommate? I have six classes left but she only has two.

   ____

8. It does not matter to me when I graduate but it matters to my parents.

   ____

Diferencias entre *gustar* y *to like*

A pesar de que generalmente traducimos expresiones con el verbo *gustar* al inglés usando el verbo *like,* estos dos verbos no funcionan de la misma forma en inglés y en español. En el caso del inglés el sujeto tiene que ser un ente animado (persona o animal) o una cosa a la cual le atribuimos cualidades de persona.

I like computers.

My dog likes carrots.

My washing machine likes to eat socks.

Como explicamos anteriormente, la construcción en español es distinta ya que *lo que gusta* es la parte de la oración que funciona como sujeto.

*Yo gusto las computadoras.

Las computadoras me gustan. / Me gustan las computadoras.

*Mi perro gusta las zanahorias.

Las zanahorias le gustan a mi perro. / A mi perro le gustan las zanahorias.

Si quisiéramos traducir las oraciones anteriores al inglés de manera literal tendríamos:

Computers are pleasing to me.

Carrots are pleasing to my dog.

¿Cómo se traducen las siguientes oraciones?

1. My friend Inés loves surfing the Net all day long.

____

2. Her mother doesn't care as long as she does her schoolwork.

____

3. It bothers my friends when she takes her laptop to the movies. I don't care.

____

Vocabulario

Ojee la segunda parte de la historia "La modernización de papá" y complete la lista de palabras con el equivalente correspondiente en español. Si no las encuentra todas, busque las demás en el diccionario.

background	_______	scanner	_______
information highway	_______	search engine	_______
Internet	_______	web site	_______
link	_______		

4-12. Casos de la vida: La modernización de papá—Segunda parte. Llene los espacios en blanco con la forma que complete el sentido de la historia, y coloque los acentos sobre las palabras en orden alfabético que lo necesiten.

Esta es la segunda lección que Quique le dio a Miguel sobre la computadora.

I

Quique: Papá, ahora es que se pone bueno esto. ______________ **(1. We are going to surf)** por el Internet usando un buscador. Los buscadores más populares durante los últimos años han sido Google y Yahoo, y cada uno posee tanta información que las horas se te van a pasar como el agua.

Miguel: ***(a)*** *Creo* que he visto esos nombres en algunos comerciales.

Quique: Verás que tan pronto ***(b)*** *estes* conectado a la red cibernética, *no te vamos a ver ni el pelo.*

Miguel: Si mi calvicie ***(c)*** *continua* ______________ **(2. progressing)** al ***(d)*** *paso* que va, no me lo van a ver aunque no ***(e)*** *este* en el Internet.

Quique: Papá, no comiences con las bromas. ***(f)*** *Sientate* que sólo necesitas cliquear dos ***(g)*** *veces* en esta **e** que aparece en el monitor, lo cual abre ***(h)*** *paso* al Internet en esta computadora. Es el navegador que necesitas para entrar en la red y ser parte de la autopista de ***(i)*** *informacion.* Luego puedes usar Google, si ______________ **(3. you are looking for)** algo ***(j)*** *especifico* y no sabes cual es el URL, o la ***(k)*** *direccion* que todos los sitios tienen en la red. Este buscador ______________ **(4. will give you)** una lista de enlaces. ***(l)*** *Fijate* que cuando mueves el ***(m)*** *raton,* cualquier lugar donde aparece esta manito es un nuevo ***(n)*** *enlace.* Una vez hagas clic en uno de ellos, se ***(ñ)*** *abrira* otra ***(o)*** *pagina* en la pantalla.

Miguel: Hijo, vas muy ***(p)*** *rapido.* Recuerda que *el que nació pa' burro, nunca será caballo.* En menos de dos segundos me has llevado a navegar, te has ido por la autopista y hasta apretaste con la mano un ratón. ¿Acaso no tiene la cibernética su propio vocabulario?

Quique: Lo que ocurre es que constantemente los ingenieros ______________ **(5. are creating)** nuevas invenciones y los que promueven los productos usan nombres familiares que facilitan su aceptación en el mercado de consumo. Una vez que se traducen del ***(q)*** *ingles* al español conservan el significado literal y se van insertando rápidamente en la lengua. Entre el grupo de palabras que participan de este ***(r)*** *fenomeno* se encuentran *chatear, escanear, faxear, formatear, cliquear y doble cliquear.* Pero, ya sé que ______________ **(6. you are changing)** la conversación nuevamente. Tal parece que hoy no quieres trabajar. ¡Adelante y ***(s)*** *practica*! ______________ **(7. don't be afraid of)** a la computadora y ______________ **(8. don't be bothered)** si cometes ***(t)*** *algun* error. ______________ **(9. You have to get used to it).** No vas a destruir nada; ______________ **(10. don't worry).**

Comente. ¿Qué buscador usa Ud. y para qué? ¿Cuántas horas a la semana navega en la red?

II

Quique: No sé si _____________ **(1. you realized)** que _____________ **(2. I brought you)** ***(a)*** *tambien* mi escáner viejo porque Azucena y yo _____________ **(3. bought ourselves)** otro nuevo y _____________ **(4. I was connecting it for you)** mientras tomabas la siesta. Ves, _____________ **(5. I am scanning)** esta foto de mamá _____________ **(6. to put it)** como fondo de tu pantalla. ¿_____________? **(7. What do you think?)** Buena idea, ¿no?

Miguel: Precisamente es lo que _____________ **(8. was hoping for)** mi cumpleaños..., la foto de tu madre en todas partes. ¿Por qué no me haces también un tatuaje en la frente?... No te pongas serio, hijo. Es sólo una broma. No le digas nada a Alicia. Gracias por _____________ **(9. sharing)** tu tiempo libre conmigo. Yo sé que soy majadero, y te lo agradezco.

Quique: Papá, tú sabes que _____________ **(10. I don't mind)** en lo más ***(b)*** *minimo* _____________ **(11. helping you)** con estas cosas. Una vez que _____________ **(12. you feel)** ***(c)*** *comodo* usando todo el hardware y el software o las aplicaciones que _____________ **(13. I showed you),** _____________ **(14. you can learn)** las hojas de ***(d)*** *calculo.* ¡_____________ **(15. You are going to love them)** para el ***(e)*** *negocio*!

Comente. ¿Qué otros accesorios utiliza con su computadora? ¿Qué programas maneja con frecuencia? ¿Sabe usar Word y Excel?

III

Quique: En la ***(a)*** *proxima* ***(b)*** *leccion* _____________ **(1. I will show you)** cómo _____________ **(2. to use them).** ***(c)*** *Tambien* _____________ **(3. I want to teach you)** cómo encontrar bases de datos que _____________ **(4. will be very useful to you)** y cómo buscar información en la red. Afortunadamente, en el Internet no es necesario usar acentos o tildes.

Miguel: ¿No crees que _____________ **(5. you are wasting)** el tiempo conmigo? Recuerda que *loro viejo no aprende a hablar.*

Quique: _____________ **(6. Don't complain).** _____________ **(7. You won't be sorry).** Pronto _____________ **(8. you are going to be sending us)** mensajes ***(d)*** *electronicos,* y Azucena y yo _____________ **(9. will send you)** fotos de Enriquito a mamá y a ti. Me acuerdo de que _____________ **(10. Azucena did not like computers)** y ahora _____________ **(11. she loves them).**

Miguel: Si es ***(e)*** *asi*, como dice mi yerno Ángel, ¡*vamos a meter mano!*

Comente. ¿Ha escuchado el refrán *loro viejo no aprende hablar*? ¿Puede aplicarlo a una situación personal?

4-13. A manera de laboratorio. Repase la historia anterior y su profesor/a le va a leer un fragmento para que Ud. lo escriba.

____

____

____

____

____

4-14. Presentación. Después de leer la primera y la segunda parte de "La modernización de papa", prepare una presentación para la clase en la que usted explica cómo usa algún programa de su computadora u otro aparato tecnológico relacionado. Su profesor/a le va a indicar si es una presentación individual o de grupo y cuánto tiempo debe durar.

Verbos seguidos de a

Existe un grupo de verbos que en la mayoría de los casos viene acompañado de la preposición a. Éste incluye *acercarse a, acostumbrarse a, asistir a, aspirar a, atender a, ayudar a, dedicarse a, invitar a, ir a, jugar a, parecerse a.*

Ellos **se acostumbraron a** trabajar solos.

¿**Asistes a** todas las reuniones?

Si **fueras a** la policía, solucionarías el problema.

Ojalá ese hombre **vaya al°** terapista.

°La preposición a debe contraerse al artículo el (ver ***Capítulo preliminar****).*

Hay ocasiones en que se puede interponer algún elemento entre el verbo y su preposición, pero la preposición no desaparece.

Si se enfermara Alicia, **iría** Sofía **a** cuidar a Miguel.

Si se enfermara Alicia, Sofía **iría a** cuidar a Miguel.

Quique **se parece** más **a** su madre que a su padre.

Quique **se parece a** su madre más que a su padre.

Una excepción a esta regla ocurre con el verbo *ir* en *ir de compras* e *ir de vacaciones.*

Sofía y Alicia **irán de compras** más tarde.

Josefina y Eduardo se **van de vacaciones** el sábado.

Práctica. Traduzca las oraciones al español.

1. I don't know what my mother is going to do when my father is no longer with us.

____

2. Alicia invited the whole family for lunch on Sunday.

____

3. Josefina is going to help Alicia with the cooking.

____

4. They are all going to attend the game together Sunday afternoon.

____

5. Enriquito looks more like Miguel every day.

____

Ortografía

Acentuación—Fase V: Palabras que terminan en consonante excepto 'n' y 's'

En las primeras cuatro fases se han presentado diferentes aspectos de la acentuación, comenzando con las palabras que terminan en **vocal, 'n'** y **'s'**, al igual que las palabras con una vocal débil que lleva la fuerza de la pronunciación junto a una fuerte. Gran parte de la atención se ha puesto en la letra que finaliza la palabra y, a partir de esta terminación se sabe qué sílaba debe llevar la fuerza.

Se ha demostrado que las palabras que terminan en vocal, 'n' o 's' llevan automáticamente la fuerza de la pronunciación en la **penúltima** sílaba, y no necesitan acento escrito: *Ana, Carmen, Carlos.* Si esta condición no se cumple, se necesita un acento escrito en la última o en la antepenúltima sílaba que indique dónde debería ir la fuerza de la pronunciación.

Por ejemplo, en las tres columnas siguientes aparecen los tres casos que hemos estado estudiando. Las palabras que se encuentran bajo la columna A llevan la fuerza de pronunciación en la penúltima sílaba y no ha habido necesidad de aclararlo con un acento escrito porque precisamente en esa sílaba es donde cae la fuerza. La mayor parte de las palabras en español participan de esta regla. Por el contrario, las palabras que se encuentran bajo las columnas B y C necesitan acentuarse por escrito porque la fuerza cae en la última sílaba en la columna B, y en la antepenúltima sílaba en la columna C.

A	*B*	*C*
mexicano	Adán	propósito
verano	charlatán	próximo
elefante	caimán	narcótico
ventana	galán	filósofo
taxi	millón	píldora
palma	solterón	político
avaro	Edén	víbora
amigos	Alá	cómplice
saludos	así	lógico
caminan	traducción	ácido
aves	cojín	árabe
cantan	almacén	Bárbara

Sin embargo, no se le ha puesto atención todavía a un grupo de palabras con otra terminación, y nos referimos a las palabras que terminan en consonantes exceptuando 'n' y 's'. Es decir, ¿dónde va la fuerza de la pronunciación si la palabra termina en una consonante (excepto 'n' y 's') como *operado**r**, liberta**d**, anima**l*** y *niñe**z***? Se dirá simplemente que la fuerza de la pronunciación debe ir en la última sílaba y no necesitan acentuarse. En otras palabras, a diferencia de la columna A, donde la terminación indica que la palabra debe pronunciarse en la penúltima sílaba sin necesidad de un acento escrito, en estas otras palabras con terminación en consonante (excepto 'n' y 's') la fuerza cae en la última sílaba, y tampoco necesitan acentuarse por escrito. Éste es el grupo de palabras que protagonizan la **Fase V.** Lea en voz alta el siguiente grupo.

historia**dor**	activi**dad**	cate**dral**	pre**ñez**
Ecua**dor**	universi**dad**	tropi**cal**	a**rroz**
juga**dor**	ambigüe**dad**	orien**tal**	desnu**dez**
lec**tor**	cali**dad**	frater**nal**	fe**roz**
mata**dor**	fraterni**dad**	comer**cial**	esca**sez**
ho**nor**	serie**dad**	men**tal**	ve**jez**
ho**rror**	veloci**dad**	matrimo**nial**	ve**loz**

De la misma manera que no se coloca un acento sobre ***libro*** en la penúltima sílaba debido a que la fuerza va, de todas maneras, en esa sílaba, en la **Fase V** se hace también innecesario acentuar palabras como *calidad* porque la fuerza va de la misma manera en esa última sílaba.

La pregunta que sigue es ¿cuándo o dónde se acentúan las palabras que terminan en consonantes (excepto 'n' y 's')? Se acentúan cuando la fuerza de pronunciación no se encuentra en la última sílaba o no siguen el patrón que se acaba de presentar. Vea el siguiente grupo y note que la fuerza de la pronunciación no va en la última sílaba.

Menjívar	césped	trébol	Gómez
escáner	huésped	cárcel	Pérez
zíper	récord	hábil	Sánchez
láser	déficit	ágil	Martínez
suéter	álbum	fácil	González
póquer	réquiem	inmóvil	Domínguez
gángster	sándwich	portátil	Suárez

4-15. A manera de laboratorio. Coloque los acentos sobre las palabras que tienen la fuerza en la penúltima sílaba. Si no conoce la palabra, no la acentúe.

A	*B*	*C*	*D*	*E*
capital	habil	festival	Ramirez	ilegal
catedral	fragil	Perez	funeral	arbol
carnaval	facil	Gomez	servicial	Anibal
celestial	cesped	util	Martinez	carcel
colegial	huesped	final	sueter	azucar
trabajar	dificil	Suarez	docil	caracter
Miguel	lider	imbecil	fragil	agil
soledad	crater	Benitez	marmol	Jimenez
lapiz	caliz	fertil	album	Menendez

4-16. A manera de laboratorio. Elija un/a compañero/a que pronuncie en voz alta las palabras, y acentúe las que tienen la fuerza en la penúltima sílaba. Escriba la cantidad de acentos que encontró en el espacio en blanco.

I. Primer lector. Lea las palabras con naturalidad, haciendo las pausas.

1. animal, cascabel, Miguel, carcel, cuartel, angel, papel __*2*__
2. albañil, artificial, capital, fertil, barril, accidental, igual _____
3. alguacil, agil, Brasil, portatil, abril, pastel, dificil, marfil _____
4. alcohol, beisbol, caracol, arbol, azul, principal, futbol, infantil _____
5. album, carnet, feliz, Felix, lombriz, fusil, civil, ferrocarril _____
6. Iraq, bistec, esteril, inutil, intelectual, funeral, elemental _____
7. nectar, radar, pesar, Cesar, caviar, cancer, azucar, colocar _____
8. Almodovar, salvar, Victor, motor, Nestor, consumidor, cazador _____
9. Hector, actor, honor, destornillador, dolar, dolor, veloz, arroz _____
10. capataz, feroz, avestruz, actriz, Beatriz, niñez, cadaver, volver _____

II. Segundo lector. Lea las palabras con naturalidad, haciendo las pausas.

1. habil, festival, ilegal, catedral, fragil, infantil, imbecil, panel _____
2. lapiz, Jimenez, Ramirez, versatil, auditor, escritor, Daniel _____
3. comer, lider, beber, alrededor, ardor, asador, autor, actor _____
4. carnaval, facil, celestial, colegial, marmol, inmovil, consul _____
5. cesped, soledad, huesped, salud, armador, actividad _____
6. actitud, esclavitud, exactitud, gratitud, juventud, caracol _____
7. Ortiz, vejez, ajedrez, desnudez, embriaguez, Rodriguez _____
8. actual, anual, cañaveral, comercial, ventanal, rival, moral _____
9. escasez, disfraz, estupidez, Martinez, Velez, cicatriz _____
10. sueter, comer, ziper, caracter, agitador, bailador, ardor, calor _____

4-17. Casos de la vida: El nacimiento de Enrique II. Coloque los acentos sobre las palabras en orden alfabético que lo necesiten.

I

Como verán, escoger un nombre no es nada fácil.

No sabíamos qué nombre darle a nuestra primera criatura y como Azucena no quería enterarse del sexo hasta el momento de su nacimiento, hicimos una lista de nombres para elegir más tarde. Yo deseaba un varón y quería llamarlo Enrique como yo, pero Azucena no quería dos miembros en la familia con el mismo nombre y apellido. Por lo tanto, si nacía niño pensábamos elegir entre nombres como ***(a)*** *Ariel,* ***(b)*** *Salvador,* ***(c)*** *Daniel,* ***(d)*** *Alex,* ***(e)*** *Manuel,* ***(f)*** *Cristobal,* ***(g)*** *Abel,* ***(h)*** *Noel,* ***(i)*** *Oriel,* ***(j)*** *Lester,* ***(k)*** *Samuel,* ***(l)*** *Anibal* o, como los artistas italianos del Renacimiento, ***(m)*** *Miguel,* ***(n)*** *Angel* y ***(ñ)*** *Rafael.* ¡Qué prestigio! De estos nombres me gustaba ***(o)*** *Ariel* para hacerle honor a la obra maestra del escritor uruguayo Enrique Rodó, pero Azucena se negaba a aceptarlo porque sonaba como un detergente de lavar. Nunca me gustó ***(p)*** *Daniel* porque conocí a un tal Daniel ***(q)*** *Perez,* cuando yo estaba en ***(r)*** *kinder,* y se reía de mis pantalones porque me quedaban cortos. Me agradaba ***(s)*** *Abel* porque leí *Abel* ***(t)*** *Sanchez* de Miguel Unamuno y me pareció una novela filosófica fascinante. Sin embargo, cuando le agregué mi apellido, me pareció que podría prestarse a confusión, especialmente entre aquéllos que hablan una variante del español donde se intercambian la 'l' y la 'r'. Se imaginan ustedes el día que mi hijo se postule para presidente de Estados Unidos y todos digan en voz alta: ¡Voten por Abel Guerra! ¡No, no y no! A Azucena le encantaba el nombre Alex, pero me opuse rotundamente porque me recordaba a ***(u)*** *Alex* ***(v)*** *Rodriguez,* la tercera base de los Yanques y, como soy fanático de las Medias Rojas de Boston, prefería el nombre ***(w)*** *Nomar,* su antiguo jardinero corto. A Azucena también le gustaba ***(x)*** *Salvador,* para hacerle honor a su patria, pero nuevamente me negué a darle tal nombre porque me acordaba de Salvador ***(y)*** *Sanchez,* el boxeador mexicano quien falleció en un accidente de ***(z)*** *automovil.* ¡Qué dilema! En todo caso, prefería llamarlo ***(aa)*** *Manuel* para hacerle honor al ***(bb)*** *doctor* ***(cc)*** *Manuel* ***(dd)*** *Gutierrez,* un gran ***(ee)*** *profesor* de lingüística, pero temía que mi hijo perdiera prestigio en la comparación.

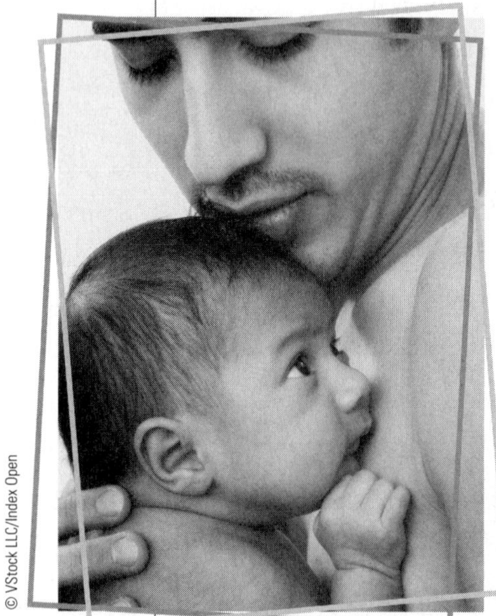

Comente. ¿Puede nombrar tres escritores hispanoamericanos? Dé el nombre de alguna de sus obras literarias. ¿Ha leído algún escritor de descendencia hispana en Estados Unidos? ¿Qué ha leído?

II

—¡Qué ***(a)*** *dificil* fue ***(b)*** *elegir* el nombre de mi ***(c)*** *primer* bebé! Y ¿qué pasaría si nacía una hembrita —nos preguntamos—. Si esto ocurría, Azucena había decidido llamarla con nombres comunes como ***(d)*** *Isabel,* en honor a la novelista chilena Isabel Allende, autora de *La casa de los espíritus,* o ***(e)*** *Marisol,* en honor a la primera Miss Universo de Puerto Rico que desde hacía muchos años le había robado el corazón. También se le venían a la mente nombres como ***(f)*** *Anabel,* ***(g)*** *Astrid,* ***(h)*** *Soledad,* ***(i)*** *Ingrid,* ***(j)*** *Beatriz,* ***(k)*** *Xochilt,* ***(l)*** *Gretel,* ***(m)*** *Miriam,* ***(n)*** *Ester* y ***(ñ)*** *Raquel,* pero no se había entusiasmado con ninguno. ¡Eso sí! No quería hacer como en los tiempos de los abuelos, donde se abría el almanaque y se castigaba eternamente al recién nacido con nombres como Bonifacio, Esmeregildo, Pancracia o Anacleta. Antes de hacer eso, prefería que la metieran en la ***(o)*** *carcel,* no le dieran de comer hasta quedar como un ***(p)*** *cadaver* y la colgaran del ***(q)*** *arbol* más alto. Mamá no se quiso quedar atrás en este asunto y entregó disimuladamente una listita con nombres comunes entre los cuales se encontraba ***(r)*** *Oscar,* ***(s)*** *Cesar,* ***(t)*** *Pilar,* ***(u)*** *Victor,* ***(v)*** *Javier,* ***(w)*** *Hector,* ***(x)*** *Gabriel* y ***(y)*** *Nestor.* Se inclinaba por Gabriel para hacerle honor a García ***(z)*** *Marquez,* autor de *Cien años de soledad* y muchas novelas más.

Comente. ¿De dónde es Gabriel García Márquez? Dé el nombre de otra de sus novelas.

III

Estos nombres no le gustaron a Azucena porque los relacionaba con personas que le causaron daño durante la guerra civil, tales como ***(a)*** *Victor* ***(b)*** *Perez,* ***(c)*** *Hector* ***(d)*** *Lopez,* ***(e)*** *Omar* ***(f)*** *Jimenez* y ***(g)*** *Pilar* ***(h)*** *Saldivar.* Papá, al ver tanto misterio, no quiso quedarse atrás y sorpresivamente apareció con otro papelito y lo colocó disimuladamente en el bolsillo de mi pantalón. En esta hoja aparecieron nombres como ***(i)*** *David,* ***(j)*** *Walter,* ***(k)*** *Mariluz,* ***(l)*** *Felix,* ***(m)*** *Beatriz,* ***(n)*** *Leonor* y no recuerdo qué más. De todos, me gustó Mariluz por ser el nombre de una adorable profesora en la ***(ñ)*** *Universidad* de El Paso, de apellido ***(o)*** *Gamez,* quien me hizo unos favores que el dinero nunca podría pagar. Finalmente llegamos a un acuerdo y a todos nos gustó el nombre ***(p)*** *Cesar,* y así le rendíamos tributo a ***(q)*** *Chavez,* el ***(r)*** *lider* méxico-americano que luchó por nuestros derechos civiles. En caso de que naciera niña, acordamos llamarla Zoila, como la abuela de Azucena, y nos olvidamos de la interminable búsqueda. La noche de los dolores del parto presentí que sería una hembrita y fue cuando pronuncié en voz alta el nombre completo y ¿qué creen? Me espanté al escuchar: ¡Zoila Guerra! Inmediatamente rogué que fuera varón y nuevamente pronuncié en voz alta su nombre y encontré el ansiado antídoto: ¡*Cesar* Guerra! Mientras se debatía en mi mente el hacer la guerra y el extinguirla, mi primogénito nació con unos chillidos que parecía que se la estaban declarando. En ese momento, se apoderó de mí un orgullo y una felicidad inexplicable, y tan pronto me preguntaron por el nombre, me olvidé de ***(s)*** *Cesar,* ***(t)*** *Abel,* ***(u)*** *Fidel,* ***(v)*** *Ariel,* ***(w)*** *Cristobal,* ***(x)*** *Angel* y ***(y)*** *Samuel,* e inmediatamente respondí sin vacilar ¡ENRIQUE! Azucena no dijo nada, debido a la anestesia, y fue así que nació Enrique II, mejor conocido hoy como Enriquito.

Comente. ¿Existe algún nombre en español que le causa gracia? ¿Está contento/a con su nombre? Si pudiera cambiarlo, ¿qué nombre se pondría?

¿Cómo se pronuncian estos apellidos? ¿Por qué? Vea la **Fase III** y la **V.**

Márquez	Marques
González	Gonzales
López	Lopes

____

____

____

Escriba el otro nombre del deporte más popular del mundo. Se lo conoce como *soccer* en Estados Unidos.

____________________________________ ¿Se escribe con acento? ¿Por qué?

____

____

4-18. Casos de la vida: Recuerdos de Alicia. Coloque los acentos sobre las palabras que lo necesiten. Hay veintitrés acentos escritos.

La tecnologia ha cambiado mucho en los ultimos años. Me acuerdo que de chica, en Mexico, instalar un telefono en el hogar era muy dificil. La espera para obtener uno era de varios años. Creo que nuestro unico aparato electronico era un televisor. Todavia me acuerdo la primera vez que vi la television en colores. Y ¡un control remoto!... ni que hablar. Ahora el movil o celular esta presente en la vida de casi todos y tenemos televisores en casi todos los cuartos de la casa. Recuerdo que Quique con el dinero de su primer trabajo nos compro una videocasetera y ahora el que no tenga un DVD no esta en nada. Aun me acuerdo cuando compre mi primer horno de microondas. ¿Y las computadoras?, ¡estan por todas partes! Quique acaba de convencer a su padre de que empiece a usar la que le regalo. Realmente todas estas cositas hacen que la vida sea facil. Tengo que admitir que sueño con una computadora portatil. Me va a ser muy util en la escuela para preparar los planes del semestre. Sin embargo, la tecnologia va tan rapida que quizas estos adelantos hayan pasado de moda cuando usted lea estas lineas.

Capítulo 5

La medicina y sus avances

Lectura
La moralidad y la medicina

Cápsula cultural
Los sonidos /l/ y /r/ en el Caribe

Gramática
Imperfecto del subjuntivo

Del habla a la escritura
dijera vs. **dijiera*

Ortografía
Acentos diferenciales

Gramática
Condicional

Del habla a la escritura
sino, pero y *si no*

Gramática
Oraciones condicionales para hablar del futuro

Del habla a la escritura
Oraciones condicionales futuro

Gramática
Contraste entre el imperfecto del indicativo y el condicional

Vocabulario
Cognados

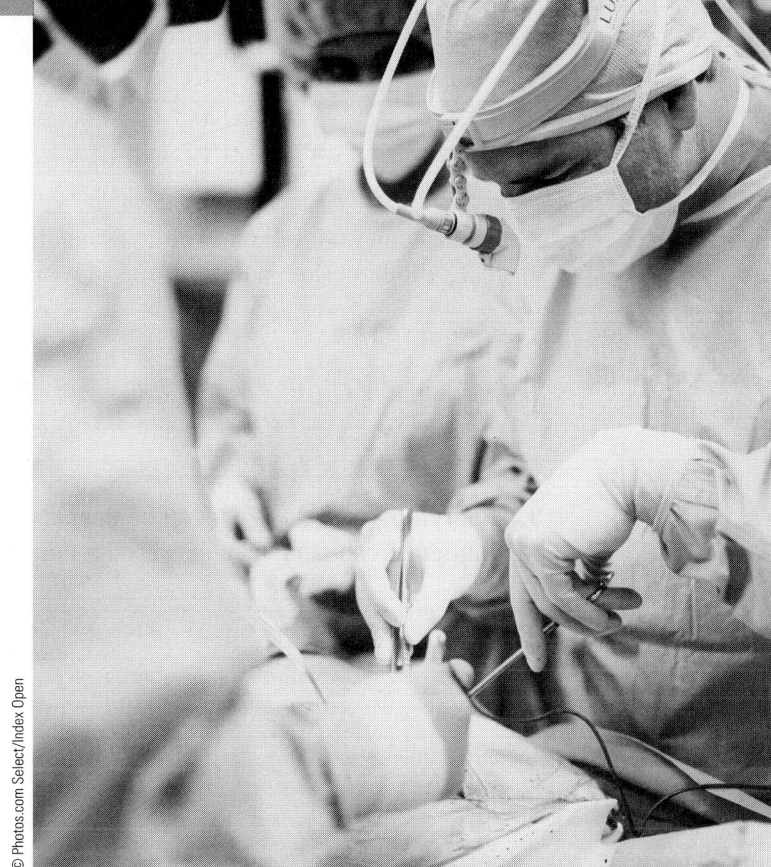

http://thomsonedu.com/Spanish/Conozcamonos

Lectura

Antes de leer

5-1. ¿Cuánto sabemos? Conteste las siguientes preguntas.

1. ¿Ha pensado en lo que haría si los médicos le hicieran un diagnóstico de una enfermedad grave como el cáncer? ¿Trataría de aprovechar todos los avances de la medicina y optaría por tratamientos innovadores, o preferiría que la ciencia no interviniera con el ciclo natural de su vida?

____

____

____

____

2. ¿A qué edad cree Ud. que una persona debe planear los arreglos de su funeral? ¿Es necesario hacerlo o debe dejar esta responsabilidad a la familia?

____

____

____

____

3. ¿Podría Ud. tomar la decisión de desconectar a un ser querido de las máquinas que lo mantienen con vida si su cerebro ha dejado de funcionar?

____

____

____

____

¡A leer!

La moralidad y la medicina—Artículo periodístico

Por Raúl Acosta

La ciencia ha alcanzado grandes logros durante los últimos años y promete mayores avances durante el futuro. El hombre de nuestros días está obsesionado por vencer la inminente llegada de la muerte y aspira algún día a vivir por tiempo indefinido. En cada momento escuchamos en las noticias nuevos estudios que prometen alargarnos la existencia y ¿cuánto **daríamos** muchos de nosotros porque este sueño se **convirtiera** algún día en una realidad? ¿Qué **pasaría** si esto **ocurriera,** y quiénes **serían** los afortunados? ¿**Sería** justo que unos pocos **vivieran** por tiempo prolongado mientras la mayor parte del mundo **continuara** muriendo de mala nutrición, de pobreza o por razones relacionadas con la sobrepoblación? Si **estuviera** a su alcance prolongar su vida, ¿**estaría** dispuesto/a a comprar órganos vitales ilegalmente sin importarle de quienes fueron éstos y por qué razones se han puesto a la venta? ¿Es legal la compra o venta de órganos humanos en Estados Unidos? ¿Qué respeto existe hacia el otro? ¿Quién es el otro? Las respuestas a estas preguntas no son simples debido a que estamos viviendo en una época donde los valores morales y religiosos tambalean y no tenemos claras las fronteras entre lo justo y lo ético. Ante el sentimiento de desamparo que sentimos por la pérdida de los valores religiosos que en otros tiempos nos habían dado seguridad, nos encontramos indefensos o perdidos en un mundo que amenaza de un momento a otro con estallar.

La medicina, dentro de las ciencias naturales, está ofreciendo los avances más innovadores de toda su historia. Escuchamos por los medios informativos, por ejemplo, una gran cantidad de debates acerca de las implicaciones morales que trae la clonación de órganos humanos. Si usted **pudiera** duplicar su sistema genético, ¿**desearía** tener una réplica de algunos de sus órganos en caso de que algún día los **necesitara**? Si le **urgiera** un trasplante de corazón, riñones, hígado o pulmones, ¿**estaría** de acuerdo en que un laboratorio '**creara** vida' e **hiciera** una clonación de sus órganos y **pudiera** reemplazar alguno que haya dejado de funcionar? En esta nueva era tecnológica, el cirujano se **convertiría** en una especie de técnico que, como el mecánico de autos, solamente reemplaza una pieza para que el cuerpo humano continúe funcionando. En fin, el hombre de nuestras días se agarra a la vida con tanta fuerza y con tal ambición que no **quisiera** ni hablar del momento en que la muerte **pudiera** ocurrir, y **estaría** dispuesto a evadirla a cualquier costo.

Sabemos que todos vamos a fallecer, pero ¿a qué edad usted **quisiera** que la muerte lo **sorprendiera**? En este sentido, ¿ha pensado en el historial médico de su familia o ha reflexionado sobre las posibles causas que **podrían** ocasionarle una muerte prematura? ¿Ha existido en su familia alguna condición hereditaria que se le **pudiera** desarrollar en el futuro? ¿Está haciendo algo para prevenirla? ¿Qué **haría** o qué **estaría** dispuesto/a a hacer si **supiera** que la muerte se **acercara**?

En este culto del hombre contemporáneo a la vida, la ciencia ha creado la práctica de mantener artificialmente funcionando a una persona, aunque la mente y el espíritu hayan abandonado el cuerpo. Muchas veces, el paciente se convierte en un experimento, un parásito, un vegetal, un recuerdo triste de algo que dejó de existir a pesar de que las máquinas mantengan la respiración y las funciones vitales. El deseo de que nuestros seres queridos nunca nos falten nos **haría** sentir culpables si **tuviéramos** en nuestras manos la decisión de quitarles los aparatos que les dan vida artificial. ¿Acaso será que estamos viendo en el otro un espejo de nosotros y simplemente no **quisiéramos** que nos **llegara** ese angustioso momento? Si usted **permaneciera** en estado de coma por varios meses y las posibilidades de regresar a la vida **fueran** remotas, ¿le **gustaría** que otra persona **tomara** por usted la decisión de apagar esta última esperanza? Si esta decisión **fuera** tan importante para usted o le **incomodara**, ¿no **debería** firmar un documento legal que **expresara** su voluntad en caso de que esta posibilidad **surgiera**? En fin, éstos han sido y son debates muy controvertidos en la medicina durante los últimos años y probablemente los hombres nunca lleguen a escribir leyes que satisfagan a todos los seres humanos. Tiene que ver con el choque continuo entre las viejas creencias, las tradiciones y las nuevas ideas que surgen en nuestra civilización. El presente reemplaza al pasado y el futuro al presente; lo cual significa que nosotros, como representantes de las ideas del presente, estamos reemplazando a la generación de nuestros padres que representaron a su vez las ideas caducas del pasado, e igualmente seremos algún día reemplazados por nuestros hijos, quienes traerán las ideas del futuro. Vivimos en un tiempo lineal hacia el futuro donde no hay retorno al pasado, y como hombres del nuevo siglo necesitamos evolucionar para comprender y ser parte de los cambios que continuamente surgen. Alguien dijo que en la vejez los hombres defienden sus creencias, no porque piensen que son las únicas y verdaderas, sino porque en otro tiempo creyeron que lo habían sido... ¿Qué nos espera? Es una ley de la naturaleza que no podemos cambiar y sólo nos queda resignarnos...

Después de leer

5-2. ¿Qué aprendimos? Conteste las siguientes preguntas.

1. ¿Qué dice Acosta sobre el hombre de hoy?

   ____

   ____

2. ¿Cómo ve Acosta el futuro de la ciencia?

   ____

   ____

   ____

3. De acuerdo al artículo, ¿qué sugiere el periodista al interrogarnos sobre nuestro historial médico?

   ____

   ____

   ____

4. ¿Qué debates han surgido en el campo de la medicina en los últimos años?

   ____

   ____

   ____

5. De acuerdo al artículo, ¿qué se está vendiendo y quiénes son los compradores?

   ____

   ____

   ____

5-3. Piense, escriba y revise con cuidado.

1. Escoja uno de los temas a continuación.
   a. ¿Por qué el hombre de nuestros días teme hablar de su muerte? ¿Qué significa la muerte para usted? ¿Cuándo piensa en ella? Si pudiera controlar los detalles relacionados con su muerte, ¿cómo querría que las cosas ocurrieran?
   b. ¿Ha pensado en la muerte como una elección personal de cada individuo, o piensa que la ciencia debe tener autoridad para tomar estas decisiones por usted? ¿Qué dice la religión al respecto? ¿Existe un punto medio entre la ciencia y la religión?
   c. ¿Qué entiende por la clonación de cuerpos? ¿Está de acuerdo?
   d. ¿Estaría preparado/a en caso de que su madre o su padre fallecieran repentinamente? ¿Qué pasaría si recibiera la noticia de que algún ser querido ha dejado de existir?
   e. ¿Qué haría para que el costo de las medicinas estuviera al alcance de todos los ciudadanos?
2. Escriba en su computadora las respuestas.
3. Organice sus ideas y desarrolle el tema.
4. Escriba una página (250 palabras) dejando renglón por medio.
5. Repase sus notas de los capítulos anteriores y aplique los conocimientos a su composición.
6. Lea su trabajo en voz alta y póngale un título apropiado.

Los sonidos /l/ y /r/ en el Caribe

En el **Capítulo 3** mencionamos que existen diferencias gramaticales, léxicas y fonéticas entre las distintas variedades del español. Una fenómeno fonético muy común en los países de la cuenca del Caribe es el intercambio de los sonidos /l/ y /r/.

Podemos escuchar palabras como *puerto* y *palma* pronunciadas /puelto/ y /parma/. También la pronunciación de la letra 'r' cuando se encuentra al final de la sílaba puede asimilarse a la consonante siguiente. Entonces la 'r' desaparece y sólo queda un sonido más largo de la próxima letra, en *puerto*, /puet:o/ y en *carne*, /can:e/.

Ninguna de estas pronunciaciones es incorrecta, simplemente son típicas de la región. Vamos a encontrar que existen muchas diferencias en la pronunciación de ciertos sonidos, de la misma forma que tenemos una variedad bastante amplia de sinónimos para referirnos a un mismo objeto.

Gramática

Visit **http://www.thomsonedu.com/spanish** to practice these structures and listen to a Heinle audio chapter review on the subjunctive mood.

Imperfecto del subjuntivo

El presente del subjuntivo —como vimos en el **Capítulo 3**— se usa para expresar deseo, duda, persuasión o emoción con relación a otra acción o evento.

Quiero que Gerardo **venga** a visitar a Miguel la semana próxima.

Será importante que Miguel se **sienta** cómodo en su habitación.

En los dos ejemplos anteriores el presente del subjuntivo —en negrillas— acompaña al presente del indicativo **(Capítulo 2)** y al futuro **(Capítulo 3)** —ambos en itálicas— respectivamente e indica que la acción *(venga, se sienta)* todavía no ha ocurrido o no es parte de la realidad. En el primer ejemplo no sabemos si Gerardo va a venir de visita y, desde el presente del hablante, sólo existe el deseo de que esto ocurra. En el segundo ejemplo el presente del subjuntivo expresa una acción que es muy importante para el sujeto de la oración pero, como en la primera oración, tampoco se sabe si se va a realizar. Es decir, está por verse que Miguel se sienta cómodo en la habitación, y más tarde él podrá afirmarlo o negarlo.

El imperfecto del subjuntivo expresa las mismas emociones —deseo, duda, persuasión— que el presente del subjuntivo, pero se diferencia de éste en que la acción ya ocurrió.

Compare las dos oraciones siguientes; la primera con el verbo *conseguir* en el presente del subjuntivo y la segunda con el mismo verbo en el imperfecto del subjuntivo. ¿Qué diferencia percibe en el significado de una y la otra?

Quiero que Josefina **consiga** el empleo.	(presente del subjuntivo)
Quería que Josefina **consiguiera** el empleo.	(imperfecto del subjuntivo)

____

____

En la primera oración el hablante se encuentra en el presente y, desde ese presente, expresa el deseo que suceda algo que todavía no ha ocurrido. Es decir, el desenlace de la entrevista no se conoce o no se ha llevado a cabo todavía. Por lo tanto, el presente del subjuntivo del verbo *conseguir* afirma que la acción no se ha realizado todavía. Ni siquiera se sabe si Josefina va a ir a la entrevista. En este sentido es que esta acción pertenece al futuro del hablante. Por el contrario, en la segunda oración Josefina ya tuvo la entrevista (por eso se usa un tiempo pasado) y a pesar de que no está claro si Josefina consiguió el empleo, existe la posibilidad de que el hablante sepa los resultados. Agreguémosle más contexto al segundo ejemplo.

Quería que Josefina consiguiera el empleo,

pero no tuvo suerte.
pero nunca me dejó saber qué pasó.
y afortunadamente lo consiguió.

En cada uno de estos casos la acción ha terminando independientemente de que el hablante sepa qué ocurrió con el empleo que buscaba Josefina.

Usos del imperfecto del subjuntivo

El imperfecto del subjuntivo, al igual que el presente del subjuntivo **(Capítulo 3)** se usa en contextos que intentan expresar que la situación, acción o evento está fuera del control del sujeto o no es parte de la realidad.

Dudo que el médico **llegue** a tiempo.	(presente del subjuntivo)
Dudaba que el médico **llegara** a tiempo.	(imperfecto del subjuntivo)
Te ruego que te **calmes.**	(presente del subjuntivo)
Te rogué que te **calmaras.**	(imperfecto del subjuntivo)

En el caso del imperfecto del subjuntivo, por ser un tiempo pasado, se usa para hacer referencia a una situación en un período anterior al momento en que se habla. Los contextos de deseo, duda y persuasión —anteriormente vistos en el presente del subjuntivo— continúan siendo la razón por la cual se usa el subjuntivo, y la única diferencia con el presente del subjuntivo está en que la acción ocurrió en el pasado. No hay que olvidar que el imperfecto del subjuntivo aparece regularmente en oraciones que están subordinadas a oraciones principales. Es justamente en la oración principal donde encontramos los verbos que indican deseo, duda o persuasión (en itálicas).

Quique no *creía* que su padre **empeorara** tan rápidamente.
Azucena no *quería* que Quique se **mortificara** tanto.
Alicia *temió* que sus hijas se **enojaran** si ella no les decía la verdad.

En los ejemplos a continuación la oración principal aparece en itálicas y la oración subordinada está subrayada. En cada una se encuentra un verbo en un tiempo pasado del indicativo **(iba, insistió)** seguido de otro verbo en la oración subordinada en el imperfecto del subjuntivo en negrillas **(recogiera, tomara).**

*Ayer Sofía **iba** a almorzar con su padre* después de que **recogiera** los medicamentos.
*Ella **insistió** en* que él **tomara** todo lo que le recetó el doctor.

La duda

El imperfecto del subjuntivo se puede usar para indicar la incertidumbre de que algo pudo haber ocurrido en el pasado. En otras palabras, cuando el hablante no está seguro del resultado de un evento o una acción que sucedió antes del momento del habla, usa un verbo que exprese duda o incertidumbre. En este grupo encontramos en la oración principal verbos y expresiones como *dudar, negar, no creer, no estar seguro, no era cierto, no fue verdad, era imposible, era improbable, (no) fue posible, (no) era probable.* Ciertas conjunciones también indican falta de certeza, por ejemplo: *a menos que, antes (de) que, con tal (de) que, cuando, después (de) que, en caso (de) que, en cuanto, hasta que, mientras, para que, sin que, tan pronto como,* etc.

No creí que **saliera** tan rápido de cuidados intensivos.

Era posible que **muriera** si no aparecía el donante.

La persuasión

Algunos de los verbos en la oración principal que ayudan al hablante a convencer o persuadir al oyente son *aconsejar, desear, importar, insistir, mandar, necesitar, pedir, preferir, prohibir, querer, recomendar, rogar, sugerir.* También sirven al mismo propósito expresiones como *era necesario que, era importante que, fue mejor que, fue urgente que.*

Josefina y yo no *quisimos* que Azucena **condujera** el coche.

Era urgente que **arreglaran** el sistema de seguro médico.

La emoción

Entre los verbos que expresan emoción en la oración principal se encuentran *alegrarse, esperar, gustar, molestar, preocupar, sentir, sorprender, temer, tener miedo.* También podemos encontrar expresiones como *era extraño, fue una lástima, era ridículo, fue terrible, era triste.*

Quique *temía* que su padre se **diera** por vencido.

Era ridículo que el seguro **preguntara** si la enfermedad fue un accidente de trabajo.

Conjugaciones de los verbos

En el siguiente diagrama hay dos terminaciones para cada uno de los verbos en el imperfecto del subjuntivo y ambas son correctas o poseen el mismo significado, a pesar de que la primera terminación, –ra, es la más popular entre los hablantes del español.

infinitivo	*yo*	*tú*	*él/ella/Ud.*	*nosotros/as*	*ellos/as/Uds.*
alter**ar**	altera**ra**	altera**ras**°	altera**ra**	alter**áramos**°	altera**ran**
(altera~~ron~~)	altera**se**	altera**ses**	altera**se**	alter**ásemos**	altera**sen**

Miguel no quería que Alicia se altera**ra** con la noticia.

Miguel no quería que Alicia se altera**se** con la noticia.

°Las formas pertenecientes a tú, él/ella/Ud. y ellos/as/Uds. de los verbos regulares del grupo {ar} del imperfecto del subjuntivo son parecidas a las del futuro. La única diferencia es que en el futuro la fuerza de la pronunciación se encuentra en la última sílaba.

*No quería que te **alteraras** con la noticia.*

*No sé si te **alterarás** al enterarte.*

*°Las únicas formas que llevan acento en el imperfecto del subjuntivo son las pertenecientes a nosotros, por llevar la fuerza de pronunciación en la antepenúltima sílaba **(Fase IV)**.*

infinitivo	*yo*	*tú*	*el/ella/Ud.*	*nosotros/as*	*ellos/as/Uds.*
escond**er**	escondie**ra**	escondie**ras**	escondie**ra**	escondi**éramos**	escondie**ran**
(escondie~~ron~~)	escondie**se**	escondie**ses**	escondie**se**	escondi**ésemos**	escondie**sen**

A Alicia le preocupaba que Miguel escondie**ra** sus preocupaciones.

A Alicia le preocupaba que Miguel escondie**se** sus preocupaciones.

	yo	*tú*	*el/ella/Ud.*	*nosotros/as*	*ellos/as/Uds.*
recib**ir**	recibie**ra**	recibie**ras**	recibie**ra**	recibi**éramos**	recibie**ran**
(recibie~~ron~~)	recibie**se**	recibie**ses**	recibie**se**	recibi**ésemos**	recibie**sen**

Alicia creía que era importante que sus hijos recibie**ran** la noticia inmediatamente.

Alicia creía que era importante que sus hijos recibie**sen** la noticia inmediatamente.

De la misma manera que el presente del subjuntivo usa la primera persona singular *(yo)* del presente del indicativo como base para formar sus conjugaciones,° el imperfecto del subjuntivo también usa otro tiempo verbal: la tercera persona plural (ellos/as/Uds.) del pretérito. En otras palabras, si usted conjuga cualquier verbo —regular o irregular— en la tercera persona plural del pretérito (ellos/as), y elimina la última sílaba para reemplazarla con los afijos que aparecen en negrillas, producirá automáticamente este tiempo verbal. Vea este patrón en los verbos que siguen.

*°Vea las Tablas **J, K, L** y **M**.*

	estar	*creer*	*decir*	*traducir*
	(estuvie~~ron~~)	(creye~~ron~~)	(dije~~ron~~)	(traduje~~ron~~)
yo	estuvie**ra**	creye**ra**	dije**ra**	traduje**ra**
tú	estuvie**ras**	creye**ras**	dije**ras**	traduje**ras**
él/ella/Ud.	estuvie**ra**	creye**ra**	dije**ra**	traduje**ra**
nosotros/as	estuvi**éramos**	crey**éramos**	dij**éramos**	traduj**éramos**
ellos/as/Uds.	estuvie**ran**	creye**ran**	dije**ran**	traduje**ran**

Note que las formas de los verbos *ser* e *ir* en el imperfecto del subjuntivo son idénticas, como lo son en el pretérito. Sólo el contexto en el que se usa el verbo aclara el significado.

Si **fuera (ser)** médico trataría a la gente con más consideración.

Si **fuera (ir)** a la facultad de medicina tendría que estudiar muchísimo.

	ser / ir	*querer*	*caber*	*reír*
	(fue~~ron~~)	(quisie~~ron~~)	(cupie~~ron~~)	(rie~~ron~~)
yo	fue**ra**	quisie**ra**	cupie**ra**	rie**ra**
tú	fue**ras**	quisie**ras**	cupie**ras**	rie**ras**
él/ella/Ud.	fue**ra**	quisie**ra**	cupie**ra**	rie**ra**
nosotros/as	fu**éramos**	quisi**éramos**	cupi**éramos**	ri**éramos**
ellos/as/Uds.	fue**ran**	quisie**ran**	cupie**ran**	rie**ran**

5-4. Tablas. Llene la **Tabla Ñ** (pág. 300–301), siguiendo las tres terminaciones que aparecen como modelo.

5-5. Del diario de Quique: *Entre más doctores, más dolores.* Llene los espacios en blanco con la forma del **imperfecto del subjuntivo** que complete el sentido de la historia, y coloque los acentos sobre las palabras en orden alfabético que lo necesiten.

I

No era posible que esto ______________ **(1. ocurrir)** en mi familia. Nunca ***(a)*** *crei* que la enfermedad de papá ______________ **(2. ser)** tan grave ni que los doctores le ______________ **(3. recomendar)** la quimoterapia como la mejor alternativa. Nuestra familia ha sido siempre muy saludable y nunca ***(b)*** *imagine* que esto ______________ **(4. poder)** ocurrirle a uno de nosotros, especialmente a papá. Él siempre ha sido la cabeza de la casa y no había enfermedad que lo ______________ **(5. poner)** en una cama. Por eso, cuando lo vi por primera vez en un hospital no ***(c)*** *queria* mirarlo a los ojos para que no se ______________ **(6. sentir)** mal y no se ______________ **(7. dar)** cuenta de que yo estaba a punto de llorar. El doctor le ***(d)*** *recomendo* que ______________ **(8. buscar)** el ***(e)*** *apoyo* de la familia y que ______________ **(9. visitar)** una ***(f)*** *iglesia* porque no ***(g)*** *queria* que papá ______________ **(10. cambiar)** de ***(h)*** *opinion* cuando ______________ **(11. empezar)** el doloroso tratamiento. El ***(i)*** *medico* de cabecera quería que la familia ______________ **(12. estar)** unida en los momentos ***(j)*** *dificiles* que se nos acercaban y nos ***(k)*** *pedia* que lo ______________ **(13. animar:** nosotros) cuando se ______________ **(14. encontrar)** a punto de darse por vencido. ***(l)*** *Mama* estaba muy nerviosa porque ***(m)*** *temia* que papá se le ______________ **(15. morir)** durante el sueño. ¡Se imaginan ustedes la ***(n)*** *impresion* que le ***(ñ)*** *produciria* si esto ______________ **(16. llegar)** a ocurrir! Recuerdo que el doctor le ***(o)*** *dio* un calmante para que ______________ **(17. tolerar)** el dolor y el pobre se la pasaba todo el día con ***(p)*** *nauseas,* ***(q)*** *vomitos* y diarreas. Mamá no encontraba nada que le ______________ **(18. calmar)** el dolor; con excepción de los medicamentos, y papá se avergonzaba de que ella lo ______________**(19. ver)** en tan mal estado de salud. En ocasiones se preguntaba si *el remedio era peor que la enfermedad.* El viejo siempre fue muy orgulloso y mi madre no quería que ______________ **(20. caer)** en una ***(r)*** *depresion.*

Comente. ¿Se ha encontrado en una situación parecida a la de Quique y su familia? ¿Qué haría para que el enfermo se sintiera mejor?

II

Durante esos días Mamá tuvo que pedir un permiso especial en el trabajo porque no había nadie en la casa que lo ______________ **(1. poder)** atender, y nos rogaba que ______________ **(2. aportar:** nosotros) en lo que ______________ **(3. poder)** para hacerlo sentir bien. El doctor nos recomendaba que le ______________ **(4. dar)** aliento y eso fue lo que hicimos durante los momentos difíciles. Mamá temía que papá ______________ **(5. perder)** la paciencia e ______________ **(6. hacer)** una locura, y constantemente ***(a)*** *escondia* cualquier cosa que ______________ **(7. representar)** ***(b)*** *algun* peligro para su vida. Almacenaba los medicamentos peligrosos en diferentes lugares de la casa porque temía que papá en un momento de ***(c)*** *desesperacion* ______________ **(8. tomar)** una sobredosis y ______________ **(9. terminar)** de una vez por todas con su vida sin que nosotros nos ______________ **(10. percatar).** El viejo era tan cabezadura y había días que *se levantaba con el pie izquierdo.* Nosotros temíamos que papá se ______________ **(11. cansar)** de luchar contra la enfermedad y, por eso, nuestra madre insistía que lo ______________ **(12. visitar)** todos los días y le ______________ **(13. demostrar)** nuestro amor. Abuela siempre nos había dicho, *muchos hijos, riqueza del pobre.* En el pasado a papá le habíamos obedecido aunque no ______________ **(14. tener)** la ***(d)*** *razon*; sin embargo, ahora las cosas ***(e)*** *comenzaban* a cambiar y yo, por ser el mayor, tenía que velar por su bienestar.

Comente. ¿Ha pensado en hacerse cargo de sus padres algún día? ¿Es el asilo de ancianos una alternativa viable? Existe el dicho popular *Un padre puede cuidar a veinte hijos, pero un hijo no puede cuidar a un padre.* ¿Podria interpretarlo?

III

Papá siempre había dicho que no quería que nadie lo ______________ **(1. ver)** morir lentamente y ***(a)*** *dejo* claro que prefería que lo ______________ **(2. desconectar)** de cualquier ***(b)*** *maquina* en caso de que no ______________ **(3. haber)** esperanza de una recuperación. No quería que la familia ______________ **(4. sufrir)** ni que su sobrevivencia ______________ **(5. ser)** una carga para nadie porque sabía que, como todos los mortales, ***(c)*** *algun* día tenía que enfrentarse cara a cara con la muerte. Sin embargo, papá amaba la vida y esperaba que el tratamiento ***(d)*** *medico* ______________ **(6. destruir)** las ***(e)*** *celulas* cancerosas de su sangre y milagrosamente lo ______________ **(7. sanar).** Nosotros no queríamos que papá ______________ **(8. morir)** y, por eso, hacíamos todo lo posible para que él no ______________ **(9. perder)** las esperanzas de vivir, pero esto era muy ***(f)*** *dificil* y requería que le ______________ **(10. buscar:** nosotros) ayuda ***(g)*** *profesional.*

Comente. ¿Qué le sugeriria a su mejor amigo/a si se encontrara en la situación de Miguel?

IV

A pesar de la enfermedad, papá nunca ***(a)*** *perdio* el apetito. Había días que quería que le _______________ **(1. traer:** nosotros**)** comida cubana, y se antojaba de arroz blanco, frijoles negros y ***(b)*** *platanos* maduros fritos, y de la ropa vieja que la madre de ***(c)*** *Angel* gustosamente le cocinaba. Otros días le pedía a Eduardo que le _______________ **(2. buscar)** comida puertorriqueña, y el alcahuete de mi cuñado llamaba a su mamá para que le _______________ **(3. cocinar)** arroz con gandules, chuletas de cerdo y mofongo. O llamaba a Azucena los días de semana y le ***(d)*** pedía que le _______________ **(4. hacer)** las pupusas de ***(e)*** *chicharron* que tanto le encantaban a mi padre. El viejo tenía más antojos que una mujer embarazada y por suerte toda la familia se había unido durante este período y lo consentía en todo lo que podía. Tan pronto comía, quería hacer *como el apostol trece que come y desaparece,* pero no lo ***(f)*** *dejabamos* salir solo. El doctor nos recomendó que _______________ **(5. encontrar:** nosotros**)** un grupo de ***(g)*** *apoyo* para que papá se _______________ **(6. sentir)** más informado y le _______________ **(7. confiar)** sus intimidades a personas que lo _______________ **(8. poder)** comprender mejor que nosotros. Fue en esos días cuando se me ***(h)*** *ocurrio* buscar en la red ***(i)*** *cibernetica* algunas ***(j)*** *direcciones* de estos grupos de apoyo y, sin que papá se _______________ **(9. dar)** cuenta, lo ***(k)*** *conecte* con un grupo que se ***(l)*** *reunia* todas las tardes y compartía sus intimidades dentro del anonimato. Este ***(m)*** *contacto* con personas que padecían su enfermedad le ***(n)*** *ayudo* bastante y todos los días papá esperaba que _______________ **(10. ser)** las cinco de la tarde para conectarse con sus amigos ***(ñ)*** *ciberneticos.* Fue entonces cuando se puso al tanto de una tal Laura a la que se le ***(o)*** *diagnostico* ***(p)*** *leucemia* antes de haber cumplido los dieciocho años. La pobre ***(q)*** *recibio* quimoterapia y tuvo que pasar su cumpleaños separada de sus seres queridos por una pared de cristal. La información que esta joven le proveyó a papá le ***(r)*** *sirvio* para que se _______________ **(11. dar)** cuenta de que había sido afortunado por haber tenido la dicha de ver crecer a sus hijos y haber conocido al primer nieto. Era muy probable que ella, como otros ***(s)*** *jovenes,* nunca ***(t)*** *tendria* tal privilegio. En otras palabras, si a papá la muerte le _______________ **(12. llegar)** al día siguiente debería estar satisfecho por las bendiciones que la vida le había otorgado.

Comente. ¿Sabe qué son gandules, pupusas, ropa vieja y mofongo? ¿En qué países se comen estos platos típicos?

V

En lo que concierne a la enfermedad de papá, los doctores temían que la cantidad de glóbulos blancos en su sangre ______________ **(1. bajar)** mucho y que ______________ **(2. estar)** expuesto a infecciones o ***(a)*** *bacterias* de cualquier persona que se le ______________ **(3. acercar).** El tratamiento radioactivo se proponía destruir las ***(b)*** *celulas* cancerosas de la sangre, pero en este proceso existía la posibilidad de que papá no ______________ **(4. poder)** soportar los efectos secundarios del tratamiento, debido a que las defensas de su sistema ***(c)*** *inmunologico* se encontraban muy bajas. Sofía, Josefina y yo fuimos elegidos como posibles donantes de médula ósea; sin embargo, no ***(d)*** *eramos* los candidatos ideales porque sólo nos ***(e)*** *unia* el lazo sanguíneo de papá. Era necesario que ______________ **(5. haber)** una persona que ______________ **(6. tener)** una mayor compatibilidad con papá y el tío Gerardo ***(f)*** *surgio* como la posible salvación. Papá y él eran hermanos de padre y madre y, por tal ***(g)*** *razon,* el trasplante ***(h)*** *tendria* más probabilidades de ser exitoso. Los doctores buscaban extraerle sangre proveniente del seno de la médula e injertarla en el cuerpo debilitado de papá una vez la radiación ______________ **(7. destruir)** la ***(i)*** *ultima* gota de sangre cancerosa. La vigorosa sangre del tío iniciaría un nuevo ciclo reproductivo en el cuerpo de papá y habría grandes posibilidades de que su organismo la ______________ **(8. aceptar)** y ______________ **(9. crear)** un nuevo ciclo reproductivo. En fin, no sé cuando ***(j)*** *volvere* a escribir porque no tengo ganas de contar cosas ***(k)*** *intimas.* No lo ***(l)*** *hare* más, a menos que tenga buenas noticias. ***(m)*** *Se* que *el tiempo lo cura todo.*

Comente. ¿Por qué Quique no era el donante ideal para el trasplante de médula ósea?

5-6. A manera de laboratorio. En grupos de dos estudiantes van a dictarse partes de la historia que acaban de completar. Su profesor/a le dará instrucciones.

____

____

____

____

____

Vocabulario

¿Cómo se escriben las siguientes palabras en inglés? ¿Qué diferencia(s) existen entre el inglés y el español?

la fiebre ____________ ________________________________

la vacuna ____________ ________________________________

¿Qué significan las siguientes palabras en inglés? Si no está seguro/a, revise el ejercicio 5-7 o búsquelas en el diccionario.

el escalofrío ____________

estornudar ____________

la gripe ____________

toser ____________

© Medio Images Inc./Index Stock Imagery

5-7. ¡En español, por favor! Traduzca el párrafo al español.

Azucena was worried about Enriquito. He had been sneezing and coughing for a couple of days, his head hurt, and now he had chills. She immediately took his temperature and realized he had a fever. At first she thought it was a cold, but the fever probably meant it was the flu. He had gotten a flu vaccine this year so she was not expecting him to catch it. She decided to take him to the doctor.

____

____

____

____

____

Del habla a la escritura: *dijera* vs. **dijiera*

En el **Capítulo 1** señalamos que verbos como *decir* y *traer* en la tercera persona plural del pretérito se escriben *dijeron* y *trajeron,* a pesar de que algunos hablantes agregan una 'i' que no existe en estas formas verbales. Exactamente lo mismo sucede con las formas del imperfecto del subjuntivo. Estos mismos verbos muchas veces sufren de esta 'i' adicional y escuchamos **dijiera* y **trajiera* en lugar de *dijera* y *trajera*.

Práctica. Conjugue los verbos en el imperfecto del subjuntivo.

1. ¿Sería bueno que todos los doctores nos ____________ (**decir**) siempre la verdad?
2. Me hubiera gustado que el tío Gerardo ____________ (**traer**) a toda su familia.
3. Si él ____________ (**conducir**) mejor, mi tía Blanca se habría animado a venir con él.
4. La verdad es que la necesitaría para que le ____________ (**traducir**) porque él no habla nada de inglés.
5. Él siempre había dicho que el que lo ____________ (**introducir**) al país sin que le pidieran papeles, ganaría un premio.

Ortografía

Acentos diferenciales

Existe un grupo de palabras que lleva acento simplemente para **diferenciarlas** de otras que se escriben exactamente igual pero que tienen un significado diferente.

aun (even)
Aun los médicos no saben que hacer.

aún (yet, still)
Aún no han podido encontrar el problema.

de (of / from)
El abogado **de** la compañía renunció.

dé (give)
Quiere que el jefe le **dé** una recomendación.

el (the)
El gerente convocó una reunión.

él (he)
Él luego la canceló.

mas (but)
Trató de terminar, **mas** no pudo.

más (more)
Cada vez tiene **más** trabajo.

mi (my)
Mi dentista es excelente.

mí (me)
La cita es para **mí.**

se (all uses except *I know*)
El policía **se** puso el uniforme.

sé (I know)
Sé que tiene que ir al juzgado.

si (if)
No sé **si** los diputados votaron.

sí (all uses except *if*)
Los senadores **sí** lo hicieron.

solo (alone)
A él le gusta trabajar **solo.**

sólo (only)
Sólo los gerentes asistieron a la reunión.

te (you)
Te cae mal el café, ¿no?

té (tea)
Vamos a tomar un **té.**

tu (your)
Tu profesión tiene mucha demanda.

tú (you)
¿**Tú** sigues metido en la informática?

5-8. Casos de la vida: Una mañana típica en la vida de Eduardo y Josefina. Coloque los acentos sobre las palabras en orden alfabético que lo necesiten.

I

(a) *El* y ***(b)*** *ella* siempre han tenido gustos diferentes, ***(c)*** *mas* esto no ha sido un inconveniente para que sean felices porque siempre ***(d)*** *se* han amado mucho. Por ejemplo, a ***(e)*** *el* no le gusta ***(f)*** *el* café, ***(g)*** *mas* a ella ***(h)*** *si.* Eduardo siempre ha preferido ***(i)*** *el* ***(j)*** *te* ***(k)*** *de* manzanilla porque desde pequeño lo tomaba todo ***(l)*** *el* tiempo y, por supuesto, ***(m)*** *se* fue acostumbrando. Una mañana Eduardo ***(n)*** *se* apareció en ***(ñ)*** *el* cuarto de Josefina con la jarra ***(o)*** *de* ***(p)*** *te* y le preguntó:

II

Eduardo: ¿***(a)*** *Te* sirvo, cariño?

Josefina: ¡***(b)*** *Te* he dicho que no me gusta ***(c)*** *el* ***(d)*** *te* por las mañanas! ***(e)*** *Si* deseas que te ***(f)*** *de* los buenos días, ***(g)*** *haz* café con leche y ***(h)*** *te* juro que voy a quererte cada día ***(i)*** *mas.* No ***(j)*** *me* gusta ***(k)*** *el* ***(l)*** *te* ***(m)*** *de* manzanilla ***(n)*** *ni* ***(ñ)*** *de* ningún otro sabor... ***(o)*** *solo* quiero café... ¿Por qué no haces como Ángel y me compras una cafetera moderna para hacer café *espresso* o, como dice ***(p)*** *el,* café cubano, y así podemos tomarlo todo ***(q)*** *el* día?

III

Eduardo: No quiero traer tanta tentación a ***(a)*** *mi* casa. ***(b)*** *Se* que ***(c)*** *el* café cubano va a crear un hábito en ***(d)*** *ti* y ***(e)*** *se* que vas a perder ***(f)*** *el* sueño ***(g)*** *si* tomas tanta cafeína. ***(h)*** *Tu* bien sabes que desde que Don Miguel ha estado enfermo ***(i)*** *tu* sueño es muy ligero y ***(j)*** *el* café va a descontrolar ***(k)*** *mas* ***(l)*** *tu* sistema nervioso.

Josefina: Lo ***(m)*** *se,* ***(n)*** *mas* ***(ñ)*** *aun* así a ***(o)*** *mi* ***(p)*** *se* ***(q)*** me antoja tomarlo tres veces al día. Es ***(r)*** *mi* único antojo y no soy la única porque ***(s)*** *aun* los doctores lo toman todo ***(t)*** *el* día. Así que ***(u)*** *si* no quieres que ese olor a ***(v)*** *te* me ***(w)*** *de* náuseas, llévatelo inmediatamente y tráeme café caliente. Recuerda que hoy por ***(x)*** *ti,* mañana por ***(y)*** *mi.*

Gramática

Condicional

El condicional, como su nombre lo indica, presenta la posibilidad de que algo ocurra, siempre y cuando surjan las condiciones necesarias.°

°*El condicional es equivalente a* would *del inglés.*

Mi padre **estaría** más contento si le dieran de alta en el hospital.

En este ejemplo se puede apreciar claramente que la alegría del padre va a depender de que los doctores lo dejen irse a la casa.

Existe una tendencia en algunos dialectos del español a reemplazar el condicional por el imperfecto del subjuntivo. Compare las siguientes oraciones y elija cuál de las dos le parece apropiada o, ¿le parece que ambas son correctas?

Si **tuviera** el dinero me **fuera** de vacaciones hoy mismo.

Si **tuviera** el dinero me **iría** de vacaciones hoy mismo.

Si le pareció que el primer ejemplo es correcto, usted es partícipe de estos cambios que ocurren en el español y probablemente aceptaría la siguiente versión del ejemplo que inicia la sección.

Mi padre **estuviera** más contento si le **dieran** el alta del hospital.

Sin embargo, en el español estándar, este tipo de oración siempre se forma con el imperfecto del subjuntivo en la parte de la oración que lleva *si* y el condicional en la otra.

Usos del condicional

Este tiempo se usa para expresar la posibilidad de que un evento o acción ocurra. El verbo en el condicional puede describir algo que no se realiza debido a la influencia de otro evento, como en el primer ejemplo a continuación, o la condición bajo la cual un evento o una acción va a ocurrir, como en el segundo.

Josefina se **quedaría** con su madre este fin de semana si no tuviera que trabajar.

Miguel **perdería** la confianza en el tratamiento si no fuera por los consejos de su médico de cabecera.

Conjugaciones de los verbos

El condicional se conjuga siguiendo las mismas reglas que usamos para el futuro **(Capítulo 3)**, es decir, al infinitivo de cualquiera de las tres terminaciones, {ar}, {er} e {ir}, se le agrega las terminaciones del condicional –ía, –ías, –ía, –íamos, –ían. Estas terminaciones tienen una vocal débil acentuada frente a la fuerte, produciendo el sonido que se discutió en la **Fase II.**

infinitivo	*yo*	*tú*	*él/ella/Ud.*	*nosotros/as*	*ellos/as/Uds.*
hablar	hablar**ía**	hablar**ías**	hablar**ía**	hablar**íamos**	hablar**ían**
atender	atender**ía**	atender**ías**	atender**ía**	atender**íamos**	atender**ían**
vivir	vivir**ía**	vivir**ías**	vivir**ía**	vivir**íamos**	vivir**ían**

Verbos irregulares en el condicional

La mayor parte de los verbos en el condicional —como el futuro— son regulares a excepción de los verbos que siguen.

infinitivo	*yo*	*tú*	*él/ella/Ud.*	*nosotros/as*	*ellos/as/Uds.*
caber (cabr-)	cabr**ía**	cabr**ías**	cabr**ía**	cabr**íamos**	cabr**ían**
decir (dir-)	dir**ía**	dir**ías**	dir**ía**	dir**íamos**	dir**ían**
haber (habr-)	——	——	habr**ía**	——	——
hacer (har-)	har**ía**	har**ías**	har**ía**	har**íamos**	har**ían**
poder (podr-)	podr**ía**	podr**ías**	podr**ía**	podr**íamos**	podr**ían**
poner (pondr-)	pondr**ía**	pondr**ías**	pondr**ía**	pondr**íamos**	pondr**ían**
querer (querr-)	querr**ía**	querr**ías**	querr**ía**	querr**íamos**	querr**ían**
saber (sabr-)	sabr**ía**	sabr**ías**	sabr**ía**	sabr**íamos**	sabr**ían**
salir (saldr-)	saldr**ía**	saldr**ías**	saldr**ía**	saldr**íamos**	saldr**ían**
tener (tendr-)	tendr**ía**	tendr**ías**	tendr**ía**	tendr**íamos**	tendr**ían**
valer (valdr-)	valdr**ía**	valdr**ías**	valdr**ía**	valdr**íamos**	valdr**ían**
venir (vendr-)	vendr**ía**	vendr**ías**	vendr**ía**	vendr**íamos**	vendr**ían**

Tenga cuidado con el verbo *querer* porque en el condicional se escribe con 'rr' mientras que en el imperfecto del indicativo lleva 'r'. Explique qué diferencia existe entre los dos ejemplos que siguen.

—¿Qué **querría** ese hombre? —No lo tengo la menor idea.

—¿Qué **quería** ese hombre? —Me pidió direcciones para llegar al estadio.

____

____

Existe otro uso del condicional similar al que expresa el futuro. Es decir, de la misma manera que el futuro indica que algo puede ocurrir o va a ocurrir en un momento más allá del presente (después del momento del habla), el condicional lo hace con referencia al pasado. O sea, permite señalar que un evento o una acción podría haber ocurrido en el pasado. Compare los siguientes ejemplos en el futuro y el condicional.

Me *acaba* de avisar la enfermera que los médicos **llegarán** a las once. (futuro)

La enfermera me *avisó* que los médicos **llegarían** a las ocho. (condicional)

¿Qué hora **será** (ahora)? (futuro)

¿Qué hora **sería** anoche cuando sonó el teléfono? (condicional)

5-9. Tablas. Lene la **Tabla O** (pág. 302–303), siguiendo las tres terminaciones que aparecen como modelo y tomando en cuenta los cambios que se presentaron en la sección anterior.

5-10. Del diario de Alicia: *Hay de todo en la viña del señor.* Llene los espacios en blanco con la forma del **condicional** que complete el sentido de la historia, y coloque los acentos sobre las palabras en orden alfabético que lo necesiten.

I

Realmente no sé qué ______________ **(1. hacer)** Miguel y yo si no ***(a)*** *tuvieramos* un seguro médico. Si no hubiera sido por el mío ______________ **(2. tener:** nosotros**)** que vender la casa para pagar todas las deudas. Aún así no sé si ______________ **(3. haber)** suficiente dinero para pagarle al banco ya que los gastos que últimamente hemos tenido han sido exorbitantes. Estoy segura de que Miguel nunca le ______________ **(4. pedir)** un centavo a los muchachos aunque no le ***(b)*** *quedara* ni un ***(c)*** *dolar* en el bolsillo. En ese caso ______________ **(5. tener)** que ser yo la que *agarrara el toro por los cuernos* para encontrar una solución. No me ***(d)*** *imagino* lo que mis hijos ______________ **(6. decir)** si supieran que estamos apretados económicamente y se lo hemos estado ocultando. A ***(e)*** *mi* personalmente me ______________ **(7. gustar)** que Miguel estuviera ***(f)*** *mas* tiempo en el hospital. ***(g)*** *Si* ***(h)*** *se* quedara un par de semanas más, me ______________ **(8. sentir)** tranquila, pero sé que nos ______________ **(9. salir)** *un ojo de la cara.* Aún ***(i)*** *asi* no me ______________ **(10. importar)** lo que ***(j)*** *costara* con tal de que recibiera el tratamiento adecuado.

Comente. ¿Qué piensa de los servicios médicos que se suministran en su ciudad? ¿Pueden mejorarse y cómo?

II

Ayer por la mañana ***(a)*** *discuti* con una de las enfermeras en el hospital porque si se hubiera dado prisa, _____________ **(1. tener:** nosotros**)** mañana mismo los ***(b)*** *analisis* que le hicieron a Miguel; ***(c)*** *mas* por su culpa tuvimos que esperar hasta el día siguiente. Dijo que tenía demasiado ***(d)*** *trabajo* y no iba a poder llevarlos a tiempo al laboratorio. Reconozco que son muchas las obligaciones que cumplen las enfermeras, pero si ***(e)*** *trabajaran* menos horas, el cuidado de los pacientes _____________ **(2. mejorar).** Obviamente el ***(f)*** *estres* de la profesión se refleja en el cuidado que reciben los enfermos. Me _____________ **(3. encantar)** que alguien me ***(g)*** *explicara* por ***(h)*** *que* existe escasez en esta profesión a pesar de que el salario es bastante bueno. Tiene que haber algo que no anda bien y *al que le caiga el sayo que se lo ponga.* Al ver diariamente esta situación, creo que _____________ **(4. deber:** yo**)** estudiar ***(i)*** *enfermeria* por las noches y dejar el ***(j)*** *magisterio,* pero ¿quién me _____________ **(5. pagar)** la ***(k)*** *matricula* y cuánto me _____________ **(6. costar)** esta aventura? Si se lo digo a mis hijos, _____________ **(7. decir)** que estoy loca y me lo _____________ **(8. prohibir)** rotundamente..., pero ¿***(l)*** *quienes* son ellos para decidir lo que debo hacer...? *¡Ya los pájaros le quieren tirar a las escopetas!* Sin embargo, esto _____________ **(9. ser)** en vano porque sé que si hubiera estudiado enfermería ***(m)*** *tambien* me _____________ **(10. quejar)** de la cantidad de enfermos que debo atender, de la misma manera que me he estado quejando de los estudiantes desde hace muchos años. ***(n)*** *Ademas,* si me fuera a estudiar mientras Miguel ***(ñ)*** *esta* enfermo, se _____________ **(11. ver)** como si ***(o)*** *buscara* una excusa para escapar de mis obligaciones de esposa. Pero, ¿de ***(p)*** *que* me ***(q)*** *quejo*? El servicio en este hospital no ha sido malo. Admito que no _____________ **(12. deber)** hacer una generalización por lo ocurrido ayer, y juzgar de incompetentes a todos los enfermeros. *Hay de todo en la viña del señor* y no quiero que *paguen justos por pecadores.* Por ejemplo, por las tardes viene una chica nicaragüense que si pudiera ***(r)*** *llevarmela* a casa me la _____________ **(13. llevar)** sin pensarlo. Es un encanto y me _____________ **(14. agradar)** que fuera parte de la familia. ¡Qué ***(s)*** *lastima* que no tenga otro hijo varón! No sé qué _____________ **(15. hacer)** si ella no estuviera cuidando a Miguel porque en ocasiones se porta peor que un niño. Recuerdo los días que Miguel se estaba sintiendo mal y ella le alegraba el ***(t)*** *espiritu* con sus refranes. Una vez Miguel dijo que se ***(u)*** *sentia* viejo y ella le ***(v)*** *respondio, Más viejo es el viento y aún sopla,* lo cual le ***(w)*** *saco* una sonrisa; en otra ***(x)*** *ocasion* no se ***(y)*** *queria* tomar la medicina y le ***(z)*** *llamo* la atención como a un niño ***(aa)*** *diciendole:* Don Miguel, voy a tener que *leerle la cartilla.* La semana pasada lo ***(bb)*** *obligo* a levantarse del ***(cc)*** *sillon* para que hiciera ejercicios y, como Miguel le puso una cara de malos amigos y le respondió con murmullos, ella le soltó una carcajada y le dijo, *Perro viejo, ladra sentado,* y a Miguel se le ***(dd)*** *quito* inmediatamente la pereza. Creo que todo el dinero del mundo no _____________ **(16. alcanzar)** para pagar su devoción a esta profesión. Es muy ***(ee)*** *seria y* lleva a la ***(ff)*** *practica* el *haz bien sin mirar a quién.* Pienso que si ***(gg)*** *tuvieramos* más personas como ella el mundo _____________ **(17. ser)** mucho más placentero.

Comente. ¿Cuáles son las dificultades mayores de la enfermería como carrera profesional? ¿Cómo se podría mejorar?

III

El seguro médico se ha vuelto para nosotros una necesidad. Si no hubiera puesto a Miguel en el ***(a)*** *mio,* ahora ______________ **(1. estar:** nosotros**)** pasando apuros. Por ejemplo, si ***(b)*** *comprara* la medicina que toma regularmente sin seguro ***(c)*** *medico* nos ______________ **(2. costar)** aproximadamente $1.250 mensuales. El total de la estadía en el hospital a estas alturas se ______________ **(3. remontar)** a más de $100.000. Si esto ocurriera, el hospital le ______________ **(4. negar)** la habitación privada que tiene y también le ______________ **(5. poner)** obstáculos para los tratamientos especiales. ¿Qué ______________ **(6. ocurrir)** si Miguel ***(d)*** *necesitara* más ***(e)*** *analisis* y el seguro no los aprobara? Lamentablemente, el seguro médico no ______________ **(7. aprobar)** ningún tratamiento experimental si éstos se necesitaran de inmediato. Si nos encontráramos en esa situación, no me ______________ **(8. importar)** vender la casa, y lo digo de corazón. Si esto ***(f)*** *llegara* a pasar no se lo ______________ **(9. mencionar)** a Miguel por nada en el mundo porque lo ______________ **(10. deprimir)** aún más, y su salud ______________ **(11. empeorar).** Sin embargo, *hay que tener los pantalones en su sitio* porque *del cobarde no se ha escrito nada.*

Comente. ¿Qué le parece el carácter de Alicia Guerra? ¿Le recuerda a alguien que conoce? ¿Le gustaría ser como ella?

Vocabulario

¿Qué significan las siguientes palabras en inglés? Si no está seguro/a, revise el ejercicio 5-11 o búsquelas en el diccionario.

la abeja	______________	el/la pediatra	______________
la alergia	______________	la picadura	______________
la cicatriz	______________	rascar	______________
inyectar	______________	el veneno	______________

¿Cómo se escriben las siguientes palabras en inglés? ¿Qué diferencia(s) existen entre el inglés y el español?

inmediatamente ______________ ______________________________

la inyección ______________ ______________________________

¿Cómo se escriben las siguientes palabras en español? Si no está seguro, búsquelas en el diccionario. Cuidado, hay más de una palabra en español para cada una.

to swell 1. ______________ 2. ______________

rash 1. ______________ 2. ______________

Las palabras *picar* y *receta* en español tienen dos significados diferentes en inglés. ¿Sabe cuáles son? Si no está seguro/a, búsquelas en el diccionario.

picar 1. ______________ 2. ______________

la receta 1. ______________ 2. ______________

5-11. ¡En español, por favor! Traduzca el párrafo al español.

As Azucena waited in the doctor's office, she remembered the last time she had been there with Enriquito. A bee had stung him on his left hand and it swelled up like a potato. She had no idea he suffered from allergies to bee venom. She rushed him to the pediatrician who immediately injected some medication in his arm. This lessened the swelling very quickly and the doctor sent them home with a prescription for some medication to be administered orally twice a day. Azucena stayed home so she could tend to him, and he recovered quite quickly. The doctor also wanted him to come back and undergo allergy testing. This turned out to be much worse than the bee sting. Some of the shots gave him a rash and it itched so much he scratched and ended up with a scar.

____

____

____

____

____

____

____

____

____

sino, pero y si no

La palabra *sino* significa *but* en inglés, pero no significa lo mismo que *pero.*

Ayer mi papá no tuvo examen de sangre **sino** de médula ósea.

No quiero que él duerma todo el tiempo **sino** que nos hable.

En estos caso *sino* se usa para expresar una idea opuesta a la que aparece en forma de negación en la primera parte de la oración.

En todas las demás situaciones en que nos interesa expresar la idea de *but* en inglés, se usa *pero.*

No quiere que le hagan más exámenes **pero** tiene que hacérselos.

Le caen bien las enfermeras de la mañana **pero** prefiere las de la noche.

No se debe confundir la palabra *sino* con *si no,* dos palabras que producen el mismo sonido pero tienen un uso muy distinto.

Si no comenzamos a levantarle el espíritu pronto, morirá de depresión.

Me gustaría llevarlo de vacaciones **si no** se sintiera tan enfermo.

Práctica. Complete la oración con *sino, pero* o *si no.*

1. ______________ se mejora pronto, voy a llamar a mi tío para que venga a visitarlo.
2. El tío Gerardo no es nada pesimista ______________ un optimista empedernido.
3. ______________ lo hace reír él, nadie lo hará.
4. Espero que no venga con el niño, ______________ tendrá que dejarlo con alguien en la sala de espera.
5. Mamá trató de alegrarlo ______________ ella también necesitaba que le levantaran el ánimo.

Gramática

Oraciones condicionales para hablar del futuro

Uno de los usos más comunes del condicional aparece en cláusulas con *si* que expresan una situación hipotética o posible. Estas oraciones tienen dos frases, y la que expresa la condición hipotética aparece en el imperfecto del subjuntivo comenzando con *si*, siguiéndole la frase que declara lo que ocurriría con un verbo en el condicional.

Si Miguel se *mejorara*, se **podría** ir a la casa.

Si mi padre *pudiera*, **iría** a visitar a sus hermanos.

El orden en el que se presentan las frases no importa; lo que importa es que no se repita el imperfecto del subjuntivo.

Miguel **podría** ir a la casa si se *mejorara*.

Mi padre **iría** a visitar a sus hermanos si *pudiera*.

5-12. Casos de la vida: ¿Quiénes somos? Llene los espacios en blanco con la forma del **imperfecto del subjuntivo** o **el condicional** que complete el sentido de las oraciones. Siete personajes distintos hacen comentarios. ¿Puede identificarlos?

1. Si yo consiguiera dar clases de verano ____________ **(tener)** más dinero para pagar los gastos del hospital.

   Respuesta: ____________

2. Si yo ____________ **(saber)** con certeza que Miguel y Alicia no se ____________ **(enojar)**, le ____________ **(pedir)** dinero a mi madre en Miami para ayudarlos.

   Respuesta: ____________

3. Si Eduardo y Ángel no se ____________ **(llevar)** tan bien ____________ **(ser)** problemático para nosotras.

   Respuesta: ____________

4. ¡Cómo me gustaría que Enriquito ____________ **(tener)** más tiempo para conocer a su abuelo, mi suegro!

   Respuesta: ____________

5. No sé que ____________ **(hacer)** mi madre si mis hermanas no le ____________ **(dar)** tanto apoyo.

   Respuesta: ____________

6. Si Miguel ____________ **(tener)** más paciencia, yo ____________ **(poder)** convencerlo de que se quedara en el hospital en vez de regresarse a casa conmigo.

   Respuesta: ____________

7. Si a mi jefe le ____________ **(importar)** tanto mi salud ____________ **(venir)** a verme al hospital.

   Respuesta: ____________

8. Los tres estamos de acuerdo en que si papá fuera a visitar al tío Gerardo se ____________ **(sentir)** menos deprimido.

   Respuesta: ____________

9. También se ____________ **(sentir)** mejor si el hospital ____________ **(permitir)** que Azucena y yo ____________ **(traer)** a Enriquito a visitarlo.

   Respuesta: ____________

10. Si pudiera, ____________ **(querer)** convencer a mi jefe para que continuemos la serie de artículos sobre "La moralidad y la medicina".

   Respuesta: ____________

5-13. Del diario de Quique: *Al mal tiempo, buena cara.* Llene los espacios en blanco con la forma que complete el sentido de la historia, y coloque los acentos sobre las palabras en orden alfabético que lo necesiten.

I

Mientras la familia esperaba en la sala de cuidados intensivos del hospital, mi mamá y yo nos ***(a)*** *manteniamos* abrazados en espera de que, de un momento a otro, ____________ **(1. aparecer)** el doctor con información sobre el ***(b)*** *exito* o el ***(c)*** *fracaso* del ***(d)*** *trasplante* de médula ósea que se le había hecho a papá. La espera fue una ***(e)*** *especie* de ***(f)*** *agonia* o un ***(g)*** *deseo* al mismo tiempo de querer y no querer saber el resultado porque ***(h)*** *existia* la posibilidad que las cosas no ____________ **(2. resultar)** favorables y el cuerpo de papá ____________ **(3. rechazar)** el trasplante. Mamá le ***(i)*** *prometio* al señor que ____________ **(4. hacer)** obras de caridad si mi padre salía con vida del hospital. Nadie ***(j)*** *sabia* cómo el cuerpo de papá ____________ **(5. reaccionar)** cuando le quitaran las ***(k)*** *maquinas* que lo mantenían con vida. A mamá por ratos se le ____________ **(6. ocurrir)** miles de locuras y sus ojos se perdían en el ***(l)*** *vacio*. A Sofía también se le venían a la cabeza cosas raras. Por momentos pensaba que tan pronto la puerta de cuidados intensivos se ____________ **(7. abrir)**, ____________ **(8. haber)** una mala ***(m)*** *noticia*. Azucena también le hacía ***(n)*** *compañia* en estos pensamientos absurdos e imaginaba que mi padre se ____________ **(9. salvar)** si la primera persona que ____________ **(10. entrar)** por la puerta ____________ **(11. ser)** una mujer. ¡Se les venían a la cabeza miles de supersticiones y todas como consecuencia de la espera! Afortunadamente la primera premonición nunca ***(ñ)*** *ocurrio* y Sofía ***(o)*** *sintio* la certeza de que todo ____________ **(12. salir)** bien.

A pesar de que le entraban dudas por momentos, estaba segura que nuestro padre ____________ **(13. superar)** la enfermedad porque siempre había sido su ***(p)*** *heroe* y sabía que nada lo podía vencer.

Comente. ¿Le parecen irracionales las ocurrencias de Sofía y Azucena? ¿Estaría Ud. preparado/a sicológicamente si una persona muy cercana falleciera?

II

Pero, ¿qué ______________ (**1. hacer:** nosotros) si él ______________ (**2. fallecer**) durante el trasplante? ¿Y mamá? ¿Cómo ella ______________ (**3. soportar**) su ***(a)*** *ausencia*? Nuestra casa ______________ (**4. ser**) muy grande para mamá en caso de que papá ______________ (**5. dejar**) de existir y ***(b)*** *estabamos* seguros de que la recámara le ______________ (**6. recordar**) los años que habían pasado juntos. No ______________ (**7. haber**) manera de evitar que se deprimiera si esto llegaba a ocurrir y ______________ (**8. ser**) muy ***(c)*** *dificil* que ______________ (**9. rehacer**) su vida. Si Miguel muriera, ¿cómo ______________ (**10. poder**) continuar con su vida? Si esto ocurriera, no me ______________ (**11. gustar**) que mamá se ______________ (**12. casar**) nuevamente y nunca ______________ (**13. permitir**) que un ***(d)*** *extraño* ______________ (**14. ocupar**) el puesto de papá. Eso de *un clavo saca a otro* no va conmigo. Sé que soy ***(e)*** *egoista,* pero así pienso y nada me ______________ (**15. hacer**) cambiar aunque me dieran todas las razones del mundo. *Madre no hay más que una.* Al mismo tiempo si papá ***(f)*** *faltara,* me ______________ (**16. dar**) mucha tristeza que mamá se ______________ (**17. quedar**) sola y me ______________ (**18. sentir**) mal si ella no ______________ (**19. volver**) a encontrar la felicidad. ¿Qué triste ______________ (**20. ser**) la vida para ella si esto ocurriera? ¿Qué ______________ (**21. hacer**) usted si ______________ (**22. estar**) en mi lugar? *Nadie sabe lo que tiene hasta que lo pierde.* Pero, ¿qué estoy pensando? ***(g)*** *Todavia* papá está en cuidados intensivos y ya estoy pensando en cosas que ***(h)*** *estan* más ***(i)*** *alla* del ***(j)*** *presente.*

Comente. ¿Por qué existe una tendencia de los hijos a oponerse a que sus padres alcancen la felicidad una vez que uno de ellos ya no está?

5-14. A manera de laboratorio. Repase la historia anterior y su profesor/a le va a leer un fragmento para que Ud. lo escriba.

____

____

____

____

____

5-15. Presentación. Después de leer *Al mal tiempo, buena cara,* prepare una presentación para la clase en la que usted explica cómo cree que la situación por la que está pasando Miguel Guerra cambie la dinámica de la familia. ¿Qué pasaría si él falleciera? Su profesor/a le va a indicar si es una presentación individual o de grupo y cuánto tiempo debe durar.

Oraciones condicionales para hablar del futuro

En algunas variedades del español de EE.UU. la condición de que algo ocurra se puede expresar con el imperfecto del subjuntivo en lugar del condicional.

*Si Sofía consiguiera el trabajo en los tribunales **renunciara** en el hospital.

En el español académico necesitamos mantener la distinción entre los dos tiempos verbales y usar el imperfecto del subjuntivo en la cláusula encabezada por *si* combinado con el condicional simple en la segunda parte de la oración.

Si Sofía **consiguiera** el trabajo en los tribunales **renunciaría** en el hospital.

Es importante tomar nota de que estas oraciones pueden aparecer invertidas.

Sofía **renunciaría** en el hospital si **consiguiera** el trabajo en los tribunales.

Lo importante es estar al tanto de cuál es el verbo que aparece después del *si*.

Práctica. Traduzca las oraciones al español.

1. If I were to win the lottery, I would buy a new car.

   ____

2. If we were to go on vacation, we would go to Spain.

   ____

3. Sofía and Ángel would buy Doña Eugenia a car if they could talk her into learning how to drive.

   ____

   ____

4. Azucena would take Enriquito to El Salvador if the boy were not going through such a difficult phase.

   ____

   ____

5. If Eduardo's mother were to move to the U.S., she would be able to vote.

   ____

Gramática

Contraste entre el imperfecto del indicativo y el condicional

Si repasamos las formas del imperfecto del indicativo **(Capítulo 1)** de los verbos que terminan en {er} e {ir}, vemos que las terminaciones son exactamente iguales que las del condicional, sin embargo, hay una gran diferencia.

	imperfecto	*condicional*	*imperfecto*	*condicional*
	comprender		*recibir*	
yo	comprend**ía**	comprender**ía**	recib**ía**	recibir**ía**
tú	comprend**ías**	comprender**ías**	recib**ías**	recibir**ías**
él/ella/Ud.	comprend**ía**	comprender**ía**	recib**ía**	recibir**ía**
nosotros/as	comprend**íamos**	comprender**íamos**	recib**íamos**	recibir**íamos**
ellos/as/Uds.	comprend**ían**	comprender**ían**	recib**ían**	recibir**ían**

¿Cómo explicaría la diferencia entre las formas del imperfecto y las del condicional?

____

____

____

A pesar de su similitud, los usos de estos dos tiempos son completamente diferentes y no se pueden intercambiar.

5-16. Casos de la vida: *La esperanza es lo última que se pierde.* Llene los espacios en blanco con la forma del **imperfecto del indicativo** o **el condicional** que complete el sentido de la historia, y coloque los acentos sobre las palabras en orden alfabético que lo necesiten.

Quique ____________ **(1. tener)** que ir al médico desde la semana pasada. ____________ **(2. Hacer)** tiempo que no se ____________ **(3. sentir)** bien y Azucena ____________ **(4. creer)** que las cosas ____________ **(5. empeorar)** si esperaban más tiempo. Ella ____________ **(6. saber)** muy bien que su marido ____________ **(7. aborrecer)** los consultorios médicos. Siempre se preguntaba qué le ____________ **(8. suceder)** a él de niño que lo ____________ **(9. hacer)** sentirse tan nervioso en presencia de personas vestidas de blanco. Si fuera Enriquito ella ____________ **(10. entender)** porque todavía era pequeño y así son los niños, ¿pero su marido...? Cada vez que le ____________ **(11. poner)** las vacunas al niño ____________ **(12. gemir)** hasta llegar a la casa y siempre ____________ **(13. decir)** que no ____________ **(14. querer)** volver al doctor. Pero ella ____________ **(15. saber)** que tan pronto viera las caricaturas se le ____________ **(16. pasar)** el trauma emocional. Lo que ella ____________ **(17. suponer)** que ____________ **(18. poder)** haber ocurrido era que los temores de la infancia de Quique se habían reactivado con la enfermedad de Don Miguel e igualmente se habían traspasado al primogénito. Azucena ____________ **(19. saber)** que Quique no ____________ **(20. poner)** el tema del temor a los doctores porque le daba vergüenza. Si ____________ **(21. querer)** ayudar a su esposo y a su hijo ____________ **(22. tener)** que tomar la iniciativa, pero ¿cómo hacerlo? ¿Alguien me puede aconsejar? Si usted tuviera esta situación, ¿qué me ____________ **(23. poder)** aconsejar?

Comente. ¿Le teme usted a los hospitales y a los doctores? Dele algún consejo a Azucena.

5-17. Casos de la vida: Cien mexicanos dijeron... Ahora le toca a Ud. usar su imaginación. Debe adivinar las respuestas más comunes que dieron las personas entrevistadas. Haga oraciones completas.

I. Si usted gana el premio mayor de la lotería del estado donde vive, que haría primero, segundo y tercero. Escriba oraciones completas usando tres verbos diferentes.

1. ______________________________
2. ______________________________
3. ______________________________

II. Si usted fuera presidente de la universidad donde estudia y necesitara hacer cambios importantes para mejorar la educación de los estudiantes, ¿cuáles son los tres cambios más importantes que haría? Escriba oraciones completas usando tres verbos diferentes.

1. ______________________________
2. ______________________________
3. ______________________________

III. Suponga que usted fuera presidente de Estados Unidos y tuviera la oportunidad de implementar tres proyectos para mejorar la distribución de los bienes materiales en esta nación. ¿Qué haría? Escriba oraciones completas usando tres verbos diferentes.

1. ______________________________
2. ______________________________
3. ______________________________

Vocabulario

¿Qué significan las siguientes palabras en inglés? Si no está seguro/a, revise el ejercicio 5-18 o búsquelas en el diccionario.

la cirugía	______________	los puntos	______________
el esguince	______________	el yeso	______________
la herida	______________		

5-18. ¡En español, por favor! Traduzca el párrafo al español.

The scar on his arm eventually faded away but not the one on his leg. Last year he fell at the park and he scraped his knee. He had a nasty wound and he kept screaming that he wanted a Band-Aid. When Azucena saw it she realized she needed to rush him to the hospital. At first she thought he had broken his leg and that he was going to need a cast, but it ended up being only a sprain. He did need a few stitches. At least he did not need surgery, like the other time.

____

____

____

____

____

____

5-19. Del diario de Josefina: La cura milagrosa. Llene los espacios en blanco con la forma que complete el sentido de la historia, y coloque los acentos sobre las palabras en orden alfabético que lo necesiten.

I

Siempre recuerdo los cuentos que me ______________ **(1. relatar)** la abuela durante aquel verano que ______________ **(2. pasar)** junto a ella y al abuelo. ¡Cuánto ***(a)*** *aprendí*! Ahora que mi ***(b)*** *papa* ***(c)*** *esta* tan ***(d)*** *enfermo* no puedo dejar de pensar en la fe que mi abuelita ______________ **(3. tener)** en los curanderos, santeros, espiritistas y todo tipo de poderes sobrenaturales. En nuestro siglo la ***(e)*** *mayoria* cree lo que la ciencia puede explicar empíricamente y echa a un lado lo sobrenatural o lo que científicamente no se puede probar. Me acuerdo de que a la abuela le ______________ **(4. encantar)** contar ***(f)*** *historias* de curaciones milagrosas que probablemente para la ciencia ______________ **(5. ser)** imposibles que ______________ **(6. ocurrir)**, pero gracias al curandero Don ***(g)*** *Felix*, se ______________ **(7. hacer)** realidad. Mi abuela ______________ **(8. asegurar)** que ______________ **(9. conocer)** a una niña —la nieta de su amiga Dolores— que estaba en el hospital esperando que los cirujanos la ______________ **(10. operar)** del cerebro para sacarle un tumor maligno. Un señor que ______________ **(11. estar)** cuidando a su hijo en la cama siguiente se ______________ **(12. enterar)** de lo que le ______________ **(13. estar)** sucediendo a la niña y se ______________ **(14. poner)** a hablar con Doña Dolores. ***(h)*** *Despues* de enumerar los milagros curativos que se le ______________ **(15. atribuir)** al ***(i)*** *famoso* curandero, le ***(j)*** *dio* la dirección y le ______________ **(16. recomendar)** que ______________ **(17. ir)** a verlo esa misma tarde.

Comente. ¿Cree en el poder curativo de curanderos, espiritistas o santeros?

II

Doña Dolores vacilaba porque ***(a)*** *temia* que su hija y su yerno se ______________ **(1. enojar)**, pero el señor le ______________ **(2. implorar)** que le ______________ **(3. creer)** y que lo ______________ **(4. hacer)** antes de que se ______________ **(5. llevar)** a la niña al quirófano. Cuando la madre de la niña ______________ **(6. llegar)** al hospital al siguiente ***(b)*** *dia*, no ______________ **(7. encontrar)** a Doña Dolores como de costumbre. Doña Dolores, sin decirle nada a nadie, ______________ **(8. ir)** a visitar a Don Félix. ______________ **(9. regresar)** tarde, justo antes de que la hora de visita ______________ **(10. terminar)** y le ______________ **(11. dar)** de beber a la niña un ***(c)*** *te* de hierbas que el curandero le había preparado. Todo esto fue a escondidas de todos y a pesar de que los doctores ______________ **(12. decir)** claramente que no le ______________ **(13. dar)** nada de comer ni de beber a la niña la noche antes de la ***(d)*** *operacion*. Cuando el doctor ______________ **(14. descubrir)** que Doña Dolores le había dado el té, ______________ **(15. llamar)** a los padres inmediatamente y se ______________ **(16. armar)** un gran lío en el hospital, hasta que finalmente los doctores ______________ **(17. tener)** que posponer la ***(e)*** *intervencion* ***(f)*** *quirurgica*. El padre de la niña se dio cuenta de que *había gato encerrado* y se ______________ **(18. molestar)** con Doña Dolores y la ______________ **(19. echar)** del hospital. Ella ______________ **(20. tratar)** de explicarle lo que le ______________ **(21. contar)** el señor y le ______________ **(22. explicar)** que ***(g)*** *solo* lo ______________ **(23. hacer)** por el bienestar de su nieta. Sencillamente ______________ **(24. evitar)** *colocar todos los huevos en la misma canasta*, pero nadie la ______________ **(25. querer)** escuchar. Por la mañana, la niña se ______________ **(26. despertar)** con ***(h)*** *nauseas* y ______________ **(27. vomitar)**, expulsando una cantidad enorme de lombrices. A la media hora del ***(i)*** *vomito*, la niña se ***(j)*** *sintio* tan bien que la volvieron a examinar para ver la condición del tumor y milagrosamente éste había desaparecido. Hay que *ver para creer*. Aunque usted no lo crea, no ______________ **(28. haber)** ***(k)*** *necesidad* de la ***(l)*** *operacion* y hoy día esa niña es madre de tres hermosos varones. Por eso, me pregunto hoy si un milagro ______________ **(29. poder)** ayudar a mi papá.

Comente. ¿Ha tenido Ud. alguna experiencia con los curanderos o le han contado alguna? ¿Ha escuchado alguna historia sobrenatural que quiera contarle a la clase? Si usted estuviera en la posición de Miguel Guerra, ¿contemplaría una alternativa como ésta?

Capítulo 6

Los negocios y la globalización

Lectura
Un vistazo al mundo de hoy

Cápsula cultural
La fecha, la hora y los números

Gramática
Presente perfecto del indicativo
Conjugaciones de los verbos
Usos del presente perfecto del indicativo
Participios irregulares

Del habla a la escritura
he vs. *ha*

Gramática
Pluscuamperfecto del indicativo
Usos del pluscuamperfecto del indicativo

Del habla a la escritura
había y *habían*

Ortografía
Acentos interrogativos y exclamativos

Del habla a la escritura
qué y *cuál*

Vocabulario
Cognados
Cognados falsos
Calcos
Préstamos

http://thomsonedu.com/Spanish/Conozcamonos

Lectura

Antes de leer

6-1. ¿Cuánto sabemos? Conteste las siguientes preguntas.

1. Si Ud. ha vivido o ha visitado otro país, ¿ha encontrado acceso a las mismas facilidades que tenemos en EE.UU.? Qué le ha parecido el estilo de vida?

2. ¿Cree Ud. que es benéfico que en un país se cierre una fábrica y se despida a todos los empleados para abrir la misma fábrica en otro país donde la mano de obra es más barata? ¿Quiénes son beneficiados y quiénes son perjudicados?

3. ¿Ha notado influencias de la cultura latinoamericana en la cultura estadounidense o viceversa?

4. ¿Considera que vivimos en una sociedad de consumo? ¿Se considera parte de ella? ¿Ha participado en el frenesí de comprar por comprar? ¿Cómo?

¡A leer!

Un vistazo al mundo de hoy

El siguiente diálogo se lleva a cabo en el hogar de Sofía y Ángel. Quique, Azucena y Eduardo comentan una manifestación televisiva contra la globalización. Se observan carteles y personas arrestadas, mientras que las conversaciones de las grandes potencias económicas del mundo se llevan a cabo con tranquilidad en las comodidades de un prestigioso hotel.

Quique: En los últimos años se **ha visto** una gran cantidad de protestas en contra de la globalización, lo cual no **había ocurrido** con la misma intensidad en el pasado. Cuando se **han reunido** las potencias económicas más poderosas del mundo aparecen grupos que ofrecen oposición a este fenómeno económico. Sin embargo, muchas personas no saben qué cosa es la globalización ni como ha surgido.

Ángel: La globalización se conoce como una de las manifestaciones de la última fase del capitalismo y el término se **ha escuchado** cada día más en los medios informativos; ya en los años ochenta se **había convertido** en parte del vocabulario de sociólogos y economistas. Sin embargo, pocas veces estas personas se **habían tomado** el tiempo para explicar en palabras sencillas en qué consiste y cómo nos **ha afectado.** Quizás esto ocurra por la dificultad que **ha habido** para definirla.

Sofía: Según lo que **he oído** o lo que **había aprendido** durante mis años universitarios, la globalización está relacionada con lo pequeño que se **ha hecho** el mundo a consecuencia del alcance que **han tenido** los medios de comunicación, la economía multinacional y el constante movimiento migratorio de los ciudadanos por el mundo. Las personas de todas las grandes urbes se comunican con mayor facilidad y tienen acceso a los mismos productos de consumo que existen en todos los rincones del planeta. Como resultado poco a poco se **han ido** perdiendo las identidades que distinguían o identificaban a cada grupo nacional. Además, en la globalización los productos pierden las raíces que en el pasado los **habían atado** al suelo donde se producían y se consumían estos productos. Recuerdo la vez que fui a Puerto Rico de luna de miel con Ángel y me dio curiosidad encontrar en una tienda de recuerdos unas banderitas de Puerto Rico hechas en Taiwán. En otras palabras, en la globalización los símbolos nacionales pasan a ser parte de una industria cultural, perdiendo el carácter sagrado que habían tenido en el pasado.

Quique: ¡Qué bonito te salió eso, hermana! Me enorgullece cuando hablas tan elocuente, aunque en ocasiones no te entienda..., pero creo que Sofía **ha dado** en el clavo. El problema es que en esta época globalizada muchas industrias y fábricas extranjeras **han cruzado** las fronteras nacionales y se **han establecido** en distintas partes del mundo con la intención de aprovechar el bajo costo en la manufactura de sus productos. ¿No saben ustedes lo costoso que se **había hecho** en los últimos veinte años establecer una compañía en Estados Unidos? Para muchos inversionistas **ha sido** preferible establecerse en países donde la mano de obra es barata, de manera que la ganancia del producto sea mayor. Muchos de los empleos que anteriormente habían existido en Estados Unidos **han ido** a parar a Centroamérica, a México, a Sudamérica y a otras partes del mundo. Se **han preguntado** ustedes alguna vez por qué estas compañías no se **han establecido** en los países del primer mundo como Japón, Francia, Inglaterra o Alemania.

Eduardo: Además, la globalización no sólo **ha causado** migraciones masivas hacia las grandes ciudades sino también **ha provocado** un aumento en las personas que viajan hacia otras partes del mundo. Todos sabemos la cantidad de latinoamericanos que trabajan sin documentos en Estados Unidos en restaurantes, en compañías de limpieza, en la construcción y en un sinnúmero de empleos que no necesitan preparación profesional. Mientras esto ocurre los adinerados de los países ricos se **han hecho** más ricos; mientras los pobres continúan hundidos en la pobreza. Nosotros **hemos sido** afortunados porque **hemos tenido** la oportunidad de recibir una educación universitaria que nos **ha provisto** de buenos empleos, pero pregúntenles a Don Miguel y a Doña Alicia qué tuvieron que hacer para poder darles una educación a Quique, a Sofía y a Josefina.

Sofía: Lo interesante de la globalización es que no importa el rincón del mundo donde se habita; siempre aparecen los mismos signos del consumo internacional. Es decir, los jóvenes se visten con tenis *Adidas, Nike* o las de cualquier marca popularizada por alguna estrella del baloncesto. Lo mismo ocurre con las camisetas con el emblema de alguna banda de rock, algún equipo de fútbol o un pelotero de las grandes ligas. Estos jóvenes se reúnen en los centros comerciales de cualquier ciudad de Europa, Estados Unidos o Latinoamérica para presenciar los estrenos que Hollywood presenta con una publicidad tan agresiva que aquél que no vea el estreno de estas películas no está a la moda. Me acuerdo de que mis amigas me preguntaron cuando estudiaba si había visto *Titanic* el día que la **habían pasado** por los cines durante su estreno y sin pensarlo les dije que sí, aunque ni siquiera **había pensado** verla.

Ángel: Yo nunca **he creído** ni creo en hacer esas enormes colas para ver el estreno de una película. Es mejor para mí esperar a que aparezcan en las tiendas de alquiler y verlas en la comodidad de mi casa con mi esposa, sin tener que gastar los altos precios. ¿Saben ustedes que el hundimiento del *Titanic* se filmó en una playa al sur de Tijuana debido a que los salarios mexicanos eran diez veces menores que en Estados Unidos?

Quique: Lo que acabamos de escuchar no tiene nada que ver con la globalización sino con el parecido de Ángel con nuestro querido tío Gerardo. No quiere gastar y nunca **ha sentido** el *caché* de ver estas películas el primer día que las presentan. Así como habla Ángel no creo que lo veamos algún día caminando por la alfombra roja. ¡Ja! No pongas esa cara, cuñado; sólo estoy bromeando. Honestamente, a mí eso me tiene sin cuidado, pero lo que sí me **había llamado** la atención desde hace unos años es el abuso de los teléfonos celulares. Cuando aparecieron por primera vez se convirtieron en un signo que distinguía a sus usuarios de los que no podían pagar sus altos precios, pero una vez que se masificó el producto los precios bajaron y se convirtió rápidamente en herramienta indispensable para la comunicación. Ahora, las melodías de estos teléfonos se **han infiltrado** en los ascensores, en los salones de clases, en los restaurantes y hasta en los teatros. Ahora **estamos** obligados a escuchar un sinnúmero de conversaciones sin importancia en todas partes. En ocasiones escucho a jóvenes que ni siquiera tienen un empleo y se la pasan hablando tonterías en los ascensores mientras todo el mundo los escucha con deseos de matarlos.

Azucena: No pienses que esto sólo ocurre en Estados Unidos. Cada día que pasa, los jóvenes de clase media y media alta en cualquier ciudad del mundo se parecen más entre sí que los mismos compatriotas que viven en las zonas rurales de su país. En El Salvador, por ejemplo, muchos jóvenes de éstos tienen acceso a los móviles o teléfonos celulares y al Internet; se la pasan jugando juegos electrónicos; sus padres poseen satélites de televisión y pasan gran parte del día conversando con individuos de otros países sobre deportes o artistas o inclusive fantasean sobre relaciones amorosas. Tengo un amigo feísimo que cuando está frente a la pantalla y el teclado se siente como un Don Juan y le llueven las novias. Ustedes saben que *al pobre y al feo de todo le da deseo.* ¡Gracias a Dios que no lo **han visto** todavía! Y ¿quién sabe cómo serán las dulcineas?

Eduardo: Lo que dijo Sofía sobre la propaganda comercial es muy cierto. ¿Quién no reconoce en el mundo los personajes de Walt Disney, a Michael Jordan, a Madonna, a Marilyn Monroe, al Che Guevara, a Frida Kahlo y a los animales de *Jurassic Park*? Cada una de estas figuras se **ha convertido** en icono del consumo y pueden ser reconocidos en cualquier parte del globo terráqueo. Recuerdo la vez que crucé con mis padres la frontera entre San Diego y Tijuana y me pareció curioso ver a un vendedor ambulante con un muñeco del hombre araña en la mano izquierda y la Virgen de Guadalupe en la derecha. Ahora que lo **he analizado** me parece que representa la hibridez a que **han estado** expuestos los mexicanos frente a la influencia comercial estadounidense.

Azucena: No sólo eso, Eduardo, sino también tienes que ver cómo la cultura norteamericana **ha recibido** la influencia de América Latina al mismo tiempo. Me **he preguntado** a mí misma si esta globalización podrá algún día borrar las identidades o las diferencias culturales que existen entre todos los pueblos de la tierra para crear en el mundo una sola nación. No sé si sea muy sentimental, pero me gusta sentirme salvadoreña. Siento orgullo de mi familia, de mis tradiciones, de mi música y, por supuesto, de mi comida. Me daría miedo asimilarme a Estados Unidos y dejar a un lado todas aquellas cosas con las que **he crecido.** Es más, me gustaría regresar un tiempo a El Salvador y recuperar muchas de las costumbres que **he perdido,** aunque sé que la situación económica no está muy buena por allá.

Quique: Querida, no te pongas tan trágica. Recuerda que solamente estamos tratando de definir la globalización y hasta el momento no lo hemos logrado ni con la ayuda de Néstor Canclini.°

°Autor de *Culturas híbridas* y *Consumidores y ciudanos.*

Azucena: Bueno, si es así, sigamos con otras cosas que me parecen interesantes, como la cantidad de correspondencia que **hemos recibido** estos días de compañías que no conozco y ni siquiera sé cómo **han conseguido** mi nombre y mi dirección, y por qué me escriben como si me hubieran conocido con anticipación. Lo único que hago es abrirlas y si no hay un cheque adentro, ¡a la basura! ¿Será acaso esta estrategía un fenómeno de la globalización?

Eduardo: Eso es correcto, compañera. Se nos **ha tratado** como si fuéramos clientes imaginarios. ¿Quién les **ha dado** nuestra dirección y nuestro nombre? Las estrategias de mercadeo **han hecho** que muchas de las compañías compren bases de datos que contienen la información personal de miles de personas. Probablemente la compañía que nos **ha enviado** tanta basura no se encuentra en nuestra ciudad ni tampoco en nuestro estado; sin embargo, muchas veces consiguen vendernos algo. En ocasiones las ofertas parecen tan buenas que me **he sentido** con la tentación de comprar cosas aunque no las necesite. **He visto** también a personas que compran solamente por hacerles competencia a sus amistades. Por ejemplo, mi amigo Sergio **ha comprado** una computadora a pesar de que tiene otra que funciona perfectamente. Sus amigos le metieron en la cabeza que la pantalla no era plana y que era muy lenta. ¿Qué me importa a mí que sea lenta, si solamente son décimas de segundos de diferencia? Yo le dije a Sergio para molestarlo, que ahora la pantalla haría juego con su cerebro.

Sofía: El consumo nos **ha bombardeado** sin que nos demos cuenta. En el pasado sólo se compraban aparatos eléctricos si los que teníamos no se podían arreglar. Mis padres y mis abuelos reparaban los televisores, los radios y hasta las planchas eléctricas. Hoy en día ¿quién envía a reparar un televisor u otro artefacto eléctrico? Claro, si hay garantía de por medio es otra cosa, pero por lo regular sale más costoso y es un dolor de cabeza reparar un artefacto eléctrico.

Quique: No sé por qué Sofía menciona la plancha si cada día las personas la utilizan menos porque casi todo el mundo envía la ropa a la tintorería. La única ocasión que **he utilizado** una plancha fue cuando estuve en la residencia estudiantil de la universidad. Allí no había una madre ni una hermana que me hiciera el favor, y todos los que estudiábamos tuvimos que cocinar, planchar y hasta cosernos los ruedos de los pantalones.

Azucena: Ya era tiempo de que aprendieras a hacer algo; pero volviendo a lo que **ha dicho** Sofía, el consumo **ha estado** muy presente en nuestras vidas y los medios de comunicación nos **han atacado** con tal agresividad durante los días festivos que nos daría vergüenza si no le compráramos algo bueno a nuestra pareja, como por ejemplo, en el día de los enamorados.

Eduardo: En nuestra cultura las madres y los padres tienen sus días especiales, al igual que los niños y familiares en la Navidad. Tenemos que regalar en cumpleaños, bodas, a las secretarias, graduaciones, *baby showers* y hasta la coneja y el pavo tienen su día en este país. En otras palabras, la publicidad nos dice el día que tenemos que mostrarles afecto a nuestra pareja, a nuestra madre, a nuestro padre y a nuestros hijos. Mi familia en Puerto Rico es enorme y tal parece que celebran cumpleaños todas las semanas. Muchas veces festejan varios a la misma vez para ahorrar dinero, y **he tenido** que comprar un regalo para cada uno de los festejados. Además, el regalo no es el único problema porque es también muy importante que esté bien envuelto con papel de regalo o que esté dentro de una bolsa decorada. Y no se puede olvidar uno de una tarjeta que exprese algo que un desconocido escribió ni de adornar el regalo con un moño que combine con el papel. Una vez compré un regalo de quince dólares y gasté ocho en la presentación. ¿Por qué no le di un cheque de veinticinco dólares? ¿No sería esto más práctico y la festejada se pudo haber comprado algo que necesitara?

Quique: Si le das un cheque a Azucena, te mata. ¿Por qué no hiciste como mi tío Gerardo que guardaba los regalos que no le gustaban y los reciclaba para cualquier ocasión futura? Una vez cometió un error y le regaló a mi padre una camisa que mi mamá le había obsequiado a él el año anterior. Mi padre comenzó a burlarse de él, pero mi tío nunca admitió que le **había regalado** la misma camisa.

Sofía: ¿Y qué les parece el día de San Valentín? Ése es el día que supuestamente mostramos amor hacia nuestra pareja; sin embargo, los medios propagandísticos se dieron cuenta de que no todo el mundo tenía una media naranja y le agregaron estratégicamente 'la amistad' al día del amor. Es decir, el 14 de febrero es el día del amor y la amistad.

Ángel: Por supuesto, Sofía, la idea detrás de esta propaganda es que nadie se salve de comprarle un regalo a alguien. Gracias a Dios que este mensaje no **ha entrado** tanto en la sensibilidad de las personas porque se imaginan ustedes lo que sería un regalo para tanta gente en el mes de febrero cuando todavía estamos pagando los que compramos a crédito para la Navidad. Preferiría no tener amistades durante estos días.

Azucena: A mí nunca me **han gustado** los regalos de amistades porque toman a uno de sorpresa y me hacen sentir mal por no haberles comprado algo a ellos. Una vez recibí un regalo en Navidad de una amiga en el trabajo y me sentí miserable porque no tenía nada que darle a cambio. Al siguiente día fui a las tiendas y le compré un suéter que costaba más o menos lo mismo que ella había gastado en mí. No sé, pero me parecía que era una manera de que quedáramos empatadas. Por desgracia le quedó pequeño y cuando lo devolvió se dio cuenta de que lo había comprado en una rebaja. ¡Qué pena!

Quique: El poder de las campañas publicitarias me hace recordar la respuesta de la hija de Canclini cuando éste le preguntó por el significado de un mensaje que escuchó en una campaña publicitaria que decía *"Regale afecto, no lo compre"*. —¿Sabes qué quiere decir?, le preguntó Néstor a la niña. —Sí —contestó la niña— que no tienes dinero.

Ángel: Nuestra sociedad es tan superficial que cada objeto que nos rodea tiene un símbolo o un significado que nos da o nos quita prestigio. Para la gente es muy importante el auto que manejamos, la marca de la ropa que usamos y las tiendas donde hacemos nuestras compras.

Eduardo: Yo conozco a una persona que trabajó toda la vida y ahorró bastante dinero, y cuando pudo darse los lujos que siempre había añorado ya estaba en los sesenta años y había perdido su matrimonio por no haberle dedicado el tiempo necesario. Fue entonces cuando decidió por primera vez en su vida satisfacer su olvidada vanidad y se compró un auto convertible del año. Muchas mujeres jóvenes se le acercaban por interés, pero la mayoría decía a sus espaldas, ¡*tan linda la jaula y tan feo el pichón*!

Después de leer

6-2. ¿Qué aprendimos? Conteste las siguientes preguntas.

1. Explique qué es la globalización.

____
____
____
____
____

2. Según la conversación que acaba de leer, ¿es la globalización algo positivo o negativo? ¿Por qué? ¿Qué opina Ud.?

____
____
____
____
____

3. ¿Conoce la expresión *devoto de la virgen del codo*? ¿A cuál/(es) de los personajes describiría de esta manera? ¿Por qué?

____
____
____
____
____

4. ¿Qué ejemplos usan los personajes para describir la sociedad de consumo en la que vivimos? ¿Está de acuerdo? ¿Por qué?

____
____
____
____
____

6-3. Piense, escriba y revise con cuidado.

1. Escoja uno de los temas a continuación.
   a. ¿Qué piensa del significado comercial que se le ha dado a las Navidades, al día de San Valentín u otro día feriado? ¿Es importante para usted recibir regalos que sean costosos o no importa el valor? ¿Hace usted comparaciones entre los regalos que recibe y los que ofrece? ¿Tiene alguna anécdota interesante que le haya ocurrido al respecto?
   b. Según lo que pudo entender sobre el significado de la globalización y los fenómenos sociales que ocasiona en nosotros, ¿cree que algún día desaparezcan las diferencias que caracterizan a las diferentes nacionalidades y surja una semejanza cultural entre todos los seres humanos?
   c. ¿Tiene alguna anécdota interesante relacionada con el móvil o teléfono celular, la compra de algún producto sin haberlo necesitado, citas a través de la red cibernética o la conversación telefónica con algún agente de mercadeo con intenciones de venderle algo?
2. Escriba en su computadora las respuestas.
3. Organice sus ideas y desarrolle el tema.
4. Escriba una página (250 palabras) dejando renglón por medio.
5. Repase sus notas de los capítulos anteriores y aplique los conocimientos a su composición.
6. Lea su trabajo en voz alta y póngale un título apropiado.

La fecha, la hora y los números

Existen diferencias culturales en el uso de algunos valores numéricos.

La fecha

Cuando deseamos escribir la fecha en español la secuencia es diferente al inglés; es decir, se escribe primero el día, luego el mes y finalmente el año. Por ejemplo, **10 de diciembre de 2006** ó **10/12/06.** Como ya hemos aprendido, el nombre del mes se escribe con minúscula. Note también que la conjunción *o* se acentúa por encontrarse entre números, de manera que no se confunda con un cero. En los demás casos esta conjunción no se acentúa: —Quiero que me aumente el salario **o** me voy a otra compañía.

La hora

En español no usamos la terminología *a.m.* y *p.m.;* tenemos la opción de usar el horario militar. Por ejemplo, el horario de la tienda es de **10.00** a **21.00** o simplemente de 10.00 de la mañana a 9.00 de la noche. Note que en lugar de dos puntos (:) entre las horas y los minutos, en algunos países se usa solamente uno (.).

Miles y decimales

Exactamente opuesto al inglés, el español usa el punto para separar las cifras en miles y la coma para separar los decimales. Por ejemplo, *dos mil* se escribe **2.000** y *tres millones,* **3.000.000** mientras que *cuatro y veinticinco* se representa 4,25 y *cuatro y medio*, 4,5 (o 4½).

Millones y billones

Cuando hablamos de un billón de dólares (**$1,000,000,000**), en inglés, nos referimos a mil millones. Sin embargo, en español un billón es cien mil millones (**$1.000.000.000.000**). Así que tengan cuidado, un billonario hispano es mil veces más rico que un billonario estadounidense.

Gramática

Presente perfecto del indicativo

El presente perfecto es un tiempo compuesto formado por el auxiliar *haber* en el presente del indicativo *(he, has, ha, hemos, han)* y el participio del verbo léxico. El participio o verbo léxico es el que le da significado a la expresión verbal *(habl**ado**, com**ido**, dorm**ido**)*; es la forma verbal que termina en {ado} cuando el verbo pertenece al grupo {ar}, y en {ido} cuando el verbo corresponde a los grupos {er} e {ir}.

Mi hermano **ha comprado** tantas cosas que no sé dónde las guarda.

Desde que tengo acciones en la compañía **he estado** muy interesada en las fluctuaciones de la bolsa de valores.

Conjugaciones de los verbos

Por ser el **presente** perfecto, las formas de *haber* se conjugan en el presente del indicativo, mientras que el participio (una forma impersonal) no cambia en ninguna de las personas gramaticales.

pronombre	*verbo auxiliar*	*verbo léxico*	
yo	he	→	habl**ado**
tú	has	→	
él/ella/Ud.	ha	→	com**ido**
nosotros/as	hemos	→	
ellos/as/Uds.	han	→	dorm**ido**

Usos del presente perfecto del indicativo

El presente perfecto permite hablar de algo que ocurrió en el pasado, pero esta acción aún guarda relación con el presente. Éste es el uso más generalizado en América Latina y también en el español de EE.UU.

Finalmente **han llegado** los accionistas a la reunión.

Ya te **he dicho** varias veces que me rehúso a comprar mercancía de esa tienda.

En estos ejemplos hay dos acciones y una ha ocurrido antes que la otra. Este uso es equivalente al de las formas *have arrived / have told*, del inglés.

Existe un uso del presente perfecto que predomina en España y se utiliza en construcciones que denotan un pasado reciente.

Los vecinos **han vendido** su casa ayer y ahora andan celebrando.

Mamá **ha ido** a ver al agente de bienes raíces esta mañana.

En el español de América, por el contrario, no es tan común este uso y los hablantes probablemente expresarían la misma idea usando el pretérito del indicativo.

Los vecinos **vendieron** su casa ayer y ahora andan celebrando.

Mamá **fue** a ver al agente de bienes raíces esta mañana.

¿Qué diferencia encuentra en las siguientes oraciones?

No **llegaron** los invitados.

No **han llegado** los invitados.

____

____

Participios irregulares

Es necesario notar que hay varios participios que no tienen la terminación –ado, –ido y, por lo tanto, se consideran irregulares.

abrir / abierto	disolver / disuelto	imponer / impuesto	romper / roto
cubrir / cubierto	disponer / dispuesto	morir / muerto	satisfacer / satisfecho
decir / dicho	envolver / envuelto	poner / puesto	ver / visto
deshacer / deshecho	escribir / escrito	reponer / repuesto	volver / vuelto
devolver / devuelto	hacer / hecho	resolver / resuelto	

6-4. Casos de la vida: *Yo tengo el sartén por el mango.* Llene los espacios en blanco con la forma del **participio** que complete el sentido de la historia, y coloque los acentos sobre las palabras en orden alfabético que lo necesiten.

I

Josefina: ¿No has ______________ **(1. hablar)** todavía con ***(a)*** *mama* sobre la venta de la casa?

Quique: Bien sabes que ella nunca ha ______________ **(2. querer)** mudarse de ***(b)*** *aqui.* Ha ______________ **(3. vivir)** en la misma casa casi toda la vida y me ***(c)*** *daria* mucha pena traer el tema a la ***(d)*** *conversacion.*

Josefina: ¿Acaso no ha ______________ **(4. ser)** ella la que ha ______________ **(5. llamar)** a la agente de bienes ***(e)*** *raices*?

Quique: No sé, pero no me ha ______________ **(6. comunicar)** nada hasta el momento y ella siempre me lo ha ______________ **(7. contar)** todo. ***(f)*** *Quizas* ha ______________ **(8. cambiar)** de parecer. ¿Te ha ______________ **(9. confirmar)** algo a ti?

Josefina: No. Bien sabes que a Sofía y a mí nunca nos ha ______________ **(10. tener)** confianza como a ti. Eres el favorito. Sólo he ______________ **(11. venir)** a prepararle algo de comer porque estuvo desvelada anoche con papá. ***(g)*** *Creo* que ***(h)*** *aun* está durmiendo.

Quique: Parece que la oigo levantarse. ¿Ha ______________ **(12. estar)** durmiendo hasta tan tarde todos los días?

Josefina: ¡Ay, hombre! ¿En dónde te has ______________ **(13. meter)** durante las últimas semanas? Mamá se la ha ______________ **(14. pasar)** en el hospital hasta tarde ***(i)*** *casi* todos los días y cuando llega a casa no puede dormir. ¿***(j)*** *Que* esperabas? ***(k)*** *Creeme* que no ha ______________ **(15. ser)** nada ***(l)*** *facil* para ***(m)*** *mi* tampoco. Mejor cambiemos de tema. Quique, si no has ______________ **(16. almorzar)** todavía, ¿por qué no te quedas a comer con nosotras y así le damos ***(n)*** *animos* a mamá juntos? No ***(ñ)*** *cocine* tanto, pero sabes que *donde comen dos comen tres.*

Comente. ¿Le parece común que los padres confíen más en el hijo mayor por ser el primogénito y por ser varón? ¿Se podría generalizar esta idea como parte de la mentalidad hispanoamericana?

II

Quique: Me ***(a)*** *quedo* pero ***(b)*** *dejame* llamar a la oficina. Le he _____________ **(1. dejar)** el ***(c)*** *numero* de mi ***(d)*** *movil* a mi ***(e)*** *secretaria* y veo que se me ha _____________ **(2. agotar)** la ***(f)*** *bateria.* ¿Has _____________ **(3. subir)** a ver si mamá está bien?

Josefina: Por supuesto, he _____________ **(4. ir)** dos veces y no se ha _____________ **(5. mover)** en horas, pero estoy segura de que no ha _____________ **(6. dormir)** nada.

Quique: Oye, he _____________ **(7. abrir)** las ventanas de la sala para que ***(g)*** *entre* un poco de aire fresco. ¿Se ***(h)*** *molestara* mamá?

Josefina: No creo. ***(i)*** *Ademas* el aire fresco le ***(j)*** *hara* bien. Quique, he _____________ **(8. pensar)** mucho y no ***(k)*** *creo* que sea mala idea que mamá venda la casa. Es demasiado grande para ella sola. ¿Qué le ha _____________ **(9. decir)** la agente de bienes ***(l)*** *raices*?

Quique: Josefina, mamá no está sola todavía y papá está en el hospital. Prefiero que ellos tomen esa decisión. Recuerda siempre que *donde manda capitán no manda marinero.* Además, si toman la decisión no ***(m)*** *tendran* dificultades para venderla. La agente dijo que hay mucha demanda en el mercado y muchos compradores quieren mudarse para ***(n)*** *esta* zona. La mujer parece que ***(ñ)*** *esta* bien informada y sabe bastante de ***(o)*** *marketing.* Ha _____________ **(10. hacer)** una buena investigación del mercado y sabe por cuánto se han _____________ **(11. vender)** otras casas similares por el ***(p)*** *area.* Si mamá toma la decisión vamos a tener que ayudarla porque *madre no hay más que una.* Ya le he _____________ **(12. escribir)** hasta a la abuela para que venga a ayudarla con la mudanza, si es que mamá decide vender.

Comente. ¿Se meten demasiado Quique y Josefina en la vida de su madre, o es el comportamiento normal de los hijos? ¿Cree que es diferente en otras culturas?

III

Josefina: Quique, ¿tú escribiendo cartas? ¡No lo creo! Seguro que se ha ______________ **(1. desmayar)** la abuela al recibirla.

Quique: Tonta, le ***(a)*** *escribi* un mensaje ***(b)*** *electronico.*

Josefina: ¿Y desde cuando tiene la abuela correo electrónico?

Quique: ¡Ah! No te ***(c)*** *habia* contado que Azucena, Enriquito y yo la visitamos el mes pasado y le llevamos de ***(d)*** *regalo* una computadora. Nos pasamos el día instalándosela y hemos ______________ **(2. poner)** a la abuela al día.

Josefina: ¡Qué suerte! Finalmente han ______________ **(3. resolver)** el problema del ***(e)*** *telefono.* Era imposible telefonearle ya que, desde hace años la pobrecita no oye el timbre.

Quique: No vas a creer lo que hemos ______________ **(4. descubrir)** mientras ***(f)*** *estabamos* de visita. Eso se ***(g)*** *debia* a que no le funcionaba bien el ***(h)*** *audifono.* Azucena la ***(i)*** *llevo* al doctor y ***(j)*** *asi* fue como lo descubrieron. Una vez que se lo arreglaron, ***(k)*** *oia* de maravillas. Ahora, si se le ha ______________ **(5. romper)** de nuevo, no sé.

Josefina: Y si se le ha ______________ **(6. volver)** a romper, ¿cómo lo va a saber?

Quique: Ahora le puedes mandar un mensaje ***(l)*** *electronico* y preguntarle por qué no te ha ______________ **(7. devolver)** la llamada... ¡Hermanita, eso huele delicioso!

Josefina: Iba a usar el horno pero aparentemente se ha ______________ **(8. descomponer)**, así que, ahora yo soy la que tengo *el sartén por el mango.*

Comente. ¿Ha tenido algún incidente con un pariente mayor de edad debido a problemas relacionados con la vejez?

IV

Quique: ¿A qué te refieres?

Josefina: No te hagas el graciosito. Te has ______________ **(1. oponer)** a la venta de la casa desde el principio.

Quique: No es verdad. Sólo he ______________ **(2. apoyar)** a mamá en lo que quiera hacer. Ni más, ni menos.

Josefina: Pero, Quique, la que ha ______________ **(3. contactar)** a la agente ha ______________ **(4. ser)** precisamente ella. Quizás ya lo ha ______________ **(5. discutir)** con papá y lo han ______________ **(6. decidir)** sin consultarlo con nosotros.

Quique: Bueno, sea lo que sea, no me quiero meter a menos que me pregunten. Ahora sólo quiero comer porque no me he ______________ **(7. echar)** nada al estómago. Recuerda que *barriga llena, corazón contento.*

Comente. De acuerdo a lo que ha leído sobre los personajes, ¿quién tiene el sartén por el mango?

6-5. A manera de laboratorio. En grupos de dos estudiantes van a dictarse partes de la historia que acaban de completar. Su profesor/a le dará instrucciones.

____

____

____

____

____

6-6. Casos de la vida: *Trabajamos para vivir, no vivimos para trabajar.* Cambie los verbos que están en pretérito dentro del paréntesis al presente perfecto del indicativo.

1. El capataz de la fábrica **(terminó)** ______________ el inventario.
2. Ella **(desempeñó)** ______________ el mismo trabajo por veinticinco años.
3. Él **(logró)** ______________ su meta original.
4. El presupuesto de este año **(superó)** ______________ al del año pasado.
5. Los precios **(subieron)** ______________ muy poco este año.
6. La oferta no **(alcanzó)** ______________ a satisfacer la demanda.
7. Nosotros **(cerramos)** ______________ la sucursal del centro de la ciudad.
8. La empresa **(tuvo)** ______________ un mal año.
9. Los socios **(vieron)** ______________ muy pocas ganancias.
10. Yo **(hice)** ______________ el balance general del mes.
11. Me **(faltaron)** ______________ los estados de cuenta.
12. El arrendamiento de la propiedad comercial **(disminuyó)** ______________ muchísimo durante el año pasado.
13. En general los bienes raíces no se **(vendieron)** ______________ como esperábamos.
14. La inmobiliaria para la que Eduardo trabajaba **(cerró)** ______________ de la noche a la mañana.
15. ¿Siempre **(pagaste)** ______________ por tu propio seguro médico?

Del habla a la escritura — *he vs. ha*

En el español de Estados Unidos a veces se escuchan construcciones que usan la tercera persona del presente del verbo *haber* en lugar de la primera.

*Yo **ha trabajado** mucho hoy.	Yo **he trabajado** mucho hoy.
*Yo **ha comenzado** a buscar empleo.	Yo **he comenzado** a buscar empleo.

Recuerde que la conjugación *ha* pertenece a *él, ella* o *usted* y la forma *he* sólo a *yo.*

Práctica. Traduzca las oraciones al español.

1. I have completed all the reports.

____

2. My boss wants to know if I have sent them to the client.

____

3. I wonder if he has called her to see if I have done it.

____

4. She has always been the company's best client.

____

5. He knows I have written many reports, so I don't know why he has been so worried.

____

Vocabulario

¿Cómo se escribe el siguiente cognado en inglés? ¿Qué diferencia(s) existen entre el inglés y el español?

español	inglés	diferencia ortográfica
el proyecto	__________	____________________

Traduzca la primera palabra de la columna A al inglés en la columna B. Esta palabra tiene un cognado falso en el español de EE.UU. que aparece en la columna C. Busque el significado en inglés de esa palabra en el diccionario. Haga el mismo ejercicio con el resto de las palabras en la lista.

A español	B inglés	C español	D inglés
los apuntes	__________	las notas	__________
la jubilación	__________	el retiro	__________
la reunión	__________	el mitin	__________
la sucursal	__________	subsidiario/a	__________

¿Cómo se escribe *globalization* y *promotion* en español? ¿Qué diferencia(s) existen entre el inglés y el español?

globalization __________ ____________________

promotion __________ ____________________

¿Sabe otras palabras que terminen en –tion en inglés? ¿Cómo se escriben en español?

inglés	español
__________	__________
__________	__________
__________	__________
__________	__________
__________	__________

¿Qué conclusión puede sacar?

____

¿Qué significan las siguientes palabras en inglés? Si no está seguro/a, revise el ejercicio 6-7 o búsquelas en el diccionario.

el aumento	__________	organizar	__________
la inversión	__________	países en vías de desarrollo	__________

6-7. ¡En español, por favor! Traduzca las oraciones al español. Mantenga el mismo tiempo verbal que aparece en la versión en inglés.

1. I **have** not **been able** to finish the project in Uruguay yet.

   ____

2. We **have brought** all the notes to the conference.

   ____

3. Quique **has** not **obtained** the promotion he wanted.

   ____

4. **Have** you **asked** for a raise?

   ____

5. It **has been** difficult to schedule a meeting with my boss.

   ____

6. His investments **have** not **turned** out to be as lucrative as he hoped and he **has been** in a really bad mood.

   ____

7. In spite of the fact that we **have saved** money, we are still a long way from retirement.

   ____

8. I **have analyzed** all the investment options and I still **have** not **decided** what to do.

   ____

9. Globalization **has** not **resulted** in such positive changes in the developing countries.

   ____

10. **Have** you **worked** for the same subsidiary all these years?

    ____

6-8. Del diario de Quique: Agradecimientos. Llene lòs espacios en blanco con la forma del **presente perfecto** del indicativo que complete el sentido de la historia, y coloque los acentos sobre las palabras en orden alfabético que lo necesiten.

Le doy gracias a los adelantos de la ciencia porque por ellos ***(a)** mi* padre _______________ **(1. has received)** una nueva oportunidad en la vida. Todo _______________ **(2. has been)** tan rápido que ni mis hermanas ni yo nos _______________ **(3. have realized)** de cuánto _______________ **(4. we have depended)** de ***(b)** el* y no lo _______________ **(5. have appreciated)** hasta ahora. Pensábamos que papá iba a estar para resolver nuestros problemas toda la vida. ***(c)** El* nos _______________ **(6. has given)** tanto que por ***(d)** mas* que nosotros queramos pagarle nunca podríamos hacerlo. Ante la enfermedad de papá, _______________ **(7. I have found out)** que en la vida existe un sinnúmero de cosas de poca importancia por las que no vale la pena luchar porque ***(e)** el* tiempo desaparece como una taza de ***(f)** te* por el paladar de un sediento, y en cualquier momento ***(g)** te* sorprende la muerte. Cuando me ***(h)** pregunto* a ***(i)** mi* mismo qué sentido tienen los valores que nuestra cultura nos _______________ **(8. has taught)**, ***(j)** mi* vida adquiere otro significado. Yo nunca _______________ **(9. have seen)** a alguien tan cerca de la muerte como a papá durante estos meses y su cara moribunda ***(k)** se* me _______________ **(10. has stayed)** grabada en la memoria. Créanme que no _______________ **(11. has been)** fácil para ***(l)** mi* ni para ***(m)** mi* familia la situación por la que nosotros _______________ **(12. have gone through)**. ***(n)** Solo* le pido al Todopoderoso que no me deje ***(ñ)** solo* y que me ***(o)** de* fuerzas para superar esta prueba . ***(p)** Se* que me _______________ **(13. has helped)** y seguirá haciéndolo. También la fuerza la _______________ **(14. have received)** de papá porque nunca _______________ **(15. have known)** a nadie con una actitud tan positiva para enfrentar las adversidades del destino.

6-9. Casos de la vida: Una carta de negocios. Llene los espacios en blanco con la forma que complete el sentido de la historia, y coloque los acentos sobre las palabras en orden alfabético que lo necesiten.

Esta carta la recibió Eduardo en respuesta a un problema que tuvo con una orden que esperaba por correo.

Estimado Sr. Vásquez:

Me _______________ **(1. enterar)** a ***(a)** traves* de nuestra oficina en la ciudad donde usted reside que hasta la fecha no le _______________ **(2. llegar**: usted**)** la ***(b)** mercancia* que ***(c)** ordeno.* En primer lugar, ***(d)** permitame* disculparme a nombre de todos y explicarle que nunca _______________ **(3. ocurrir)** algo semejante. Ya mi jefe _______________ **(4. hacer)** todas las indagaciones ***(e)** necesarias* para que este problema no vuelva a ocurrir y ***(f)** tambien* él _______________ **(5. contactar)** a las personas que, desde el ***(g)** dia* que la empresa ***(h)** abrio,* _______________ **(6. estar)** encargadas del Departamento de ***(i)** Envios.* Siempre nos _______________ **(7. preocupar)** de que nuestros clientes queden satisfechos, ***(j)** mas* esta vez

_____________ **(8. cometer)** el error de no haberle comunicado que la ***(k)*** *mercancia* que deseaba ordenar no se encontraba en nuestro ***(l)*** *inventario.* Quiero notificarle que le _____________ **(9. devolver:** nosotros) a su tarjeta de ***(m)*** *credito* lo que usted ***(n)*** *pago* por la ***(ñ)*** *mercancia* al igual que los gastos de ***(o)*** *envio.* ***(p)*** *Tambien* me _____________ **(10. encargar)** personalmente de su orden y _____________ **(11. recibir)** la confirmación del proveedor que su pedido ***(q)*** *saldra* el ***(r)*** *miercoles* de la semana ***(s)*** *proxima.*

(t) *Espero* que nos ***(u)*** *disculpe* y ***(v)*** *considere* que estamos ***(w)*** *aqui* para servirle.

Irene Roque

Gerente de servicio al cliente

Gramática

Pluscuamperfecto del indicativo

Otro tiempo compuesto del indicativo muy usado en el español escrito y hablado es el pluscuamperfecto del indicativo y se forma con la conjugación del verbo auxiliar *haber* en el imperfecto de indicativo (recuerden que termina en {ía}).

Los reporteros le **habían informado** al público lo que sucedió.

Arturo **había recomendado** a Osvaldo para la promoción pero no se la dieron.

pronombre	*haber*	*participio*
yo	hab**ía**	{ar} cant**ado**
tú	hab**ías**	
él/ella/Ud.	hab**ía**	{er} com**ido**
nosotros/as	hab**íamos**	
ellos/as/Uds.	hab**ían**	{ir} dorm**ido**

Los participios irregulares que vimos en la sección anterior sobre el presente perfecto se aplican igualmente para la construcción del pluscuamperfecto. Es decir, solamente el auxiliar ha cambiado de tiempo.

Usos del pluscuamperfecto del indicativo

El pluscuamperfecto del indicativo se usa para hablar de una acción o estado que ocurrió en el pasado antes de otra acción que también se encuentra en el pasado. Es decir, es un pasado dentro de otro tiempo pasado.

Sofía se **había sentido** cansada hasta que recibió una llamada telefónica que la revivió inmediatamente.

Nos **habíamos pasado** toda la mañana buscando la maleta y terminamos encontrándola en el lugar más inesperado.

Por ser un tiempo imperfecto (recuerden que *haber* se conjuga en el imperfecto del indicativo: –ía, –ías, –ía, –íamos, –ían) puede describir algo que ya ocurrió y al mismo tiempo existe la idea de continuidad o de una acción en progreso. Es decir, no hay necesidad o deseo por parte del hablante de indicar el inicio o el fin de lo ocurrido.

Una sola compañía **había suministrado** todas las computadoras portátiles.

Los encargados **habían distribuido** copias del artículo a todos.

En estos ejemplos no está claro el momento en que terminaron de *suministrar las computadoras portátiles* ni el momento en que se dejó de *distribuir las copias del artículo.* Si el hablante hubiera querido *fijar* la acción en un momento específico del pasado habría utilizado el pretérito *(suministró, distribuyeron).*

Sólo una sola compañía **suministró** todas las computadoras portátiles el mes pasado.

Los encargados **distribuyeron** copias del artículo ayer por la tarde.

6-10. Del diario de Quique: *El hombre propone y Dios dispone.* Llene los espacios en blanco con la forma que complete el sentido de la historia, y coloque los acentos sobre las palabras en orden alfabético que lo necesiten.

I

Cuando Josefina, Sofía y yo finalizamos la carrera ***(a)*** *universitaria* nos ______________ **(1. had set out to)** invertir en un negocio familiar, pero no ______________ **(2. had put together)** un capital y nunca lo hicimos. Eduardo y Ángel no ______________ **(3. had been)** de acuerdo porque le ***(b)*** *temian* al refrán *en pleitos de hermanos no metas las manos,* y nunca se ***(c)*** *hablo* más del asunto. Pero últimamente mamá nos ______________ **(4. had told)** que deseaba dejar de trabajar en la escuela para compartir más tiempo con papá y evitar que se le ______________ **(5. hacer)** tan pesada la jubilación. Papá se ______________ **(6.quedar)** discapacitado desde que los doctores le ______________ **(7. had diagnosed)** ***(d)*** *cancer* y nosotros sabíamos que a pesar del ***(e)*** *exito* del ***(f)*** *trasplante* nunca más ***(g)*** *podria* volver a trabajar.

Comente. ¿Están sus padres preparados económicamente para la jubilación? ¿A qué edad se jubilan las personas en Estados Unidos? ¿Piensa usted prepararse desde ahora para este momento o no piensa en estas cosas?

II

El problema es que papá nunca ______________ **(1. had contributed)** a una pensión porque el dinero que llevaba a casa no le alcanzaba y nunca ______________ **(2. had had)** oportunidad de apartar dinero para este crucial momento. Siempre decía *la última cuenta la paga el diablo* y los años se le fueron como el agua. Mamá, por el contrario, ______________ **(3. had paid)** el plan de los maestros y se ***(a)*** *sentia* protegida tan pronto ***(b)*** *llegara* el momento. Papá no tuvo otra alternativa que solicitar el Seguro Social y de acuerdo a unos ***(c)*** *calculos* que la ***(d)*** *agencia* hizo, iba a recibir una cantidad que apenas le costeaba para pagar los gastos médicos— ¡Qué ***(e)*** *rapido* marcha el tiempo y qué importante es prepararse para la jubilación! —nos decía siempre y nos pedía que ______________ **(4. pensar)** en el futuro. Las adversidades ______________ **(5. had occurred)** tan precipitadas que mi padre ______________ **(6. had felt)** que el mundo se le venía encima. ***(f)*** *Decia* que los acontecimientos en su vida ______________ **(7. had been)** marchando de maravilla hasta que un día le ***(g)*** *comenzo* un cansancio muy extraño e inmediatamente se le descubrió el cáncer en la sangre. Esto ocurrió dos meses después de que la ***(h)*** *compañia* lo ______________ **(8. had promoted)** a la ***(i)*** *posicion* de supervisor. Nunca en su vida se ______________ **(9. had found)** en una situación como ésta porque siempre ______________ **(10. had thought)** que ***(j)*** *viviria* para siempre. Después de que se le hizo el trasplante de médula ósea el doctor le ______________ **(11. had advised)** que se ***(k)*** *jubilara* del trabajo y no ______________ **(12. had had)** otra alternativa que la de seguir sus indicaciones. Le dijo que el cáncer se encontraba en un estado recesivo después del trasplante y que en cualquier momento ***(l)*** *podria* reaparecer. Esta decisión no era ***(m)*** *facil* para una persona que se ______________ **(13. had gotten used)** a trabajar toda la vida y el doctor nos dijo que nunca ______________ **(14. had seen)** una persona tan persistente o tan deseosa de mantenerse ocupada.

Comente. Se comenta en los medios de comunicación que en varias décadas va a desaparecer el Seguro Social como agencia y muchos de nosotros no tendremos el beneficio económico del que gozan hoy las personas de la tercera edad. ¿Ha pensado en este problema? ¿Qué propone para solucionarlo?

III

Fue en esos ***(a)*** *dias* que se me ***(b)*** *ocurrio* iniciar un ***(c)*** *negocio* de exportaciones e importaciones entre ***(d)*** *Sudamerica* y Estados Unidos, y hacerlo una empresa familiar donde mis padres tuvieran ***(e)*** *tambien* alguna participación. Yo lo ______________ **(1. had thought)** desde ***(f)*** *hacia* mucho tiempo pero nunca ______________ **(2. had found)** la posibilidad de llevarlo a cabo porque mis hermanas y yo hemos contado siempre con buenos empleos. En mis viajes por Sudamérica ______________ **(3. had met)** a muchas personas importantes y en varias ocasiones algunos de estos contactos me ______________ **(4. had proposed)** un ***(g)*** *sinnumero* de negocios; sin embargo, yo ______________ **(5. had been)** tan entregado a la ***(h)*** *compañia* que nunca ***(i)*** *considere* tal posibilidad. Un día me ***(j)*** *plantee* a mí mismo una idea maravillosa. Si ya ______________ **(6. had worked)** seis años con esta empresa y sabía cómo operaba la industria, ¿por qué no usaba mis conocimientos para desarrollar una empresa familiar? *¡Quien con el lobo se junta, aprende a aullar!* Quizás la situación de papá me ______________ **(7. had served)** como una premonición y ahora ***(k)*** *deberia* actuar. *Más vale ser cabeza de ratón que cola de león.* Mi madre me ______________ **(8. had communicated),** en más de una ***(l)*** *ocasion,* que estaba cansada de enseñar en las escuelas y probablemente éste era el momento que siempre ______________ **(9. had waited for).** A ella le ______________ **(10. had worried)** el hecho de que mis hermanas y yo nos ______________ **(11. had distanced)** de ellos y muchas veces sentía deseos de ver al nieto y no podía hacerlo.

Comente. ¿Ha pensado iniciar un negocio familiar algún día? Hable de las ventajas y desventajas que podrían ocurrir en esta aventura.

IV

En ocasiones, yo ______________ **(1. had been)** meses sin verlos y cuando regresaba, los viejos se quejaban de que me la pasaba todo el tiempo con ***(a)*** *mi* esposa y con ***(b)*** *mi* hijo. Nunca se conformaban con los ratitos que les dedicaba y si no me lo decían a ***(c)*** *mi,* se lo comunicaban a cualquiera que tuviera el tiempo y la ***(d)*** *paciencia* de escuchar. ***(e)*** *Decian* que cada uno de sus hijos ______________ **(2. had finished)** una ***(f)*** *profesion* y estaban orgullosos de nosotros, pero aquellos momentos ***(g)*** *intimos,* en que se ***(h)*** *reunia* la familia entera, ______________ **(3. had been left)** en el pasado. Toda la culpa se la echaban a la globalización. Se sentían tan solos que le propusieron a Josefina que ***(i)*** *comprara* la casa del frente que estaba a la venta, para que estuviera siempre cerca, pero a Josefina no le ______________ **(4. had seemed)** muy buena la idea y evadió la conversación. Ella ______________ **(5. had believed)** siempre que *el que se casa, para su casa* y vivir tan cerca ***(j)*** *seria* lo mismo. Estos sentimientos de separación y ***(k)*** *abandono* ______________ **(6. had increased)** mucho más durante la enfermedad de papá y decían que nosotros los ______________ **(7. had abandoned)**. ¡***(l)*** *Que* triste es ver a nuestros padres envejecer y no tener tiempo para ***(m)*** *dedicarselo*! A veces los ***(n)*** *visitabamos* y nos molestaba escuchar quejas sobre achaques y reproches porque no ______________ **(8. had gone)** a verlos. Si por un lado los comprendía, por el otro no encontraba ninguna solución al problema. Mi ***(ñ)*** *empleo* me exigía mucho tiempo y el que me sobraba tenía que ***(o)*** *darselo* a mi esposa y a mi ***(p)*** *unico* hijo. En este sentido, si iniciaba un ***(q)*** *negocio* familiar, ***(r)*** *podriamos* estar ***(s)*** *mas* unidos y al mismo tiempo ellos estarían ocupados en tareas menores sin el ***(t)*** *estres* que usualmente existe en la empresa privada.

Les propuse el plan a mis hermanas y a sus esposos, y cada uno me dio su opinión. No ______________ **(9. had thought)** en lo complicado del asunto y ***(u)*** *comence* a asesorarme con pequeñas empresas para aprender el aspecto legal del ***(v)*** *negocio.* Yo ya ______________ **(10. had attended)** a seminarios para pequeños empresarios, pero usualmente en estos lugares se discuten ideas muy generales. Todo parece muy bonito en ***(w)*** *teoria,* pero a la hora de la verdad surgen preguntas y problemas que no se discuten en estos talleres. Mi hermana Sofía ______________ **(11. had looked for)** información en la red cibernética y en menos de seis meses las cosas comenzaron a caminar. Creo que muy pronto vamos a iniciar nuestra propia compañía. Es el momento de *echar pa'lante* como dice Eduardo. *Mas hace una hormiga andando que un buey echado.*

Comente. ¿Está al corriente de los talleres que se ofrecen en su ciudad para pequeños empresarios? Ha escuchado hablar de préstamos del gobierno para este tipo de proyecto?

había y habían

La forma *habían* existe en español, pero sólo como parte de un verbo compuesto, no como el equivalente de *there are / there were*. *Habían* siempre viene seguida del participio del verbo — {ado}, {ido} o una de las formas irregulares— y no de un sustantivo o frase nominal.

Ellas **habían comprado** acciones en su propia empresa.

Los dueños **habían roto** el compromiso que hicieron con los empleados.

En todas las variedades del español podemos encontrar hablantes que dicen **Habían muchos invitados en la fiesta, *Habían estudiantes en la clase*. Es decir, como los sustantivos son plurales, los hablantes hacen concordancia entre el verbo y el sustantivo. Se debe recordar que cuando *había* significa *there were* o *there was* la forma no tiene plural y siempre se usa *había*.

Había sólo un agente en la oficina ayer por la tarde.

Había agentes de varias oficinas en la reunión del lunes pasado.

Fíjese que lo mismo sucede cuando usamos el verbo *haber* en el presente.

Hay sólo un vendedor disponible hoy.

Hay muchos inversionistas en el mercado ahora.

Práctica. Traduzca las oraciones al español.

1. There is a new Hispanic business in our neighborhood.

____

2. There are fewer travel agencies now that everyone uses the Internet.

____

3. There were fewer electric companies before the industry was deregulated.

____

4. The old ones had become monopolies.

____

5. There were clients that had been waiting for hours.

____

Vocabulario

La expresión *mantener al margen* tiene una variante en el español de EE.UU. que es un calco del inglés. ¿Puede Ud. escribir la expresión del inglés que tiene el mismo significado (la puede encontrar en el ejercicio 6-11)? ¿Ha oído Ud. otra palabra?

español académico	inglés	español de EE.UU.
mantener al margen	____________	____________

6-11. ¡En español, por favor! Traduzca las oraciones al español. Mantenga el mismo tiempo verbal que aparece en la versión en inglés.

I **had tried** to keep the secret. Until recently, I **had not realized** how difficult it would be. I **had started** to tell Grandma, but I changed my mind. She **had** always **been** good at keeping secrets and I wasn't. I **had been** warned by both my parents not to say anything to my grandparents. I **had felt** that it was unfair not to tell them. They **had noticed** that he **had** not **been** going to work because they **had called** during the week and **had found** him at home. I **had** always **had** a special connection with them and I felt awful about keeping them in the dark. The first time they **had asked** me if something was wrong I told them that everything was fine. But I could tell by the sound of their voices that they suspected something was wrong.

____

____

____

____

____

____

____

____

____

6-12. Del diario de Ángel: ***El que nace pa' tamal del cielo le caen las hojas.*** Llene los espacios en blanco con *el tiempo verbal* que mejor complete el sentido de la historia, y coloque los acentos sobre las palabras en orden alfabético que lo necesiten.

I

Hoy le ______________ **(1. agradecer)** al canal PBS por la ayuda que me ______________ **(2. dar)** durante mis primeros años en Estados Unidos porque gracias a su formidable ***(a)*** *programacion* me ______________ **(3. have turned into)** la persona que soy.

Como ***(b)*** *mi* madre vino de Cuba embarazada de ***(c)*** *mi* y me ***(d)*** *crio* sola, nosotros no ______________ **(4. hablar)** ***(e)*** *ingles*, y yo ______________ **(5. comenzar)** en el programa de ***(f)*** *educacion* bilingüe al cumplir seis años. Tan pronto llegaba a la casa ***(g)*** *hacia* la tarea y notaba que mi madre ***(h)*** *sufria* porque no ***(i)*** *podia* ayudarme. El programa televisivo que más me gustaba era *Plaza Sésamo* y ***(j)*** *ahi* fue donde ______________ **(6. aprender)** el alfabeto, ______________ **(7. distinguir)** los colores del arco iris, ______________ **(8. empezar)** a contar en inglés y muchas cosas más.

Las lecciones que preparaban ______________ **(9. ser)** muy divertidas y ***(k)*** *utiles* para mis clases. Recuerdo una tarea que la maestra nos ______________ **(10. asignar)** durante el primer año. Ella ***(l)*** *queria* que nosotros ______________ **(11. escribir)** los nombres en inglés de ***(m)*** varios animales que ______________ **(12. aparecer)** en unos dibujos. Nos dijo que el estudiante que ______________ **(13. encontrar)** todas las respuestas se ______________ **(14. ganar)** un ***(n)*** premio al final de la clase.

Comente. ¿Le parece familiar la historia de Ángel? ¿Ha visto este programa televisivo?

II

Ese día _______________ (**1. llegar:** yo) a la casa e inmediatamente _______________ (**2. empezar**) a escribir los nombres de los animales, y de pronto me _______________ (**3. dar**) cuenta de que los dibujos _______________ (**4. seguir**) exactamente la secuencia de los que el día anterior _______________ (**5. had shown**) en el programa televisivo. Me puse muy contento porque ya los _______________ (**6. had memorized**) y mamá no _______________ (**7. tener**) que sacrificarse ***(a)*** *ayudandome,* ya que la pobre _______________ (**8. had worked**) la noche anterior desde las once de la noche hasta las siete de la mañana. Todo iba de maravilla hasta que ***(b)*** *aparecio* el ***(c)*** *ultimo* ***(d)*** *dibujo.* El nombre de ese animal nunca lo _______________ (**9. had heard**) antes y quise preguntarle a mamá, pero _______________ (**10. estar**) tan dormida que no la _______________ (**11. querer**) despertar. De repente _______________ (**12. sonar**) el ***(e)*** *telefono* y cuando lo _______________ (**13. responder**), era la tía Inés, la cual siempre _______________ (**14. was kidding**) con mamá. Le _______________ (**15. hacer**) la pregunta rápidamente porque ***(f)*** *sabia* que _______________ (**16. had been**) una profesora excelente de español e inmediatamente me _______________ (**17. preguntar**) con su ***(g)*** *tipico* acento cubano: —¿Para qué quieres saber eso, hijo? —No quise decirle la verdad y ***(h)*** *solo* se me _______________ (**18. ocurrir**) responderle: —Quiero sorprender a mamá ***(i)*** *demostrandole* el inglés que _______________ (**19. have learned**) en la escuela.

Comente. ¿Ha leído acerca de la capacidad que tienen los niños durante los primeros años de vida para aprender idiomas? ¿Aprendió Ud. primero el inglés que el español o viceversa? ¿En qué idioma se siente más a gusto?

III

Al día siguiente la maestra nos _______________ (**1. interrogar**) para saber si _______________ (**2. had done**) la tarea y sólo yo _______________ (**3. levantar**) la mano entusiasmado. Le dije orgullosamente que la _______________ (**4. had written**) sin ayuda de nadie y, por ser el ***(a)*** *unico* de la clase en lograr tal hazaña, ella me _______________ (**5. pedir**) que la _______________ (**6. leer**) frente a todos. Por primera vez me _______________ (**7. sentir**) inteligente ya que todos me _______________ (**8. poner**) ***(b)*** *atencion.* La maestra _______________ (**9. estar**) impresionada mientras yo pronunciaba correctamente palabras como *monkey, giraffe, tiger, hippopotamus, lion, leopard,* hasta que _______________ (**10. aparecer**) el nombre del ***(c)*** *mamifero* que tía Inés me _______________ (**11. had taught**) la tarde anterior. _______________ (**12. Abrir:** yo) la boca y por mis labios salieron tres sílabas en *crescendo: sow-ree-oh,* y le ***(d)*** *sonrei* a la maestra en espera de su ***(e)*** *aprobacion.* La clase ***(f)*** *comenzo* a reírse a carcajadas creando un gran alboroto, y la maestra me puso una cara que me _______________ (**13. hacer**) temblar. Por ser la ***(g)*** *ultima* palabra, ella _______________ (**14. pensar**) que lo _______________ (**15. had planned**) y me _______________ (**16. parar**) en la esquina del ***(h)*** *salon* como ***(i)*** *castigo.* Lo peor del caso era que yo no _______________ (**17. saber**) por qué ella _______________ (**18. estar**) brava conmigo y _______________ (**19. tener**) que admitir que una tía nacida en la Habana y maestra de español _______________ (**20. had helped me**). Sin embargo, no me _______________ (**21. creer**) y no me _______________ (**22. dirigir**) la palabra por el resto del día porque ***(j)*** *decia* que nunca hubiera esperado algo así de ***(k)*** *mi.*

Comente. ¿Le parece que Ángel había sido cuando niño buen estudiante de acuerdo a la actitud de la maestra?

IV

Esa tarde _______________ **(1. salir)** triste y enojado de la escuela y, lo peor de todo, no _______________ **(2. saber)** ***(a)*** *todavia* cómo se _______________ **(3. decir)** zorrillo en inglés. Al llegar a casa _______________ **(4. prender)** la televisión y puse nuevamente *Plaza Sésano,* y finalmente dijeron que la traducción de zorrillo era *skunk* y no *sow-ree-oh,* como la tía Inés me _______________ **(5. had sworn)** el día anterior, y _______________ **(6. quedar)** confundido porque no ***(b)*** *podia* creer que una señora tan distinguida como mi tía nunca había aprendido tal palabra. Ese nombre nunca más se me _______________ **(7. has forgotten)** y lo ***(c)*** *utilizo* hoy cuando quiero insultar a una persona mientras manejo. ¡Claro!, siempre y cuando nadie me ***(d)*** *escuche.*

Comente. ¿Qué palabra en inglés o español se le ha grabado en la memoria a consecuencia de una situación vergonzosa o algún incidente como el que menciona Ángel?

6-13. A manera de laboratorio. Repase la historia anterior, y su profesor/a le va a leer un fragmento para que Ud. lo escriba.

____

____

____

____

____

Ortografía

Acentos interrogativos y exclamativos

Visit **http://www.thomsonedu.com/spanish** to practice these structures and listen to a Heinle audio chapter review on question words.

Hay un grupo de palabras que usamos para hacer preguntas o para expresar sorpresa o admiración y en estos casos siempre llevan acento escrito. Sin embargo, si no cumplen la función de preguntar o exclamar, no lo llevan.

cuál	***cual***
¿Cuál de todo es?	Éste es el amigo del cual te hablé.
por qué	***porque***
¿Por qué no comes verduras?	Porque no me gustan.
qué	***que***
¿Qué prefieres hacer?	Hagamos lo que tú quieras.
¡Qué imaginación!	

6-14. Casos de la vida: Las expectativas laborales. Coloque los acentos sobre las palabras en negrillas que lo necesiten.

I. Ponga los acentos sobre los *que* si lo necesitan.

¡**Que** difícil es encontrar trabajo! Yo pensé **que** ya **que** tengo un título universitario no tendría problemas pero ¡**que** equivocada estaba! Creo **que** el problema radica en **que** la situación económica continúa empeorando y cada vez hay menos trabajo. Muchas empresas **que** tenían fábricas en este país las han cerrado para abrir otras en países **que** ofrecen mano de obra mucho más barata y han dejado a muchísima gente sin empleo. Me pregunto **que** estarán haciendo mis viejos compañeros de la universidad. ¿**Que** trabajos habrán encontrado?

II. Ponga los acentos sobre los *por que* si lo necesitan.

No entiendo **por que** no encuentro trabajo. ¿Será **porque** estudié la carrera equivocada? Me gustaría saber **por que** alguien no me dio una lista de las profesiones que tienen demanda **porque** así podría haber seguido una carrera lucrativa. Realmente no sé **por que** nadie me quiere dar trabajo. He conseguido varias entrevistas pero cuando me preguntan **por que** quiero trabajar en su compañía y les dijo "**porque** me han dicho que pagan muy bien", nunca me vuelven a llamar. En algunas entrevistas me han preguntado **por que** escogí mi carrera y siempre digo la verdad: "**porque** me pareció la más fácil". ¿**Por que** nadie me quiere dar empleo?

III. Ponga los acentos sobre los *cual* o *cuales* si lo necesitan.

Necesito averiguar **cuales** empresas están contratando en mi campo. ¿**Cual** será la mejor manera de hacerlo? Generalmente busco en los clasificados del periódico para ver **cuales** de las compañías han colocado anuncios pero rara vez recibo respuesta. Un amigo al **cual** respeto mucho insiste en que el periódico no es la manera más eficaz de encontrar empleo. Por supuesto que le pregunté "entonces, ¿**cual** es la mejor?" Él dice que no me va a gustar la respuesta.

qué y cuál

Las palabras interrogativas *qué* y *cuál* no son intercambiables. *Qué* es invariable (no tiene una forma plural) y se usa para solicitar una explicación o una definición.

> ¿Qué es lo más importante en una entrevista de trabajo?
>
> ¿Qué es la informática?

Además, es el único de los dos que puede aparecer antes de un sustantivo.

> ¿Qué trabajo te gustaría encontrar?
>
> ¿Qué experiencias buenas has tenido?

Cuál y cuáles se usan en lugar de what o which en cualquier situación excepto las dos mencionadas anteriormente.

¿Cuál es tu sobrenombre?

¿Cuál de los dos te gusta más?

En el segundo ejemplo a continuación se necesita usar *qué* porque el sustantivo *cualidades* aparece inmediatamente después.

¿Cuáles son las cualidades que se necesitan para este trabajo?

¿Qué cualidades se necesitan para este trabajo?

Práctica. Traduzca el español.

1. What is your name?

___

2. Which name do you use, first or middle?

___

3. Which one did you choose?

___

4. Which book did you choose?

___

5. What do you like to do for fun?

___

Vocabulario

Las personas que estudian *abogacía* lo hacen en la *facultad de derecho.* ¿Puede Ud. escribir la expresión del inglés que tiene el mismo significado? ¿Ha oído Ud. otra palabra?

___ ___

¿Cómo se dice *briefcase* en español? Si no está seguro/a, busque la palalabra en el diccionario o revise el ejercicio 6-15.

___

¿Cómo se escribe *occasion* en español? ¿Qué diferencia(s) existen entre el inglés y el español?

occasion ___ ___

¿Sabe otras palabras que terminen en –sion en inglés? ¿Cómo se escriben en español?

___ ___

___ ___

___ ___

___ ___

___ ___

¿Qué conclusión puede sacar? Compare sus resultados con los que sacó para las palabras que terminan en –tion.

____

6-15. ¡En español, por favor! Traduzca la historia al español. Mantenga el mismo tiempo verbal que aparece en la versión en inglés.

Parece que Socorro está comenzando un diario.

Many times I **have thought,** what would have become of my life if my relationship with Quique **had not ended?** So many things **have happened!** Quique and I **had been** very happy and then, little by little, we **had started** to grow apart. Recently, many changes **have occurred** in my life that **have made** me think not only about him, but also about the entire Guerra family. I **had felt** like part of the family from the first day I met Alicia and Miguel, and Josefina and Sofía **had** always **behaved** like sisters toward me.

____

____

____

____

____

____

____

I **had stayed** in touch with them even after Quique and I broke up, but as time went on I stopped visiting them. I **had talked** to them after I decided to go back to school and they even **had come** to my graduation from law school. I remember so well arriving at the law office on my first day as a lawyer and finding out that Alicia **had left** a beautiful briefcase with a card congratulating me. She **had** always **been** like that! Several years **have gone** by since that day, but I still think about it all the time. Josefina **had invited** me to her wedding and even though Sofía and Ángel eloped, I **had had** many opportunities to spend time with them and I was one of the few people who knew they **had** never **wanted** a formal wedding and **had made** plans to run away and get married.

____

____

____

____

____

____

____

____

____

____

I know it's not a good excuse but at first, I **had been** so busy at work that I **had** not **made** the time to go see them. Then, when things **had started** to get less hectic, I met Martín. We **had worked** in the same building downtown for several months before we met. He is an international lawyer from Argentina. He **had completed** his bachelor's degree before moving to the U.S. and then he **had attended** law school in Miami before moving here. He **had** only **lived** in town a few months when we struck up a conversation in the elevator. A year **has gone** by since that first meeting. We **have been** married for three months now and are expecting our first child.

First thing tomorrow I am going to call Alicia to tell her what **has been** happening in my life. I **had felt** awkward before, letting her know that I **had met** someone and I **had** not **told** her that I **had gotten** married. Now with the baby coming, I **have come** to my senses. I will explain to them that I know I **have acted** poorly and I know they **have tried** to contact me on many occasions and I **have** not **replied.** I **had thought** that it would have been strange talking about my new boyfriend with them. But now I'm sure the whole family will be happy for me and they will love to meet Martín.

6-16. Del diario de Azucena: ***Ver para creer.*** Llene los espacios en blanco con el tiempo verbal que mejor complete el sentido de la historia, y coloque los acentos sobre las palabras en orden alfabético que lo necesiten.

I

Los primeros años de mi vida los ______________ **(1. vivir)** en El Salvador. Mis padres ______________ **(2. had emigrated)** a Estados Unidos y, como ***(a)** tenian* dos empleos cada uno, no ______________ **(3. poder)** cuidarme. Mis abuelos me ______________ **(4. criar)** mientras mis padres trabajaban ***(b)** aca* y recuerdo que a mí me ______________ **(5. gustar)** jugar con *Barbies.* Una semana antes de mi cumpleaños me ***(c)** entere* de que mi madre me ______________ **(6. had bought)** una muñeca especial para que yo la ______________ **(7. maquillar)** y la ______________ **(8. peinar).** Me ***(d)** envio* una carta diciendo que ***(e)** algun* día yo ______________ **(9. ser)** la encargada de maquillar a artistas famosas. Recuerdo que yo le ______________ **(10. maquillar)** a la muñeca las cejas, las pestañas, los labios, y le puse sombra en sus grandes ojos. ¡Qué linda se veía mi muñeca!

Comente. ¿Cuáles son las causas comunes para que los hijos y los padres se separen? ¿Puede usted imaginar su infancia apartado/a de sus padres? ¿Recuerda algún juguete especial durante su infancia?

II

Una mañana mi abuelo se ______________ **(1. levantar)** muy temprano porque ***(a)** tenia* una cita con el ***(b)** medico* y no ______________ **(2. had slept)** la noche anterior. Mi abuela ______________ **(3. had gone)** a la tienda mientras yo ______________ **(4. dormir),** cuando de repente ______________ **(5. oír)** el ruido de la ***(c)** television.* Me ______________ **(6. levantar)** muy callada y ***(d)** vi* al abuelo dormido en su silla favorita e inmediatamente ______________ **(7. correr)** al cuarto y ______________ **(8. sacar)** mi estuche con todos los ***(e)** cosmeticos* que ______________ **(9. had received)** el día anterior. Como ya saben, *la necesidad es la madre de la creatividad.* Me ______________ **(10. acercar)** al abuelo y le ______________ **(11. pintar)** los ***(f)** labios* y los cachetes y le ______________ **(12. poner)** sombra azul en los parpados mientras el abuelo roncaba tan fuerte que por momentos me causaba terror. Se veía precioso y me ______________ **(13. sentir)** orgullosa de mí misma. Bien dice el ***(g)** refran* que *la práctica hace al maestro.* De repente, se me ______________ **(14. caer)** el estuche al suelo y con el ***(h)** escandalo* que ***(i)** forme* se ______________ **(15. despertar)** el abuelo. Inmediatamente ______________ **(16. mirar:** él**)** el reloj y me ***(j)** ordeno* que ______________ **(17. volver)** a la cama porque tenía que marcharse a la cita ***(k)** medica* y la abuela ya no tardaba.

Comente. ¿Existe el mismo trato de padres hacia hijos que el de abuelos a nietos?

III

Al llegar a la ***(a)*** *clinica* mi abuelo ______________ **(1. notar)** que dos preciosas ***(b)*** *jovenes* le ______________ **(2. prestar)** mucha ***(c)*** *atencion* y le ______________ **(3. sonreír)**, lo cual ***(d)*** *activo* en el abuelo una vanidad que no ______________ **(4. had felt)** desde que ______________ **(5. had been)** soltero. Todo era muy extraño y sospechaba que allí *había gato encerrado.* Desde pequeño ______________ **(6. had heard)** que *la juventud del viejo está en el bolsillo* y les respondió a las señoritas con brusquedad: ¡No, gracias! *A otro perro con ese hueso.* Cuando la recepcionista lo ***(e)*** *llamo,* le ______________ **(7. decir)** sonriente que se veía muy bien, lo cual *echaba más leña* a su encendida vanidad. De repente ______________ **(8. entrar)** el doctor a la sala y cuando lo vio ______________ **(9. comenzar)** a ***(f)*** *reirse* a carcajadas y el abuelo, que ya *estaba como agua pa'chocolate* por tanta confusión , se ______________ **(10. molestar)** de tal manera que le ______________ **(11. responder)** de una manera grosera: —¡Acaso me ve cara de payaso o qué! El doctor —que lo conocía desde hacía muchos años— le ______________ **(12. facilitar)** un espejo para que el abuelo ______________ **(13. apreciar)** la obra de arte que yo ______________ **(14. had done)** y, por poco le ______________ **(15. dar)** un infarto. Desde ese día, el abuelo nunca más ______________ **(16. has left)** a la calle sin mirarse en el espejo. Gracias a la intervención de la abuela, no me ***(g)*** *pego,* pero nunca más ***(h)*** *volvi* a ver el ***(i)*** *regalo* que me ______________ **(17. had sent)** mi madre, lo cual ***(j)*** *troncho* mi ***(k)*** *deseo* de entrar en el campo de la belleza.

Comente. ¿Quiénes son más vanidosos, los hombres o las mujeres? ¿Qué significa el refrán *echarle leña al fuego?*

Vocabulario

Traduzca la palabra de la columna A al inglés en la columna B. Esta palabra tiene un cognado falso en el español de EE.UU. que aparece en la columna C. Busque el significado en inglés de esa palabra en el diccionario.

A **español**	B **inglés**	C **español**	D **inglés**
la empresa	______________	la firma	______________

Las palabras en la columna A tienen variantes en el español de EE.UU. que son calcos o préstamos del inglés. ¿Puede Ud. escribir las palabras del inglés equivalentes a las que aparecen en español en la columna A? ¿Ha oído Ud. otra palabra? Escríbala en la columna C.

A **español académico**	B **inglés**	C **español de EE.UU.**
las cuentas	______________	______________
el negocio	______________	______________

Las palabras del mundo de los negocios, al igual que el vocabulario médico o legal, se van aprendiendo. ¿Qué significan las siguientes palabras en inglés? Si no está seguro/a, revise el ejercicio 6-17 o búsquelas en el diccionario.

las acciones	______________	la contabilidad / contaduría	______________
el adiestramiento / entrenamiento	______________	las ganancias	______________
los bienes raíces	______________	la informática	______________
la concentración	______________	seguro médico	______________

6-17. ¡En español, por favor! Traduzca la historia al español. Mantenga el mismo tiempo verbal que aparece en la versión en inglés.

Ángel decided to go into accounting because he always enjoyed dealing with figures. Even when he was young, he made extra cash all through high school helping his uncle in his business. This natural ability for numbers became very useful. He would pay all the bills and keep all the accounts in order. When he went to college he majored in accounting with a minor in computer science. But he did not go back to work for his uncle. His goal had always been to get a job with one of the big accounting firms, so he made sure he had all the requirements. He started to apply for jobs during his senior year because he wanted to get hired as soon as he finished college. He researched all the companies and made sure they had solid earnings and their stocks were holding their value. He also made sure that they offered training for new employees as well as good health insurance. He received two job offers, in two very different parts of the country. He decided that, having grown up in Miami, he could deal with the climate better if he went where the climate was warm. He also liked the manager of the accounting department at one company, the man who would be his boss. When he started his new job he made a budget, taking into account his new income, so that he could save and buy a house. He ended up buying a little house next to a factory that made so much noise he could not sleep late on weekends. The truth is, he is good with figures but he is not a good business person and is even worse in real estate.

____

____

____

____

____

____

____

____

____

____

____

____

____

____

____

____

____

____

Capítulo 7

Los derechos civiles y nuestra identidad

Lectura
¿Somos parte del crisol americano?

Cápsula cultural
vos y *vosotros*

Gramática
Presente perfecto del subjuntivo
Conjugaciones de los verbos
Usos del presente perfecto del subjuntivo
Relación entre los tiempos verbales

Del habla a la escritura
haya comido vs. **haiga comido*

Gramática
Pluscuamperfecto del subjuntivo
Conjugaciones de los verbos
Usos del pluscuamperfecto del subjuntivo
Relación entre los tiempos verbales

Del habla a la escritura
Los sustantivos y el género

Ortografía
Acentos interrogativos y exclamativos
Puntuación—Fase I: La coma y el punto

Del habla a la escritura
tú, usted, uno y *se*

Vocabulario
Cognados falsos
Préstamos
Calcos

http://thomsonedu.com/Spanish/Conozcamonos

Lectura

Antes de leer

7-1. ¿Qué sabemos? Conteste las siguientes preguntas.

	Cierto	Falso
1. A los puertorriqueños se les concedió la ciudadanía estadounidense en 1917 cuando se firmó el Acta Jones.	C	F
2. La patrulla fronteriza al sur de Estados Unidos se inició en 1925. Anteriormente los inmigrantes cruzaban caminando una frontera abierta.	C	F
3. Se conoce a Estados Unidos como the *melting pot* por el calor de la gente.	C	F
4. La acción afirmativa se creó para brindar más oportunidades de éxito a los grupos minoritarios.	C	F
5. Cuba fue el primer país comunista en el nuevo mundo.	C	F
6. Los cubanos en Estados Unidos han sido la minoría latinoamericana de más éxito económico y político.	C	F

¡A leer!

¿Somos parte del crisol americano?

Soy Eduardo Vásquez. Nací en Nueva York, de padres puertorriqueños. Estudié la escuela primaria y la secundaria en Puerto Rico y regresé a Estados Unidos para terminar la preparatoria. Me considero puertorriqueño porque desde pequeño aprendí a bailar la música de mis padres, desarrollé el gusto por la comida de mi país y mi vocabulario y mi pronunciación en español se asemejan a los habitantes de la isla. Sin embargo, no existe legalmente una ciudadanía puertorriqueña como en los demás países de Latinoamérica y cuando me identifico en el extranjero lo hago como *American* y siento orgullo de ser ciudadano de Estados Unidos.

Cuando era pequeño crucé en auto con mis padres la frontera entre Tijuana y Estados Unidos, y cuando regresamos a San Diego los agentes de inmigración nos interrogaron cuidadosamente porque pensaron que éramos indocumentados. Decían que muchos inmigrantes reclamaban ser puertorriqueños. Nosotros no teníamos documentos porque como cindadanos estadounidenses que somos desde 1917, nunca pensamos que tendríamos que probarlo continuamente y nos hicieron pasar un mal rato. Después de esperar bastante tiempo tuvimos la suerte de encontrarnos con un oficial bien informado y gracias a sus conocimientos salimos del aprieto sin dificultades. Él le preguntó a mi padre por el significado de la palabra *orange* en el español de Puerto Rico, y todos respondimos a coro ¡china! ¿Qué habría pasado si este oficial no **hubiera estado** de turno ese día? Este incidente en la frontera tuvo tal impacto en mí que desde ese momento decidí ser patrullero fronterizo y ésa es la posición que ocupo hoy día. Es importante para mí que exista justicia en el trato a los inmigrantes documentados e indocumentados y, a pesar de todas las dificultades que he tenido con algunos compañeros de trabajo, me doy cuenta de que la defensa de los derechos humanos es la misión más importante de mi vida. Trato a todos los individuos con el respeto y la dignidad que todos merecemos porque sé que todos los grupos nacionales que componen este *melting pot* han sido inmigrantes en algún momento de la historia.

Me casé con Josefina Guerra y, hasta el momento, hemos decidido no tener niños. Nuestros empleos demandan mucho tiempo y creemos que no es justo traer criaturas al mundo si no les podemos brindar la atención que necesitan. A pesar de que nuestra cultura responsabiliza más a la mujer de la crianza y la educación de los hijos, yo no lo veo así, y espero compartir esta experiencia con Josefina cuando haya estabilidad en nuestras vidas.

Soy Azucena Guerra y llegué a Estados Unidos huyendo de los estragos que existieron durante la guerra civil en El Salvador a finales del siglo pasado. Nuestra casa se encontró una noche en medio de una balacera entre el gobierno y la guerrilla. Nunca olvidaré esos momentos a pesar de que sólo tenía cuatro años cuando ocurrió. Mis padres, mis hermanos y yo vendimos todas nuestras pertenencias y con el *pisto* que reunimos emprendimos el peligroso viaje hacia Estados Unidos. Hoy no sabría que hubiera pasado si nos **hubiéramos quedado** viviendo allá durante aquellos años. Gracias a la demanda laboral que existía durante esos años mis padres no tuvieron dificultad para conseguir empleos en restaurantes y en compañías de limpieza. En ocasiones mi padre solamente se cambiaba de camisa para llegar a tiempo a su segundo empleo. Bajo el programa de amnistía pudimos arreglar nuestra situación legal y hoy día mis padres ejercen las obligaciones y reciben los beneficios de todos los ciudadanos americanos, a pesar de sus limitaciones con el idioma. Actualmente mi hermano se encuentra rindiendo servicio en las fuerzas armadas de Estados Unidos y nos da orgullo pertenecer a esta nación sin que tengamos que renunciar a los valores que nos hacen sentir salvadoreños. Le agradezco a Estados Unidos por darnos a mi familia y a mí la oportunidad de vivir en paz y de poder alcanzar el sueño americano.

Conocí a mi esposo, Enrique Guerra, durante un viaje de negocios que hizo a la ciudad de Washington donde mis padres todavía residen, y desde que lo vi por primera vez me enamoré como una tonta. Ese día me dije a mí misma, "Quiero que Quique sea el amor de mi vida" y las cosas ocurrieron como en los cuentos de hadas. Gracias a la comunicación y al respeto mutuo tenemos cuatro años de casados y un niño saludable.

Tan pronto como Enriquito comience en la escuela, voy a continuar la carrera universitaria que nunca finalicé. Mi madre quiere que sea abogada y mi padre desea que estudie para doctora, pero ninguna de esas carreras me haría feliz. Aspiro a servir en una agencia que ayude a personas de bajos recursos y de ahí que necesite prepararme profesionalmente para poder hacerlo bien. Siempre me ha gustado relacionarme con asambleístas, senadores y alcaldes, y siempre he evitado identificarme con banderas partidistas. Soy consciente de que soy parte de una nación multicultural, multirracial y multilingüe y, por lo tanto, tengo la responsabilidad de continuar luchando por eliminar las desigualdades que todavía existen en la democracia estadounidense.

Soy Ángel Rodríguez y nací en Miami, Florida. Mi madre cruzó junto a quince balseros noventa millas de corrientes caribeñas hasta llegar a las playas de Cayo Hueso. Mi madre estaba embarazada de mí, y si no **hubiera sido** por esto, habría nacido en el campo para refugiados que el gobierno americano preparó para marielitos como nosotros. Mi padre había sido encarcelado meses atrás por problemas políticos y nunca más ni mi mamá ni yo supimos de él. Si nos **hubiéramos quedado** en la Habana no sabría que **hubiera ocurrido** con nosotros porque estábamos fichados con el gobierno. El ser hijo de una exiliada cubana y haber sido criado en Estados Unidos ha creado grandes contradicciones a la hora de hablar de mi identidad nacional debido a que existen dos fuerzas que me halan en direcciones opuestas. Por un lado, se encuentran mi madre y mis familiares que constantemente añoran regresar a Cuba y, por el otro lado, soy parte de una generación que ha crecido en contacto con las costumbres y los valores estadounidenses. Amo a mi familia y adoro las tradiciones que todos me enseñaron desde que fui creciendo en la pequeña Habana de Miami, pero no podría regresar a una Cuba que sólo ha existido en las anécdotas que he oído de otras personas. A través de mucha meditación he comprendido que el estar en contacto con nicaragüenses, argentinos, venezolanos, puertorriqueños, mexicanos, españoles, anglo-americanos, afroamericanos y toda la diversidad que compone esta nación me ha hecho una persona más completa y más tolerante al aceptar las diferencias que nos distinguen de los demás. Pienso que la multiculturalidad a que he estado expuesto no ha afectado mis sentimientos hacia mis raíces cubanas y, en resumidas cuentas, los nacionalismos conjuntamente con las religiones sólo le han ocasionado prejuicios, injusticias y guerras.

Me casé con Sofía Guerra y hasta el momento no la hemos pasado tan mal. Sé que Sofía tiene un genio tan fuerte como el mío, y gracias a la paciencia y a la comunicación diaria hemos llegado a acuerdos mutuos. Sabemos que nuestro matrimonio va a tener que pasar muchas pruebas y, por eso, cada día que pasa se convierte en un nuevo reto. Por las tradiciones machistas que hemos heredado, yo pensaba que Sofía me iba a pertenecer como una mercancía tan pronto como nos casáramos y he tenido dificultad para darme cuenta que además de ser esposa también es una amiga y una compañera. En la actualidad espero que ella alcance los sueños profesionales que siempre ha tenido y me permita a mí obtener los míos.

Gracias a la oportunidad que recibí mediante la acción afirmativa logré ingresar en la Universidad de Michigan y después de cuatro años me gradué como contador público. No sé qué **hubiera ocurrido** conmigo si no **hubiera recibido** esta oportunidad.

Después de leer

7-2. ¿Qué aprendimos? Conteste las siguientes preguntas.

1. ¿De qué nacionalidad se considera Eduardo? ¿Por qué?

____

____

____

2. ¿Por qué se fueron Azucena y su familia de su país?

____

____

____

3. ¿Qué tragedia le ha ocurrido a Ángel?

____

____

____

4. ¿Está de acuerdo con Eduardo en que Estados Unidos es un crisol de razas o considera que es un país multicultural? Explique.

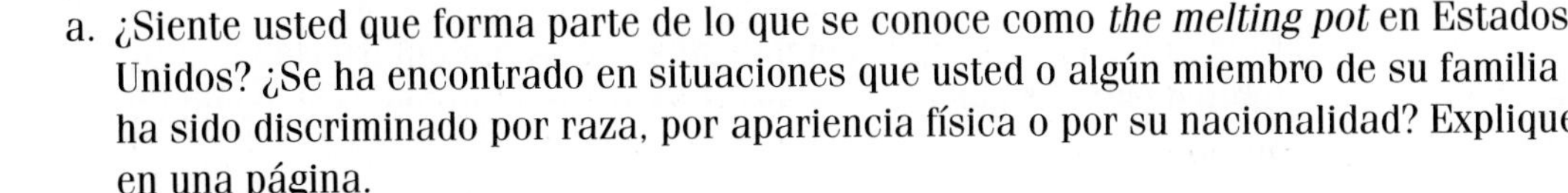

7-3. Piense, escriba y revise con cuidado.

1. Escoja uno de los temas a continuación.
   a. ¿Siente usted que forma parte de lo que se conoce como *the melting pot* en Estados Unidos? ¿Se ha encontrado en situaciones que usted o algún miembro de su familia ha sido discriminado por raza, por apariencia física o por su nacionalidad? Explique en una página.
   b. ¿Encuentra usted dificultad en definir su identidad dentro de Estados Unidos en contraste con los valores o las creencias que practican sus padres y familiares? ¿Qué elementos cree usted que determinan estos sentimientos? ¿el idioma, la religión, la música, la comida, los bailes, las tradiciones? ¿Qué características hacen que usted pertenezca a una identidad nacional determinada y no a otra?
   c. ¿Qué piensa de los derechos alcanzados por los hispanos en Estados Unidos? ¿Existen privilegios por color o clase social? ¿Qué metas quedan por alcanzar para que haya igualdad entre todos los ciudadanos de Estados Unidos?
2. Escriba en su computadora las respuestas.
3. Organice sus ideas y desarrolle el tema.
4. Escriba una página (250 palabras) dejando renglón por medio.
5. Repase sus notas de los capítulos anteriores y aplique los conocimientos a su composición.
6. Lea su trabajo en voz alta y póngale un título apropiado.

Cápsula cultural: vos y vosotros

De todos los pronombres personales-sujeto, *vos* y *vosotros* tienen un uso limitado geográficamente. *Vos* se usa en lugar de *tú* en el español hablado en Argentina al igual que en casi toda Centroamérica; partes de Bolivia, Chile, Colombia y Uruguay. Generalmente *usted* se usa como el pronombre formal para dirigirse a alguien directamente en todos las variantes del español. *Vosotros* se usa en el español de la zona norte-central de España para dirigirse a un grupo de personas directamente en una manera informal, mientras que el uso de *ustedes* es formal (de la misma manera que *tú* y *usted*). En América Latina y el resto de España se usa *ustedes* tanto para situaciones formales como informales.

Debemos señalar que mientras que el pronombre *vosotros* tiene su propia conjugación verbal en todos los tiempos del español, *vos* sólo la tiene en el presente del indicativo. En todos los demás tiempos verbales *vos* usa las mismas formas que *tú*.

Vosotros **miráis** la televisión a menudo.	(presente/ind)
Ustedes **miran** la televisión a menudo.	(presente/ind)
Vosotros **comisteis** muchísimo anoche.	(pretérito)
Ustedes **comieron** muchísimo anoche.	(pretérito)
Vos **mirás** la televisión a menudo.	(presente/ind)
Tú **miras** la televisión a menudo.	(presente/ind)
Vos **comiste** muchísimo anoche.	(pretérito)
Tú **comiste** muchísimo anoche.	(pretérito)

Gramática

Visit http://www.thomsonedu.com/spanish to practice these structures and listen to a Heinle audio chapter review on the subjunctive mood.

Presente perfecto del subjuntivo

El presente perfecto del subjuntivo expresa una acción que no tiene vigencia todavía en el presente. Por ser un tiempo del subjuntivo, se usa cuando existe duda o no tenemos certeza de la realidad de los hechos.

Espero que mis padres **hayan pasado** el examen para la ciudadanía sin solicetarla.

Es increíble que **hayan estado** en la ciudad por tantos años.

Conjugaciones de los verbos

Como todos los tiempos compuestos vistos con anterioridad, el presente perfecto del subjuntivo está formado por el verbo *haber* en el presente del subjuntivo y el participio del verbo léxico.

pronombre	*haber*	*participio*	*infinitivo*
yo	**haya**	→ vot**ado**	vot**ar**
tú	**hayas**	→	
él/ella/Ud.	**haya**	→ ejerc**ido**	ejerc**er**
nosotros/as	**hayamos**	→	
ellos/as/Uds.	**hayan**	→ compart**ido**	compart**ir**

Debemos recordar que a pesar de que la forma del auxiliar no cambia, algunos verbos léxicos tienen participios irregulares.

abierto	devuelto	escrito	previsto	satisfecho
absuelto	dicho	hecho	puesto	visto
contradicho	dispuesto	impreso	rehecho	vuelto
cubierto	disuelto	impuesto	repuesto	
deshecho	envuelto	muerto	resuelto	

Usos del presente perfecto del subjuntivo

De la misma forma en que el presente perfecto del indicativo se usa para hablar del pasado cuando queremos relacionarlo con el presente, el presente perfecto del subjuntivo cumple esta función pero lo hace bajo las restricciones del subjuntivo. Por eso, está limitado a aparecer en oraciones subordinadas o en oraciones encabezadas por los adverbios *quizá(s), posiblemente, probablemente, tal vez* o la interjección *ojalá*, y sólo ocurre dentro de las categorías semánticas ya discutidas anteriormente: duda, persuasión y emoción.

Ojalá **haya obtenido** el permiso para trabajar en este país.

Sofía *no cree* que el abogado **haya podido** ayudarla.

Tal vez ella **haya regresado** a su país.

Es necesario que **haya completado** toda la documentación.

Relación entre los tiempos verbales

Por ser un tiempo presente, el presente perfecto del subjuntivo puede venir acompañado en la oración principal por el presente, el presente perfecto, o el futuro del indicativo. En los ejemplos a continuación marcamos en itálicas los verbos del indicativo en la oración principal y en negrillas los del presente perfecto del subjuntivo.

requerir *(presente del ind.)* + pasar **(presente perfecto del subj.)**

Los aeropuertos *requieren* que todos los pasajeros **hayan pasado** por el chequeo de seguridad antes de abordar.

obligar *(presente perfecto del ind.)* + hacer **(presente perfecto del subj.)**

Han obligado a cualquier viajero que en el pasado **haya hecho** bromas pesadas a comportarse con seriedad.

tranquilizar *(futuro)* + lograr **(presente perfecto del subj.)**

Nos tranquilizaremos cuando **hayan logrado** la seguridad que prometen.

7-4. Del diario de Quique: *Después de la tormenta viene la calma.* Llene los espacios en blanco con la forma del **presente perfecto del subjuntivo** que complete el sentido de la historia, y coloque los acentos sobre las palabras en orden alfabético que lo necesiten.

Ahora que mi padre ha fallecido me siento ***(a)*** *mas* conciente de mi propia mortalidad y como no sé ***(b)*** *cuanto* tiempo me queda, me ***(c)*** *pregunto* ***(d)*** *como* o ***(e)*** *que* puedo hacer para crear un mundo mejor para ***(f)*** *mi* hijo. Espero que cuando él sea adulto la situación social, política y económica ______________ **(1. mejorar)** para los inmigrantes en este ***(g)*** *pais*. Quiero que para ese momento las personas ______________ **(2. alcanzar)** ***(h)*** *el* mismo respeto y la dignidad que se merecen todos los ciudadanos estadounidenses. Lo digo porque no creo que ***(i)*** *mi* padre ______________ **(3. sentirse)** nunca como ciudadano americano, y esto me entristece. Me ha dado mucha tristeza que durante toda su vida el pobre se ______________ **(4. estar)** sacrificando por nosotros y nunca se ______________ **(5. tomar)** el tiempo para cuidar su salud. Lamento que ______________ **(6. ser)** tan tarde cuando se descubrió su enfermedad. Mi madre y mis hermanas también sienten mucho ***(j)*** *que* no se ______________ **(7. hacer)** revisar regularmente por un médico, y que el ***(k)*** *cancer* se lo ______________ **(8. llevar)** en un abrir y cerrar de ojos. Me duele que se ______________ **(9. preocupar)** tanto por nosotros y nunca se cuidara a sí mismo. Me pregunto ***(l)*** *cuantos* seres humanos como ***(m)*** *el* han pasado por situaciones similares y no ______________ **(10. decir)** nada o no ______________ **(11. hacer)** algo para atenderse. Es triste que la ***(n)*** *situacion* de muchos ciudadanos no ______________ **(12. cambiar)** todavía a pesar de que existan tantos derechos escritos en la constitución.

Comente. ¿Cuántos años llevan sus padres viviendo en Estados Unidos? ¿Se sienten parte de esta nación o están más inclinados al país de origen?

7-5. A manera de laboratorio. En grupos de dos estudiantes van a dictarse partes de la historia que acaban de completar. Su profesor/a le dará instrucciones.

____

____

____

____

Vocabulario

Traduzca la palabra de la columna A al inglés en la columna B. Esta palabra tiene un cognado falso en el español de EE.UU. que aparece en la columna C. Busque el significado en inglés de esa palabra en el diccionario.

A **español**	B **inglés**	C **español**	D **inglés**
el/la funcionario/a	______________	el/la oficial	______________

La palabra *voto* en español tiene dos significados diferentes en inglés. ¿Sabe cuáles son? Si no está seguro/a, revise el ejercicio 7-6 o busque la palabra en el diccionario.

1. ______________ 2. ______________

¿Qué significan las siguientes palabras en inglés? Si no está seguro/a, revise el ejercicio 7-6 o búsquelas en el diccionario.

alterar	______________
el/la ciudadano/a	______________
cumplir	______________
el/la desamparado/a	______________
el/la juez	______________

7-6. ¡En español, por favor! Traduzca las oraciones al español.

1. The political parties wish for all citizens to have voted.

   ____

2. I hope for my candidate to have won.

   ____

3. In case he has lost, we will prepare for the next election.

   ____

4. I doubt that all of us have fulfilled our obligation.

   ____

5. It is possible for the government to have changed the requirements to obtain a work permit.

   ____

   ____

6. For things to have improved, they must have made many changes.

7. In case you have moved, do not forget to register again.

8. We are not sure that they have finished counting.

9. As soon as they have tabulated the results, we will know.

10. The officials are worried about the possibility that the ballots have been tampered with.

11. I doubt Josefina has seen the way the judge looked at her.

12. It does not surprise Azucena that her family has donated money to the people left homeless by the war.

haya comido vs. **haiga comido*

Debemos recordar que, como se discutió en el **Capítulo 3,** la forma **haiga* que se escucha en algunas variedades del español no es apropiada en un español formal y en su lugar usamos *haya*. Obviamente esta forma aplica también al presente perfecto del subjuntivo.

No sé si **haya** / (*haiga) **completado** la solicitud a tiempo.

Espero que mi amiga se **haya** / (*haiga) **acordado** de su cita.

Práctica. Traduzca las oraciones al español.

1. I doubt she brought the documents.

2. He does not think his relatives had accepted the offer.

3. He hopes they traveled without problems.

4. Its important for them to have obtained all the necessary documents.

5. We don't believe they have left.

Vocabulario

¿Qué significan las siguientes palabras en inglés? Si no está seguro/a, revise el ejercicio 7-7 o búsquelas en el diccionario.

detener	____________	el/la sospechoso/a	____________
las esposas	____________	el/la testigo	____________
el/la policía	____________	la víctima	____________
la policía	____________		

7-7. ¡En español, por favor! Traduzca el párrafo al español.

Eduardo had a bad experience with the police. He was pulled over by two police officers on his way to work one day. They asked for his driver's license and proof of insurance, and they ran his personal information through their computer. They came back, put him in handcuffs, and made him wait next to his car. He had never felt like a victim before, but he sure did that day. The worst part was that there was no one around, so he did not have any witnesses to what was happening to him. After what seemed like an eternity to him, the police officers returned, took the handcuffs off, and told him that he fit the description of a suspect they were looking for.

____

____

____

____

____

____

____

____

Gramática

Pluscuamperfecto del subjuntivo

Al igual que los otros tiempos verbales que pertenecen al modo subjuntivo estudiados en los capítulos anteriores (presente subjuntivo e imperfecto de subjuntivo y el presente perfecto que vimos en este capítulo), el pluscuamperfecto del subjuntivo se usa para indicar duda o emoción. Por ser un tiempo pasado, su uso se limita a eventos o acciones que podrían haber ocurrido en un momento anterior al presente del hablante. Este tiempo verbal se construye con el auxiliar *haber* en el imperfecto del subjuntivo y el participio del verbo léxico.

No me imaginaba que Josefina se **hubiera involucrado** tanto en ese asunto.

Ojalá no **hubieran divulgado** los detalles del juicio a la prensa.

Hubiera llevado mi cámara en lugar de tener que pedírsela prestada a Raúl.

Conjugaciones de los verbos

Recuerde que el imperfecto del subjuntivo tiene dos terminaciones, **-ra** y **-se.** Entonces, el pluscuamperfecto se puede formar con el verbo *haber* usando las terminaciones en **-ra** o en **-se.** La forma más común hoy en día es la terminada en **-ra** pero todavía se usan las formas en **-se.**

El otro verbo que forma el pluscuamperfecto del subjuntivo es el participio del verbo léxico, es decir, el verbo que le da el significado, como hemos visto en capítulos anteriores.

pronombre	*haber*		*participio*	*infinitivo*
yo	**hubiera / hubiese**	→	analiz**ado**	(analiz**ar**)
tú	**hubieras / hubieses**	→		
él/ella/Ud.	**hubiera / hubiese**	→	ced**ido**	(ced**er**)
nosotros/as	**hubiéramos / hubiésemos**	→		
ellos/as/Uds.	**hubieran / hubiesen**	→	compart**ido**	(compart**ir**)

Usos del pluscuamperfecto del subjuntivo

El pluscuamperfecto es un tiempo pasado y como tal sólo puede usarse para referirse a eventos anteriores al presente. Al mismo tiempo, por pertenecer al subjuntivo, se usa para indicar la irrealidad o el hecho que algo pudo ocurrir pero no sucedió.

Si **hubiera pensado** un poco en lo que hacía no tendría que arrepentirse ahora.

No sé por qué te preocupas ahora de lo que ocurrió, si te **hubieras preocupado** antes no estarías en este lío.

Ojalá **hubiéramos terminado** a tiempo.

Relación entre los tiempos verbales

Debido a que pertenece al pasado, el pluscuamperfecto del subjuntivo se puede combinar con cualquier tiempo verbal del modo indicativo excepto con los tiempos futuros. En los ejemplos a continuación aparecen el presente, el pretérito, el imperfecto, el presente perfecto, el pluscuamperfecto, el condicional y el condicional perfecto, respectivamente. Estos tiempos están en itálicas mientras que los tiempos del pluscuamperfecto del subjuntivo se presentan en negrillas.

poder *(presente del indicativo)* + poder **(pluscuamperfecto del subjuntivo)**

Hoy el representante no *puede* verla; **hubiera podido** hacerlo la semana pasada.

llegar *(pretérito)* + conseguir **(pluscuamperfecto del subjuntivo)**

Llegó tarde a la cita; si no, **hubiera conseguido** la ciudadanía.

buscar *(imperfecto del indicativo)* + tener **(pluscuamperfecto del subjuntivo)**

Ellos *buscaban* un abogado que ya **hubiera tenido** experiencia con casos de amnistía.

estar *(presente perfecto del indicativo)* + completar **(pluscuamperfecto del subjuntivo)**

Ha estado muy ocupado, de lo contrario **hubiera completado** la solicitud.

ocurrir *(pluscuamperfecto del ind.)* + posponer **(pluscuamperfecto del subjuntivo)**

Se le *había ocurrido* muy tarde porque si no **hubiera pospuesto** la entrevista.

omitir **(pluscuamperfecto del subjuntivo)** + querer *(condicional)*

Enrique **hubiera omitido** información personal en el reporte pero no *guería* deshonesto.

ignorar **(pluscuamperfecto del subjuntivo)** + cometer *(condicional perfecto)*

Si él **hubiera ignorado** las leyes, *habría cometido* un grave error.

7-8. Del diario de Alicia: ¿Qué habría sido si...? Llene los espacios con la forma necesaria del **pluscuamperfecto** del subjuntivo y coloque los acentos en las palabras en orden alfabético que lo necesiten.

© FogStock LLC/Index Open

A veces me pongo a pensar en ***(a)*** *como* ***(b)*** *habria* sido mi vida si mis padres se ______________ **(1. quedar)** en ***(c)*** *Mexico*. Si las cosas habrían sido ***(d)*** *asi*, seguramente nunca ______________ **(2. terminar)** la escuela ***(e)*** *secundaria* y tampoco ______________ **(3. ir)** a la universidad. De haber sido de este modo no ______________ **(4. ser)** maestra y probablemente ______________ **(5. estar)** trabajando en algo que no me ______________ **(6. gustar)**. Estoy segura de que Miguel y yo no habríamos gozado de una buena situación ***(f)*** *economica* y no ______________ **(7. poder)** mandar a los chicos a la universidad. En la pequeña casa de mis padres ***(g)*** *quizas* ni siquiera ______________ **(8. completar:** ellos**)** la ***(h)*** *secundaria* porque la situación económica era muy inestable. Lo más seguro es que ellos se ______________ **(9. tener)** que poner a trabajar para ayudarnos. ***(i)*** ¡*Que* diferente habría sido todo! Papá y mamá nunca se ______________ **(10. imaginar)** que sus nietos ***(j)*** *llegarian* a ser lo que son hoy. A pesar de que ***(k)*** *alla* no es como ***(l)*** *aca* me gustaba porque *se comía para vivir, no se vivía para comer*, como acá.

Comente. ¿Qué significado tiene el refrán que cierra la primera sección? ¿A qué se refiere Alicia con esta crítica?

7-9. A manera de laboratorio. Repase la historia anterior y su profesor/a le va a leer un fragmento para que Ud. lo escriba.

7-10. Presentación. Después de leer "¿Qué habría sido si...?", prepare una presentación para la clase que explique las diferencias y similitudes entre los derechos civiles en un país hispano de su elección y Estados Unidos. Puede hablar de acontecimientos históricos o actuales. Su profesor/a le va a indicar si es una presentación individual o de grupo y cuánto tiempo debe durar.

Vocabulario

Traduzca la primera palabra de la columna A al inglés en la columna B. Esta palabra tiene un cognado falso en el español de EE.UU. que aparece en la columna C. Busque el significado en inglés de esa palabra en el diccionario. Haga el mismo ejercicio con la otra palabra en la lista.

A **español**	**B** **inglés**	**C** **español**	**D** **inglés**
los documentos	____________	los papeles	____________
el tema	____________	el sujeto	____________

¿Cómo se escriben las siguientes palabras en inglés? ¿Qué diferencia(s) existen entre el inglés y el español?

la fotocopia ____________ ______________________________

el/la inmigrante ____________ ______________________________

¿Qué significan las siguientes palabras en inglés? Si no está seguro/a, revise el ejercicio 7-11 o búsquelas en el diccionario.

la ciudadanía ____________

el/la trabajador/a social ____________

7-11. ¡En español, por favor! Traduzca las oraciones al español.

1. I wish that you had called before coming over.

____

2. If no one had told her the truth, she would still be working there.

____

3. We made photocopies of all the documents in case they had gotten lost in the mail.

____

4. If he had spent more time completing the work, the clients would not have complained.

____

5. The social worker would have opened a file, but at the time she did not think it was necessary.

____

____

6. We would have obtained our citizenship last year, but the INS lost our documents.

____

7. The immigrants would have taken any job just to survive.

____

8. When Azucena went to visit her uncle and aunt last month, she expected they had already requested their U.S. citizenship but they were not able to do it.

____

9. I doubted they had finished all their paperwork.

____

10. I don't know if they would have discussed the subject with their lawyer.

____

7-12. Del Diario de Quique: ***No se puede tapar el sol con un dedo.*** Llene los espacios en blanco con el tiempo verbal que mejor complete el sentido de la historia, y coloque los acentos sobre las palabras en orden alfabético que lo necesiten.

I

Es triste escuchar y ver las ***(a)*** *imagenes* televisivas de indocumentados que diariamente intentan cruzar la frontera entre ***(b)*** *Mexico* y Estados Unidos. La ***(c)*** *mayoria* viene a este ***(d)*** *pais* en busca del mítico sueño americano, con la esperanza de proveerle a su familia una mejor vida. Sin embargo, el riesgo que corren nos pone a pensar si ______________ **(1. they are paying)** un precio muy caro por conseguir este sueño. Si usted siente indiferencia al escuchar estas noticias por televisión, ¿qué le ______________ **(2. parecer)** si le contara el gran secreto que mi primo Mauricio me confesó hace unos meses y, por más que ______________ **(3. tratar)** no lo ______________ **(4. poder)** olvidar? Hace varios años mi primo Mauricio, el hijo de ***(e)*** *tio* Gerardo, ______________ **(5. conseguir)** la residencia americana y se ______________ **(6. venir)** a vivir a EE.UU. donde ______________ **(7. comenzar)** una ***(f)*** *compañia* que ______________ **(8. dar)** mantenimiento a los ***(g)*** *jardines* de familias adineradas. Las cosas le ______________ **(9. had gone)** muy bien y un día se le ______________ **(10. ocurrir)** traerse a su hermano Mario con la esperanza de que lo ______________ **(11. ayudar)** a manejar el negocio. —Si Mario se ______________ **(12. venir)** conmigo la primera vez, —decía—, habríamos hecho una fortuna juntos. Sabía que era buen trabajador y como dicen, *el que es buen gallo en cualquier corral canta.*

Comente. ¿Qué piensa de las personas que inmigran a EE.UU. solas y tienen que dejar a sus familias? ¿Podría hacer eso Ud.?

II

Sin embargo, Mario se ______________ **(1. had stayed)** con los padres porque temían que algo malo le ______________ **(2. ocurrir)** en el Norte.

Siempre que Mauricio hablaba por ***(a)*** *telefono* con sus padres en ***(b)*** *Mexico,* les ______________ **(3. pedir)** de favor que le ______________ **(4. permitir)** a su hermano venirse con él, pero sus padres se ______________ **(5. negar)** rotundamente a darle ***(c)*** *permiso.* Mario ______________ **(6. ser)** el ***(d)*** *unico* hijo que les ______________ **(7. had remained)** en la casa y no ______________ **(8. querer)** quedarse solos, pero también temían que su hijo se frustrara por las pocas oportunidades que existían para superarse e hiciera algo ilícito. Se sabe que *la pereza es la madre de todos los vicios.* Mario se preguntaba a sí mismo ¿***(e)*** *que* ***(f)*** *habria* sido de su vida si se ______________ **(9. ir)** con su hermano.

Comente. ¿Son nuestros padres más egoístas o posesivos con los hijos mayores que con los menores?

III

(a) *Despues* de tanta insistencia, los ***(b)*** *padres* le ______________ **(1. conceder)** el permiso para hacer el ***(c)*** *viaje*, e ______________ **(2. hacer)** un pacto verbal. ______________ **(3. acordar:** ellos) que Mario ______________ **(4. ir)** a visitar a su hermano por un tiempo, ______________ **(5. acumular)** un capital para establecer un ***(d)*** *negocio* en México y se ______________ **(6. regresar)** a la casa con sus padres. Mauricio ______________ **(7. aceptar)** porque ______________ **(8. saber)** que era la ***(e)*** *unica* manera que sus padres lo iban a dejar venir.

Comente. ¿Ha conocido personas que han llegado ilegalmente a Estados Unidos? ¿Conoce las circunstancias del viaje?

IV

Todo ______________ **(1. estar)** preparado para la llegada ilegal. Los hermanos se ______________ **(2. poner)** de acuerdo en la hora y en el lugar del encuentro en la ciudad fronteriza. Esa noche Mauricio ______________ **(3. manejar)** hasta la frontera y ______________ **(4. dejar)** su auto en un estacionamiento privado con la intención de regresar al siguiente día. ***(a)*** *Tomo* el ***(b)*** *autobus* ***(c)*** *hacia* el puente y lo ______________ **(5. cruzar)** caminando. Inmediatamente ______________ **(6. telefonear)** un taxi y ______________ **(7. encontrar)** a su hermano ***(d)*** *esperandolo* en la plaza del pueblo. Los dos hermanos se ______________ **(8. abrazar)** de ***(e)*** *alegria* y Mauricio ______________ **(9. invitar)** a su hermano menor a cenar mientras le ______________ **(10. explicar)** el plan. Mauricio ***(f)*** *noto* que Mario hablaba de sus padres como si los ______________ **(11. abandonar)** para siempre. ______________ **(12. Ser)** las seis de la tarde aproximadamente cuando caminaron hasta una ***(g)*** *seccion* solitaria del río y se ______________ **(13. esconder)** cuando ______________ **(14. ver)** que la patrulla fronteriza ***(h)*** *todavia* se ______________ **(15. mantener)** vigilando. Esperaron unas horas hasta que ______________ **(16. decidir)** aguadar la ***(i)*** *proteccion* de la oscuridad.

Comente. A pesar de que muchos de nosotros no podríamos ponernos en el lugar de Mauricio y Mario, ¿qué hubiera hecho en su lugar?

V

Una vez que ______________ **(1. caer)** la noche y sólo la luna ______________ **(2. iluminar)** el ***(a)*** *camino*, los hermanos se ______________ **(3. animar)** a cruzar el río a nado. Primero Mauricio ______________ **(4. nadar)** contra la corriente, seguido de su hermano, pero de repente, Mario se comportaba como si alguien le ______________ **(5. cortar)** los brazos y sin dejar huella ______________ **(6. desaparecer)** en la corriente. Mauricio lo ______________ **(7. llamar)**, le ______________ **(8. gritar)**, ______________ **(9. dar)** manotazos en el agua, ______________ **(10. llorar)** y ______________ **(11. maldecir)** hasta que ______________ **(12. perder)** la voz de tanto gritar. Pero todo ______________ **(13. ser)** en vano porque *el que al cielo escupe, en la cara le cae la saliva,* y nunca más ______________ **(14. volver)** a ver a su hermano. La locura lo asechaba. No habría intentado cruzar el río si ______________ **(15. saber)** del ***(b)*** *peligro* que ***(c)*** *corria* su hermano. El río se ______________ **(16. had swallowed)** el cuerpo de Mario, y Mauricio no ______________ **(17. encontrar)** a ***(d)*** *quien* acudir. Mientras mi primo me relataba este episodio lloraba como si él ______________ **(18. ser)** el ***(e)*** *asesino*.

Comente. ¿Qué habría hecho usted si algo así le hubiera ocurrido?

VI

Dado que cruzar la frontera sin documentos legales es un crimen federal, Mauricio ______________ **(1. optar)** por no avisar a las autoridades y su ***(a)*** *unica* opción ______________ **(2. ser)** la de regresar solo. El camino se ______________ **(3. hacer)** tan largo que ______________ **(4. parecer)** que nunca ______________ **(5. llegar)**; pero finalmente ______________ **(6. llegar)**. A las pocas horas sus padres ______________ **(7. hablar)** por ***(b)*** *telefono* para saludar y para felicitar a sus dos hijos. Esa noche Mauricio ______________ **(8. obrar)** milagros para fingir la voz de su hermano y no llorar ni suplicar por el ***(c)*** *perdon* de sus padres. La madre le ______________ **(9. preguntar)** una y otra vez ***(d)*** *que* le ______________ **(10. ocurrir)** a su voz y ***(e)*** *el* le ______________ **(11. decir)** que se ______________ **(12. had caught a cold)** durante el ***(f)*** *viaje*. Hasta el día de hoy Mauricio no ______________ **(13. poder)** contarles a sus padres lo sucedido. Ya ______________ **(14. pasar)** dos años y su madre sospecha que Mauricio ______________ **(15. is lying)**. *En boca del embustero lo cierto se hace dudoso.* Cada vez que le pregunta por Mario le entran unos ***(g)*** *escalofrios* en todo el cuerpo y vuelve a fingir la voz de su hermano desaparecido.

Comente. Si usted fuera Mauricio, ¿qué haría? ¿Continuaría manteniendo el secreto o acabaría con el misterio? Si tuviera que escribir una carta dirigida a los padres de Mauricio explicando el incidente en la frontera, ¿qué estrategia usaría para hacerlo?

7-13. Del Diario de Ángel: 'Cuando salí de Cuba'. Llene los espacios en blanco con el tiempo verbal que mejor complete el sentido de la historia, y coloque los acentos sobre las palabras en orden alfabético que lo necesiten.

I

Como ustedes saben mi familia es de Cuba y recuerdo que cuando era pequeño todos ______________ **(1. contar:** ellos**)** en nuestras reuniones familiares las ***(a)*** *historias* de cuando ______________ **(2. salir)** de la isla. ***(b)*** *Todavia* recuerdo la primera vez que ______________ **(3. oír)** el cuento de la ***(c)*** *tia* ***(d)*** *Ines*. Esto ______________ **(4. ocurrir)** en un cumpleaños y ellos ______________ **(5. comer)** una comida cubana ***(e)*** *tipica:* arroz con frijoles negros, carne de puerco, ***(f)*** *platanos* fritos, ***(g)*** *tamales* y yuca. Estos platos nunca me ______________ **(6. had liked them)** durante mi niñez y, en ***(h)*** *cambio*, ______________ **(7. preferir:** yo**)** hamburguesas y papas fritas, pero ese ***(i)*** *dia* ______________ **(8. tener)** que comer lo que mis tías ______________ **(9. had prepared)**. ______________ **(10. saber:** yo**)** que si ______________ **(11. mencionar)** la palabra *hamburguesa* frente a mis tíos, todos se ______________ **(12. burlar)** de mí.

Comente. ¿Es la comida típica de un país una 'marca' para distinguir la identidad nacional? ¿El deseo de Ángel por comer hamburguesas en lugar de los platos típicos cubanos podría considerarse como un rechazo de su identidad cubana?

II

La parte más interesante de esa ***(a)*** *reunion* _______________ **(1. ser)** cuando comenzaron a contar historias de la salida de Cuba y, especialmente, una que le _______________ **(2. suceder)** a la tía *parecía de película.* Ya me _______________ **(3. saber)** el cuento del tío Roberto, el de la tía Olguita y el de la tía Marta. En la ***(b)*** *mayoria* de estas ***(c)*** *anecdotas* se _______________ **(4. repetir)** los mismos ***(d)*** *episodios* como el que la tía Olga sólo _______________ **(5. poder)** sacar una maleta de Cuba, el que mi tío se _______________ **(6. hacer)** pasar por homosexual y, por eso, el gobierno lo _______________ **(7. dejar)** salir, y al final de todas estas ***(e)*** *historias* mis tíos se _______________ **(8. reír)** de los ***(f)*** *contratiempos* que todos _______________ **(9. tener)** que pasar para llegar a Estados Unidos. Sin embargo, ese día la tía nos _______________ **(10. relatar)** una historia tan curiosa que, sin darme cuenta, *metí la pata.*

Comente. ¿Es costumbre típica de su familia el contar historias cuando se reúne? ¿Es usted partícipe o se limita a escuchar lo que cuentan otros? ¿Tiene el talento para narrar historias?

III

La tía nos _______________ **(1. decir)** que en esa ***(a)*** *epoca* era requisito pedirle permiso al gobierno cubano para salir de la isla y cuando esto _______________ **(2. ocurrir)** la persona _______________ **(3. estar)** obligada a dejar el ***(b)*** *empleo* y no _______________ **(4. tener)** ***(c)*** *ninguna* manera de ganarse la vida, hasta que finalmente _______________ **(5. recibir)** el permiso esperado. Muchos en el vecindario le decían *el que se va no hace falta* y una serie de ***(d)*** *groserias* cuando se enteraron de su partida. Mis abuelos _______________ **(6. had requested)** el permiso dos meses después que mi tía, sin embargo un ***(e)*** *miercoles* el cartero les _______________ **(7. traer)** la carta esperada, y el permiso de mi tía no _______________ **(8. llegar).** Ella temía que se _______________ **(9. extraviar)** en algún lugar y esa tarde ***(f)*** *lloro.* Se sentía como si el mundo se le _______________ **(10. venir)** de repente encima. Mis abuelos _______________ **(11. salir)** de Cuba vía España y la tía se _______________ **(12. quedar)** muy sola esperando por su permiso. El cartero _______________ **(13. was aware)** de la situación y un ***(g)*** *sabado* _______________ **(14. correr)** hasta su puerta como si se _______________ **(15. ganar)** la lotería, y ***(h)*** *grito:* ¡Inesita, al fin le _______________ **(16. llegar)** su ***(i)*** *permiso*!

Comente. ¿Tiene usted estrecha relación con el cartero que sirve en su vecindad? ¿con los que recogen la basura? ¿con los vecinos?

IV

Ella _____________ **(1. volar)** a España sin problemas, pero sin un centavo. Habría tenido dinero si _____________ **(2. trabajar)** durante la espera, pero no pudo y no fue hasta dos semanas cuando el Ministerio de ***(a)*** *Refugio* español le _____________ **(3. conseguir)** un ***(b)*** *empleo* de oficinista. Ella no _____________ **(4. ganar)** mucho en este ***(c)*** *trabajo,* pero aún así _____________ **(5. ahorrar)** lo ***(d)*** *mas* que pudo porque _____________ **(6. querer)** llegar a Estados Unidos donde ya se _____________ **(7. had established)** la familia. Un día la dueña de los cuartos donde alquilaba la vio y le dijo que ***(e)*** *hacia* cuatro días la embajada americana le _____________ **(8. had sent)** los trámites del pasaporte. Inmediatamente ***(f)*** *recogio* sus ahorros y ***(g)*** *saco* el pasaje para viajar a Estados Unidos y lo ***(h)*** *pago.* La noche antes de tomarse las fotos para sus documentos se _____________ **(9. dar)** cuenta de que no _____________ **(10. tener)** suficiente dinero para pagarlas. Habría esperado hasta el mes siguiente para sacarlas si _____________ **(11. saber)** que no ***(i)*** *tenia* el dinero completo, pero ya _____________ **(12. had paid)** el boleto ***(j)*** *aereo.* _____________ **(13. Salir:** ella**)** a la calle muy triste y le ***(k)*** *dejo* una vela encendida a Elegguá para que la ***(l)*** *ayudara* a realizar su viaje y, de pronto, _____________ **(14. ver)** a un hombre zigzagueando por la calle. Esta persona _____________ **(15. caminar)** como si _____________ **(16. tomar)** alcohol en la *Bodeguita del medio.* Mi tía _____________ **(17. notar)** que ***(m)*** *el* señor _____________ **(18. estar)** contando dinero y tan pronto como se ***(n)*** *acerco* a mi tía _____________ **(19. tropezar:** ella**)** accidentalmente con ***(ñ)*** *el* y todas las monedas _____________ **(20. caer)** por toda la calle. Mi tía le _____________ **(21. pedir)** disculpas una y otra vez, pero sin darse cuenta _____________ **(22. had placed)** sus zapatos encima de algunas monedas. Él le _____________ **(23. responder)** con ***(o)*** *groserias,* sin embargo ella no _____________ **(24. querer)** repetirlas durante su narración debido a que _____________ **(25. haber)** niños escuchando.

Comente. ¿Ha escuchado el nombre del santo Elegguá? ¿Qué representa dentro de la santería y qué quería específicamente la tía? ¿Puede nombrar otros santos?

V

Cuando el hombre se ______________ **(1. alejar)** mi tía ______________ **(2. mirar)** de casualidad al suelo y se ______________ **(3. dar)** cuenta de que las pesetas que el señor ______________ **(4. had left behind)** en la calle eran exactamente las que necesitaba para pagar las fotos. Mi tía ______________ **(5. terminar)** su fascinante narración exclamando: Fue un milagro de *Eleggúá*...! y ______________ **(6. suspirar)** profundamente mientras miraba hacia arriba con las manos abiertas. A mí se me ______________ **(7. salir)** una carcajada infernal y sin darme cuenta *puse el dedo en la llaga* cuando ***(a)** respondi: -No* tía, eso no fue un milagro del santo... ¡eso fue un robo...! Al tío Roberto se le ______________ **(8. caer)** el puro que ______________ **(9. fumar)** y la tía Inés ______________ **(10. mirar)** fijamente a mi madre como ***(b)** pidiendole* que me ______________ **(11. reprender).** Mi mamá se ______________ **(12. quedar)** sorprendida con mi comentario y me 'disparó' la mirada que yo ya ______________ **(13. conocer);** sin embargo, nunca me ______________ **(14. castigar)** ni se ______________ **(15. hablar)** más del asunto.

Comente. ¿Cree en los milagros? ¿Puede dar un ejemplo de algo milagroso que le haya ocurrido?

VI

Han pasado muchos años y todavía mi familia se ***(a)** reune* como antes y todos cuentan más historias acerca de la manera en que ______________ **(1. huir)** de Cuba; sin embargo mi perspectiva de la vida con los años ya ______________ **(2. has changed).** En primer lugar, me encanta la comida cubana y es al hijo de mi primer matrimonio a quien no le gusta. Un día él ______________ **(3. oír)** por primera vez el cuento de mi tía y se ______________ **(4. quedar)** meditando sin decir palabra. Estoy seguro de que en ese momento mi hijo ______________ **(5. had thought)** lo mismo que yo cuando ______________ **(6. tener)** su edad y me ***(b)** alegre* de que mi hijo ______________ **(7. pensar)** como yo. En ese momento lo ______________ **(8. mirar)** fijamente antes de que ______________ **(9. abrir)** la boca y aunque sé que *nadie aprende por cabeza ajena,* le dije en voz baja: —Fue el robo milagroso de *Eleggúá,* y mi madre me ______________ **(10. escuchar)** y nos ______________ **(11. dar)** a ambos la famosa mirada.

Comente. ¿Cree usted en que se repiten en la vida las circunstancias? Es decir, lo que le ha ocurrido a usted ¿le podría pasar a uno de sus descendientes?

7-14. Del diario de Sofía: *Del dicho al hecho hay mucho trecho.* Llene los espacios en blanco con el tiempo verbal que mejor complete el sentido de la historia, y coloque los acentos sobre las palabras en orden alfabético que lo necesiten.

I

Ángel y yo no nos ***(a)*** *habriamos* conocido si no _____________ **(1. ser)** por mi amiga ***(b)*** *Natalia.* A ella siempre le _____________ **(2. gustar)** andar de ***(c)*** *cupido* y _____________ **(3. decir)** que _____________ **(4. empatar)** a tanta gente ya que _____________ **(5. perder)** la cuenta. Yo nunca le _____________ **(6. hacer)** ***(d)*** *caso* y dudaba que le _____________ **(7. conseguir)** novio a casi todas nuestras amigas, como ella _____________ **(8. jurar).** Realmente no ***(e)*** *se* que ***(f)*** *paso,* pero un ***(g)*** *dia* me _____________ **(9. agarrar)** ***(h)*** *media* deprimida y me _____________ **(10. dejar)** convencer. Si no _____________ **(11. ser)** porque _____________ **(12. llevar)** ***(i)*** *varios* meses de haber ***(j)*** *roto* con mi novio ***(k)*** *creo* que no me ***(l)*** *habria* dejado convencer. Natalia me _____________ **(13. sugerir)** que _____________ **(14. salir)** a cenar en pareja, su novio, ***(m)*** *Victor,* ella, Ángel y yo. ***(n)*** *Quizas* _____________ **(15. estar:** yo**)** en un momento de debilidad porque nunca antes _____________ **(16. salir)** con un chico sin conocerlo antes pero accedí.

Comente. ¿Conoce a alguien alcahuete que haga el trabajo de Celestina? ¿Le parece buena idea esta manera de encontrar pareja? ¿Cómo se dice *blind date* en español?

II

Para decirles la verdad, no recuerdo nada de la comida. Es posible que ni siquiera _____________ **(1. comer).** _____________ **(2. Estar)** tan nerviosa que me la _____________ **(3. pasar)** hablando constantemente. Cuando ***(a)*** *salimos* del restaurante Ángel me _____________ **(4. acompañar)** al estacionamiento donde _____________ **(5. dejar)** el auto. Quizás Ángel no me _____________ **(6. caer)** tan bien pero recuerdo que _____________ **(7. empezar)** a llover y cuando me di cuenta, él se _____________ **(8. quitar)** su chaqueta para cubrirme. A lo mejor a ustedes les _____________ **(9. sonar)** ***(b)*** *cursi* pero se me _____________ **(10. hacer)** tan ***(c)*** *romantico.* Me _____________ **(11. invitar)** a tomar un ***(d)*** *cafe* y _____________ **(12. conversar)** toda la noche. Realmente no creo que _____________ **(13. ser)** amor a primera vista porque primero nos _____________ **(14. empezar)** a hacer amigos, y esa amistad se _____________ **(15. volver)** cariño y, más tarde, amor.

Comente. ¿Le parece galante o cursi el comportamiento de Ángel? ¿Cree en el amor a primera vista? ¿Por qué?

III

Nuestra ***(a)*** *relacion* ***(b)*** *comenzo* muy bien y no ***(c)*** *habriamos* tenido problemas durante nuestro noviazgo si no ______________ **(1. ser)** por la madre de Ángel. Estoy segura que a los dos nos ______________ **(2. gustar)** tener un noviazgo sin ***(d)*** *obstaculos* pero desafortunadamente no ______________ **(3. resultar)** ***(e)*** *asi*. Lamentablemente, cuando Ángel me ______________ **(4. llevar)** por primera vez a su casa para que ______________ **(5. conocer)** a su madre, cariño no ______________ **(6. ser)** lo que ______________ **(7. emanar)** por parte de su ***(f)*** *mama*. No es que se ______________ **(8. portar)** de una manera grosera, sino que yo ______________ **(9. poder)** sentir una ***(g)*** *distancia* enorme entre las dos. ***(h)*** *El* ya me ______________ **(10. contar)** que su mamá lo ______________ **(11. criar)** sola porque el ***(i)*** *papa* de Ángel nunca ______________ **(12. poder)** salir de Cuba. Me ______________ **(13. dar)** cuenta en esa primera visita que ella lo ______________ **(14. mimar)** y lo ______________ **(15. proteger)** toda la vida y que eso no ______________ **(16. ir)** a cambiar tan fácilmente.

Comente. ¿Qué sabe Ud. sobre la inmigración cubana? ¿Conoce a alguien de Cuba que haya pasado muchos obstáculos para llegar a Estados Unidos?

IV

La fuimos a visitar varias veces. Sin embargo, cada vez que nos ______________ **(1. reunir)** con ella, me ______________ **(2. tratar)** como a una extraña. El día que finalmente le ______________ **(3. preguntar)** a Ángel ***(a)*** *por que* su mamá ______________ **(4. ser)** tan ***(b)*** *fria* conmigo, ______________ **(5. admitir)** que a su mamá no le ______________ **(6. agradar)** que él ______________ **(7. salir)** con una chica que no ______________ **(8. ser)** cubana, y a pesar de que al ***(c)*** *inicio* de nuestra relación él se ______________ **(9. sentar)** a hablar claramente con ella y le ______________ **(10. decir)** que no se ______________ **(11. meter)** en su felicidad, ella ______________ **(12. seguir)** insistiendo en que ______________ **(13. preferir)** que ______________ **(14. buscar)** una muchacha cubana. Quizás otra mujer ______________ **(15. ignorar)** los caprichos de esta señora pero algo me decía que no ______________ **(16. crear)** distancia entre madre e hijo. Me ______________ **(17. costar)** mucho trabajo convencerla de que ______________ **(18. querer)** mucho a su hijo y que nosotros ______________ **(19. ir)** a ser muy felices, ***(d)*** *mas* un día todo ______________ **(20. cambiar)**.

Comente. ¿Cómo cree que actuó Sofía? ¿Haría Ud. lo mismo si no es aceptado/a en la familia de su pareja? ¿Qué debería haber hecho Ángel para mejorar la situación?

7-15. Casos de la vida: La carta a la suegra. Llene los espacios en blanco con el tiempo verbal que mejor complete el sentido de la historia, y coloque los acentos sobre las palabras en orden alfabético que lo necesiten.

I

Querida doña Eugenia:

Cuando _______________ **(1. estar)** en Miami la semana pasada me _______________ **(2. gustar)** hablar con Ud. pero realmente no _______________ **(3. saber)** cómo empezar. Por eso es que _______________ **(4. decidir)** ***(a)*** *escribirle* esta carta, porque _______________ **(5. querer)** tratar de explicarle ***(b)*** *como* me _______________ **(6. sentir)** ***(c)*** *hacia* su hijo y siempre que _______________ **(7. tratar)** de hacerlo en persona me _______________ **(8. dar)** ***(d)*** *miedo* decir algo que la _______________ **(9. molestar)** y que _______________ **(10. empeorar)** nuestra ***(e)*** *relacion.* Le pido por favor que _______________ **(11. leer)** mi carta y que me _______________ **(12. creer)** cuando le ***(f)*** *aseguro* que lo que le _______________ **(13. decir)** viene del ***(g)*** *corazon.*

Comente. ¿Le parece buena idea lo que está haciendo Sofía? ¿Por qué?

II

Aunque Ángel y yo no_______________ **(1. ser)** del mismo ***(a)*** *pais* no nos ***(b)*** *podriamos* llevar mejor. Yo lo _______________ **(2. querer)** ***(c)*** *muchisimo* y _______________ **(3. saber)** que ***(d)*** *el* ***(e)*** *tambien* _______________ **(4. compartir)** este sentimiento. Creo que no ***(f)*** *habria* importado donde _______________ **(5. nacer)**, que nos ***(g)*** *habriamos* conocido porque ese fue nuestro destino. Nunca _______________ **(6. estar)** tan ***(h)*** *comoda* con otro ser humano y los dos nos _______________ **(7. sentir)** ***(i)*** *como* si nos _______________ **(8. criar)** juntos, ***(j)*** *como* si nos _______________ **(9. conocer)** toda la vida. _______________ **(10. Estar)** convencida de que _______________ **(11. poder)** ser muy felices juntos siempre y cuando _______________ **(12. tener)** la ***(k)*** *bendicion* y el apoyo de nuestras familias. Sinceramente no _______________ **(13. creer)** que usted _______________ **(14. tener)** algo contra ***(l)*** *mi* a nivel personal y me parece que si nos _______________ **(15. encontrar)** en otro contexto no ***(m)*** *habriamos* tenido problemas. Muchas veces me _______________ **(16. preguntar)** si ***(n)*** *quizas* a Ud. la _______________ **(17. preocupar)** la ***(ñ)*** *distancia* ***(o)*** *geografica* que nos separa o que una vez que Ángel y yo _______________ **(18. formar)** una familia, la _______________ **(19. olvidar)** o no la _______________ **(20. considerar)** parte de nuestra familia.

Comente. ¿Conoce una situación parecida? ¿Le parece convincente el argumento de Sofía?

III

Me ***(a)*** *imagino* que es posible que eso ______________ **(1. ser)** lo que usted pensaba pero le ______________ **(2. asegurar)** que nunca ______________ **(3. ir)** a ocurrir. Nada me ______________ **(4. hacer)** ***(b)*** *mas* feliz que la idea de que su hijo y yo ______________ **(5. poder)** tener hijos rodeados de abuelos y ***(c)*** *tios* que los ______________ **(6. querer)** y los ______________ **(7. mimar)**. ¿***(d)*** *Quien* no ______________ **(8. querer)** que sus hijos ***(e)*** *tuvieran* abuelos con quienes contar y de los que depender? Yo ya la ______________ **(9. considerar)** parte de mi ***(f)*** *familia.* ***(g)*** *Solo* ______________ **(10. esperar)** que usted ______________ **(11. tener)** espacio en su corazón para permitirme ser parte de la suya.

Su nueva hija,

Sofía

Del habla a la escritura

Los sustantivos y el género

Los sustantivos que hacen referencia a seres humanos se dividen en tres grupos. Los que tienen una forma para referirse al hombre y otro para la mujer.

el maestro	la maestra
el doctor	la doctora

Los que tienen sólo una forma que toma el artículo masculino o femenino.

el estudiante	la estudiante
el turista	la turista

Los que tienen sólo una forma y sólo un artículo que aplica a hombres y mujeres.

la víctima

la estrella (de cine)

Práctica. Complete las oraciones cambiando la palabra en negrillas al género opuesto.

1. Salma Hayek es **una estrella** de cine famosa.

   Antonio Banderas ____.
2. De niño Quique quería ser **un pianista** famoso.

   Sofía, igual que su hermano, ____.
3. La primera vez que Josefina participó en un jurado quedó muy impresionada con **el juez.**

   La segunda vez, Denise Ramírez fue ____.
4. En el primer juicio **los testigos** fueron todos hombres.

   Sōlo mujeres fueron ____.
5. La majoría de **los presidentes** latino americanos han sido hombres. Sin embargo, hemos tenido

   mujeres ____.

Vocabulario

La palabra *demandar* tiene una variante en el español de EE.UU. que es un préstamo del inglés. ¿Puede Ud. escribir la palabra del inglés que tiene el mismo significado? ¿Ha oído Ud. otra palabra?

demandar ______________ ______________

Traduzca la palabra de la columna A al inglés en la columna B. Esta palabra tiene un cognado falso en el español de EE.UU. que aparece en la columna C. Busque el significado en inglés de esa palabra en el diccionario.

A **español**	B **inglés**	C **español**	D **inglés**
los gastos	______________	las expensas	______________

Muchas veces al tratar de traducir del inglés al español encontramos que una palabra del inglés no tiene una traducción literal y tenemos que recurrir a una circunlocución o un grupo de palabras para dar el mismo significado. ¿Cómo traduciría las siguientes expresiones?

cerrar de un golpe ______________
ser miembro de un jurado ______________

¿Qué significan las siguientes palabras en inglés? Si no está seguro/a, revise el ejercicio 7-16 o búsquelas en el diccionario.

alegar ______________
conceder ______________
los daños ______________
el/la demandado/a ______________
el/la demandante ______________
la indemnización ______________
seleccionar ______________

7-16. ¡En español, por favor! Traduzca el párrafo al español.

Alicia was called to jury duty last month. She was selected as part of a jury in a civil case. The defendant was a woman being sued for damages suffered by her former live-in boyfriend, the plaintiff. Denise Ramírez was the judge in the case. The ex-boyfriend alleged that the day he was moving out of the house they shared, she slammed the door on him, which made him fall and break his leg. He was asking for restitution for his medical expenses as well as the psychological damage suffered. The jury ended up granting him $100,000 dollars.

____
____
____
____
____
____
____

Ortografía

Visit http://www.thomsonedu.com/spanish to practice these structures and listen to a Heinle audio chapter review on question words.

Acentos interrogativos y exclamativos

Hay un grupo de palabras que usamos para hacer preguntas o para expresar sorpresa o admiración, y en estos casos llevan acento escrito. Sin embargo, si no cumplen la función de preguntar o exclamar, no lo llevan.

adonde	***adónde***
Vamos adonde fuimos ayer.	¿Adónde vas?
como	***cómo***
No me gusta como director.	¿Cómo se llama tu colega? ¡Cómo te quemaste!
cuando	***cuándo***
Pasa por la casa cuando quieras.	¿Cuándo nos vemos?
cuanto (a/os/as)	***cuánto (a/os/as)***
Cuanto antes lo hagas, mejor.	¿Cuánto le debo? ¡Cuánta gente!
donde	***dónde***
Aquí fue donde las encontré.	¿Dónde están las llaves?
quien	***quién***
Invita a quien quieras.	¿Quién te llamó?
quienes	***quiénes***
Fueron quienes pudieron.	¿Quiénes son?

Necesitamos aclarar que las palabras interrogativas llevan acento también cuando forman parte de una pregunta implícita.

El policía le preguntó **dónde** vivía.

7-17. Casos de la vida: Josefina y su trabajo. Coloque los acentos sobre las palabras en negrillas que lo necesiten.

Yo me pregunto **cuando** llegaremos a tener un mundo **donde** todos los seres humanos sean tratados de la misma manera. Es difícil imaginarse **quien** no querría una situación así. Sin embargo, creo **que** les sorprendería a Uds. si vieran **cuantas** cartas recibimos en el periódico criticando nuestros artículos **cuando** escribimos a favor de un trato justo hacia los inmigrantes. No sé **cuantos** de ellos son víctimas simplemente por estar buscando **como** vivir mejor. Admito que no me puedo sentir **como** ninguno de ellos porque no he vivido las mismas experiencias, pero tengo la empatía **como** para darme cuenta de que el maltrato del hombre por el hombre no debería permitirse sea **quien** sea la víctima. ¿**Quienes** creen **que** son estas personas **que** se consideran jueces y jurados?

7-18. Casos de la vida: Conseguir trabajo no es nada fácil. Coloque los acentos sobre las palabras en negrillas que lo necesiten.

Mi primo **aun** no ha decidido **que** quiere estudiar. Efraín piensa **que solo** va a estudiar derecho **si** tiene **el** dinero. **El** no quiere terminar su carrera con tantas deudas. Espera **que** la universidad le **de** una beca **porque** la educación está cada vez **mas** cara. Sus padres lo quieren ayudar, **mas el** prefiere hacerlo **solo.** Mi jefe lo invitó a almorzar para discutir las posibilidades **de** empleo y a **mi** me pareció buena idea. Realmente no **se si** a **el** le interesa **el** puesto; me imagino **que si.** Efraín **se** fue a la reunión muy bien vestido, pidió una ensalada y un **te.** ¿**Tu, que** hubieras hecho? ¿**Te** hubieras comprado ropa nueva? Imagínate que **tu** carro **se** descompone camino a la entrevista... ¿**Como** hubieras manejado la situación? No **se si te** puedes imaginar **como te** sentirías en una situación **como** ésta.

Ortografía

Puntuación—Fase I: La coma y el punto

Los signos de puntuación que se usan en español son básicamente los mismos que se usan en inglés. Una de las diferencias más notorias es que en español no usamos el apóstrofo (') a menos que sea en apellidos de origen extranjero como O'Rourke o D'Onofrio.

Otra diferencia importante ocurre cuando al escribir queremos expresar duda o sorpresa. En tales casos podemos usar signos de interrogación o de exclamación, pero debemos recordar que en español hay dos, los de apertura (¿ / ¡) y los de cierre (? / !).

¡Qué gusto verte!

¿Dónde has estado?

A continuación pasamos a explicar algunos de los usos más frecuentes de los dos signos de puntuación más comunes: la coma y el punto.

Coma

Se coloca entre comas una clarificación que puede eliminarse de la oración y no afecta el sentido.

Emma Vásquez, **la abogada de inmigración,** es de California.

Cuando pierde un caso, **que no ocurre muy a menudo,** no le cobra al cliente.

Se separan los miembros de una lista por comas, excepto cuando el último miembro va precedido de una conjunción *(y, e, o, u)*.

Voy a prepararme para **la cita con el abogado, el juicio y la entrevista con la periodista.**

La periodista tenía que **preparar las preguntas, reunirse con los testigos y hacer la entrevista.**

Se pone una coma delante de la conjunción para separar los elementos de la enumeración de otro elemento no relacionado.

Quería saber los nombres, apellidos, nacionalidades y edades de los testigos**, y cómo sucedió el incidente**.

Entrevistó a una dominicana, un venezolano y dos peruanos, **y se fue rápidamente**.

Para dirigirse a alguien directamente, el nombre lleva coma al principio de la oración o va entre comas en medio de la oración.

René, necesito hablar contigo.

El juicio, **damas y caballeros,** será el martes.

Un enlace, que se usa para dar continuidad a dos pensamientos, va seguido de una coma al principio de una oración o va entre comas en medio de la oración.

Es decir, no va a haber más retrasos.

Sería el último en enterarse, **sin embargo,** no pensaba faltar.

Punto

Siempre se usa un punto al final de una oración, pero cuando una oración está encerrada por comillas o paréntesis, el punto se coloca después de la comilla o el paréntesis (a diferencia del inglés que lo coloca dentro de la comilla o del paréntesis).

Josefina está muy entusiasmada ahora que el periódico va a cubrir el juicio **(hay que ver si deja que Raúl lo haga).**

Raúl le dejó una nota que dice **"o yo o nadie".**

7-19. Casos de la vida: ¿De qué nacionalidad es? Coloque las comas y los puntos donde sean necesarios, y los acentos sobre las palabras en orden alfabético que lo necesiten.

A pesar de que Azucena ***(a)*** *nacio* en Estados Unidos desde pequeña ***(b)*** *vivio* en San Salvador la capital de El Salvador Su padre Ernesto Ahmad es de ascendencia libanesa Sus abuelos se mudaron del Líbano a El Salvador cuando Ernesto era muy pequeño y abrieron una ***(c)*** *merceria* Ernesto siempre ***(d)*** *trabajo* en el ***(e)*** *negocio* de su padre y ***(f)*** *ahi* fue donde ***(g)*** *conocio* a la madre de Azucena Dina Danab una clienta de la tienda. Dina era una muchacha ***(h)*** *joven* bonita llena de ***(i)*** *energia* y de padres de origen sirio. Este ***(j)*** *ultimo* detalle les ***(k)*** *agrado* inmediatamente a los padres de Ernesto y ambas ***(l)*** *familias* se llevaban muy bien Se casaron a los dos años de haberse conocido y al poco tiempo decidieron irse a Estados Unidos para tratar de ahorrar un poco de dinero para comenzar una familia. Al año de casados Dina dio a luz a su primer hijo una niña a la que llamaron Azucena y los abuelos estaban más contentos que un perro con dos colas Sin embargo tuvieron que mandar a Azucena a vivir con los abuelos porque no podían trabajar los dos y cuidarla al mismo tiempo Un año y medio ***(m)*** *despues* del nacimiento de Azucena tuvieron a Antonio y entonces decidieron regresarse a su país Dieciocho meses después nació su tercer hijo Alberto Al poco tiempo de haber nacido Alberto la felicidad familiar ***(n)*** *llego* a un abrupto final Una noche mientras Dina acostaba a los dos niños ***(ñ)*** *mas* pequeños un ruido ensordecedor ***(o)*** *sacudio* la casa Ernesto ***(p)*** *entro* a la ***(q)*** *habitacion* corriendo cargando a Azucena gritando "al suelo al suelo" Se ***(r)*** *lanzo* encima de Dina y los dos varoncitos Cuando todo el ruido ***(s)*** *ceso* se dieron cuenta de que los militares y los guerrilleros ***(t)*** *habian* intercambiado fuego frente a su casa y mientras que varias balas habían quedado enterradas en las paredes de la casa una ***(u)*** *entro* por la ventana del cuarto de Azucena y la otra por la ventana de la cocina El susto que pasaron en esos pocos minutos fue suficiente para que Dina ***(v)*** *tomara* una ***(w)*** *decision* que había estado postergando por mucho tiempo ***(x)*** *Hacia* tiempo que Ernesto le ***(y)*** *venia* sugiriendo que se regresaran a Estados Unidos que la situación estaba muy peligrosa y que no iba a acabar pronto Pero Dina no quería dejar a sus padres ni a los padres de Ernesto Finalmente ***(z)*** *acepto* que no tenía otra opción

tú, usted, uno y se

Cuando hablamos con alguien por primera vez decidimos en base a la edad, la química u otros factores si debemos *tutear* a la persona (hablarle de *tú*) o hablarle de *usted*. Algo similar ocurre al escribir, excepto que la otra persona no está presente para facilitarnos la decisión de qué forma es más adecuada.

Si le escribimos una carta a una persona que ya conocemos y a la que normalmente le hablamos de *tú,* la decisión es fácil. Sin embargo, cuando no conocemos al lector necesitamos pensar en el nivel de formalidad que deseamos crear. En español existen varias alternativas que debemos tener en cuenta ya que cada una indica un nivel de formalidad distinto.

Entre las formas apropiadas para un trabajo formal, se encuentra la forma *usted* como la más popular; en lugar de la informal *tú* utilizada cuando nos dirigimos a alguien conocido o a un niño.

> Si **quiere** causar buena impresión en una entrevista de trabajo **debe** considerar no sólo **su** vestimenta sino también **su** conocimiento sobre la empresa.

Otra forma más formal aún que la anterior es el uso del pronombre genérico *uno,* donde el escritor no le habla directamente al lector sino que se refiere a una tercera persona. El efecto que se logra es el de crear más distancia entre el escritor y el lector, algo que si en una carta personal se considera negativo, en una profesional, por lo regular, es necesario.

> Si **uno quiere** causar buena impresión en una entrevista de trabajo **debe** considerar no sólo **su / la** vestimenta sino también **su / el** conocimiento sobre la empresa.

Una construcción propia del español —sin traducción literal al inglés— es el ***se** impersonal*. Como lo indica su nombre, permite despersonalizar la escritura para no tener que dirigirnos al lector directamente. Esta es la manera más formal y la más usada en la prosa académica.

> Si **se quiere** causar buena impresión en una entrevista de trabajo **se debe** considerar no sólo **la** vestimenta sino también **el** conocimiento sobre la empresa.

Práctica. Cambie la versión original a las tres posibilidades que acabamos de discutir.

1. Tienes que ir a la entrevista preparada para hacer preguntas que demuestren que has averiguado qué hace la compañía y cómo puedes contribuir.

   usted ______________________________

   ____

   uno ______________________________

   ____

   se ______________________________

   ____

2. Además necesitas evitar cualquier pregunta sobre el salario. Tendrás que contestar si te preguntan cuánto quieres ganar, pero lo ideal sería que dejaras que la persona que te esté entrevistando ponga el tema.

   usted ______________________________

   ____

   ____

   uno ______________________________

   ____

   ____

se ______

______

______

Vocabulario

Las expresiones en la columna A tienen variantes en el español de EE.UU. que son calcos del inglés. ¿Puede Ud. escribir las expresiones del inglés equivalentes a las que aparecen en español en la columna A? ¿Ha oído Ud. otra expresión? Escríbala en la columna C.

A **español académico**	B **inglés**	C **español de EE.UU.**
seguir su ejemplo	______	______
violar la ley	______	______

¿Cómo se escribe *authorities* en inglés? ¿Qué diferencia(s) existen entre el inglés y el español?

______ ______

¿Qué significan las siguientes palabras en inglés? Si no está seguro/a, revise el ejercicio 7-20 o búsquelas en el diccionario.

amenazar ______
la cárcel ______

7-20. ¡En español, por favor! Traduzca el párrafo al español.

A neighbor threatened to call the police when I threw a party last weekend. It got kind of loud and he told me I was breaking the law and that I should lower the volume of the music or he would report me to the authorities. Fortunately, we came to an agreement. I knew that I could get a ticket for playing loud music and I did not feel like wasting money like that. I remembered that this same guy had reported another neighbor last year and the poor man ended up in jail. I don't know the details but I did not want to follow in his footsteps.

______

______

______

______

______

______

La educación bilingüe

Lectura
Un café en casa de Azucena

Cápsula cultural
El almuerzo, la comida y *el lonche*

Gramática
Futuro perfecto
Conjugaciones de los verbos
Usos del futuro perfecto

Del habla a la escritura
'll' y 'y'

Gramática
Condicional perfecto
Conjugaciones de los verbos
Usos del condicional perfecto

Del habla a la escritura
Oraciones condicionales para hablar pasado

Ortografía
Puntuación—Fase II: El punto y coma, los dos puntos, la raya, y las comillas

Del habla a la escritura
Adverbios que terminan en {mente}

Vocabulario
Calcos
Cognados falsos
Cognados

http://thomsonedu.com/Spanish/Conozcamonos

Lectura

Antes de leer

8-1. ¿Qué sabemos? Conteste las siguientes preguntas.

1. ¿Recuerda su primer año en la escuela primaria? ¿Cómo era la situación para aquellos estudiantes que no entendían el inglés? ¿Daban las clases en español o en inglés? ¿Cómo era el programa? ¿Puede describirlo?

____

____

____

____

2. ¿Cree Ud. que los niños deben comenzar la primaria en su propio idioma o es mejor que entren directamente a clases en inglés? ¿Por qué?

____

____

____

____

3. ¿Considera Ud. que es importante mantener el español? ¿Ha pensado si va a hablar en español con sus hijos o prefiere hablarles en inglés? Si Ud. tiene hijos, ¿cómo ha manejado la situación? ¿Por qué?

____

____

____

____

4. ¿Es suficiente hablar en español en casa para mantenerlo? ¿Necesitamos tomar clases en español en la primaria y darle la misma importancia que se le da a las ciencias, las matemáticas o la historia? ¿Por qué deberíamos tomar clases de español?

____

____

____

____

____

¡A leer!

Un café en casa de Azucena

Una tarde Azucena invitó a Alicia, Sofía y Josefina a tomar un café en su casa. Es una costumbre que habían comenzado cuando Azucena y Quique eran novios y la han continuado practicando hasta después de que cada una de las jóvenes se ha casado.

—Alicia, Josefina y Sofía platican mientras Azucena se encuentra en el cuarto.—

Alicia: ¡Cómo disfruto de estas charlas! Me siento más joven cuando comparto los problemas, los logros y los chismes con ustedes. Me pregunto si **habría sido** de la misma manera si hubiera tenido sólo varones en vez de dos mujeres.

Sofía: Por supuesto, mamá, si hubieras tenido tres varones probablemente se habrían casado con mujeres como Azucena. Estoy segura de que te **habrías llevado** bien con tus otras nueras porque a pesar de ser mayor te comportas como una de nosotras, o ¿pregúntaselo a Azucena cuando regrese?

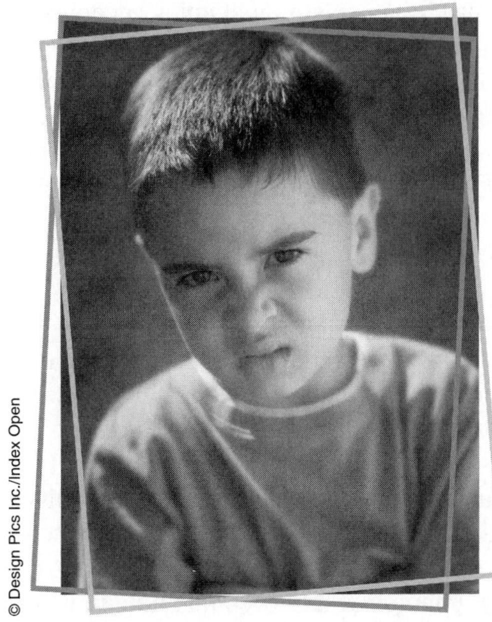

Alicia: A ver si me atrevo porque la veo muy extraña hoy. ¿Por qué está tan callada? ¿**Habrá discutido** con Enrique nuevamente? *(Se acerca Azucena.)* ¿Qué tienes, hija? Te veo rara esta tarde. ¿Estás molesta?

Azucena: ¡No, mamá!, cómo va a creer. Sólo estoy un poco preocupada por Enriquito. Ustedes saben que Quique y yo siempre le hemos hablado en español porque pensábamos que era mejor que el niño lo aprendiera en la casa; de lo contrario, ¿cuándo lo iba a aprender? Pero ahora me pregunto si no nos **habremos equivocado.** Acaso **habría sido** mejor hablarle solamente en inglés.

Josefina: Azucena, ¡cómo vas a decir eso! ¿Te arrepientes de que Enriquito hable español? Imagínate qué **habría pasado** si nuestros padres no nos **hubieran hablado** en español.

Azucena: No, no es eso, Josefina; pero él está sufriendo mucho en la escuela. Ya lleva dos años en clases bilingües y ahora que le están enseñando más en inglés, le cuesta mucho trabajo entenderlo. Ayer me dijo que no quería regresar a la escuela.

Sofía: Yo nunca entendí por qué lo pusiste en clases bilingües. Bien podría haber comenzado en clases en inglés. Tú bien sabes que los niños se adaptan rápidamente a cualquier idioma durante este período de sus vidas. Quique y yo entramos directamente a clases en inglés, y ya ves que no hemos tenido ningún problema.

Josefina: Yo tuve la suerte de tener clases bilingües desde primero a tercer grado y a mí también me ha ido muy bien. Así que no sé por qué criticas a Azucena por haberlo puesto en clases bilingües. Además, si ellos quieren que continúe hablando español durante el resto de su vida, es bueno que lo tengan en un programa bilingüe.

Alicia: Bueno, bueno. Primero debemos tomar en cuenta que simplemente porque a alguien le fue bien o mal en un programa, no quiere decir que debemos culpar *a Reymundo y to el mundo.* El distrito escolar en el que está Enriquito tiene un programa bilingüe pero desdichadamente es un programa transicional.

Josefina: Y ¿qué quiere decir eso? Yo pensaba que todos eran iguales.

Alicia: No, claro que no. Es un programa diseñado para enseñarles en español a los niños que no dominan el inglés. Poco a poco los maestros van aumentando la cantidad de inglés en el salón de clases, mientras van disminuyendo la cantidad de español. Generalmente cuando llegan al tercer grado, ya reciben la instrucción de todas las materias en inglés.

Josefina: Entonces ¿qué pasa con el aprendizaje del español después del segundo año?

Alicia: Precisamente por eso se le conoce como un programa transicional. En otras palabras, la idea es ayudar al estudiante a hacer la transición o el cambio del español, o cualquier otra lengua materna, al inglés. El programa no está diseñado para preservar la lengua materna sino que, por el contrario, pretende asimilar al estudiante al inglés lo antes posible.

Sofía: ¿Cómo es eso? Entonces, ¿por qué se llama educación bilingüe? No veo que haya educación en dos idiomas.

Alicia: Lo que tú **habrás pensado** es que era un programa donde les daban instrucción en español y en inglés al mismo tiempo. Ese programa existe en algunas escuelas pero no en todas. Es un programa de inmersión diferente donde todos los niños reciben instrucción en ambos idiomas. Por ejemplo, puede haber clases en español por la mañana y en inglés por la tarde. De esa forma los niños angloparlantes aprenden español mientras mantienen el inglés y los niños de ascendencia hispana aprenden inglés y también preservan el español. La idea es que todo el mundo termine el programa siendo bilingüe.

Sofía: ¡Eso suena perfecto en teoría! ¿Por qué no ofrecen ese sistema en todos los distritos escolares?

Alicia: ¡Ay, hijita! Por muchas razones. Primero, porque los distritos escolares necesitan cumplir con los reglamentos del gobierno federal y éste ha decretado que debe proveer educación bilingüe y así la definen. Segundo, porque hay situaciones en las que las escuelas no pueden conseguir maestras lo suficientemente preparadas en español y entonces no ofrecen las clases necesarias o solamente enseñan un número muy limitado. Cuando yo era niña no había educación bilingüe ni tampoco había clases de inglés como segunda lengua°. Todos entrábamos a clases regulares y para muchos era frustrante. La mayoría de estos niños se atrasaban durante los primeros años en lectura y matemáticas y nunca más podían ponerse al día. Creo que **habría pasado** primer grado la primera vez si hubiera tomado clases en español.

° ESL: English as a Second Language

Josefina: ¿Repetiste el primer grado? Pero, ¿no te habías criado en Estados Unidos...?

Alicia: Es una larga historia. La maestra era de descendencia mexicana, pero no le permitían que nos hablara en español. Inclusive nos castigaban si hablábamos español en la escuela. Si una maestra escuchaba a un estudiante hablando español, aunque fuera en el recreo o el almuerzo, lo mandaba a la oficina de la directora.

Azucena: ¡No puede ser! ¿Le **habrá sucedido** eso a Enriquito y quizás no me lo **habrá querido** mencionar?

Alicia: No lo creo. Ya no ocurren estas injusticias, pero nunca está de más que te des una vuelta por la escuela. La situación en las escuelas ha cambiado mucho. Cuando recién nos mudamos para aquí, la escuela quiso poner a los dos mayores en clases bilingües pero yo no quise. Hice que los pusieran en clases en inglés porque quería que lo aprendieran lo antes posible y me preocupaba que se retrasaran si seguían sólo con el programa en español. Sin embargo, tan pronto le tocó el turno a Josefina había visto a Quique y a Sofía batallar tanto con el inglés que decidí probar las clases bilingües. Ahora que soy maestra veo que **habría hecho** las cosas de otra manera si hubiera tenido más información. Sé que a pesar de que el sistema que tenemos no es perfecto, es mucho mejor que meterlos directamente a los cursos en inglés y que se sientan perdidos por mucho tiempo. Además soy consciente de que todo programa educativo necesita la cooperación de los padres y lamentablemente muchos de ellos no han sido educados en Estados Unidos y no pueden aportar mucho a la educación de sus niños.

Azucena: Bueno, pero nosotros pusimos a Enriquito en clases bilingües y ahora ya no quiere responder en español y continuamente nos pregunta por qué no hablamos inglés en casa. Creo que tiene vergüenza de hablar español y estoy tan mortificada.

Alicia: Pienso que lo ideal sería educar a todos los niños en dos idiomas para que así no sólo valoren el ser bilingüe, sino que al mismo tiempo se den cuenta de la riqueza de conocer dos culturas. Lamentablemente los distritos escolares tienen dificultades para conseguir los recursos económicos para hacerlo, especialmente en aquellos distritos donde predominan numéricamente las minorías. Como les estaba diciendo, ésa es otra de las razones por la que no hay más programas de los que se les enseñan a todos los niños en dos idiomas. Además, sé que ya **habrán notado** que no todo el mundo piensa como nosotras. Si no hubiera tomado las clases en la universidad no **habría aprendido** que la educación bilingüe se implementó en este país después de una demanda por parte de estudiantes chinos del distrito escolar de San Francisco. La demanda llegó hasta la corte suprema donde se dictaminó que los derechos lingüísticos de los estudiantes eran derechos civiles y el distrito escolar se vio obligado a ofrecer un programa bilingüe transicional. Además se llevó a cabo un estudio que declaró que las clases de inglés como segunda lengua en la escuela primaria no eran aceptables para los niños con conocimiento limitado en inglés°.

° *LEP: Limited English Proficiency*

Josefina: Disculpa, pero no entiendo. La lógica dice que un sistema así sólo ayuda a que el estudiante aprenda inglés, pero no hace nada para que mantenga un nivel del español que compita con otros hablantes del mundo hispánico.

Sofía: Precisamente eso es lo que busca el sistema educativo. Hay personas que creen que si uno mantiene la lengua materna, también mantiene la cultura y no se asimila al famoso *melting pot* o *el crisol de razas,* como se conoce en español. Sin embargo, las investigaciones demuestran que los inmigrantes de hoy día al igual que los de años atrás aprenden inglés y pierden el idioma de sus familias en pocas generaciones.

Alicia: Sí, pero lo interesante es que dentro de la gente que se opone a mantener la lengua materna que traen los inmigrantes se encuentran también inmigrantes que desean asimilarse al *American way of life.* Es decir, el asunto se complica cuando existen opiniones opuestas dentro de los mismos grupos.

Azucena: Yo he sido afortunada por haber tenido la opción con Enriquito de elegir clases bilingües. Leí un artículo que indicaba que sólo un cuarto de la población de los niños que necesitan educación bilingüe tiene la oportunidad de recibirla. La realidad es que la mayoría de las escuelas no tratan de mantener el idioma materno de los niños y más de la mitad no ofrecen asignaturas en español.

Josefina: Lo más triste es que en este país el bilingüismo no se ha valorado sino que se ha visto como algo negativo o un símbolo que marca prolongadamente a la persona como inmigrante, mientras que en los países europeos el hablar más de un idioma es considerado como una cualidad positiva a nivel social, cultural y económico.

Sofía: Pero, una cosa que no entiendo es, ¿qué pasa con los chicos que vienen a este país ya de adolescentes y entran a la secundaria? ¿Qué clases hay para ayudarlos con sus problemas?

Alicia: Eso depende. Si tienen suerte podrían tomar clases de inglés como segunda lengua para que lo aprendan, si no, tienen que tomar las clases en inglés con todos los demás, y ahí se aplica el famoso método *sink or swim.*

Josefina: ¡Ah! ¿En serio? Con razón la tasa de abandono escolar en Estados Unidos es tan alta entre los estudiantes de padres hispanoamericanos. La falta del inglés tiene que afectar a muchos a la hora de competir en el mercado laboral y este problema se va a ver durante las próximas décadas. Es decir, a pesar de que los inmigrantes hispanoamericanos en Estados Unidos van a ser la minoría más grande serán también la menos preparada académicamente.

Alicia: Azucena, por qué no matriculas a Enriquito después de la escuela en alguna actividad donde pueda emplear el español. Se va a sentir más seguro al hablar español si encuentra situaciones naturales en las que lo use.

Josefina: Buena idea, mamá. Hace poco salió en el periódico un artículo que hablaba de una liga de fútbol organizada por un señor de Venezuela. En la liga, cualquier niño podía participar y había tantos que hablaban español que los chicos angloparlantes también comenzaron a hablarlo. No parecía que se jugaba en Estados Unidos.

Alicia: ¡Ves!, algo así podría resultar muy positivo, Azucena. ¿No crees?

Azucena: Sí, no es mala idea. Creo que vale la pena intentarlo. Voy a hablar con Quique hoy mismo. Ahora, coman, coman, que con tanto hablar no han tocado nada.

Después de leer

8-2. ¿Qué aprendimos? Conteste las siguientes preguntas.

1. ¿Qué tiene preocupada a Azucena? ¿Qué está ocurriendo?

   ____

   ____

   ____

2. ¿Qué les explica Alicia a las muchachas? Descríbalo Ud. en sus propias palabras.

   ____

   ____

   ____

   ____

   ____

3. ¿Qué diferencias hubo entre la educación primaria de Quique y Sofía y la de Josefina?

   ____

   ____

   ____

4. ¿Qué le sugiere Alicia a Azucena con respecto a Enriquito? ¿Le parece buena idea a Ud.? ¿Qué haría si Ud. estuviera en el lugar de Azucena?

   ____

   ____

   ____

8-3. Piense, escriba y revise con cuidado.

1. Escoja uno de los temas a continuación.
   a. Mis experiencias en la escuela primaria con / sin educación bilingüe.
   b. Si sólo se ofrecen clases en español en la escuela primaria, ¿qué sugiere que se haga con los inmigrantes que entran a la escuela en la secundaria sin saber inglés?
   c. ¿Debería de haber una enmienda a la constitución de EE.UU. que haga al inglés la única lengua oficial? ¿Por qué?
2. Escriba en su computadora las respuestas.
3. Organice sus ideas y desarrolle el tema.
4. Escriba una página (250 palabras) dejando renglón por medio.
5. Repase sus notas de los capítulos anteriores y aplique los conocimientos a su composición.
6. Lea su trabajo en voz alta y póngale un título apropiado.

El almuerzo, la comida y el lonche

¿Qué es *el almuerzo*? En muchos países hispanos es la comida que se sirve alrededor de las doce del mediodía o la una de la tarde. A diferencia del *lunch* estadounidense de un sándwich o una ensalada, esta comida en América Latina es más fuerte. Generalmente incluye carne, verduras, arroz o papas, etc. La misma comida en España tiene lugar entre las dos y las cuatro de la tarde. En México, la hora de esta comida es la misma que en España pero no se le llama *el almuerzo* sino *la comida* porque en México *el almuerzo* es alrededor de las diez de la mañana y generalmente consiste en frijoles, huevos, tortillas y, por supuesto, chile.

Entonces, ¿qué les ocurre a los hispanos acostumbrados a comer entre las dos y las cuatro de la tarde cuando inmigran a Estados Unidos? Encuentran que esa comida no existe y que en su lugar hay una comida mucho más ligera que acontece al mediodía. Para los mexicanos no es almuerzo —¡es un sándwich!— para los españoles no es almuerzo tampoco —¡es un sándwich a las 12:00! ¡Ay, hombre!, es *el lonche*.

Gramática

Futuro perfecto

Ya hemos estudiado cuatro de los tiempos compuestos del español: el presente perfecto *(haya estudiado)* y el pluscuamperfecto *(hubiera estudiado)* del modo subjuntivo y el presente perfecto *(he estudiado)* y el pluscuamperfecto *(había estudiado)* del modo indicativo. Nos quedan por ver dos tiempos compuestos: el futuro perfecto y el condicional perfecto.

El futuro perfecto, como todos los demás tiempos compuestos, se forma con el auxiliar *haber* conjugado en el futuro y el participio del verbo léxico (el verbo que aporta el significado). Expresa una acción en el futuro anterior a otra que no ha ocurrido todavía.

Me imagino que **habrán investigado** el tema antes de hacer la presentación.

Cuando los estudiantes lleguen a clase la maestra ya **habrá preparado** la lección.

En ambos ejemplos se asume que una acción ha ocurrido tan pronto la siguiente se cumpla.

Conjugaciones de los verbos

pronombre	*haber*		*participio*	*infinitivo*
yo	habré	→	disimul**ado**	disimul**ar**
tú	habrás	→		
él/ella/Ud.	habrá	→	extend**ido**	extend**er**
nosotros/as	habremos	→		
ellos/as/Uds.	habrán	→	transfer**ido**	transfer**ir**

Debemos recordar que a pesar de que la forma de *haber* no cambia, hay un grupo de participios irregulares que ya hemos estudiado anteriormente.

abierto	dicho	inscrito	resuelto
absuelto	dispuesto	muerto	roto
compuesto	disuelto	opuesto	satisfecho
contradicho	envuelto	predicho	subscrito
cubierto	escrito	previsto	supuesto
descrito	hecho	puesto	visto
deshecho	impreso	rehecho	vuelto
devuelto	impuesto	repuesto	

Usos del futuro perfecto

El futuro perfecto tiene dos usos: primero, permite hablar de probabilidad en el pasado y segundo, señala un evento en el futuro que ocurre antes de otro. Cuando la referencia es al pasado, el futuro perfecto indica lo que se espera que haya sucedido pero que todavía no se ha confirmado.

¿No **habrás alarmado** a tu familia con esa decisión?

Supongo que ya se **habrá divulgado** la historia por toda la escuela.

En el caso en que la referencia es al futuro, la idea de probabilidad es la misma y la diferencia radica en que el evento aún no ha ocurrido.

Cuando aparezca el director ya **habremos formulado** un plan de acción.

Una vez que se reúnan ya **habrán recomendado** la manera más adecuada de atacar el problema.

8-4. Casos de la vida: Predicciones de Madame Yeya. Llene los espacios en blanco con la forma del **futuro** y el **futuro perfecto** que complete el sentido de la historia correctamente, y coloque los acentos sobre las palabras en orden alfabético que lo necesiten.

I

Sofía y Ángel visitaron a una clarividente para que les leyera el futuro en una bola de cristal, y de repente se encontraron en un cuarto oscuro con una señora con turbante en la cabeza, vestida con muchos colores y con los ojos al vacío.

Sé, de acuerdo a lo que veo en mi bola ***(a)** magica,* que durante mucho tiempo ustedes han querido tener niños, y les garantizo que en los próximos seis años ______________ **(1. nacer)** dos varones y una hembrita. La niña ______________ **(2. ser)** muy traviesa y ______________ **(3. agarrar)** todo lo que ***(b)** este* a su ***(c)** alcance.* Veo en la bola a una señora mayor ***(d)** diciendole* a la niña amorosamente: *Se toca con los ojos y se mira con las manos.* ¿Qué más, bola...? Dime... Lo siento, se me fue la visión. Veo también a una persona muy cercana a ustedes con una proposición de negocios, y aunque al principio Uds. ______________ **(4. tener)** temores de fracasar, ______________ **(5. aceptar)** la oferta y, a la larga, el ***(e)** negocio* ______________ **(6. rendir)** frutos. A pesar de que durante el primer año Uds. ______________ **(7. pensar)** que tomaron la decisión incorrecta y ______________ **(8. estar)** temerosos de poner en peligro la unión familiar por problemas del negocio, los malentendidos se ______________ **(9. disipar)** antes de que ***(f)** finalice* el primer año. Aquel amigo que les había dicho que *El gato y el ratón no son de la misma opinión* se ______________ **(10. tragar)** sus palabras porque ______________ **(11. haber)** ***(g)** armonia* y ***(h)** respeto* en la familia. Al pasar el primer año *las aguas* ______________ **(12. volver)** *nuevamente a su cauce* y les ***(i)** garantizo* que ______________ **(13. tener)** triunfos, aunque ya no pueda ver más al futuro... Se me fue la visión nuevamente.

Comente. ¿Puede interpretar los tres refranes que aparecen en la primera sección?

II

La bola me dice, Sofía, que antes de cinco años, Ud. ______________ **(1. renunciar)** a su ***(a)*** *empleo* actual y ______________ **(2. pasar)** más tiempo con la familia. En ese primer año no se ______________ **(3. acostumbrar)** al hogar, pero *en menos de lo que canta un gallo,* ese sentimiento ______________ **(4. desaparecer)** y le ______________ **(5. gustar)** hacer los quehaceres ***(b)*** *domesticos.* Me ***(c)*** *esta* interrumpiendo una oscuridad, es luto. Veo luto... ¡Perdón... perdón!, ya hay luto por la ***(d)*** *perdida* de una figura paterna. No sé ***(e)*** *quien* fue, pero era muy querido. Sin embargo, al lado del luto veo también nacimientos y más vida, y el luto ______________ **(6. desaparecer)** porque *el tiempo lo cura todo.* También aparece en la bola una graduación. Antes de que se cumplan seis años una persona de la familia se ______________ **(7. graduar)** con un doctorado y para el día que se cumpla esta profecía ella ya ______________ **(8. alcanzar)** renombre en toda la ciudad. ______________ **(9. Ser)** reconocida y admirada por muchos, pero no ***(f)*** *se* por ***(g)*** *que* la veo escribiendo solamente en español. No me pregunten nada más por favor porque ***(h)*** *solo* eso veo. ***(i)*** *Tambien* aparece en la bola una muchacha muy cercana a ustedes y ______________ **(10. tener)** dificultades para tener niños. Tanto su esposo como ella ______________ **(11. visitar)** ***(j)*** *medicos* para provocarse un ***(k)*** *embarazo,* pero todo ______________ **(12. ser)** en vano y al pasar el tercer año ______________ **(13. decidir)** adoptar, y lo ______________ **(14. hacer)**. ¿Qué más, bola...? Se me fue la visión. En ocho años aproximadamente veo un ***(l)*** *inicio* de clases y contemplo una niña frente a dos puertas. El día anterior a ese momento ustedes ______________ **(15. discutir)** sobre ***(m)*** *cual* puerta elegir. Una de las puertas es pequeña, oscura, silenciosa y los niños ***(n)*** *estan* hablando un ***(ñ)*** *solo* idioma; en ***(o)*** *cambio,* la otra es grande y se hablan varios idiomas a la vez... No sé lo que significan estas visiones, ***(p)*** *mas* cumplo con decirles lo que veo en la bola. ¿Qué más, bola...? Se me fue también la visión. Ya no puedo ver más.

La consulta les ______________ **(16. costar)** doscientos ***(q)*** *dolares,* y si en los ***(r)*** *proximos* diez años no se cumplen mis profecías, vengan nuevamente y les devuelvo su dinero o me ***(s)*** *dejo* de llamar *Madame* Yeya.

Comente. ¿Podría usted señalar a quiénes está aludiendo Madame Yeya en sus profecías?

8-5. A manera de laboratorio. En grupos de dos estudiantes van a dictarse partes de la historia que acaban de completar. Su profesor/a le dará instrucciones.

____

____

____

____

____

Vocabulario

Las expresiones en la columna A tienen variantes en el español de EE.UU. que son calcos del inglés. ¿Puede Ud. escribir las expresiones del inglés equivalentes a las que aparecen en español en la columna A? ¿Ha oído Ud. otra expresión? Escríbala en la columna C.

A **español académico**	B **inglés**	C **español de EE.UU.**
salir bien / mal	____________	____________
tomárselo a pecho / en serio	____________	____________

Traduzca la palabra de la columna A al inglés en la columna B. Esta palabra tiene un cognado falso en el español de EE.UU. que aparece en la columna C. Busque el significado en inglés de esa palabra en el diccionario.

A **español**	B **inglés**	C **español**	D **inglés**
la sugerencia	____________	la sugestión	____________

8-6. ¡En español, por favor! Traduzca las oraciones al español.

1. Will Azucena have talked to Quique by tomorrow?

 ____

2. Will she have shared the information she received from his family?

 ____

3. Yes, I'm sure she will have wished to tell him immediately.

 ____

4. She will have wanted to resolve Enriquito's problem as soon as possible.

 ____

5. Will Quique have realized how concerned Azucena was for their son?

 ____

6. Yes, knowing Quique, he will have understood the situation.

 ____

7. No doubt, he will have tried to calm her down.

 ____

8. Also he will have told her not to worry so much.

 ____

9. They will have taken Alicia's suggestion to heart.

 ____

10. By then, everything will have worked out.

 ____

Del habla a la escritura 'll' y 'y'

Visit **http://www.thomsonedu.com/spanish** to practice the structures and listen to a Heinle audio chapter review on the pronunciation of the letters **l**, **ll**, and **y**.

En la mayoría de los países hispanoparlantes las letras 'll' e 'y' se pronuncian de la misma manera y es por eso justamente que tenemos dificultades para decidir si una palabra se escribe con 'll' o con 'y'. Gran parte del vocabulario necesitamos aprenderlo a través de la lectura en español, pero hay ciertos casos en los que la ortografía del español nos da reglas que podemos seguir.

Los verbos que agregan el sonido /y/ en algunas de sus conjugaciones siempre lo hacen a través de la letra 'y', nunca de la 'll'.

leer	leyó, leyeron, leyera
caer	cayó, cayeron, cayera
haber	haya, hayamos, hayan

Si el infinitivo del verbo tiene la letra 'll', ésta se mantiene.

callar	calló, callaron, calle
hallar	halló, hallaron, halle

Práctica. Complete la oración con el verbo correcto.

1. No sé por qué ellos nos _______________ **(excluir)** de la decisión.
2. No _______________ **(hayamos / hallamos)** ninguna razón lógica para explicar su decisión.
3. El distrito _______________ **(construir)** dos escuelas nuevas el año pasado.
4. Espero que _______________ **(haya / halla)** tomado en cuenta las necesidades de los maestros.
5. En la escuela de Alicia un niño se _______________ **(cayó / calló)** porque el piso estaba mojado.

Vocabulario

El inglés y el español tienen algunas expresiones con el mismo significado. Sin embargo, las ideas no se expresan de la misma forma. ¿Cómo traduciría *the last straw*?

____

Traduzca la palabra de la columna A al inglés en la columna B. Esta palabra tiene un cognado falso en el español de EE.UU. que aparece en la columna C. Busque el significado en inglés de esa palabra en el diccionario.

A **español**	B **inglés**	C **español**	D **inglés**
el/la directora/a	_______________	principal	_______________

8-7. ¡En español, por favor! Traduzca el párrafo al español.

Alicia had always loved being a bilingual education teacher. She wanted all children to speak two languages. She truly believed that was in the best interest of everyone. She had tried for many years to convince the principal to offer dual language classes so that all children could benefit from both languages, but she never succeeded. The last straw came when the principal hired ESL teachers to teach the bilingual education classes. These teachers did not speak Spanish! She decided to quit.

____

____

____

____

____

____

Gramática

Condicional perfecto

El condicional perfecto se forma, como todos los tiempos compuestos, con el verbo auxiliar *haber* y el participio del verbo léxico. En el caso del condicional perfecto, el verbo auxiliar se conjuga en el condicional simple. Al igual que los demás tiempos perfectos, el condicional perfecto se usa para referirse a un evento o acción en el pasado con relación al presente.

Nos **habríamos levantado** más temprano pero no sonó el despertador.

Habrían mejorado rápidamente sus notas si hubieran seguido los consejos de la maestra.

Conjugaciones de los verbos

pronombre	*haber*		*participio*	*infinitivo*
yo	habría	→	practic**ado**	practic**ar**
tú	habrías	→		
él/ella/Ud.	habría	→	entend**ido**	entend**er**
nosotros/as	habríamos	→		
ellos/as/Uds.	habrían	→	disminu**ido**	disminu**ir**

Los participios irregulares que mencionamos para el futuro perfecto también aplican para el condicional perfecto.

Usos del condicional perfecto

Se usa el condicional perfecto para describir la posibilidad de un evento en el pasado del cual todavía no se sabe el resultado.

¿**Habría solicitado** Alicia el puesto de directora?

No sé si Alicia **habría encontrado** los papeles que andaba buscando.

También se usa para describir un evento en el pasado relacionado con otro evento en el pasado.

Me imagino que ya cuando comenzó el semestre **habrían suplantado** a la maestra que despidieron.

Si estudió tanto, **habría pasado** la clase.

8-8. Casos de la vida: *No hay rosas sin espinas.* Llene los espacios en blanco con la forma que complete el sentido de la historia, y coloque los acentos sobre las palabras en orden alfabético que lo necesiten.

Josefina y Eduardo conversan antes de acostarse sobre la posibilidad de tener niños.

I

Eduardo: Acabamos de cumplir nuestro quinto aniversario y cuando nos casamos habías dicho que para este momento ya ______________ **(1. tener)** el primer niño. ¿Acaso has cambiado de opinión?

Josefina: Si hubiera sabido antes que sólo querías niños de ***(a)*** *mi*, no me ______________ **(2. casar).** Honestamente me ______________ **(3. decir)** desde un principio las cosas claras para que te buscaras otra esposa que te diera los suficientes para hacer un equipo de balompié.

Eduardo: No te molestes, cariño. Sólo pensaba que si ***(b)*** *hubieramos* tenido niños, nuestra rutina diaria ______________ **(4. estar)** cargada de actividades, y en la casa se escucharían ruidos infantiles por todas partes. ¿No te imaginas ***(c)*** *como* ______________ **(5. ser)** la Navidad, los inicios de las clases y el ruido de las peleas comunes entre muchachos?

Josefina: ¡***(d)*** *Que* bonito! Pero por ***(e)*** *que* no te imaginas ***(f)*** *cuantas* veces me ______________ **(6. desvelar)** en las noches atendiéndolos, sabiendo que al día siguiente debo levantarme temprano. *A otro perro con ese hueso.* Sabes que siempre he querido continuar con los estudios y los niños requieren un tiempo que por más que hubiera querido brindarles no ______________ **(7. poder)** ***(g)*** *dedicarselo.* Créeme, *es mejor precaver que lamentar.* Si hubiera tenido niños, ______________ **(8. tener)** que dejar el ***(h)*** *trabajo* y eso me ______________ **(9. doler)** mucho porque tiraría a la basura el sacrificio de muchos años. Además, ¿qué ______________ **(10. ocurrir)** con el ***(i)*** *pago* de la casa y todas las tarjetas de ***(j)*** *credito?* ¿Te imaginas lo que ______________ **(11. pasar)** si hubiera quedado embarazada en el primer año de matrimonio? Si yo hubiera quedado embarazada ***(k)*** *cuando* nos estábamos acostumbrando a vivir juntos no ______________ **(12. salir:** nosotros) de todas las deudas y hoy (***L***) *andaríamos con una mano al frente y otra* ***(m)*** *atras.*

Comente. ¿Qué piensa del balance que ha hecho Josefina entre los asuntos profesionales y los maritales?

II

Eduardo: Lo material no es tan importante para ***(a)*** *mi* y ***(b)*** *te* confieso que a mi edad me _____________ **(1. gustar)** tener ya tres niños, y ***(c)*** *si* ***(d)*** *tu* estás de acuerdo podríamos planificarlo. Te prometo que ***(e)*** *si* dices que ***(f)*** *si* te ayudaré más en los quehaceres domésticos y me quedaré con ellos por las noches mientras tú estudias.

Josefina: No es eso, Eduardo. A veces me pongo a pensar en ***(g)*** *como* _____________ **(2. ser)** nuestras vidas con niños a nuestro alrededor. Seguramente _____________ **(3. tener:** yo**)** que poner en segundo lugar mis obligaciones de madre por el tiempo que demanda el ***(h)*** *periodico,* y sabes que ésa es mi única adicción: mi trabajo. Además, no te quería decir nada, pero Sofía me ***(i)*** *comento* lo que le dijo una vidente de nosotros y me ha dejado preocupada. Si hubieras escuchado lo que pronosticó esa señora *no* _____________ **(4. pegar)** *los ojos.*

Eduardo: No ***(j)*** *creo* en esas ***(k)*** *tonterias.* Si yo le hubiese ***(l)*** *creido* a esos brujos ya me _____________ **(5. volver)** loco. Esa gente ***(m)*** *solo* quieren estafar, pero... ¿***(n)*** *que* dijo?

Josefina: No sabía que te gustaba el chisme ni que creyeras en estas cosas. Si lo hubiera sabido antes, te lo _____________ **(6. decir)** el mismo día que lo supe.

Comente. ¿Le parece que Eduardo no está exigiendo los derechos que tiene como cabeza del matrimonio?

8-9. A manera de laboratorio. Repase la historia anterior y su profesor/a le va a leer un fragmento para que Ud. lo escriba.

____

____

____

____

____

Vocabulario

La expresión *no tener un peso (o un centavo)* tiene variantes en el español de EE.UU. que son calcos del inglés. ¿Puede Ud. escribir la expresión del inglés que tiene el mismo significado? ¿Ha oído Ud. otra palabra?

inglés	**español de EE.UU.**
_____________	_____________

8-10. ¡En español, por favor! Traduzca las oraciones al español.

1. Azucena would have talked to the teacher sooner, but she hoped the situation would resolve itself.

____

____

2. Quique would have helped, but he did not know what was happening.

____

3. Ángel would have worked in his uncle's business, but he was not good with people.

____

4. Sofía and Ángel would have visited his family last Christmas, but they had some unexpected expenses and could not afford it.

____

____

5. We would have helped them but we were broke, too.

____

6. Would you have offered to help if they had asked you?

____

7. I would have done it.

____

8. They would have asked Alicia, but she had had a lot of expenses in the last year.

____

9. Ángel would have gone to Miami to see his mother but she was out of town.

____

10. Would she have called us last night?

____

Oraciones condicionales para hablar del pasado

El uso más común del condicional perfecto y el pluscuamperfecto del subjuntivo es en oraciones que indican algo que pudo ocurrir pero no ocurrió. Puede compararse con las oraciones condicionales con referencia al futuro que vimos en el Capítulo 5. En el primer ejemplo Enriquito no fue a clases regulares (expresado en el pluscuamperfecto del subjuntivo) y debido a que esa condición no se cumplió, no olvidó el español (en el condicional perfecto). Por eso decimos que este tipo de oraciones hacen referencia al pasado. En el segundo ejemplo hablamos con referencia al futuro porque la posibilidad de que Enriquito vaya a clases regulares (en el imperfecto del subjuntivo) todavía existe (condicional).

ir *(pluscuamperfecto del subj.)* + olvidar **(condicional perfecto)**

Si Enriquito *hubiera ido* a clases regulares **habría** olvidado el español por completo.

ir *(imperfecto del subjuntivo)* + olvidar **(condicional)**

Si Enriquito *fuera* a clases regulares **olvidaría** el español por completo.

En los ejemplos a continuación, ¿puede Ud. explicar la diferencia entre uno y otro? Además, ¿señale qué tiempos verbales se usan en cada uno de los ejemplos?

Si Alicia **hubiera conseguido** la maestría **habría progresado** muy rápidamente.

Si Alicia **consiguiera** la maestría **progresaría** muy rápidamente.

Diferencia: ______________________________

____

____

____

Tiempos verbales: ______________________________

____

Práctica. Complete la oración con el tiempo verbal que complete el sentido.

1. Si los maestros hubieran convencido a los padres ______________ (**lograr**) los cambios que querían.
2. Si los maestros convencieran a los padres ______________ (**lograr**) los cambios que quieren.
3. Si el sindicato de maestros ______________ (**elegir**) un representante liberal habrían conseguido lo que pedían.
4. Si el sindicato de maestros ______________ (**elegir**) un representante liberal conseguirían lo que piden.

Vocabulario

Traduzca la palabra de la columna A al inglés en la columna B. Esta palabra tiene un cognado falso en el español de EE.UU. que aparece en la columna C. Busque el significado en inglés de esa palabra en el diccionario.

A **español**	B **inglés**	C **español**	D **inglés**
obligatorio	______________	requerido	______________

¿Qué significan las siguientes palabras en inglés? Si no está seguro/a, revise el ejercicio 8–11 o búsquelas en el diccionario.

animar	______________
calificar	______________
el comportamiento / la conducta	______________
el consejero/a	______________
el currículo	______________
el desafío / reto	______________
educación preescolar	______________
el nivel	______________
optativo / electivo	______________
retar	______________
la tutoría	______________

8-11. ¡En español, por favor! Traduzca el párrafo al español.

After many years teaching elementary school, Alicia had decided she needed a new challenge. She had thought about getting into preschool education for a while, but then she completed the requirements to teach Spanish. It had always been her favorite subject in college and her grades had always been excellent. Unfortunately, after several years, the behavior of the students got the better of her. Furthermore, the administration kept making the curriculum easier and the level of education of the students kept getting lower. Every time she had to grade students' work, she would get depressed. There were more and more optional courses and fewer required ones. She felt that there were hardly any requirements for graduation. She was an advisor for a while and she did some tutoring, hoping to encourage students to stay in school, to challenge them not to fail.

____

____

____

____

____

____

____

____

____

____

8-12. Del diario de Sofía: No hablar inglés... Llene los espacios en blanco con el tiempo verbal que mejor complete el sentido de la historia, y coloque los acentos sobre las palabras en orden alfabético que lo necesiten.

I

Desde que era muy pequeña siempre ______________ **(1. sentir)** alma de traductora. Para mi gran ***(a)*** *frustracion,* mi ***(b)*** *familia* no me necesitaba. Para cuando yo ***(c)*** *empece* a hablar ***(d)*** *ingles* mi ***(e)*** *papa* ya ***(f)*** *tenia* mucho tiempo de trabajar en Estados Unidos y ya lo hablaba bien. Mi ***(g)*** *mama* desde joven lo ______________ **(2. dominar)** ya que nació en este país. Afortunadamente para ***(h)*** *mi,* ***(i)*** *mi* tía Letty no ______________ **(3. hablar)** nada de inglés. Ella es la hermana menor de mi papá y se ______________ **(4. quedar)** en ***(j)*** *Mexico* si mis padres no le hubieran insistido tanto en que se ______________ **(5. venir)** a estudiar ***(k)*** *aqui.* Cuando recién ______________ **(6. llegar)** vivía con nosotros y se ______________ **(7. matricular)** en clases de inglés pero mientras lo ______________ **(8. aprender)** me ______________ **(9. llevar)** a mí a todas partes para que la ***(l)*** *ayudara.* A veces me ***(m)*** *pregunto* si el amor por la traducción ______________ **(10. continuar)** o se me ______________ **(11. frustrar)** si no hubiera tenido a mi tía Letty. Yo la adoraba. Nunca me ______________ **(12. olvidar)** de esas ***(n)*** *experiencias* y siempre ______________ **(13. recordar)** con cariño esos ratos que ***(ñ)*** *pase* de ***(o)*** *aqui* para ***(p)*** *alla* con ella. No sé si ahora se ______________ **(14. sentir)** igual ella, ya que no la veo tan a menudo, pero siempre me ______________ **(15. mantener)** convencida de que esos momentos fueron los que hicieron que nos ______________ **(16. volver)** tan buenas amigas. Inclusive si ______________ **(17. haber)** vecinos o parientes que ______________ **(18. necesitar)** ayuda con el inglés, como ***(q)*** *decia* ella, la traductora oficial era yo.

Comente. ¿Existe o existió alguien en su familia como Sofía? ¿Le resulta fácil a Ud. traducir?

II

Creo que por eso siempre supe que ***(a)*** *queria* ser traductora profesional. De niña no _______________ **(1. saber)** nada de la ***(b)*** *profesion* pero una vez que _______________ **(2. decidir)** asistir a la universidad me puse a averiguar y ***(c)*** *descubri* que los traductores profesionales se dedican a una ***(d)*** *sola* ***(e)*** *area* en particular porque el campo es extenso. ***(f)*** *Quizas* el área más conocida _______________ **(3. ser)** la de los ***(g)*** *interpretes* que se usan en los tribunales, tanto municipales, estatales o federales. Sin embargo, hay otros que trabajan en el campo de los ***(h)*** *negocios,* la ***(i)*** *ingenieria,* la ***(j)*** *traduccion* de textos ***(k)*** *literarios;* en fin, hay ***(l)*** *muchisimas* ramas de la traducción. Es muy ***(m)*** *dificil* que una persona _______________ **(4. traducir)** en campos tan distintos y que _______________ **(5. funcionar)** competentemente en todos. Probablemente, un traductor o ***(n)*** *interprete* que encontremos hoy _______________ **(6. escoger)** un campo temprano en sus estudios, se _______________ **(7. familiarizar)** con la ***(ñ)*** *terminologia* y _______________ **(8. tomar)** cursos dentro de ese campo. Yo, por ejemplo, ***(o)*** *decidi* estudiar ***(p)*** *biologia* y español para así prepararme para trabajar como traductora en el campo de la medicina. Existen muchas oportunidades en la ciudad ya que tenemos un centro ***(q)*** *medico* enorme al que llegan personas de todas partes del mundo. _______________ **(9. Terminar)** mis estudios mucho antes pero ***(r)*** *quizas* ustedes recuerden que al principio ***(s)*** *comence* estudiando medicina —por presión de mis padres— y lo _______________ **(10. hacer)** si no hubiera sido por la intervención de mi hermana Josefina que me _______________ **(11. ver)** muy desconforme. Todavía me ***(t)*** *pregunto* si ellos se _______________ **(12. sentir)** decepcionados cuando ***(u)*** *abandone* su sueño de que _______________ **(13. ser)** doctora porque nunca me lo demostraron. Es posible que se lo _______________ **(14. imaginar)** ya que siempre me _______________ **(15. desmayar)** cuando veía sangre.

Comente. ¿Tiene experiencia Ud. cómo intérprete o traductor/a? ¿Está de acuerdo con lo que dice Sofía? ¿Qué piensa sobre la demanda de traductores que existe en su ciudad?

III

Cuando ***(a)*** *empece* a buscar empleo tuve la suerte de hallar mucha demanda en los hospitales. Sin embargo, no _______________ **(1. conseguir)** el puesto que tengo si no me _______________ **(2. preparar)** en la escritura del español. En mi primera visita al departamento de personal ***(b)*** *averigüe* que los aspirantes _______________ **(3. tener)** que tomar un examen para ver si ***(c)*** *calificabamos* para el puesto. ¿Qué _______________ **(4. pensar)** esta gente? ¿No les bastaba con mi ***(d)*** *titulo* universitario? Resulta que fui a varios hospitales bastaba como que todos se _______________ **(5. poner)** de acuerdo para negarme una oportunidad. El examen ***(e)*** *resulto* ser parte del ***(f)*** *proceso* de la solicitud. Entonces, ***(g)*** *ademas* de todos los cursos que ya _______________ **(6. tomar)** en la universidad, decidí prepararme para los ***(h)*** *examenes* ***(i)*** *porque* _______________ **(7. temer)** hacer un papelón. _______________ **(8. Hacer)** listas de vocabulario médico y me _______________ **(9. asegurar)** de saber todas las palabras en español y en inglés. Les recomiendo —si están considerando esta profesión— que _______________ **(10. buscar)** un buen diccionario médico español-inglés porque no es suficiente que _______________ **(11. tener)** un diccionario español-inglés y otro en español, y mucho menos un diccionario español-inglés de bolsillo. Recuerdo que así ***(j)*** *comence* pero nunca _______________ **(12. olvidar)** el ***(k)*** *dia* que buscaba el significado de la palabra *fauna*, que ***(l)*** *aparecio* en una lectura que _______________ **(13. hacer)** en la clase de español. En mi diccionario, la traducción al inglés era también *fauna*. ***(m)*** *Ahi* fue cuando me di cuenta que necesitaba otro diccionario.

Comente. ¿Qué tipo de trabajo va a buscar una vez que se gradúe? ¿Va a necesitar más entrenamiento? ¿Usa el diccionario para buscar palabras en inglés que no conoce? ¿y en español?

IV

Si no hubiera sido por la librería de descuento _______________ **(1. gastar)** un dineral en los diccionarios pero afortunadamente ***(a)*** *consegui* dos enormes mamotretos, uno bilingüe y otro de español, a mitad de precio. Pero luego ***(b)*** *descubri* que existe mucha terminología especializada que es imposible que _______________ **(2. aparecer)** en un diccionario general. Por eso _______________ **(3. necesitar)** por lo menos uno médico para empezar. Ahora ya tengo varios en CD-ROM para usarlos cuando _______________ **(4. trabajar)** en la computadora. Me _______________ **(5. encantar)** trabajar como ***(c)*** *interprete*. No sé qué _______________ **(6. hacer)** si no hubiera encontrado esta ***(d)*** *profesion*. Es ***(e)*** *dificil* que una persona que siempre _______________ **(7. hablar)** inglés se _______________ **(8. imaginar)** cómo se _______________ **(9. sentir)** una persona que no puede entender el idioma. Es peor todavía cuando la persona se _______________ **(10. hallar)** necesitada de ***(f)*** *atencion* ***(g)*** *medica* y no la _______________ **(11. comprender)** ni el médico ni las enfermeras. ¿ _______________ **(12. Haber)** ***(h)*** *algun* día suficiente personal capacitado para traducirle al médico los ***(i)*** *sintomas* que el paciente _______________ **(13. describir)**? *De lo contrario,* ***(j)*** *quedarian* dudas si el médico _______________ **(14. hacer)** el diagnóstico correcto y si _______________ **(15. entender)** el paciente las ***(k)*** *instrucciones* del doctor.

Comente. ¿Ha tenido Ud. experiencia de trabajo en un hospital u otro lugar con personas que no saben inglés? ¿Qué ha aprendido?

Vocabulario

¿Cómo se escriben las siguientes palabras en inglés? ¿Qué diferencia(s) existe(n) entre el inglés y el español?

afortunadamente ____________ ______________________________

la inmersión ____________ ______________________________

Aquí tenemos otras expresiones del español que no se pueden traducir literalmente. ¿Sabe Ud. qué significan en inglés? Si no está seguro/a, revise el ejercicio 8–13.

tratar (con) ____________

valer la pena ____________

8-13. ¡En español, por favor! Traduzca el párrafo al español.

Fortunately Alicia did find a job at the type of school she wanted. The new school offers an immersion program where all the children have classes in English and Spanish. It is further away from home and the drive takes an extra thirty minutes, but she thinks it will be worth it. If she had stayed at her own school, she would have started to hate her job: not the work with the children, but dealing with the administration.

____

____

____

____

____

Ortografía

Puntuación—Fase II: El punto y coma, los dos puntos, la raya, y las comillas

Punto y coma

Si los miembros de una lista llevan comas, se usa el punto y coma para separar las categorías.

Busca **la definición, en el diccionario; la bibliografía, en el libro que está en mi escritorio; y los datos, en la red.**

Alicia encontró **las fotos, que tanto extrañaba, en el desván; las cartas, en una caja en su ropero; y para no perderlas otra vez, tiró todo a la basura**.

Para unir dos oraciones cuando ya se ha usado una coma en alguna de las dos, se usa el punto y coma.

Alicia desea viajar a **España, Francia e Italia;** Noemí prefiere ir a Portugal.

La oficina de Carlos queda **en la calle Juárez, entre Arenales y Piedras Negras;** la de su esposa está a dos cuadras.

Dos puntos

En las cartas se usan dos puntos después del saludo.

Querida hermana:

Espero que al recibo de ésta te encuentres...

No se usa mayúscula después de los dos puntos.

Necesitas traer lo siguiente: **c**uadernos, lápices y libros.

Raya o guion largo

Se usa una raya para indicar diálogo. Cada vez que hay cambio de hablante, una raya aparece al principio de la oración.

—No creo que eso sea buena idea.

—Siempre eres tan negativo.

Cuando el narrador interrumpe el diálogo, la interrupción viene precedida de una raya. Si continúa el diálogo después de la interrupción, se coloca otra raya. Otros signos de puntuación (punto, coma, etc.), aparecen después de la raya.

—No quiero ir —dijo rotundamente Enriquito.

—Vas a ir —le contestó la madre—. Quieras o no.

Comillas

Las comillas más usadas en español son las latinas o españolas (« ») pero también se pueden usar las inglesas (" ") o las simples (' '). Toda cita textual requiere comillas. Si se necesita usar comillas dentro de un texto que ya está entre comillas, se debe intercalar otro estilo de comillas.

Nunca olvidaré sus palabras: **"El saber no ocupa lugar".**

La oí decir: **"No me convencen tus 'historias' ".**

Se usan las comillas para citar títulos de artículos, cuadros, poemas y canciones.

8-14. Casos de la vida: *Hablando la gente se entiende.* Coloque los signos de puntuación donde sean necesarios.

Estimado Sr. Garza

Le escribo para solicitarle una cita para hablar de mi hijo Enrique. He notado basándome en las notas que tiene dificultades este año en sus clases. Sus informes sus tareas aunque no todas sus reportes y peor aún sus dibujos señalan que el niño tiene problemas en clase. Me gustaría hablar con Ud. por dos razones primero para pedirle su opinión sobre la situación y segundo para discutir la posibilidad de cambiarlo de escuela. He tratado de hablar con él pero cada vez que le pregunto ¿qué te ocurre que estás tan triste? siempre recibo la misma respuesta nada. Le agradezco infinitamente que se tome el tiempo para hablar conmigo.

Atentamente

Azucena Guerra

Adverbios que terminan en-mente

Los adverbios que terminan en {mente} se forman a partir de un adjetivo. Si el adjetivo termina en 'o', ésta se cambia a 'a', y si termina en cualquier otra letra, permanece igual.

cuidadoso	cuidados**a**mente	feliz	felizmente
legal	legalmente	frecuente	frecuentemente

Los adjetivos que llevan acento escrito lo mantienen en la misma vocal cuando se convierten en adverbio.

rápido	rápidamente	último	últimamente
fácil	fácilmente	básico	básicamente

Práctica. Traduzca los siguientes adverbios al español.

1. comically ______________
2. unexpectedly ______________
3. slowly ______________
4. easily ______________
5. urgently ______________

8-15. ¡En español, por favor! Traduzca el párrafo al español.

It is interesting to look at statistics and realize that many Hispanic parents prefer to place their children directly into English classes. Convincing them that maintaining Spanish is a good thing can be very difficult. Many of them think that if the children continue to use Spanish in school it takes them longer to learn English. Others believe that their children's grades will be affected negatively if they keep using Spanish or if the classes are taught in Spanish. Maybe teachers need to do a better job at explaining to them the benefits of learning both languages throughout elementary school and high school, perhaps even all the way through college!

____

____

____

____

____

____

____

____

8-16. Presentación. Después de hacer las traducciones 8-7, 8-13 y 8-15, prepare una presentación para la clase en la que Ud. explica el sistema de educación bilingüe en Estados Unidos o en otro país. Su profesor/a le va a indicar si es una presentación individual o de grupo y cuánto tiempo debe durar.

8-17. Del diario de Alicia: *No todo lo que brilla es oro.* Llene los espacios en blanco con el tiempo verbal que mejor complete el sentido de la historia, y coloque los acentos sobre las palabras en orden alfabético que lo necesiten.

I

______________ **(1. I want to tell you)** algunas cositas de mi vida ***(a)*** *intima* y ***(b)*** *espero* que me guarden el secreto. Muchas veces observamos una familia desde el exterior y pensamos que no ______________ **(2. pasar)** por problemas, o que todas las cosas las han conseguido con facilidad; pero *no todo lo que brilla es oro.* Junto a los momentos felices ______________ **(3. haber)** sacrificios, sufrimientos y promesas que, aunque no se cumplan, existe la esperanza de que se ______________ **(4. realizar)** algún día. Voy a comenzar hablando un poco de mi hija menor y ***(c)*** *despues* les cuento lo ***(d)*** *mio.* Enrique y Sofía fueron chicos muy disciplinados. Ellos siempre ______________ **(5. hacer)** sus tareas en las noches y ______________ **(6. they would fall asleep)** temprano. En la mañana ______________ **(7. they would get up)** a tiempo y yo nunca ______________ **(8. tener)** que llamarles la atención. Josefina, por el contrario, ______________ **(9. ser)** otra cosa. ***(e)*** *Quizas* porque ______________ **(10. ser)** la más pequeña y había sido la más consentida, pero ¡qué niña! ______________ **(11. She would never get up)** a tiempo y siempre lo ______________ **(12. hacer)** de mal humor.

Comente. ¿Recuerda el apodo que le tenían a Josefina cuando era pequeña?

II

Todos los días ______________ **(1. ser)** la misma cosa, hasta que una vez ______________ **(2. descubrir)** el problema. La ***(a)*** *picara* ______________ **(3. would go to bed)** tarde porque ______________ **(4. esperar)** que todos ***(b)*** *estuvieramos* dormidos y ______________ **(5. prender)** la televisión de la sala. ***(c)*** *Alli* silenciosamente ______________ **(6. ver)** un programa que ______________ **(7. pasar)** en las noches y ______________ **(8. she would not say anything to us)**. No sé qué ______________ **(9. pasar)** si no nos ***(d)*** *hubieramos* dado cuenta a tiempo. Una Navidad Josefina nos ______________ **(10. dejar)** con la boca abierta porque ______________ **(11. hacer)** algo de ***(e)*** *pelicula.* ______________ **(12. She woke up)** a las tres de la mañana, ______________ **(13. she brushed)** los dientes, ______________ **(14. she showered)**, ______________ **(15. she got dressed)** y, la sorpresa más grande, hasta ______________ **(16. she combed her hair)** sin que nadie en la casa se ***(f)*** *enterara.*

Comente. ¿Hay niños traviesos en su familia? ¿A qué cree que se deba?

III

Recuerdo que _______________ **(1. escuchar:** yo**)** la ducha del ***(a)*** *baño* y _______________ **(2. I asked myself)**, ¿quién diablos _______________ **(3. is showering)** a ***(b)*** *estas* horas?, pero no me _______________ **(4. poder)** levantar porque _______________ **(5. estar)** muy cansada. Ni me _______________ **(6. acordar)** que todavía no había puesto los regalos debajo del árbol . De repente todos _______________ **(7. escuchar)** un ***(c)*** *grito* en la sala. Miguel y yo _______________ **(8. got up)** y _______________ **(9. we went running)** en ***(d)*** *direccion* al ruido y cuando _______________ **(10. llegar)**, _______________ **(11. ver)** a nuestra hija menor frente al ***(e)*** *arbol* de Navidad. ¡Pobrecita!, _______________ **(12. soñar)** con la llegada de Santa Claus y, por eso, _______________ **(13. was looking)** unos juguetes que no _______________ **(14. aparecer)** por ninguna parte. Al no encontrar nada bajo el árbol ella _______________ **(15. estallar)** en sollozos y _______________ **(16. correr)** hacia nuestra ***(f)*** *habitacion* donde _______________ **(17. hallar)** los regalos y _______________ **(18. caer)** inmediatamente en la realidad. Nunca ***(g)*** *olvidare* la cara que ella _______________ **(19. poner)** cuando nos _______________ **(20. ver)** a todos ***(h)*** *mirandola*.

Comente. ¿Qué características presentaba Josefina ya desde pequeña y cómo se canalizaron una vez llegó a ser adulta?

IV

Esa mañana _______________ **(1. haber)** un caos en la casa porque Josefina _______________ **(2. got mad)** con todos nosotros como si ***(a)*** *fueramos* los culpables de la pérdida de su inocencia. Nadie la _______________ **(3. poder)** mirar a la cara. Quique _______________ **(4. turned)** muy rojo porque no _______________ **(5. poder)** aguantar la risa y _______________ **(6. if he laughed)** frente a ella, ¡pobre de él! Josefina _______________ **(7. tener)** el mismo temperamento que yo cuando _______________ **(8. ser)** pequeña. Por eso, ahora que la veo casada con ***(b)*** *Eduardo* _______________ **(9. it seems to me)** que tiene que ser un amor de muchacho porque ***(c)*** *se* que necesita mucha paciencia para vivir con ella. ¿Quién _______________ **(10. imaginar)** que aquella flaquita de temperamento dictatorial hubiera podido encontrar su media naranja en la isla del encanto? Creo que _______________ **(11. they get along)** y ***(d)*** *estan* muy contentos. Por lo que he visto hasta el momento, _______________ **(12. they love each other)** y _______________ **(13. they are always ready to help each other)**. Yo _______________ **(14. recordar)** los problemas que Miguel y yo _______________ **(15. tener)** cuando _______________ **(16. we got married)** y nunca se los _______________ **(17. platicar)** a nadie. Mamá me había dejado claro su sentir a través del ***(e)*** *refran si quieres perro, acepta las pulgas*.

Comente. ¿Qué significa el último refrán y cómo se explica en el caso de Alicia Guerra?

V

(a) *Esa* fue precisamente la razón por la cual_______________ **(1. soportar)** humillaciones, pero *después de la tormenta vino la calma.* Fue cuando _______________ **(2. decidir)** estudiar una carrera universitaria tan pronto como Josefina _______________ **(3. entrar)** en el ***(b)*** *jardin* de la infancia. Yo _______________ **(4. buscar)** una carrera en caso que Miguel no _______________ **(5. cambiar)**. ¡Silencio! Esto no se lo _______________ **(6. decir)** a nadie y les pido que no lo repitan. Espero que no _______________ **(7. haber)** chismosos entre los lectores de estas confidencias. Pero entre ustedes y yo, _______________ **(8. haber)** un tiempo en que Miguel _______________ **(9. comenzar)** a llegar pasado de copas en la madrugada y no me _______________ **(10. querer)** dar explicaciones. Yo no _______________ **(11. saber)** ***(c)*** *que* hacer porque no me _______________ **(12. hacer)** caso y yo no _______________ **(13. estar)** preparada económicamente para separarme de él. No _______________ **(14. ser)** ***(d)*** *facil* para una mujer sola, con hijos y sin profesión separarse del que trae los frijoles a la casa. Me _______________ **(15. sentir)** impotente, y me _______________ **(16. dar)** cuenta del error que él y yo _______________ **(17. cometer)** cuando _______________ **(18. we got married)** sin haber terminado una carrera ni haber disfrutado la vida.

Comente. ¿Cuáles son las razones más comunes por las cuales las parejas se mantienen casadas aunque haya desaparecido el amor y no exista compatibilidad de caracteres?

VI

No sé exactamente ***(a)*** *que* _______________ **(1. hacer)** cambiar a Miguel, pero probablemente _______________ **(2. ser)** el día ***(b)*** *que* le _______________ **(3. comunicar)** mis intenciones de comenzar a estudiar porque semanas más tarde me _______________ **(4. pedir)** disculpas y me _______________ **(5. prometer)** que nunca más se _______________ **(6. portar)** tan autoritariamente conmigo. Yo lo _______________ **(7. perdonar)** ya, pero ustedes saben que *perro huevero aunque le quemen el hocico.* Yo _______________ **(8. saber)** que la gente _______________ **(9. prometer)** cuando _______________ **(10. tener)** cargo de conciencia y a la hora de la tentación a las palabras *se las* _______________ **(11. llevar)** *el viento.* Sin embargo, gracias a Dios, Miguel _______________ **(12. ser)** un hombre que _______________ **(13. escuchar)** y _______________ **(14. admitir)** cuando _______________ **(15. cometer)** errores.

Comente. ¿Conoce familiares que utilizan la autoridad o el respeto que se merecen para imponer su voluntad a pesar de que no tengan razón? ¿Cómo interpreta usted el refrán *perro huevero aunque le quemen el hocico?*

VII

A pesar de todo, Miguel fue muy bueno conmigo y lamentablemente ***(a)*** *murio.* Si él hubiera sabido a tiempo lo enfermo que estaba _______________ **(1. vivir)** muchos años más con nosotros. Por el amor que me ***(b)*** *mostro* fue que le _______________ **(2. dar)** una oportunidad y _______________ **(3. I did not regret it).** Muchos años ***(c)*** *despues* le _______________ **(4. preguntar)** a Miguel sobre el incidente y _______________ **(5. he told me)** que _______________ **(6. ser)** cosas de la juventud. Ustedes _______________ **(7. saber)** que Miguel y yo nos _______________ **(8. met)** de adolescentes y realmente nunca _______________ **(9. tener)** tiempo para disfrutar la vida. Espero que todo esto _______________ **(10. quedar)** entre ustedes y yo. _______________ **(11. If I am telling you this)** es para que no les ***(d)*** *pase* lo mismo y estudien una carrera.

Comente. ¿Actuó inteligentemente Alicia cuando perdonó a su marido o debió divorciarse?

Apéndice 1

Tablas

Nombre: ____________________

Tabla A. Verbos regulares en el pretérito. Siga los modelos cuidadosamente.

El año pasado yo **compré** una casa nueva. Mi esposó la **arregló** y la **vendimos** la semana pasada.

infinitivo	*yo*	*tú*	*él/ ella/Ud.*	*nosotros/as*	*ellos/as/Uds.*
habl**ar**	habl**é**	habl**aste**	habl**ó**	habl**amos**	habl**aron**
com**er**	com**í**	com**iste**	com**ió**	com**imos**	com**ieron**
abr**ir**	abr**í**	abr**iste**	abr**ió**	abr**imos**	abr**ieron**
acostumbr**ar**	acostumbré	acostumbraste	acostumbró	acostumbramos	acostumbraron
actu**ar**	actué	actuaste	actuó	actuamos	actuaron
agarr**ar**	agarré	agarraste	agarró	agarramos	agarraron
ahorr**ar**	ahorré	ahorraste	ahorró	ahorramos	ahorraron
alquil**ar**	alquilé	alquilaste	alquiló	alquilamos	alquilaron
am**ar**	amé	amaste	amó	amamos	amaron
ayud**ar**	ayudé	ayudaste	ayudó	ayudamos	ayudaron
call**ar**se	me callé	te callaste	se calló	nos callamos	se callaron
cre**ar**	creé	creaste	creó	creamos	crearon
dej**ar**	dejé	dejaste	dejó	dejamos	dejaron
dese**ar**	deseé	deseaste	deseó	deseamos	desearon
ech**ar**	eché	echaste	echó	echamos	echaron
encontr**ar**	encontré	encontraste	encontró	encontramos	encontraron
envi**ar**	envié	enviaste	envió	enviamos	enviaron
escuch**ar**	escuché	escuchaste	escuchó	escuchamos	escucharon
esper**ar**	esperé	esperaste	esperó	esperamos	esperaron
estudi**ar**	estudié	estudiaste	estudió	estudiamos	estudiaron
evalu**ar**	evalué	evaluaste	evaluó	evaluamos	evaluaron
gradu**ar**	gradué	graduaste	graduó	graduamos	graduaron
mir**ar**	miré	miraste	miró	miramos	miraron
pase**ar**	paseé	paseaste	paseó	paseamos	pasearon
pele**ar**	peleé	peleaste	peleó	peleamos	pelearon
regres**ar**	regresé	regresaste	regresó	regresamos	regresaron
solicit**ar**	solicité	solicitaste	solicitó	solicitamos	solicitaron
traslad**ar**	trasladé	trasladaste	trasladó	trasladamos	trasladaron
us**ar**	usé	usaste	usó	usamos	usaron
viaj**ar**	viajé	viajaste	viajó	viajamos	viajaron
volte**ar**	volteé	volteaste	volteó	volteamos	voltearon
aprend**er**	aprendí	aprendiste	aprendió	aprendimos	aprendieron
beb**er**	bebí	bebiste	bebió	bebimos	bebieron

continúa

continuación

infinitivo	*yo*	*tú*	*él/ ella/Ud.*	*nosotros/as*	*ellos/as/Uds.*
conoc**er**	conocí	conociste	conoció	conocimos	conocieron
deb**er**	debí	debiste	debió	debimos	debieron
entend**er**	entendí	entendiste	entendió	entendimos	entendieron
nac**er**	nací	naciste	nació	nacimos	nacieron
ofrec**er**	ofrecí	ofreciste	ofreció	ofrecimos	ofrecieron
perd**er**	perdí	perdiste	perdió	perdimos	perdieron
prend**er**	prendí	prediste	prendió	prendimos	prendieron
vend**er**	vendí	vendiste	vendió	vendimos	vendieron
asist**ir**	asistí	asististe	asistió	asistimos	asistieron
compart**ir**	compartí	compartiste	compartió	compartimos	compartieron
cumpl**ir**	cumplí	cumpliste	cumplió	cumplimos	cumplieron
decid**ir**	decidí	decidiste	decidió	decidimos	decidieron
escrib**ir**	escribí	escribiste	escribió	escribimos	escribieron
sal**ir**	salí	saliste	salió	salimos	salieron

Nombre: ______________________

Tabla B. Verbos con cambios ortográficos en la primera persona (yo) del pretérito.

Ayer **llegué** temprano, te **busqué** y como no te **encontré, almorcé** solo.

infinitivo	*yo*	*tú*	*él/ella/Ud.*	*nosotros/as*	*ellos/as/Uds.*
almor**zar**	almor**cé**	almorzaste	almorzó	almorzamos	almorzaron
bus**car**	bus**qué**	buscaste	buscó	buscamos	buscaron
lle**gar**	lle**gué**	llegaste	llegó	llegamos	llegaron
alcan**zar**	alcancé				
al**zar**	alcé				
amena**zar**	amenacé				
avan**zar**	avancé				
destro**zar**	destrocé				
empe**zar**					
go**zar**					
re**zar**					
trope**zar**					
apli**car**					
brin**car**					
colo**car**					
comuni**car**					
criti**car**					
expli**car**					
fabri**car**					
indi**car**					
masti**car**					
pe**car**	pequé				
pes**car**	pesqué				
sa**car**	saqué				
se**car**	sequé				
to**car**	toqué				
apa**gar**	apagué				
car**gar**	cargué				
col**gar**	colgué				
despe**gar**	despegué				
encar**gar**					
entre**gar**					
ju**gar**	jugué				

continúa

continuación

infinitivo	*yo*	*tú*	*él/ella/Ud.*	*nosotros/as*	*ellos/as/Uds.*
juz**gar**					
obli**gar**					
pa**gar**					
ro**gar**					
tra**gar**					

¿Puede pronosticar el cambio en estos verbos?

apaci**guar**	apacigüe	apacigüaste			
santi**guar**	santigüe				

Nombre: ______________________________

Tabla C. Verbos con cambios ortográficos en la tercera persona y cambios en la raíz en el pretérito.

La madre Teresa de Calcuta **contribuyó** a la humanidad con obras de caridad, **eligió** el bien sobre el mal y **murió** como una santa.

infinitivo	*yo*	*tú*	*él/ella/Ud.*	*nosotros/as*	*ellos/as/Uds.*
caer					
creer					
leer					
poseer					
oír					
constr**uir**					
contrib**uir**					
destr**uir**					
distrib**uir**					
h**uir**					
incl**uir**					
conseguir					
elegir					
medir					
pedir					
preferir					
repetir					
seguir					
sentir					
servir					
vestir					
dormir					
morir(se)					

Nombre: ______________________________

Tabla D. Verbos irregulares en el pretérito.

La semana pasada te **vi** e **hiciste** maravillas para esconderte de mí, pero me **diste** pena y no te **dije** nada.

infinitivo	*yo*	*tú*	*él/ella/Ud.*	*nosotros/as*	*ellos/as/Uds.*
ver					
dar					
ser					
ir					
andar					
caber					
decir					
estar					
hacer					
obtener					
poder					
poner					
proponer					
conducir					
producir					
traducir					
querer					
saber					
tener					
traer					
venir					

Nombre: ______________________________

Tabla E. Verbos en el imperfecto del indicativo.

Cuando **era** pequeño yo no **estudiaba** como lo hago ahora, pero **comía** y **dormía** más de lo normal.

infinitivo	*yo*	*tú*	*él/ella/Ud.*	*nosotros/as*	*ellos/as/Uds.*
hablar	hablaba	hablabas	hablaba	hablábamos	hablaban
comer	comía	comías	comía	comíamos	comían
abrir	abría	abrías	abría	abríamos	abrían
almorz**ar**					
aprend**er**					
atend**er**					
busc**ar**					
cab**er**					
camin**ar**					
cerr**ar**					
conduc**ir**					
cre**er**					
dec**ir**					
ech**ar**					
empez**ar**					
est**ar**					
explic**ar**					
hac**er**					
ir					
le**er**					
o**ír**					
quer**er**					
sab**er**					
s**er**					
ten**er**					
tra**er**					
v**er**					

Nombre: ____________________

Tabla F. Verbos regulares en el presente del indicativo.

Pillín **vive** en una mansión, no **trabaja** y **come** en lugares muy caros. ¿Cómo se **gana** la vida?

infinitivo	*yo*	*tú*	*él/ella/Ud.*	*nosotros/as*	*ellos/as/Uds.*
habl**ar**	hablo	hablas	habla	hablamos	hablan
com**er**	como	comes	come	comemos	comen
viv**ir**	vivo	vives	vive	vivimos	viven
abr**ir**					
and**ar**					
ayud**ar**					
bail**ar**					
beb**er**					
cocin**ar**					
compr**ar**					
cre**er**					
cuid**ar**					
cumpl**ir**					
deb**er**					
decid**ir**					
dese**ar**					
ech**ar**					
escrib**ir**					
escuch**ar**					
le**er**					
mir**ar**					
odi**ar**					
pase**ar**					
pele**ar**					
romp**er**					
v**er**					

Nombre: ________________________________

Tabla G. Verbos irregulares en la primera persona singular (yo) del presente del indicativo.

infinitivo	*yo*	*tú*	*él/ella/Ud.*	*nosotros/as*	*ellos/as/Uds.*
agradecer					
aparecer					
conducir					
conocer					
crecer					
deducir					
desaparecer					
introducir					
nacer					
obedecer					
ofrecer					
parecer					
pertenecer					
producir					
reducir					
traducir					
dar					
distinguir					
escoger					
recoger					
hacer					
caer					
traer					
atraer					
contraer					
distraer					
salir					
valer					
poner					
saber					
caber					

Nombre: ______________________

Tabla H. Verbos con cambios en la raíz en el presente del indicativo.

infinitivo	*yo*	*tú*	*él/ella/Ud.*	*nosotros/as*	*ellos/as/Uds.*
e→ie					
advertir					
apretar					
calentar					
cerrar					
comenzar					
confesar					
defender					
despertar(se)					
divertir(se)					
empezar					
encender					
encerrar					
entender					
pensar					
preferir					
querer					
sugerir					
o→ue					
acordar(se)					
acostar(se)					
almorzar					
apostar					
avergonzar					
contar					
demostrar					
dormir(se)					
mostrar					
mover					
poder					
probar					
recordar					
resolver					
volver					

continúa

continuación

infinitivo	*yo*	*tú*	*él/ella/Ud.*	*nosotros/as*	*ellos/as/Uds.*
e→i					
competir					
corregir					
elegir					
impedir					
pedir					
repetir					
seguir					
servir					
vestir(se)					

Nombre: ___________________________

Tabla I. Verbos irregulares en el presente del indicativo.

infinitivo	*yo*	*tú*	*él/ella/Ud.*	*nosotros/as*	*ellos/as/Uds.*
ser					
estar				estamos	
ir			va		
oír				oímos	
haber		has			han
decir	digo				
bendecir					
contradecir					
maldecir					
predecir					
tener					
detener					
retener					
venir		vienes			
convenir					
intervenir					
prevenir					
disminuir					
distribuir					
excluir					
instruir					
obstruir	obstruyo			obstruimos	
atribuir					
construir	construyo				
contribuir					
huir					
incluir					
influir					
destruir					

Nombre: ______________________________

Tabla J. Verbos regulares en el presente del subjuntivo.

Mi padre **quiere** (presente/indic.) que ellos **coman** (presente/subj.) en la casa a la hora de la cena.

infinitivo	*yo*	*tú*	*él/ella/Ud.*	*nosotros/as*	*ellos/as/Uds.*
habl**ar**	hable	hables	hable	hablemos	hablen
com**er**	coma	comas	coma	comamos	coman
viv**ir**	viva	vivas	viva	vivamos	vivan
abr**ir**					
arregl**ar**					
asist**ir**					
averigu**ar**					
ayud**ar**					
bail**ar**					
beb**er**					
camin**ar**					
cocin**ar**					
compr**ar**					
corr**er**					
cre**er**					
cuid**ar**					
dese**ar**					
emple**ar**					
enseñ**ar**					
le**er**					
pele**ar**					
pose**er**					
romp**er**					
solicit**ar**					

Nombre: ___________________________

Tabla K. Verbos que terminan en -car/-gar/-zar, -cer/-cir, -ger y -guir/-uir en el presente del subjuntivo.

infinitivo	*yo—pretérito*	*yo/él/ella/Ud.*	*tú*	*nosotros/as*	*ellos/as/Uds.*
aplicar	apliqué				
atacar					
brincar					
chocar					
colocar					
destacar					
educar					
explicar					
pescar					
sacar					
tocar					
apagar	apagué				
entregar					
juzgar					
llegar					
pagar					
abrazar	abracé				
adelgazar					
alcanzar					
avanzar					
cruzar					
destrozar					
legalizar					
organizar					

infinitivo	*yo—presente indicativo*	*yo/él/ella/Ud.*	*tú*	*nosotros/as*	*ellos/as/Uds.*
aborrecer	aborrezco				
agradecer					
aparecer					
convencer					
crecer					
desaparecer					

continúa

continuación

infinitivo	*yo—presente indicativo*	*yo/él/ella/Ud.*	*tú*	*nosotros/as*	*ellos/as/Uds.*
enloquecer					
enriquecer					
favorecer					
merecer					
obedecer					
ofrecer					
padecer					
pertenecer					
conducir	conduzco				
introducir					
producir					
escoger	escojo				
proteger					
recoger					
fingir					
reelegir					
surgir					
distinguir					
extinguir					
seguir					
atribuir	atribuyo				
concluir					
construir					
contribuir					
destruir					
distribuir					
excluir					
huir					
instruir					

Nombre: ________________________________

Tabla L. Verbos con cambios en la raíz en el presente del subjuntivo.

infinitivo	*yo—presente indicativo*	*yo/él/ella/Ud.*	*tú*	*nosotros/as*	*ellos/as/Uds.*
e→**ie**					
adv**e**rtir					
apr**e**tar					
at**e**nder					
c**e**rrar					
com**e**nzar					
conf**e**sar					
desp**e**rtar(se)					
div**e**rtir(se)					
emp**e**zar					
enc**e**nder					
enc**e**rrar					
ent**e**nder					
def**e**nder					
p**e**nsar					
pref**e**rir					
qu**e**rer					
sug**e**rir					
trop**e**zar					
o→ue					
ac**o**rdar(se)					
ac**o**star(se)					
alm**o**rzar					
ap**o**star					
averg**o**nzar					
c**o**ntar					
dem**o**strar					
d**o**rmir					
j**u**gar					
m**o**strar					
m**o**ver					
p**o**der					
pr**o**bar					
rec**o**rdar					

continúa

continuación

infinitivo	*yo—presente indicativo*	*yo/él/ella/Ud.*	*tú*	*nosotros/as*	*ellos/as/Uds.*
res**o**lver					
v**o**lver					
e→i					
comp**e**tir					
corr**e**gir					
el**e**gir					
imp**e**dir					
p**e**dir					
rep**e**tir					
s**e**guir					
s**e**rvir					
v**e**stir(se)					

Nombre: ______________________________

Tabla M. Verbos irregulares en el presente del subjuntivo que siguen el patrón del presente del indicativo.

infinitivo	*yo—presente indicativo*	*yo/él/ella/Ud.*	*tú*	*nosotros/as*	*ellos/as/Uds.*
decir					
bendecir					
contradecir					
maldecir					
predecir					
tener					
contener					
detener					
entretener					
mantener					
retener					
venir					
convenir					
intervenir					
prevenir					
oír					
caer					
traer					
atraer					
contraer					
distraer					
extraer					
hacer					
deshacer					
rehacer					
satisfacer					
poner					
componer					
imponer					
reponer					
agradecer					
caber					
conocer					
convencer					

continúa

continuación

infinitivo	*yo—presente indicativo*	*yo/él/ella/Ud.*	*tú*	*nosotros/as*	*ellos/as/Uds.*
corregir					
elegir					
exigir					
fingir					
escoger					
proteger					
recoger					
saber	X				
salir					
ser	X				
valer					
vencer					
almorzar					
adelgazar					
comenzar					
atacar					
brincar					
buscar					
colocar					
educar					
explicar					
pescar					
sacar					
entregar					
jugar					
juzgar					
llegar					
obligar					
concluir					
construir					
huir					
dar					
decir					
dormir					
estar					
haber					
hacer					
ir					

Nombre: ______________________

Tabla N. Verbos en el futuro.

infinitivo	*yo*	*tú*	*él/ella/Ud.*	*nosotros/as*	*ellos/as/Uds.*
hablar	hablaré	hablarás	hablará	hablaremos	hablarán
comer	comeré	comerás	comerá	comeremos	comerán
vivir	viviré	vivirás	vivirá	viviremos	vivirán
agradecer					
ayudar					
beber					
buscar					
conocer					
construir					
dar					
explicar					
ir					
leer					
llegar					
obligar					
oír					
ser					
caber					
decir					
haber					
hacer					
poner					
querer					
saber					
salir					
tener					
valer					
venir					

Nombre: ____________________

Tabla Ñ. Verbos en el imperfecto del subjuntivo.

infinitivo	*ellos-pretérito*	*yo/él/ella/Ud.*	*tú*	*nosotros/as*	*ellos/as/Uds.*
hablar	hablaron	hablara	hablaras	habláramos	hablaran
comer	comieron	comiera	comieras	comiéramos	comieran
vivir	vivieron	viviera	vivieras	viviéramos	vivieran
almorzar					
añadir					
aprender					
atender					
ayudar					
beber					
buscar					
creer					
echar					
empezar					
escribir					
estudiar					
caer					
decaer					
leer					
oír					
poseer	poseyeron				
conseguir					
pedir					
querer					
poder					
poner					
reponer					
saber					
decir					
bendecir					
contradecir					
maldecir					
dormir					
morir					
conducir	condujeron				
introducir					

continúa

continuación

infinitivo	*ellos*	*yo/él/ella/Ud.*	*tú*	*nosotros/as*	*ellos/as/Uds.*
producir					
traducir					
construir					
contribuir					
disminuir					
huir					
instruir					
traer					
contraer					
distraer					
estar					
hacer					
ir					
ser					
tener					

Nombre: ______________________

Tabla O. Verbos en el condicional.

infinitivo	*yo*	*tú*	*él/ella/Ud.*	*nosotros/as*	*ellos/as/Uds.*
hablar	hablar**ía**	hablar**ías**	hablar**ía**	hablar**íamos**	hablar**ían**
comer	comer**ía**	comer**ías**	comer**ía**	comer**íamos**	comer**ían**
vivir	vivir**ía**	vivir**ías**	vivir**ía**	vivir**íamos**	vivir**ían**
agradecer					
ayudar					
beber					
buscar					
conocer					
construir					
dar					
explicar					
ir					
leer					
llegar					
obligar					
oír					
ser					
caber					
decir					
contradecir					
predecir					
haber					
hacer					
deshacer					
rehacer					
satisfacer					
poner					
componer					
imponer					
posponer					
reponer					
querer					
saber					
salir					
tener					

continúa

continuación

infinitivo	*yo*	*tú*	*él/ella/Ud.*	*nosotros/as*	*ellos/as/Uds.*
detener					
entretener					
mantener					
retener					
valer					
venir					
intervenir					
prevenir					
convenir					

Nombre: ______________________________

Tabla P. El presente perfecto del indicativo y los participios.

yo	No **he** encontr**ado** a la persona ideal.
tú	¿**Has** com**ido** en Las Arandas?
ella	No **ha** habl**ado** con el profesor todavía.
nosotros	No **hemos** viv**ido** en México, pero queremos hacerlo.
ellos	Mis hermanos **han** viaj**ado** por todos los estados.
haber	participio
he	hablado / comido / vivido
has	hablado / comido / vivido
ha	hablado / comido / vivido
hemos	hablado / comido / vivido
han	hablado / comido / vivido

Llene el espacio con el participio.

infinitivo	*participio*	*infinitivo*	*participio*
abrir		escoger	
absolver		escribir	
actuar	actuado	estar	
agradecer	agradecido	exigir	
andar		explicar	
aprender		hacer	
ayudar		imponer	
buscar		ir	
caber		leer	
caminar		llegar	
comprar		morir	
conocer		necesitar	
construir		oír	
contradecir		poner	
creer		prevenir	
cubrir		rehacer	
cumplir	cumplido	reír	
dar		reponer	
deber		resolver	
decidir		romper	
deshacer		salir	
destruir		satisfacer	

continúa

continuación

infinitivo	*participio*	*infinitivo*	*participio*
devolver		ser	
disolver		tener	
disponer		traducir	
echar		traer	
encontrar		ver	
envolver		volver	

Apéndice 2

Conjugaciones verbales

Verbos regulares

Tiempos simples

	Indicativo					Subjuntivo	
Infinitivo	*Presente*	*Pretérito*	*Imperfecto*	*Futuro*	*Condicional*	*Presente*	*Imperfecto*
-ar	hablo	hablé	hablaba	hablaré	hablaría	hable	hablara
hablar	hablas	hablaste	hablabas	hablarás	hablarías	hables	hablaras
	habla	habló	hablaba	hablará	hablaría	hable	hablara
	hablamos	hablamos	hablábamos	hablaremos	hablaríamos	hablemos	habláramos
	hablan	hablaron	hablaban	hablarán	hablarían	hablen	hablaran
-er	aprendo	aprendí	aprendía	aprenderé	aprendería	aprenda	aprendiera
aprender	aprendes	aprendiste	aprendías	aprenderás	aprenderías	aprendas	aprendieras
	aprende	aprendió	aprendía	aprenderá	aprendería	aprenda	aprendiera
	aprendemos	aprendimos	aprendíamos	aprenderemos	aprenderíamos	aprendamos	aprendiéramos
	aprenden	aprendieron	aprendían	aprenderán	aprenderían	aprendan	aprendieran
-ir	vivo	viví	vivía	viviré	viviría	viva	viviera
vivir	vives	viviste	vivías	vivirás	vivirías	vivas	vivieras
	vive	vivió	vivía	vivirá	viviría	viva	viviera
	vivimos	vivimos	vivíamos	viviremos	viviríamos	vivamos	viviéramos
	viven	vivieron	vivían	vivirán	vivirían	vivan	vivieran

Tiempos compuestos

Presente perfecto del indicativo	he	hemos			
	has		hablado	aprendido	vivido
	ha	han			
Pluscuamperfecto del indicativo	había	habíamos			
	habías		hablado	aprendido	vivido
	había	habían			
Futuro perfecto del indicativo	habré	habremos			
	habrás		hablado	aprendido	vivido
	habrá	habrán			
Condicional perfecto del indicativo	habría	habríamos			
	habrías		hablado	aprendido	vivido
	habría	habrían			

continúa

continuación

Presente perfecto del subjuntivo	haya	hayamos			
	hayas		hablado	aprendido	vivido
	haya	hayan			
Pluscuamperfecto del subjuntivo	hubiera	hubiéramos			
	hubieras		hablado	aprendido	vivido
	hubiera	hubieran			

Participios irregulares

infinitivo	*participio*	*infinitivo*	*participio*
abrir	abierto	hacer	hecho
cubrir	cubierto	imponer	impuesto
decir	dicho	morir	muerto
deshacer	deshecho	poner	puesto
devolver	devuelto	reponer	repuesto
disponer	dispuesto	resolver	resuelto
disolver	disuelto	romper	roto
envolver	envuelto	satisfacer	satisfecho
escribir	escrito	ver	visto
		volver	vuelto

Verbos irregulares

Cambios ortográficos en la primera persona del pretérito

infinitivo	*yo*	*tú*	*él/ella/Ud.*	*nosotros/as*	*ellos/as/Uds.*
atacar	ataqué	atacaste	atacó	atacamos	atacaron
pagar	pagué	pagaste	pagó	pagamos	pagaron
comenzar	comencé	comenzaste	comenzó	comenzamos	comenzaron
averiguar	averigüé	averiguaste	averiguó	averiguamos	averiguaron

Cambios ortográficos en la tercera persona del pretérito

infinitivo	*yo*	*tú*	*él/ella/Ud.*	*nosotros/as*	*ellos/as/Uds.*
creer	creí	creíste	creyó	creímos	creyeron

Cambios en la raíz en el pretérito

infinitivo	*yo*	*tú*	*él/ella/Ud.*	*nosotros/as*	*ellos/as/Uds.*
preferir	preferí	preferiste	prefirió	preferimos	prefirieron
dormir	dormí	dormiste	durmió	dormimos	durmieron

Verbos irregulares en el pretérito

infinitivo	*yo*	*tú*	*él/ella/Ud.*	*nosotros/as*	*ellos/as/Uds.*
andar	anduve	anduviste	anduvo	anduvimos	anduvieron
caber	cupe	cupiste	cupo	cupimos	cupieron
dar	di	diste	dio	dimos	dieron
decir	dije	dijiste	dijo	dijimos	dijeron
traer	traje	trajiste	trajo	trajimos	trajeron
estar	estuve	estuviste	estuvo	estuvimos	estuvieron
hacer	hice	hiciste	hizo	hicimos	hicieron
poder	pude	pudiste	pudo	pudimos	pudieron
poner	puse	pusiste	puso	pusimos	pusieron
querer	quise	quisiste	quiso	quisimos	quisieron
saber	supe	supiste	supo	supimos	supieron
ser/ir	fui	fuiste	fue	fuimos	fueron
tener	tuve	tuviste	tuvo	tuvimos	tuvieron
venir	vine	viniste	vino	vinimos	vinieron
conducir	conduje	condujiste	condujo	condujimos	condujeron
deducir	deduje	dedujiste	dedujo	dedujimos	dedujeron
traducir	traduje	tradujiste	tradujo	tradujimos	tradujeron

Imperfecto

infinitivo	*yo*	*tú*	*él/ella/Ud.*	*nosotros/as*	*ellos/as/Uds.*
ser	era	eras	era	éramos	eran
ir	iba	ibas	iba	íbamos	iban
ver	veía	veías	veía	veíamos	veían

Verbos irregulares en la primera persona singular del presente del indicativo

infinitivo	*yo*	*tú*	*él/ella/Ud.*	*nosotros/as*	*ellos/as/Uds.*
caber	quepo	cabes	cabe	cabemos	caben
caer	caigo	caes	cae	caemos	caen
dar	doy	das	da	damos	dan
distinguir	distingo	distingues	distingue	distinguimos	distinguen
escoger	escojo	escoges	escoge	escogemos	escogen
exigir	exijo	exiges	exige	exigimos	exigen
hacer	hago	haces	hace	hacemos	hacen
poner	pongo	pones	pone	ponemos	ponen
saber	sé	sabes	sabe	sabemos	saben
reconocer	reconozco	reconoces	reconoce	reconocemos	reconocen
traducir	traduzco	traduces	traduce	traducimos	traducen
convencer	convenzo	convences	convence	convencemos	convencen
ver	veo	ves	ve	vemos	ven

Cambios en la raíz en el presente del indicativo

infinitivo	*yo*	*tú*	*él/ella/Ud.*	*nosotros/as*	*ellos/as/Uds.*
pensar	pienso	piensas	piensa	pensamos	piensan

Verbos que terminan en -uir en el presente del indicativo

infinitivo	*yo*	*tú*	*él/ella/Ud.*	*nosotros/as*	*ellos/as/Uds.*
huir	huyo	huyes	huye	huimos	huyen

Verbos irregulares en el presente del indicativo

infinitivo	*yo*	*tú*	*él/ella/Ud.*	*nosotros/as*	*ellos/as/Uds.*
ser	soy	eres	es	somos	son
estar	estoy	estás	está	estamos	están
ir	voy	vas	va	vamos	van
haber	he	has	ha	hemos	han
oír	oigo	oyes	oye	oímos	oyen
tener	tengo	tienes	tiene	tenemos	tienen
decir	digo	dices	dice	decimos	dicen

Verbos que terminan en -car, -gar y -zar en el presente del subjuntivo

infinitivo	*yo*	*tú*	*él/ella/Ud.*	*nosotros/as*	*ellos/as/Uds.*
buscar	busque	busques	busque	busquemos	busquen
pagar	pague	pagues	pague	paguemos	paguen
almorzar	almuerce	almuerces	almuerce	almorcemos	almuercen

Verbos que terminan en -cer/-cir, -ger/-gir y -guir/-uir en el presente del subjuntivo

infinitivo	*yo*	*tú*	*él/ella/Ud.*	*nosotros/as*	*ellos/as/Uds.*
reconocer	reconozca	reconozcas	reconozca	reconozcamos	reconozcan
traducir	traduzca	traduzcas	traduzca	traduzcamos	traduzcan
convencer	convenza	convenzas	convenza	convenzamos	convenzan
escoger	escoja	escojas	escoja	escojamos	escojan
elegir	elija	elijas	elija	elijamos	elijan
distinguir	distinga	distingas	distinga	distingamos	distingan
huir	huya	huyas	huya	huyamos	huyan

Cambios en la raíz en el presente del subjuntivo

infinitivo	*yo*	*tú*	*él/ella/Ud.*	*nosotros/as*	*ellos/as/Uds.*
pensar	piense	pienses	piense	pensemos	piensen
contar	cuente	cuentes	cuente	contemos	cuenten
repetir	repita	repitas	repita	repitamos	repitan

Verbos irregulares en el presente del subjuntivo que siguen el patrón del presente del indicativo

infinitivo	*yo*	*tú*	*él/ella/Ud.*	*nosotros/as*	*ellos/as/Uds.*
decir	diga	digas	diga	digamos	digan
oír	oiga	oigas	oiga	oigamos	oigan
tener	tenga	tengas	tenga	tengamos	tengan
caer	caiga	caigas	caiga	caigamos	caigan
hacer	haga	hagas	haga	hagamos	hagan
poner	ponga	pongas	ponga	pongamos	pongan
caber	quepa	quepas	quepa	quepamos	quepan

Verbos irregulares en el presente del subjuntivo

infinitivo	*yo*	*tú*	*él/ella/Ud.*	*nosotros/as*	*ellos/as/Uds.*
dar	dé	des	dé	demos	den
estar	esté	estés	esté	estemos	estén
ir	vaya	vayas	vaya	vayamos	vayan
saber	sepa	sepas	sepa	sepamos	sepan
ser	sea	seas	sea	seamos	sean
haber	——	——	haya	——	——

Verbos irregulares en el futuro

infinitivo	*yo*	*tú*	*él/ella/Ud.*	*nosotros/as*	*ellos/as/Uds.*
caber	cabré	cabrás	cabrá	cabremos	cabrán
decir	diré	dirás	dirá	diremos	dirán
haber	——	——	habrá	——	——
hacer	haré	harás	hará	haremos	harán
poder	podré	podrás	podrá	podremos	podrán
poner	pondré	pondrás	pondrá	pondremos	pondrán
querer	querré	querrás	querrá	querremos	querrán
saber	sabré	sabrás	sabrá	sabremos	sabrán
salir	saldré	saldrás	saldrá	saldremos	saldrán
tener	tendré	tendrás	tendrá	tendremos	tendrán
valer	valdré	valdrás	valdrá	valdremos	valdrán
venir	vendré	vendrás	vendrá	vendremos	vendrán

Verbos irregulares en el condicional

infinitivo	*yo*	*tú*	*él/ella/Ud.*	*nosotros/as*	*ellos/as/Uds.*
caber	cabría	cabrías	cabría	cabríamos	cabrían
decir	diría	dirías	diría	diríamos	dirían
haber	——	——	habría	——	——
hacer	haría	harías	haría	haríamos	harían
poder	podría	podrías	podría	podríamos	podrían
poner	pondría	pondrías	pondría	pondríamos	pondrían
querer	querría	querrías	querría	querríamos	querrían
saber	sabría	sabrías	sabría	sabríamos	sabrían
salir	saldría	saldrías	saldría	saldríamos	saldrían
tener	tendría	tendrías	tendría	tendríamos	tendrían
valer	valdría	valdrías	valdría	valdríamos	valdrían
venir	vendría	vendrías	vendría	vendríamos	vendrían

Cambios ortográficos en el imperfecto del subjuntivo

infinitivo	*yo*	*tú*	*él/ella/Ud.*	*nosotros/as*	*ellos/as/Uds.*
creer	creyera	creyeras	creyera	creyéramos	creyeran

Cambios en la raíz en el imperfecto del subjuntivo

infinitivo	*yo*	*tú*	*él/ella/Ud.*	*nosotros/as*	*ellos/as/Uds.*
preferir	prefiriera	prefirieras	prefiriera	prefiriéramos	prefirieran
dormir	durmiera	durmieras	durmiera	durmiéramos	durmieran

Verbos irregulares en el imperfecto del subjuntivo

infinitivo	*yo*	*tú*	*él/ella/Ud.*	*nosotros/as*	*ellos/as/Uds.*
andar	anduviera	anduvieras	anduviera	anduviéramos	anduvieran
caber	cupiera	cupieras	cupiera	cupiéramos	cupieran
dar	diera	dieras	diera	diéramos	dieran
decir	dijera	dijeras	dijera	dijéramos	dijeran
traer	trajera	trajeras	trajera	trajéramos	trajeran
estar	estuviera	estuvieras	estuviera	estuviéramos	estuvieran
hacer	hiciera	hicieras	hiciera	hiciéramos	hicieran
poder	pudiera	pudieras	pudiera	pudiéramos	pudieran
poner	pusiera	pusieras	pusiera	pusiéramos	pusieran
querer	quisiera	quisieras	quisiera	quisiéramos	quisieran
saber	supiera	supieras	supiera	supiéramos	supieran
ser/ir	fuera	fueras	fuera	fuéramos	fueran
tener	tuviera	tuvieras	tuviera	tuviéramos	tuvieran
venir	viniera	vinieras	viniera	viniéramos	vinieran
conducir	condujera	condujeras	condujera	condujéramos	condujeran
deducir	dedujera	dedujeras	dedujera	dedujéramos	dedujeran
traducir	tradujera	tradujeras	tradujera	tradujéramos	tradujeran

Créditos

Capítulo Preliminar

p. 1 (5 photos): ©The Thomson Corporation/Heinle Image Resource Bank
p. 4: ©The Thomson Corporation/Heinle Image Resource Bank
p. 14: ©Ewing Galloway/Index Stock Imagery

Capítulo 1

p. 19: ©Vic Bider/Index Stock Imagery
p. 20: ©The Thomson Corporation/Heinle Image Resource Bank
p. 21: ©The Thomson Corporation/Heinle Image Resource Bank
p. 46: ©Keith Alstrin/Index Stock Imagery
p. 51: ©The Thomson Corporation/Heinle Image Resource Bank

Capítulo 2

p. 55: ©Dana White/PhotoEdit
p. 57: ©The Thomson Corporation/Heinle Image Resource Bank
p. 64: ©The Thomson Corporation/Heinle Image Resource Bank
p. 85: ©The Thomson Corporation/Heinle Image Resource Bank

Capítulo 3

p. 87: ©VStock LLC/Index Open
p. 88: ©AbleStock/Index Open
p. 96: ©Photolibrary.com Pty. Ltd./Index Open
p. 105: ©Photolibrary.com Pty. Ltd./Index Open
p. 111: ©The Thomson Corporation/Heinle Image Resource Bank

Capítulo 4

p. 133: ©IT Stock Free/SuperStock
p. 135: ©Jerry Koontz/Index Stock Imagery
p. 160: ©VStock LLC/Index Open

Capítulo 5

p. 163: ©Photos.com Select/Index Open
p. 175: ©MedioImages Inc./Index Stock Imagery
p. 179: ©Hot Ideas/Index Open

Capítulo 6

p. 191: ©Photolibrary.com Pty. Ltd./Index Open
p. 196: ©VStock LLC/Index Open
p. 216: ©Photodisc Green/Getty Images
p. 219: ©FogStock LLC/Index Open

Capítulo 7

p. 223: ©The Thomson Corporation/Heinle Image Resource Bank
p. 224: ©The Thomson Corporation/Heinle Image Resource Bank
p. 234: ©FogStock LLC/Index Open
p. 236: ©DesignPics Inc./Index Open
p. 241: ©Photos.com Select/Index Open

Capítulo 8

p. 253: ©FogStock LLC/Index Open
p. 255: ©Design Pics Inc./Index Open
p. 261: ©John James Wood/Index Stock Imagery

Índice analítico

A

C

D

E

F

G

H

I

L

M

N

O

P

Q

R

S

T

U

V

Y

Z